花の神話伝説事典

C.M.スキナー［著］ 垂水雄二・福屋正修［訳］

八坂書房

【目　次】

MYTHS AND LEGENDS OF FLOWERS, TREES, FRUITS, AND PLANTS
IN ALL AGES AND IN ALL CLIMES
by CHARLES M. SKINNER

First published in 1911
by J. B. Lippincott, Philadelphia & London

花と民俗

古きよき時代の伝説や寓話の中でも、木や花にかかわるものには、教育というものがなかった時代の人間の心のあり様がとりわけよく反映されている。というのは、この3000年間、植物の世界はほとんど変化しなかったからで、いろいろな花びらや葉には今なお、遠い時代のものの考え方や信仰を説き明かす紋様や色が印されている。象徴的な表現として草花を用いるやり方は、多様な意味を伝えることができるので、今日でも日常生活の中でごく普通に使われる。そういう用法は詩的であり、それゆえ、一人一人の心に訴えかけるものがある。今日、われわれは、表現が素晴らしいといって詩の美しさを讃える。が、未開人にとっては、そういった象徴的な詩的表現は日常的な言い回しにすぎない。なぜなら、未開人の語彙は比喩的であって、空、日の入り、嵐、花などはすべて人格化されていたからである。

今日、われわれの時代は物質的で退屈であるというような話を時に耳にすることもあるが、それでも、揺籃期の人類以来久しく受けつがれてきた言葉や表現法をいまだに使用しており、そのような言葉や表現法によって心に浮かぶイメージや純粋な美を表わしている。例えば、今日でも栄誉の月桂冠に輝く額、勝利を告げるナツメヤシ《パーム》の葉、バラのごとき美しさ、ユリのような純真無垢、オークのごとき強健、ヤナギに比肩すべき優雅さ、隠れ家のイチジクの木、トウモロコシの豊穣と言うし、さらに敷延して、オリーヴの枝で平和を表わし、食卓を共にして客分の遇《もてな》しを受けることを「マホガニーのテーブルの下に脚を置く」といい、害毒を及ぼすものをベラドンナ《ナイトシェード》や毒キノコで、繁栄を花や果実で表わす。ローマ神話のバッコスは、今日もはや存在しないとはいえ、ブドウによってこの神を象徴することができる。さらに、州や国には各々きまった州花や国花があり、スコットランド高地の一部の民族はそのしるしとして今日でもきまった花を身につける。このような特定の植物に対する好み、逆にいうと、人間の目に訴える植物の働きかけは、書きしるされた歴史が現われるより前から存在していた。さらにまた、シェークスピアは植物学といったものの無い時代の人であり、植物の研究などせずにただ自然をたのしんだにすぎないが、彼が折りにふれてあちこちで触れている草や実の数が150種にも及ぶという事実は、当時、そういった話題が広く楽しまれていたことをうかがわせる。

世界各地、あらゆる宗教の天地創造神話には必ず果実や木が登場する。植物に関するそういった伝承には、この世はあくまで人間の所産と見なす自己満足が露呈されているという点で一風変わった人間記録になっている。そこでは、森羅万象は人間への奉仕のために存在するのであり、独自性を主張できるようなものは何ひとつないと考えられる。この考え方から、やがて「特徴説（植物の医学的使用法を見つける方法の一つで、ある病気と外見的特徴が似ている植物はその病気を治す力を持つという考え方）」が生まれた。たとえば、ポプラ《アスペン》の葉の震え方を見てそれが中風に効くにちがいないとか、ムラサキ科のグロムウェル〔*Lithospermum officinale*〕は石のように硬い種をもつので尿砂病に処方するとよい、ユキノシタ《サクシフリジ》の類は岩の割れ目に生えるから膀胱結石を砕く、ゴマノハグサ科のスクロフラリアの瘤はスクロフュラ〔瘰癧・頭部リンパ節に生じる結核症〕の腫れに、マツムシソウ科のスカビオサは果実が瘡蓋〔スキャブ〕状なのでハンセン病に、斑入りプルモナリアの葉は肺〔プルモナリ〕に似ているから肺病に（こういった考え方や使用法によって植物名が名付けられた場合がままある点に注意）、ネットル〔イラクサ属の植物〕の葉の煎じ汁は蕁麻疹《じんましん》に、赤い根をもつ植物ブラッド・ルート〔*Potentilla erecta, Sanguinaria canadensis* などの植物〕は赤痢〔根が血のような赤い色をしているので、赤痢—血便—血が不足する、という連想から薬効がある、と考えた〕に、ターメリック〔鬱金《うこん》〕の根茎は色が黄疸の皮膚の色だから黄疸に、コミヤマカタバミ《ウッド・ソーレル》は心臓形の葉を持つから強壮剤や気付け薬に、ゼニゴケ《リヴァーワート》は肝臓の不調を治し、サトイモ科のドラコンチウムは苞の形が蛇に似ているので毒蛇に咬まれた時に、ウリ科のつる性植物ブリオニーはその根が腫れた足を連想させるので水腫症の治療に、などなど。

植物に対する人々の評価が表われるのは、食物や装飾といった日常の使われ方においてばかりではない。文明人であると未開人であるとを問わず、人々がその名を自分たちの姓に採用していることにも表われている。

女神カルナの祝祭が始まった当時には、まだイタリアの土には、人手を加えて改良しないかぎり野菜の類はまったく育たず、スペルト小麦とマメしかできなかった。このため、この女神のお祭りには、供物はマメと相場が決まっていた。また、ローマ時代には、裁判や公共の場でことに決着をつける際、投票用紙の代わりにマメが用いられ、白マメは無罪、黒マメは有罪を意味したのである。このように、当時のイタリアではマメが非常に重要な役割をはたしていたわけであるから、ローマの名門中の名門ファビウス家がその名をマメ〔ラテン語のファバ〕からとっていたとしても、さらさら驚く必要はない。当時のコエピオネス家というのは単にタマネギ家の意味であり、ピソネス家はマメ家、キケロはヒヨコマメ家、レントチニ家はレタス家というわけである。このことは今日でも同様で、われわれアメリカ人は友人のなかにピーズ〔エンドウ〕、ビーンズ〔そら豆〕、ペアズ〔セイヨウナシ〕、チェリーズ〔サクランボ〕、ベリーズ〔イチゴ類〕、オリーヴズ、カフェイズ〔コーヒー〕、チェスナッツ、オークス、パインズ〔マツ〕、バーチズ〔カバノキ属の植物〕、ロージズ〔バラ〕、リリーズ〔ユリ〕、アスターズ〔シオン属の植物〕などの名を見出す。

アメリカ・インディアンにはわれわれ以上にぴったりした多種多様の名前があり、娘たちに「野のバラ」「ケシの蕾」「伏したユリ」などの名を与える。また、名をつける際、草木や花の名を使用するのは名誉なことであったので、ある高貴な名門の家系が植物の名を用いると、その草、あるいは木、花はその家族の家、墓、神殿の周りに植えられ、さらにはその家族の紋章として身につけられるようになるのであった。

名前は必ずしもその植物と著しくよく似ていることを表わしているわけではない。時には偶然の気まぐれや綴り字の誤りが積み重なって由来が判らなくなっていることもある。たとえば、われわれが今日〈バターと卵〉《バター・アンド・エッグズ》〔*Linaria vulgaris*〕と呼んでいるウンランの類は、もとは横痃《おうげん》（buboes）の治療に使われたところから

bubonium と呼ばれていたが、その後、綴り字の一字の誤ちのため、bufonium となった。ところが bufo はラテン語でヒキガエルの意なので、今日ではこの植物は〈ヒキガエルの亜麻《トード・フラックス》〉とも呼ばれるようになったわけであるが、この名が実際に意味するものは何もない。同様に、キクイモは〈エルサレム《ジェルーサレム》のアーティチョーク〉の綴り Jerusalem が girasole とねじ曲げられ、〈火蛋白石《ジラソール》のアーティチョーク〉となった。また、ヨモギギクの英名 tansy は「不死」を意味する athanasia がなまったものといわれている。が、これら二語の間に共通する何かがあると気づく人は、今日ではまず一人もない。これに対し、ルリチシャ（ルリヂサ）を borage というのは、「勇気」を意味する courage の発音の誤りから来たもので、この語はラテン語で「勇気を出す」という意味の cor-ago に起源を持つ。つまり、この植物の煮出し汁を飲むと気分が高揚すると考えられていたわけである。

やがて特徴説は、花や葉に印された目に見える特徴だけでなく、内に秘められた特徴にまで目を向け始めることによって医術の治療の可能性を著しく拡大させた。たとえば、〈祝福されたアザミ《ブレスド・シスル》〉*Carduus benedistus*〔*Cnicus benedictus*〕は、初めは皮癬、疥癬の治療に用いられ、やがて、その霊験により、炎症、眩暈、黄胆、悪血、赤面、赤鼻、皮疹、輪癬、疫病、疔、狂犬や毒蛇による咬傷、聾唖、記憶力減退などの病気に優れた効能を発揮するようになった。この植物のいま一つの種〈憂鬱なアザミ《メランコリー・シスル》）も、ブドウ酒にいれて飲めば悲観、憂鬱の治療薬となる。しかし、いずれにせよ、アザミだけが聖なる力を授けられた植物というわけではなかった。ある植物から別の植物へと、次から次に、聖者との結びつきが進展してゆき、その霊験のお陰で植物はその「特徴」が示す以上の効能を持つようになった。例えば、レイディ Lady の名を冠せられている花はすべて聖母マリアに捧げられたもので〈聖母のスリッパ Lady's slipper〔アツモリソウ属の植物〕〉〈聖母の手 Lady's hand〔ジギタリスの一種か？〕〉〈聖母の巻き毛 Lady's tresses〔ネジバナ属の数種〕〉〈聖母の上着 Lady's smock〔タネツケバナ属の一種〕〉〈聖母の外套 Lady's mantle〔バラ科ハゴロモグサ属の一種〕〉〈聖母の床藁 Lady's bedstraw〔ヤエムグラ属のカワラマツバの類〕〉〈聖母の木陰 Lady's bower〔センニンソウ属の一種〕〉〈聖母の櫛 Lady's comb〔セリ科のスカンディクスの一種〕〉〈聖母のクッション Lady's cushion

〔イソマツ科のアルメリアの一種〕〉〈聖母の指 Lady's finger〔マメ科のアンティリスの一種〕〉〈聖母の靴下どめ Lady's garters〔クサヨシ属の一種〕〉〈聖母の髪 Lady's hair〔ホウライシダ〕〉〈聖母のレース Lady's laces〔クサヨシ属の一種〕〉〈聖母の眼鏡 Lady's looking glass〔キキョウ科のレゴウシアの一種〕〉〈聖母の印章 Lady's seal〔アマドコロ属の一種、あるいはヤマノイモ科タムスの一種〕〉〈聖母の指貫き Lady's thimble〔ゴマノハグサ科ジギタリスの一種〕〉〈聖母の親指 Lady's thumb〔ハルタデ〕〉——。

このような、縁起のよい名を授けられたり、聖者や天使と結びつけられた植物の効能については、神秘的な斑点や暗示的な紋様を手掛かりとして生まれたものよりも、迷信によって例証されたものの方がはるかに多かった。しかし、聖者や天使との関連を通して植物を聖別することは何もキリスト時代になって初めて行なわれるようになったわけではない。異教徒の神々にもそれぞれにお気に入りの花があった。インドでは、最初の花環は、インドのウェヌスにあたるラクシュミによって極楽の木から摘んで作られ、インドラが乗る象の頭に掛けられた。象はその花の香りに酔っぱらってしまい、その花環を荒々しく放り出してしまった。これを見てかんかんに怒ったシヴァは、聖なる花が冒瀆されるのを許したといってインドラを罵るとともに俗界に追放したのである。こうしてインドラはその力を失い、また地上の植物はすべて永遠の生命を剥奪されるということになったのであった。

ギリシア人やローマ人は、神々に捧げられて神聖視されていた花を庭国に植えていた。こういった花でギリシア人がとくに愛した花に、バラ、ユリ、スミレ《ヴァイオレット》、アネモネ、タイム、メリロット〔シナガワハギ属〕、クロッカス、カモミール、スマイラックス〔シオデ属〕、ヒアシンス、スイセン、キク、ゲッケイジュ、ギンバイカ《マートル》〔フトモモ科のミルツス〕、ハッカがある。そして、ゲッケイジュ、スイセン、ヒアシンス、ギンバイカ、ホソイトスギ《サイプレス》、マツは、姿を変えられたニンフあるいは若者であった。ハッカはプルトンの愛した女であり、クロミグワ《マルベリー》の実は恋人たちの血に染まっており、キャベツはリュクルゴスの涙から生じた。プラタナスはディオメデスの墓から生え、バラ色のハスの花はハドリアヌス皇帝によって殺されたライオンの血から生まれた。ブドウの木は奇蹟によってオリュンピアの近くに生じた。古代ギリシアのヘラス文化の時代には、ブドウの祭典に付随してスポーツや儀式が行なわれたが、その名残りは、今日でも聖体やトロフィーの使用といった形に、微かに記憶をとどめている。

害悪や冒瀆の伝説に結びつけられた植物は忌み嫌われていたため、医療に用いるにあたって、昔の研究家のうちにはこの嫌悪を克服するのに長い時間を要したものもいた。実際、植物の汁や煎じ汁についてその医療効果が正確に観察されるようになったのはごく最近になってからのことにすぎない。もっとも、それ以前にも医薬としての用法が研究されたという形跡は見られるが。

ローズマリーには、例の「特徴」こそなかったが、薬用とされた理由はその用法の中に見つかる。300年前、18世紀初頭には、葬式の際、遺族や参列者は、効き目があったかどうかはともかく、ローズマリーの芳香で「ぞっとするような死臭」を打ち消すため、これを携えて行くことに決まっていたからである。ローズマリーは、熱病にかかった患者の病室でも燻蒸用に焚かれた。そんなわけで、やがてこのローズ・オブ・マリー、つまり〈聖母マリアのバラ（実はもとはラテン語でros marinum〔海のしずくの意〕）〉は死者の思い出として身につけるしるしとなり、時代が下って、あらゆる記憶を刺激するものとして賞讃されるようになったのである。

植物の毒は薬用植物と同じくらい古くから研究されていたと思われる。魔術の呪文を唱える際には、邪悪な禁制品が使用されたが、悪魔崇拝や魔術の秘義は、もし植物がなければ、実際には行なわれえなかったであろう。その用法はさまざまである。例えば、トリカブトの類は異常な興奮状態を引き起こす。ベラドンナ《デッドリー・ナイトシェード》を食べさせれば幽霊を見させることができる。ヒヨス《ヘンベイン》はその犠牲者に痙攣をもたらす。ビタースイート〔ナス属の一種〕は皮膚に発疹をひきおこす。イヌサフラン《メドウ・サフラン》やクリスマスローズ《ブラック・ヘレボア》は神経を責めさいなみ、その犠牲者をみるも無惨に膨れ上らせる。ブリオニーは鼻血を出させる。アイブライト〔コゴメグサ属の一種〕は骨にリウマチの種子を播く。

古代の植物神話には、さらにスケールの大きい、繊細な意味を読みとることができ、また、ある種の神話には普遍性があって、いろいろな大宗教の草創期における思想が一致していることを表わしている。主要な天地創造神話の中で、最初に出てくるものの一つに、ヘビによって守られた生命の木がある。ユダヤ教では、これはエデンの園の木であり、スカンジナヴィアでは、その木はユグドラシルというアッシュ〔セイヨウトネリコ〕の木であった。キリスト教徒は通常その生命の木をリンゴとしているが、ヒンドゥー教徒はソーマ〔本書217頁参照〕、ペルシア人はハオマ、カンボジア人はタロックとしている。さらに遡ればこの木は、バッコスのブドウの木、メルクリウスの持つ蛇の巻きついた杖、北欧神話「エッダ」に登場するねじれたつる性植物、仏陀のインドボダイジュ、預言者イザヤのイチジク、幹に蛇の巻きついた医療の神アスクレピオスの木である。世界各地の古代神話にみられるこれらの木は必ずしも実在のものではない。シベリアの伝説の木は芽をふいても枝を生じなかったとされるが、これに相当するものは植物分類学上は存在しない。が、その木から神は9本の枝を生じせしめ、その根元から9人の男が生まれた。すなわち、9つの種族の父親であった。5本の枝は東の方を向き、人間や獣のために果実をつけた。西向きの4本の枝につく果実を神は人間に禁じ、この実を保護するため、犬と蛇が遣わされた。蛇が眠りに落ちた隙に、誘惑者アーリクは西向きの枝によじ登り、エドジという女に禁断の果実を食べるよう説得した。結局、エドジはこの実をその夫、トロンゴイと分けて食べた。その結果、二人は自分たちの罪に気がつき、身体を毛皮で覆って木の下に身をひそめた。

こうした人間と植物界のかかわりは、同様に、たたりや祝福の伝説の中にも示されている。信仰は吉事凶事をとりまぜ、いろいろな出来事を積み重ねるうちに成長してきたのであり、その少なからぬ場合に、人間と町をはじめ、時には王朝の命運までもが木と関係していた。例えば、ウンステルベルク山の古いナシ〔セイヨウナシ〕の木は、萎れることによってドイツ帝国の国力の終末を知らせるといわれており、ドイツ〔プロイセン〕王国が1806年にナポレオンの侵攻により解体させられた時、この木は花をつけるのを止めた。が、1871年普仏戦争に勝利して新しいドイツ帝国が成立したときには突然、復活して果実をつけた。

自然界の現象をこのように象徴していた昔の人々にとって、植物の生命はある意味では讃美されていた。なぜならば、植物の生命は他のすべての生命を支えていたからである。木は材、燃料、家、屋根葺き材料、縄やロープ、武器、船、楯、道具になったばかりか、果実や薬までも与えてくれたのであった。

花は世界中至るところで季節の暦とされ、木は古代の道徳律やことわざの中で、力や寛大さと同等のものとみなされた。ヒンドゥー教のバラモンたちは、幹に斧を入れる木樵りの上に陰をつくる「オークの親切」、斧の打撃に芳香で応ずる「ビャクダン《サンダルウッド》の親切」という、まことにうまい言い回しを持っているが、その意味するところは、完全な人間はその敵を愛する、ということである。

長い年月を経るうち、象徴的な意味合いにさらに神秘的な色合いが付け加わってくる。なぜなら木々の葉がそのささやきに耳を傾ける人々に今なお語り続けているからである。風にそよぐナツメヤシ《パーム》の葉はアブラハムに話しかけ、アブラハムはこれを神の言葉として翻訳したのであった。マホメットは、天国の木としてナツメヤシの崇拝を命じた。その実は果実の王とされ、食物の王の小麦、香料の王のギンバイカとともに天からやって来たものとされたからである。

花と古代キリスト教伝説

イエス・キリストの受難の苦しみと磔刑は数多くの伝説に伝えられているが、そういった伝説の中には、今日の植物の利用法にはっきり表われているものもある。例えば、オーストリアではホウソーン〔セイヨウサンザシ〕やブラックソーン〔サクラ属の一種〕は荊冠の材料であったと考えられており、それゆえ、イエスの十字架上の死を記念する聖金曜日〔復活祭前の金曜日〕には、キリスト教徒の腕白坊主が「仕返しだ」といってはホウソーンの実《ソーン・アップル》をユダヤ人の子供の髪にさしてふざける。

敬虔な信者たちに伝わる話によると、イエスが頭にした荊冠の実物は、その後、エルサレム王国のボードゥワン王の手に渡り、ボードゥワン王はそれをフランスの聖王ルイ〔ルイ9世、1226～70〕に与えたのだという。この信心深い王は素足に髪の毛で編んだ馬巣織《ばすおり》のシャツという一告解者の姿で荊冠を拝受し、壮麗かつ厳かにパリへ運んだ。その聖遺物を安置する場所としてあのゴシック建築の完璧な作品、ノートル・ダム大聖堂が造られたわけである。が、その荊冠の一部分が他の教会へ譲られて奇蹟的に殖やされ、キリストが実際に十字架につけられたことの証しとして今もながらえている。

ホウソーンは、春、白い花でびっしりと覆われるので、その長い刺はほとんど見えないが、ささったり引っかいたりすると痛い傷になる。キリストが重い十字架を背負ってカルヴァリの山へ向かう途中、一羽の鳥がその頭の上へ舞い降りてきて、キリストの額をうずかせていた荊冠の刺を引き抜いた。すると聖なる血がふき出てその小鳥の羽根を染め、その日以来、その鳥は赤い模様をつけることとなった。これがいわゆる赤い胸のロビン〔ヨーロッパコマドリ〕である。

イギリスでは、ホウソーンは暖かい日に花を開くことが多い。グラストンベリーにある木は、いつもクリスマスに花をつけるので有名で、最近では、少なくとも

1881年以来は、毎年クリスマスに咲いていることが知られている。この聖なる木がイギリスに持ちこまれたのは、アリマタヤのヨセフがブリトン人にキリスト教を広めに行った紀元31年のことであると信じられている——何事にも疑心を抱いてやまない現代にあっては、信じられていた、というべきであろうか——。ともかく、アリマタヤのヨセフはウェアリアルの丘、すなわち現在のグラストンベリーの町の近くに着くとすぐ、携えていた杖を地面に突き立てて、そこに定住するのだという意志を表わした。かくして、土の中にさしこまれたその杖は、樹液が体内をかけめぐり、新しい生命がゆり動かされて葉をつけ、何世紀もの間、繁茂して堂々たる木となった。人によっては、その杖は凍った地面にごりごりと突き立てられたその瞬間、花をつけたとさえいう。この奇蹟の地の近くに建てられた修道院は、花、小枝、挿し木を売って莫大な収入を得た。この木は、結局最後には、清教徒《ピューリタン》がローマカトリック教会の信者たちを迷信の廉《かど》で攻撃したとき破壊されてしまって、今はない。

ホウソーンといえばもう一つ、かの『マクベス』の悲劇の舞台となったコーダ城のものが有名である。この城の初代城主は、夢の中で「ロバに黄金を積み、解き放ちて歩き回らせよ。その止りて休みたる所に城を造れ」とお告げを受けた。さっそく夢のお告げの通りにしたところ、ロバはその木の下に腰を下して休んだのである。城の建築はあくまで天のお告げに忠実に設計され、その木のあるところを中央のやぐらにして造られたので、現在でも年を経たその木の幹は天守閣に聳え、枝は城壁の破れ目から突き出し、根は敷石の下にずっと遠くまで広がっている。年に1度、城主のコーダ公はその木のところに客を招いて、そのホウソーンの健やかなることを祝して乾杯し、こうして一族郎党の繁栄を知らしめる。

キリストの荊冠は、聖書時代、よく材木として使用されたアカシア《シッティム・ウッド》の一種から作られたものだという説もあれば、セイヨウヒイラギの灌木からとったとげで作られたという説もある。実際セイヨウヒイラギの英名ホリー holly はもともとホウリー holy、すなわち「神聖な」という意味であり、母音が一つ欠落したため、今日のような綴りになっただけの話である。さらに、クリスマスの飾りに今日でもセイヨウヒイラギが使用されるということは、聖書に書かれている出来事とセイヨウヒイラギの関係を今一つ証拠づけるものである。

ジャック・イン・ザ・パルピット〔*Arum maculatum*〕の葉に見られる紫斑とベルギーの「絹の十字架《ルード・セルケン》」の赤いしみは、十字架に架けられたイエス・キリストが受難の苦しみに遇われた時、血が滴り落ちたあとであり、同様に、セイヨウズオウ《ジューダス・ツリー》の赤い芽の色は、裏切者のユダが首を吊ったとき、その木が恥ずかしさのあまりに赤くなった次第を物語っている。スピードウェル、またはジャーマンダー・スピードウェルと呼んでいる植物は植物学のラテン名では *Veronica chamaedrys*〔クワガタソウ属の一種〕と、その本性を隠しているが、実はその属名のヴェロニカ *Veronica* は歴史的事件を物語るものであり、カルヴァリの山へ向かう途中、イエス・キリストが背負った十字架の重みにしばらく立ち止まって休んだとき、聖ヴェロニカがキリストの顔に流れる血と汗をぬぐったことに由来している。このとき、聖ヴェロニカの使ったハンカチには、その後、救い主イエス・キリストの奇蹟の肖像、vera iconica（真の御姿）がしみついた。そこからヴェロニカという語ができたのである。イエス・キリストの血は聖ヴェロニカが身につけていた花の上にも滴り落ちたので、その花も聖なるしるしを分かち合って、やはり、ヴェロニカと呼ばれるようになった。そんなわけでこの花は聖ヴェロニカのハンカチの上に表われたイエス・キリストと同じ表情をしていると考えられる。

シクラメン——アラビア人が〈山の雄鶏〉と呼んでいるこの植物は、そり返った花弁をもつ花を下向きにつける植物で、深紅色の目が大地を見つめ、あたかも大地が金銀財宝を産み出すのを待ち望んでいるかのように、聖地・パレスチナに咲きほこる。昔、この地ではシクラメンの花は聖母マリアに捧げられたもので、そのわけは、聖母マリアの心臓を貫いた悲劇の剣がこの花の中心部に血の滴りとしてぽつんと象徴されているからである。同じような理由でこの花は〈血を流す修道女〉とも呼ばれた。

その他、イエス・キリストの磔刑に関する仮説にはさまざまな植物が登場する。例えばパレスチナでは、〈キリストの血の滴〉という名が緋色のアネモネに適用される。聖母マリアの象徴に選ばれるのはアーモンドの花である。ユダヤ人がイエス・キリストをユダヤの王と嘲笑った際、その手に笏として持たせた植物は英名でブルラッシュとかキャット・テイルと呼んでいるガマであったといわれる。修道士の宣誓では、赤いケシ《レッド・ポピー》は花の中心部に十字模様をもつから神の啓示が納められているとされる。カナリア諸島の慣習では、バナナは横に切ると十字の紋様が見えるからといって縦に切ることになっている。ローマに拠を構えるシトー修道院のイチジクは、切ると緑色の十字架が白い果肉の中に見え、そのすみっこにある5つの種子はイエス・キリストが受けた5つの聖痕を表わしている。〈シャロンのバラ《ローズ・オブ・シャロン》〉〔オトギリソウ属の一種〕もまた復活の象徴と考えられる。なぜなら、花が落ちると種子は風によって遠くへ運ばれ、そこで根づいて新たに花を咲かせるからである。クマツヅラの仲間ヴァーヴェイン *Verbena hastata* は、ローマ時代には、哀れにも犠牲《いけにえ》に引いて行かれる獣を飾る花輪に使用されたこともあったが、昔から〈聖なる薬草《ホーリー・ハーブ》〉として知られている。この植物をそのように名づけたのはギリシア人であったが、ドルイド教の祭司やローマ人は魔術や秘義にこの植物を適用し、また薬用とした。それゆえ、この植物は抵抗なくすなおにキリスト教の伝説に取り入れられて磔刑の花の一つとなった。

スパージ〔トウダイグサ属の植物〕は、白いミルク状の汁を出すので〈聖母マリアの乳首《ヴァージンズ・ニップル》〉と呼ばれているが、聖母マリアのどんな言葉、どんな行ないに関係ある植物かは、伝説を欠いている。ニワシロユリは、〈神聖なる草《ホーリー・グラス》〉と呼ばれるヒエロクロア〔*Hierochloe odorata* ──コウボウ属の一種。よい香りのため、かつて教会の床にまかれた〕と同じく、聖母マリアの花であり、マドンナ・リリーとも呼ばれて復活祭の夜明けに一気に花開く。この花は聖ヨセフの杖から芽をふいて生じ、受胎告知の天使が手に携えていた花である。乙女マリアはザカリアスの庭園へよく赴いて、その中を散歩しながら神の花嫁として自分に課せられた重荷について黙想した。聖マリアは歩きながらふと一つの花に触れた。すると、その花はそれまで匂いがしなかったのに、そのあと芳しい香りを発するようになった。これがニワシロユリであったことに疑いはない。聖書の作者たちがその名を不注意に使用したため、山上の垂訓の中で言及されたユリ〔野の花《リリーズ・オブ・ザ・フィールド》〕に関して今日まで疑念が残ることになったわけである。

〈ベツレヘムの星《スター・オブ・ベツレヘム》〔オーニソガラムに属する植物〕〉というユリ科の小さな花

は、オリエントではその球根をあぶって食べるが、実はイエス・キリスト生誕の時、天に輝いた例の星の一部なのである。というのは、その星は東方の三博士と牧人らを飼葉桶へと導いたあと、流星のように飛び散って花となり、あたりの野原に散らばったからである。その花はあたかも神の御子の偉大な栄光によって、空は輝く星が招き寄せられたかのようであった。聖ヨセフは明け方に外に出て冬の冷たい大地からこの花を両手にいっぱい集め、聖マリアのひざ掛けに眠るみどりごにふりまいて言った。「ほらごらん。東方の星が落ちてきて神様からの贈り物になったんだよ」──。

次に、イエス・キリストの生誕にゆかりの深い花としてクリスマスローズ《ブラック・ヘレボア》がある。これは病人から悪い臭いを吸収するとして古代からありがたがられていたが、ギリシア時代には狂気を治療する薬草とみなされ、気の触れた者はその産地のアンティキュラへ送られたもので、公立の救貧院、病院、養護施設などのなかった時代、この地は病気や貧乏のため困っている人たちを救い看護する場所として数少ないものの一つであった。時代下って、エリザベス女王の時代に、この植物は憂鬱を治す薬草とされ、さらにドイツでこれを結婚の女神フルダに結びつけて、クリスマスローズの名を与えたのである。

この花がこの世に生まれた経緯については次のような伝説がある──天がベツレヘムの牧人たちにキリストの誕生を言祝ぐ歌を歌っていた夜のことである。一人の少女が羊の群の番をしていた兄弟といっしょに、あの星の光に導かれるままについて行った。三博士たちが宿屋のところに集まってみどりごとその母に金の器や絹の織物を捧げているのを見たが、少女は群衆のはしっこでおずおずとうろつくしかなかった。なぜなら、少女はみどりごの顔を拝んだとき、その神々しさと威厳にうたれて胸がいっぱいになり、何とかして自分の気持ちの証しを示したいと思ったからである。しかし、少女には何らの捧げ物も、そういったものを買う金もなかったので、しばらくの後、少女は仕方なくくるりと向きを変え、とぼとぼと人影のない静かな丘の方へ向かった。少女が羊の群の番に戻ったとき、荒野のはてに星がまばらにさみしく光っているだけであった。が、突然、一条の光がさっと少女のまわりに輝いた。何と、驚くなかれ、それは受胎告知の天使の一人で、そのローブは溶けて流れる銀のよう、その髪の房は太陽のように燦然としていた――「幼き者よ、何故、心に悲しみを抱きたるや」との声に、少女は「天使さま、私はベツレヘムの御子に何一つ祝いの品を持って行けなかったので……」と答えるのがやっとであった。天使は微笑んで、手にしていた一本のユリの花を打ち振った。すると突然、地面がクリスマスローズの花で真っ白になった。少女は喜びの声をあげ、膝まずいて腕一杯に花を摘み、村へ急いだ。人々は少女に道をあけて、いったいどうしてこんな寒い冬の夜にと、不思議そうに少女の持ってきた棒げ物の花を見た。少女が飼葉桶のところに近寄ると、神の御子は東方の三博士の宝石や黄金から向きを変えて、かわいいもみじのような手を花の方へ差し伸べ、羊飼いの少女が足元に積んだ花を見て微笑んだ――。

キク《クリサンセマム》の花は、ベツレヘムのみどりごが生誕したと同じときに生じたもので、星の教えに導かれて到着した東方の三博士に、目的の場所を示す証拠となった。その日、夜の帳《とばり》が降りかかった頃、村の細い道に沿って探し歩きながら、部族の長であり星の教えを解釈する役目にある東方の博士たちは、いったい全体、何が起ころうとしているのか、いぶかしく思った。あたりには変わった出来事もなく、人々にも何ら興奮した様子はなかった。賑やかな楽の音も舞踏もお祭りもなく、すべてはひっそりと静まり返っていた。三人の博士の一人メルキオール王の一言で一行の隊列は立ち止まった。「ここだ。とうとう見つけたぞ。ほら、ここに花が一輪咲いている。私たちを案内してくれた星と同じように光り輝いているではないか。あの星も今、私たちの頭の上でじっとしているぞ。」

メルキオール王が腰をかがめてその花を摘むと、厩舎《うまや》の戸が自然に開き、こうしてはるばるとやって来た博士たちの一行は中にはいった。メルキオール王は、キクの花を受けとるために伸ばされた手――小さな、生まれたばかりのみどりごの手に置き、そして一同は導きの星と同じく白く輝く冬の花を笏として手にした光輝く神の御子の前に跪いたのであった。

サボテンは魔女を支配する力を持つ。このうち、〈老人《オールド・マン》〉〔翁丸〕と呼ばれる奇妙な種には髪の毛に似た長い灰色の刺があるが、これはメキシコ人にとっては洗礼を受けたキリスト教徒の魂であり、穢《けが》れた手で触ってはならないとされている。

妖精の花

当然のことながら、花はごく自然に妖精と関連づけられ、また日の光や月の光など輝やかしいもの、美しいもの、あるいは愛らしくいたずらっぽいものと結びつけられていた。「小人」は花を隠れ家とし、花びらは外套、雄しべは冠、とげは槍、ユリの花はゆりかごで、キノコは椅子というわけである。古代スカンジナヴィアの巨大な神々やギリシアの威厳ある神々が表わしているものは力としての自然であったから、妖精に与えられた役割は自然のもつやさしいこまやかな側面であった。妖精たちは花の魂であり、花の機嫌がよいときには妖精たちがよいことをしているのであり、花が毒気を吐くときには妖精たちが悪さをしているのである。

カウスリップ〔サクラソウ属の一種〕やジギタリス《フォックスグラヴ》の花の斑点は、蝶の羽根の模様、あるいはキジやクジャクの尾羽根の模様と同じく、妖精が指で触ったあとである。ジギタリスの花には、もの憂げで人を脅かすような模様があり、この植物が有毒な汁を分泌することを示している。が、この毒こそ今日われわれがジギタリス（ジギタリスという名前はラテン語で指を意味する digitus に由来し、それは花の形との連想からきている）として薬に利用しているものである。この有毒成分のため、ジギタリスはアイルランドでは〈死人の指ぬき《デッドマンズ・スインブルズ》〉という名を与えられ、その斑点は毒蛇の皮の模様に似ていると考えられている。ウェールズでは、この植物は〈妖精の手ぶくろ《フェアリーズ・グラヴ》〉という名で知られているが、フランスでは〈聖母マリアの手ぶくろ〉であり、英国の昔の本草学書には〈魔女の手ぶくろ《ウィッチィズ・グラヴ》〉〈妖精の指ぬき《フェアリー・スインブル》〉〈妖精の帽子《フェアリーズ・キャップ》〉〈庶民の手ぶくろ《フォークス・グラヴ》〉などとされている。が一方、中世の動物寓意譚に登場する「キツネのルナール」は、それを〈キツネの釣鐘《フォックス・ベル》〉であると言っている。北方のある伝説によると、悪者の妖精はこの花をキツネに与え、キツネはこれを足にはいて足音を殺し、すきあらばと鶏舎の間をうろつくという。

アネモネの花は妖精の隠れ家である。夜の帳《とばり》が降りるとき、また嵐が近づいたとき、アネモネの花びらはくるっと閉じて中の妖精を保護する。が、豆粒のように小さい妖精はカウスリップの花の中にそっと座っている方が多い。そんなとき、子供のように疑うことを知らぬ魂の持ち主の耳には、何匹もの蜂が一斉にブーンと飛ぶ音のような、精妙、崇高な音楽を聞くことができるのである。花からこの音が聞こえるのは、太陽が真上に輝いているときが一番多い。英国では、カウスリップは〈鍵の花《キー・フラワー》〉〈鍵の草《キー・ワート》〉〈聖ペテロの草《セント・ピーターズ・ワート》〉といわれたものである。というのは、その散形花は聖ペテロが身につけていた鍵の束に似ていると考えられるからで、実際、ドイツでは今日でも〈天国の鍵〉と呼ばれている。

妖精はスティッチワート〔ハコベ属の一種〕を保護して大事にしているので、この草を摘んではいけない。この禁を犯す者は、夜、泥沼や森に連れて行かれて「神隠し」にあうことになる。奇妙な迷信のうちでももっとも変わったものの一つに、セント・ジョンズ・ワート〔オトギリソウ属の一種〕やラグワート〔シオン属の一種〕は妖精の馬が日中、姿を変えているものだというのがある。日没後、もしその草を踏みつけたら、その傷ついた草の根から馬が姿を現わし、踏みつけた者を一晩中その背に乗せて走り回り、家の近所であろうとずっと遠い外国であろうと、夜明けがくればほうり出してしまう。中国には罪の名が冠せられてはいるが、情け深い植物があり、もしこれを食べるとその人は妖精の姿に変えられ、長い青春時代を与えられる。

英国には〈妖精のバター《フェアリー・バター》〉という名のキノコがあり、わがアメリカでは毒キノコの菌輪は妖精の踊った足跡にできるといわれている。マロウ〔アオイ科のいろいろな植物〕の果実は妖精のチーズであり、毒キノコは妖精のテーブルである。卵を抱いた巣に似た、杯状の小さなキノコは妖精のがま口である。わがアメリカのエルム〔ニレ属の総称〕の木は、すなわちエルフ〔妖精〕の木であり、〈妖精のイチゴ《フェイベリー》〉という名は、今なおグズベリーを言うのに用いられている。デンマーク語で妖精はエレ（elle）であり、キク科のエレキャンペイン〔オグルマ属の一種〕やエレツリー、すなわちオールダー〔ハンノキ属の一種〕は「小人」のお気に入りである。夏至の前の晩の真夜中、オールダーの木の下に立ったらエレ、つまりエルフ〔妖精〕の王様がその家臣を引き連れて通り過ぎるところが見られるかもしれない。オールダーには人間の言葉を理解する力があり、自分が切り倒されるという話を聞くと血の涙を流す。

オールダーとヤナギはどちらももとは漁師であったが、パレス〔古代ローマの神で牧人の守護神〕の礼拝に参加する時間をも惜しんで釣りを止めなかったため、パレスが二人を木の姿に変えたのである。今日に至るまでオールダーとヤナギは小川のほとりの土手に佇《たたず》んで、まるで水の中を泳ぐ魚を見つめているかのように流れの上に身を乗り出し、ヤナギは釣り糸のようにその枝を垂れている。

秘められた魔力 ―催眠作用と覚醒作用―

人間は植物を食べ、身に纏《まと》い、燃やした煙を吸い、植物の汁やしぼり汁を飲んで栄養を摂ったり、衣服や建築に利用したりするが、また、夢を見させる、薬用にする、死をもたらす、など目に見えない作用、つまり、神経を鋭くしたり鈍くしたりする働き、あるいは身体の弱い者を助けたり気絶している者を蘇生させる作用をも見出す。さらに、人間は植物は忘却と霊感の作用を見出すが、これは人間を意志薄弱にし暗示にかかりやすくするので、他人を意のままにあやつったり従順にさせるのに用いられる。世の中には非常に過敏な人もあり、ツタウルシ《ポイズン・アイヴィー》の類から吹いてきた空気を一息吸うだけで見苦しいまでにかぶれたりする。が、インディアンは、時どきその葉を食べ、その植物の発散する毒に対して身体を免疫にすると伝えられている。薬草が脳や神経中枢に作用して創り出した幻覚は、その薬草自身の神聖化をもたらしたばかりでなく、宗教的儀式や信仰を発展させることにもなった。世界のあらゆる土地、ほとんどすべての天地創造神話に、木に対する感謝の念が見出されるが、未開部族の間では今なお植物の生命が人間や動物の生命と同じく、祭儀、慣習的行事、宗教の中で賛美され信仰の対象となっていることが知られている。巫女や呪医の間で植物が使用されているということは、その植物が病気の治療に有用だということであり、さらに、健康や幸福を与えるものは植物であれ何であれ、その起源が天国にあるということを意味するのは言うまでもない。これらの植物のいくつかは万能で何にでも効くというのが未開人のものの考え方であるが、蛇が視力を鋭くするためにウイキョウを食べるとか、鷹《ホーク》もやはり目がよく見えるようにホークウィード〔ヤナギタンポポ属の植物〕を食べるとかいう話はどうも疑わしいと言ってよいだろう。しかし、ネコ、イヌなどの肉食獣が薬効や刺激を求めて草を食べるのは事実である。

メスカル *Anhalonium lewini*〔ペヨーテともいう。*Lophophora williamsii*〕はサボテ

ンの仲間で、オクラホマからメキシコにかけて砂漠地帯のどこでも見られる。原住民のインディオは、この植物から「マメ」あるいは「ボタン」――いずれもホピ族の言いまわしによる――を集める。これを食べると神と交流できるというのである。そんなわけでこの植物は、蛇踊りのあと雨乞いの祈りを伝えるとされるガラガラヘビと同じく、神との間をとりもつものとして信仰の対象となっている。メスカルが視神経にもたらす効果は、目をこすったときに見られる作用と似ている。政府や科学者はその使用を禁じてはいるが、相変わらず使用されている。メスカルは明らかに局部的炎症や充血の原因となり、万華鏡のようにさまざまな色が燦めき、雲のごとく流れて行くといった幻覚が表われる。この幻覚をたのしむため、メスカルが呑みこまれるわけだが、時にはその色模様が奇妙な形をとることもあり、そこに予言を読みとる者もある。

もし今日に至るまでに催眠剤や刺激剤の影響を免れている民族があるとすれば、滅茶苦茶な言い方かもしれないが、そういうものと少しも関わりを持たないような連中は、もっとも進取の気性に乏しい民族だと思う。なるほど、中国人がアヘンを、インディアンがタバコを吸ったのは歴史的事実だが、今やわれわれはアヘンやタバコはもちろんのこと、酒もお茶もコーヒーもコカインも取り入れて愛用している。

正常な感覚の働きをぼやけさせるような植物の使用法を知ることによって、宗教的慣習や儀式を説明できることが少なくない。ドルイド教の祭司は祭壇をオークの下に設けていたが、これは、神意を受けて預言するのをこの木が助けるからである。バラモンは第2の目〔霊視能力〕を得るため、ソーマ *Asclepias acida*〔*Sarcostemma brevistgma* ただし、原植物の実体については不明な部分が多い〕の汁を飲むが、これは、その汁が栄養に富み、「ありとあらゆる滋養分のエッセンス」だからである。古代ギリシアでは、デルポイの神託を伝える巫女はアポロンに捧げるゲッケイジュの葉を食べ、聖なる三脚台の置かれた祭壇の隙間から猛烈に吹き出すガスの陶酔作用を早めさせた。同様に、神意を告げる預言者もゲッケイジュの寝床で眠ったものであるし、また、ロシアの百姓の中で夢占いをすることになっている者は〈夢見草〉の寝床、すなわちオキナグサ属の一種プルサティラ・パテンス *Pulsatilla patens* を敷きつめた寝床で眠ることになっているのも同じ目的のためである。

刺激物や興奮剤の中に、愛らしく路傍に花を開き、デリケートな芳香と細かい鋸歯《きょし》を持つセイヨウノコギリソウ（英名ミルフォイル、またの名をヤロウ）を含める人はそう多くないだろうが、その別名の〈野原のホップ《フィールド・ホップ》〉は、この植物が以前ビールに使用されたことを表わし、これで醸されたビールは通常のビールよりもはるかに強いといわれる。スコットランド北方のオークニー諸島では、この植物は茶であるとともに憂鬱症の薬であり、スコットランドでは膏薬に、スイスではビネガーをピリッとさせるのに利用する。その他、〈老人のコショウ〉と呼んで、歯痛の治療に使っている国もいくつかあり、その学名にある *Achillea* という属名は、アキレウスが兵士のけがの治療にこの植物を使用したことに由来している。

タバコは、白人がこの名を耳にする以前からわがアメリカのインディアンに知られ、コロンブスが上陸する何世紀も前から嗜好品としてたのしんだり、条約を取りかわす際に吸うしきたりになっていた。最初のパイプは「トバゴ」すなわち、樹皮をくるくる巻いて両の鼻の穴にいれ、燃えるタバコの葉の上にかざしたものであった。が、北方の部族が数千年もの昔から石製のパイプを使用していたことも事実で、そういったパイプは兄弟の約束をする際、喫煙の儀式を司り、偉大なる神の命によって聖なる岩を削って形づくられ、われわれの食卓で親愛の杯が回し飲みされるのと同じように順繰りに回し喫みされたのである。

喫煙とくれば次はコーヒーである。コーヒーなくしては喫煙はほとんど価値がない。コーヒーノキは昔からアラビアに利用されることなく生えていたが、やがて幸運にもイスラム教の苦行派托鉢修道僧ハジ・ウマールによってその利用法が発見されることとなった。それが1285年のことである。そもそもハジ・ウマールは時の支配者たちの間に、それまでの風習とは異なる道徳習慣を確立しようと画策したのが原因で、モカの町から追放され流浪の生活をしていた。極度の空腹のため、ハジはあたりに自生しているコーヒーの実をがつがつとむさぼり喰った。その実はかなりひどい味だったので、その渋い酸味が和らげられないかと思って、炒ってみた。すると我慢のならない渋味が消え、美味しい味と魅力的な香りがするようになったが、こんどはカチカチになってしまった。そこでハジは茹でてみたところ、いっそう食べやすくはなったが、茹でた液の方がとりわけ味がよかった。コーヒーの実を食用や飲用にする程度ではハジの食欲は満たされなかったとはいえ、何とか空腹を抑えることはできたから、食事の代用にはなった。これは大発見であった。ハジは改革を急ぎ過ぎたことを赦してもらえると信じ、また、新しい飲み物の発見を町の衆に伝えるため急いでモカに戻り、めでたくその罪を帳消しにされたばかりか、聖者の地位にまで昇進したのであった。

コーヒー豆が普及してたくさんの愛好者を生むまでにはさらに何世紀もかかった。16世紀の中葉でさえ、コンスタンチノープルの祭司たちはコーヒーのことをけしからぬ飲料であるとしていた。コーヒーを飲んだりしてだらだらしていたら寺院にお参りする者がいなくなる、コーヒー豆を煎じる石炭の火は煉獄の火だ、というわけである。コーヒーを目の仇にする人々の説によると、コーヒーが人間世界に導入されたのは15世紀のことであり、アラビア人の家畜番の発見に始まるという。そのアラビア人は自分の飼っている山羊がたまたまコーヒーを飲んで悪魔にとりつかれたように跳ね回るのを知った。そこでその家畜番は自らその実を試してみたところ、ゆっくりした効き目の毒が含まれているのがわかったので、喜んで自分の「身体」にとりこみ、その挙句に死んでしまったが、のちの無数の人々によって愛され、支持されることになった。

チャはアメリカの建国史にその名を留めている。もしボストン茶会事件がなかったとしたら、独立革命はいったいどうなっていただろうか——。茶の欠乏のためアメリカのニューイングランドの主婦は、イヌハッカ《キャットニップ》、ネットル〔イラクサ属の植物〕、ヨモギギク《タンジー》、あるいはその他ちょっとどうかと思われるような怪しげな植物から得た間に合わせで満足しなければならなかった。不当な税金をかける法律の承認をきっぱり拒否したとはいえ、やはり、英国の兄弟姉妹たちが美味しい茶を飲めるのを羨んで嘆いたことは疑いがない。

ある古書によると、茶は「悪気で満ちたる頭脳を和らげ、水腫症を防止し、こなれにくきものを完全に消化せしむ。また、睡眠過剰を抑え、体液を浄化し、色欲を鎮め、慈悲心の使用を適度に強む」と賛えられている。

岡倉天心の『茶の本』には、茶をいれるということは、胃のためはよく消化を促すばかりではない、それ以上のものだということが書いてある。すなわち、茶を入れることには精神的な重要性があり、「それは一つの思想でさえあり、日常のあさましいかずかずの出来事の中に存在する美の賞讃の上に成り立っている」のだ。昔は茶をいれる前に葉を粉末にしたもので、そのため茶という飲料は、力持ちの料理人が何人か寄ってうすの中で葉を碾りつぶし、菓子のように固めて、何と、スパイス、ショウガ、塩、オレンジの皮、ミルク、米、タマネギとともに煮出したものであった！　8世紀末の『茶経』〔陸羽著・全3巻〕によれば、最上の葉はタタール人の長靴のように皺が寄っていて、雄牛の喉袋のようにカールしていなければならないし、谷からたちのぼる霧のようにほころび、微風の吹きわたる湖面のように輝かねばならず、湿り気と柔らかさは雨で蘇った大地のようでなければならない――。また、ある詩人の本には茶の飲み方についてのさまざまな効能が述べられている。すなわち、1杯目は喉を潤す。2杯目は孤独をいやす。3杯目は書物についての記憶を蘇らせ、本を書く意欲を刺激する。4杯目は汗になり、身体の中の悪いものすべてが毛穴から出て行く。5杯目は浄化を完全にする。6杯目で神々に召喚され、7杯目でふわふわと神々のもとへ舞い上がる――。日本では茶室を飾り気なく簡素に保って、つぎつぎと心に浮ぶ想念が一服の茶によって解き放たれるようにしてあり、無用の雑事が侵入してその高揚が妨げられないようにしてある。

悪名高い植物

かつてジャワ島の真中に、毒を滴らせ撒き散らしている木があり、あたり数マイルに生息する動物や植物の生命を奪っていた。小鳥でさえ、その上空を飛ぶとことごとく落ちて死ぬというありさまであった。その木はとある谷にぽつんと聳え立ってその谷を毒ガスで満たし、あたり一面、大地はこの付近に迷いこんできた人間や獣の骨で累々と覆いつくされていた。この有名な〈ウパスの木《ウパス・ツリー》〉（ウパスはマレー語で毒の意）はたった一本しかなかったが、その名は今もパンノキやクロミグワ《マルベリー》などと同じクワ科のある木〔*Antiaris toxicana*〕につけられている。この木の樹液はコショウやショウガと混ぜられ、弓矢に塗りつけて敵をかぶれさせるのに用いられる。樹皮の繊維は原住民が衣服を作るのに利用するが、着る前に十分に洗わないと痒みの原因となる。ともあれ〈ウパスの木〉の伝説は不確かなものであり、根拠になるような資料は何ひとつない。

ジャワの恐怖の木ウパスとよく似ているのは、メキシコに伝わるガラガラヘビの木の話で、この木には毒のある刺がある。ここから、通りすがりの人間や動物の手足を傷つけ、咬みついては締め殺すというヘビの木の物語が生じた。ペルシアでは、ケルズラ kerzra の花が同じように人々を苦しめるので悩みの種となっているが、そのわけは、もしその花の上を通った空気を吸っただけでお陀仏となってしまうからである。熱帯アメリカに生えるトウダイグサ科のマンチニール〔*Hippomane mancinella*〕の木も好感をもって見られるには程遠い植物である。というのは、もしこの木の枝の下で休んだりして、この木が発散するガスが誘う眠りに沈みこんでしまうと、だれでも一巻の終わりとなってしまうからである。

木というものは、普通はその所有者に幸運をもたらすものであるが、ウォールナッツ〔セイヨウクルミ〕の木は例外である。この木は付近の植物を殺すと考えられ、とくにオークの木には敵対心を持っている。ローマ教皇パスカリス2世はローマの町に生えていた一本のウォールナッツの木をたたき切ったが、それは悪魔と化したネロの魂がその枝にとりついているところを見つけたからというわけであった。その木が滅茶苦茶に破壊されたあと、その木があった場所には悪魔よけに教会が造られた。──こういうわけで、ウォールナッツの木は怨霊や幽鬼にとっては居ごこちのよい場所のようである。

セイヨウイチイ《イユー》の木もウォールナッツの木と同じ理由で、昔から生命や健康に危害を加えると考えられていた。とはいえ、人々は昔から長い間その材で弓を作り、持ち歩いているわけであるが別に怪我することもない──もちろん、矢を射られる人の場合を除いての話であるが。

徳の力がさまざまな植物を支配する一方、邪悪な魔物の呪いの支配下にある植物もある。そんな植物は毒を発して魔物のいうなりになるが、魔物が直接、植物にとりついて悪事を働いていることもある。例えばベラドンナ〔*Atoropa belladonna*〕。悪魔はこの毒草を深く愛していたので、悪事に励むかたわら、ひまをみてはベラドンナのもとを訪れてせっせと刈り込んで手入れしていた。悪魔がその世話から離れられるのは年にたったの一晩しかなかった。それが例のワルプルギスの夜〔5月祭の前夜〕で、悪魔はその日、魔女の宴のためにご馳走を準備するのである。もし、その晩、農夫が黒いメンドリを放しておくと、悪魔はそれを捕らえようとして追いかけるはずである。その時、息をひそめて見張っている農夫は、ぱっと、それこそ脱兎のごとく、あるいは矢のごとくベラドンナのところに飛んで行く。首尾よくベラドンナを引きむしることができれば、その草は正しい用法に供されることになる。つまり、農夫は自分の馬に薬としてこすりつける。すると、馬は力強く元気になるのである──ただし、そのベラドンナがここで示された方法で得られたならばの話であるが。

旧約聖書にでてくる例の〈ソドムのリンゴ《アップル・オブ・ソドム》〉〔ナス属の一種とされている〕は、このベラドンナに関係があるものと考えられている。ベラ・ドンナ、すなわちイタリア語で「美しい貴婦人」という名前は、昔の古い迷信に由来したもので、それはある時が来るとこの世のものとも思えないほど美しく魅惑的な女の姿に化し、その姿を見た者は、滅びさるソドムの町を見るのと同じように、魔法にかけられてしまうとされていたのである。

食虫植物のハエジゴク《ヴィーナス・フライトラップ》は、例の旅行綺談によると本物とはまったく別の怪物に仕立て上げられているので、空想の産物として片づけてもかまわないのであるが、もともとその話はアークライト船長がその本を書き終える以前からでっち上げられていたものであった。だいたいがその手の話は次から次へと伝えられるにつれ、誇張されるものなのである。――その勇ましい探険家が南太平洋のとあるサンゴ環礁のことを知ったのは 1581 年のことであった。そこは、生命を賭してでもという者以外、訪れる者とてなく、いくつもの小さな島に取り巻かれ、その島の一つに死の花ハエジゴクが生えていたのであった。この島は、それゆえ、エル・バノール、El Banoor、すなわち「死の島」と名づけられていた。この花は非常に大きく、人間が中に入れるほどで、鮮やかな色と芳香に満ち満ちたうろになっていたが、もし入ったらそれこそ一巻の終わりであった。というのは、その不思議な芳香に騙されて眠気を催し、下方の花びらに横になるやいなや眠りに陥って二度と目覚めることがないからである。それから、この花はまるでその眠っている人を保護するかのようにそっと花びらを閉じる。花の芳香はいやが上にも増し、焼けるような酸がその萼から滴るが、満身の火傷にもかかわらず、あわれ、何も知らない犠牲者は華麗な夢のうちにあの世行き、かくしてその身体は食物としてハエジゴクに吸収されてしまう。

この綺談に記録されているような恐怖は、これでも控え目に伝えられた方で、キノコの場合にはその奇妙な姿のため、あれやこれやの悪との関連づけを免れえなかった。キノコを食べると中毒するという巷間の伝承は、中毒を防ぐという点からはまあ意味があるが、実は毒のあるキノコより、有益なキノコの方がずっと多い。ハミルトン・ギブソン〔1850～96。自然の事物を描いた有名な挿絵画家。アメリカ人〕が証明した通り、食べられる種を見分けられないため、また、いつ収穫してどう料理したらよいかという知識を欠いているため、毎日毎日、何百トンもの身体によいキノコが野山で無駄になっている。わがアメリカではおなじみのホコリタケ《パフボール》は、色が白い間は食べ頃で料理に使えるが、茶色に変色してしまうと食べられず、踏みつけるとぱっと煙のように胞子を吹き出す。ホコリタケには巨大なものがあり、少なくとも一つの家族をまかなえるような、重さが21キロ、直径1メートルものホコリタケが記録されている。火が火打石と鋼鉄でおこされていたわれわれの祖父の時代に、火口《ほくち》として使われていたのが、このホコリタケの菌糸なのである。また、その「ホコリ」は出血の際、血止めに使用されたものであるが、これは今日でもクモの巣を緊急の止血に使う人があるのと同じである。わがアメリカの独立記念日、7月4日に使われる祝砲の火口もキノコから作られる。英国のある地方では、ホコリタケは、悪戯好きな小妖精パックの名を冠して〈パックの腰掛け《パックス・スツール》〉とか〈パックの拳骨《パックス・ツイスト》〉とかの名で呼ばれているが、言語学者の中には、パックをポッグ〔英国の海岸などでごく普通に見られる頭の大きな魚〕やヒキガエルに比定しているものもある。

なぜ毒キノコは〈ヒキガエルの腰掛け《トードスツール》〉といわれるのだろうか。ヒキガエルがキノコに腰掛けているところなど、見たことがある者はだれひとりもないことは確かである。しばしば農民たちの間で聞かれる伝承では、キノコを見つけたら、とくに「妖精の輪」をなして生えている場合には、すぐさま蹴っ飛ばしてばらばらにすることになっている。なぜなら、それらは明らかに妖精の棲み家だからで、もし、妖精に顔を見られたりすると「熱病に罹る運命にある」のだから、キニーネを服まねばならない。もし、妖精に見られたのが雌牛だとしたら、その後、雌牛は魔法にかけられて、酸っぱいミルクを出すようになるか跳びはねて宙返りするようになってしまう。——実は、この「妖精の輪」は、単に菌類が地中に菌糸をはりめぐらせながら中心から外へ外へと放射状に生長しているだけのことで、時には輪と輪が重なることもある。輪の内側の雑草はキノコのために勢いが弱り、栄養を得る手段を失うので、輪の内側の地面に何も生えていない様子を、田舎の民話では、妖精のダンスのせいにしている。キノコの輪は3、4年たつと消え失せる。すると「妖精は気分を害してどこか他のところへ行ってしまった」といわれるのである。親キノコから落ちた胞子は根を出して生長するにつれ土の養分を使い尽くす。このため、生長は次第に外側へと広がり、養分の多い新しい土地を求めて輪は絶えず大きくなる。地衣類《ライキン》として知られる下等な生物にもキノコと同様の方法で広がるものがある。

ドクゼリ《ウォーター・ヘムロック》——ソクラテスに死をもたらした植物——が悪名高いのは、その汁に毒があるからというよりも、むしろその茎の表面に見られる紫色の縞のためで、この縞模様はカインが弟のアベルを殺した時、額に受けた印とそっくりなのである。この植物はアメリカでは〈まだらの牛殺し《スポッテッド・カウベイン》〉〈麝香鼠の根《マスカッシュ・ルート》〉〈ビーバーの毒《ビーヴァー・ポイズン》〉といった名がついており、ニンジン、パースニップ、パセリ、ウイキョウ、ヒメウイキョウ、セロリ、コリアンダー、スイートシスリなどと類縁のセリ科植物である。おしまいに挙げたスイートシスリも身体によくない植物である。

もう一つ、ジャック・イン・ザ・パルピット、すなわち〈インディアンのカブラ《インディアン・ターニップ》〉、英国で〈男爵と貴婦人《ローズ・アンド・レィディズ》〉と呼ばれる植物は、やはり距離を置くのが賢明だとされていた植物である。その学名 *Arisaema triphyllum*〔*Arum maculatum*〕は血まみれのアルムを意味するが、そのわけは、その仏炎苞に紫色の斑点があり、それがキリスト磔刑の時の血が滴り落ちたあとだといわれているからである。

わがアメリカでは、ツツジ科のカルミアは、嫌悪の念をもって見られていたので、人々はその実を食べた小鳥を食べないように注意していた。カルミアよりもさらによくないのはサビン〔ビャクシン属の一種〕で、これは〈魔法使いの西洋檜《マジシャンズ・サイプレス》〉とか〈悪魔の木《デヴィルズ・ツリー》〉とも呼ばれるが、それは魔女たちがこの上なく罪深い儀式の中で使用したためである。アメリカではお馴染みの牧草コモン・ミルクワート *Polygala vulgaris*〔ヒメハギ属の一種〕は、祈願祭週間の時に、乳呑み子をもつ母親がお祭りの行列に持ち歩くか、あるいは、花輪にして身につけていると、母乳の出がよくなる。しかし、ジャワ産の近縁種 *Polygala venanta* は恐ろしい毒草で、それに触った人はくしゃみで死なねばならない。もう一つ、恐ろしい効能を持つ植物といえば有毒のヨウシュヤマゴボウ（英名ガーギット、またはポウク）がある。ただし、その若芽は湯がくとアスパラガスのようにして食べられる。また、その草汁をアルコールで溶いたチンキ液は「老婆の呪医」がリウマチの治療を施す時に用いる。

路傍に見られる毒草のカタログは、ヒヨス《ヘンベイン》（ヘンベインとは、メンドリの毒、という意味）を加えて初めて完成することになる。ヒヨスはまたの名を〈豚の豆《ホッグズ・ビーン》〉といい、それを学名では *Hyoscyamus*〔豚の豆、という意味の古代ギリシア語に由来する〕という科学的仮面をかぶっているが、見るからに醜悪な格好で、葉はもじゃもじゃ、花は呪われているかのように醜いので、まず他の植物と間違えることはないと思われる。魔女はヒヨスを「丑三つ時のシチュー」の材料に使用し、また、黄泉の国の死者はヒヨスの冠をかぶって、あてもなくステュクス河〔三途の川〕のほとりを彷徨っているのである。

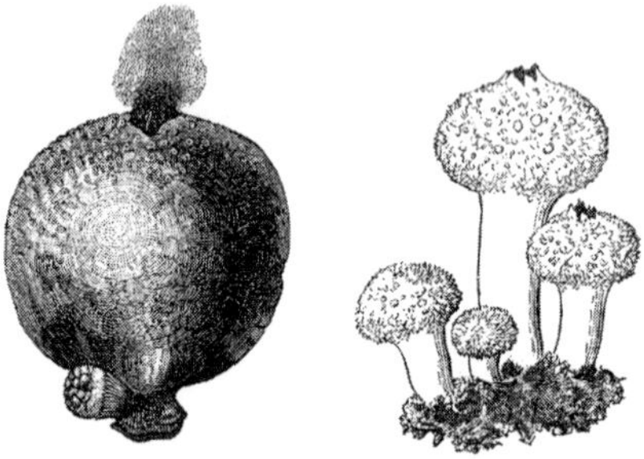

胞子を吹き出すホコリタケの仲間

花の神話伝説事典

◎本文中の〔　〕内はすべて訳註である。また、訳註の対象が広範におよぶ場合は＊を付して欄外に小文字で記した。
◎植物図をはじめ、257頁のヤナギを除く挿図はすべて、日本語版において挿入したものである。

アイリス (Iris)

庭園に咲く花のうちで、アイリスほどわれわれの祖母の時代の庭を甘く呼びさます植物はない。その茎は中空なので水の近くを好むことがわかるが、どんな種類の土壌でも作れる。以前は、農家の玄関先でごくふつうに見られたもので、春が近づいてくるにつれ、青、紫、白、黄色などの花が咲くのを待ちわびたものであった。

アイリスの花は、その色の深みにおいて紫水晶と、その繊細さでユリと競い合っており、水に濡れたような肌をもつ。詩では、この花は知恵、信愛、勇気を象徴するものであったが、古代の原始的な医療では「脾臓」の治療に使われた。その他、咳、打ち身、引きつけ、水腫症、蛇の咬傷、怒りの発作などに処方された。その花びらは、青黒くなった打ち身に貼るだけで、2、3日すれば元通りになる。瘰癧《るいれき》や血液の病にはわざわざ切り傷をつくって、傷口にアイリスの根でつくった玉《ビーズ》を挿入した。根はまた、赤ん坊に歯を生やすのにも用いられ、小さな子供の首のまわりにアイリス（薬局ではオリスという方が多い）のビーズをつけるしきたりが大人にもひろがって、これを装飾用に身につけることになった。レグホーンとパリからは年間に2000万個もこうしたビーズが輸出されている。オリスはまた、火の中に投げこむと心地よい匂いを発するので、香としても用いられる。酒、ニンニク、タバコのにおいを呼気から除くのにも使う。また、におい袋にはスミレ《ヴァイオレット》の代わりに使われる。

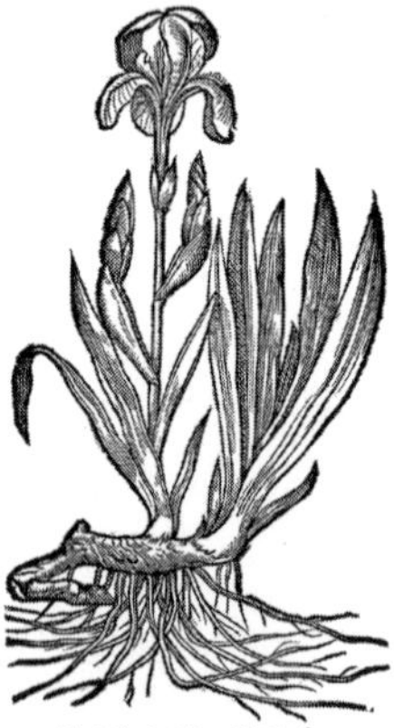
フィレンツェのユリ

英語でフランスのユリとかフィレンツェのユリといえば実際にはアイリスを意味する。イタリアのフィレンツェ付近では、アイリスはその芳香ある根をとるために栽培されているが、フランスでは、昔は、王室の紋章と王旗のデザインに用いられていた。フランク王国の王クロヴィス1世〔465頃～511〕は、楯の紋章に3匹のヒキガエルをつけていた。平時には、家臣たちはこの国王によく仕えていたが、王が戦争に行くたびごとに、王の楯の上のヒキガエルがしたたかに打たれるので、敵の剣が3匹を貫いて王の身体に突き刺さるのではないかと、恐れる者も少なからずいた。

ところが、ある日、隠遁中のある聖者が瞑想している部屋から見ていたところ、驚いたことには、一人の天使が空のように青く輝く楯をもって姿を現わした。その楯には3つのアイリスの花が描かれ、太陽のようにまばゆく輝いていた。老聖者は、その楯をもって女王クロチルダのもとへ行き、どうしてその楯を手に入れたのか、その顚末を告げた。女王は、これを王クロヴィスに与え、王は武具からヒキガエルの紋章を削除し、次の戦闘には天使からもらった楯を携えた。戦闘が終わった時、王は楯についているはずの刀傷があとかたもなく消え失せ、アイリスの花が輝いているのに気づいた。その日以来、王の軍勢は戦いという戦いに勝利した。こういうわけで、フランスは、王の戦場における勇気と名望とともにその楯を受けつぎ、軍旗にアイリスの花を採用することとなった。当時、アイリスはキリスト教の象徴であったので、その信仰がクロヴィス王にそれを直ちに採用させたのであるが、これは、王が、もしゲルマン族との戦いに勝利すればそうする、との誓約に従ったものであった。

疑い深い人たちの説では、クロヴィス王は紋章としてヒキガエルを身につけたことなどなく、即位に際してアイリスを使用することにしただけなのだが、当時のお粗末な絵描きの表現の仕方がまずかったためにその花がヒキガエルと誤解

フランス王家の紋章(左1211～1376年、右1376～1792年)

されたのだという。とにかく、いずれにしても、その紋章は、時がたつにつれアイリスに似たものとなり、フランス革命で、ニワトリ、ワシ、ローマの権標、ハチの象徴がもたらされるまで、その地位を保った。ルイ7世は、1137年、十字軍の象徴にアイリスを採用し、それはルイ7世の白い軍旗に目も鮮やかに描かれて姿を現わした。そんなわけで、アイリスはルイ家の花として知られるようになったが、それ以前の名は〈光の花《フロール・ド・リュセ》〉であったと思われる。はじめのうちは、王家の軍旗にはこの紋章がびっしり縫いつけられていたが、シャルル5世はそれを3つに減らして三位一体を象徴させた。

アカシア (Acacia)

アメリカのニセアカシア《ロウカスト・ツリー》の花は、春、うっとりする芳香を放つが、これはアメリカ原産の種〔ロビニアの一種〕で、本来のアカシアは聖書時代には「不朽不滅、清廉潔白の材」として、契約の箱や幕屋の祭壇をつくるのに用いられた。また、キリストの荊冠に用いられたのもアカシアである。仏教徒にとってもアカシアは聖木であり、祭壇の上で燃やされる。ヒンドゥー教徒の場合には、シャミーと呼ばれるアカシアの一種〔これを同じマメ科のプロソピスに属する植物、と記す書もある〕を、犠牲《いけにえ》を捧げる儀式の火をおこ

すのに使っている。

エジプト第19王朝のある伝説は、アラパホ族インディアンに伝わる民話とほとんどそっくり同じ話であるが、ただ、アメリカ・インディアンの物語では、アカシアのかわりに1本の「青い羽根」が登場する点だけが違う。そのエジプトに伝わる物語とは、次の通り。

ヨセフの祖先の一人にバタという男がいた。兄の妻はバタに横恋慕していたが、バタはその女を全然相手にしなかった。邪恋に狂った女は腹立ちまぎれに夫のアンプに、バタが私を力ずくで犯そうとした、と告げ口したのである。バタは自らの潔白を証明しはしたものの、もはや兄夫婦とともに楽しく暮らすわけにもゆかない。そこでバタはわが身の一部を切り取って身の証しとし、住みなれた家を立ち去った。残されたアンプは弟がいなくなったことを嘆き悲しみ、裏切者の妻を殺してしまった。

アカシアの谷間に流れ着いたバタは、

ナイル河のほとりに生えるアカシア（上下とも）

自ら魂をはずして、アカシアのてっぺんに咲いた花にかけ、大切に保管することにした。神々は若い流浪人《さすらいびと》を憐れみ、太陽はこの若者にふさわしい連れあいをと命じ、「この国で一番肢体の美しい娘」を与えた。こうしてバタは神々の娘とともに暮して満足していた。さて、あるときのこと、「私が狩に出かけている間、おまえは家で留守を守るように」と娘に命じた。けれど、美しい娘はその言葉に従わず、バタがいない間、海辺を散歩する。これを見た海の神は娘のあとから手を伸ばして、吠えるような大声でアカシアに娘を捕まえておくように言った。しかし、アカシアにできることといえばせいぜい枝を低くして娘の髪の一房をちぎることだけ。アカシアはこの髪の房を海に落したが、これはエジプトの海岸まで漂って行った。今しもそこではファラオ〔エジプト国王〕の下着を洗濯中である。髪の房にしみついたアカシアの花の香りがナイル河の水にかぐわしい香りを与え、王の衣服にその匂いが移った。王はその芳香が何処から来たものであるかとたずねたところ、一人の祭司が、神々の娘の髪から生じたものにございます、と答えた。王はその娘を知りたいと熱望して、世界各地へ使者をやって探させた。バタはアカシアの谷へ侵入してくる者には剣をもって戦い、片はしからやっつけたが、大部隊を率いた最後の一人に破れ、娘をさらわれてしまった。娘は喜んで、ファラオに、夫のバタが魂を隠しているアカシアの木を切り倒すように頼んだ。王は、新手の

軍隊をバタの住む地にさし向け、あわれバタの魂の木は切り倒された。バタも倒れて死んだ。

そのときはるか離れて、バタの兄アンプは座って肉を食べながら、ビールをもって来るよう命じたところであった。ビールは泡だち、煮えくりかえっていた。アンプは、ブドウ酒をもってこさせた。が、それは腐っていた。この2つのしるしにより、アンプは弟のバタが死んだことを知った。かくして、アンプは、アカシアの谷へむけて出発する。できうることなら、弟の魂をとりもどしたかったのである。死体はアカシアの谷にあったが、弟の魂を守っていた木はなくなっていた。アンプは3年間も探した結果、やっとアカシアの種子のさやをみつけた。その中には弟の魂がふくまれているかもしれないという望みを抱いて、アンプはそのさやにカップ1杯の水をかけた。乾いた弟の魂は、一滴余さず飲んだ。それから、アンプは、もう一度、カップを満たし、今度は死んで横たわっている弟の唇の間から注ぎこんだ。というのは、さやが水を吸うにつれ死体の手足がピクピクとふるえたからである。死体はむさぼるように飲んで、やがてすっくと立ちあがった。人間として蘇ったのである。バタはファラオのところを訪ね、その妻を追放し、王の死後、30年間統治し、その後、兄のアンプが跡をついだのである。

アカンサス (Acanthus)

アカンサスは、ギリシア時代に造られたコリント式建築の円柱に永遠にその姿をとどめていることで有名である。この円柱の頭の部分は、アカンサスの葉をのびのびとデザインしたもので、この植物が円柱のデザインに使用されるようになったことについては、次のような話が伝わっている。

コリントの町が栄えていたころ、一人の少女が死んで、アカンサスの生えているところに埋葬された。乳母はその墓に、亡くなった少女の玩具や装身具を入れたバスケットをもっていき、アカンサスの生えている墓の上に置いた。若葉がでてきたとき、その若葉は重みのために折れ曲がってバスケットを美しくふちどった。彫刻家のカリマコスは、ふと通りかかって、その線の優美さにひきつけられたので、それを石にきざみこんだわけである。

コリント式の柱頭

アカンサス

アサ（Hemp）

「アサを伸ばす to stretch hemp」というのは隠語で、吊し首にすることである。死の手段を提供する植物などというと、不吉の徴候を示すものだと思われるかもしれないが、アサのロープは、悪党の息の根を止めるのに使うよりも、良い意味で使われる方が多いので、この草には優しい、情深い側面もあるといえる。とくに、未来の夫にめぐり会いたいと思う娘たちにとっては親切な草である。その際、乙女は抜け目なく計画を立て、自分の魅力を十分に整えておく必要がある。用意のできた乙女は、夜になると教会の回りをアサの種を播きながら走り回らねばならない。そして、「私はアサの種を播く。アサの種を播きますよ。私をいちばん愛している人、どうぞ後から刈りとって下さい」と繰り返し唱える。走りながら肩越しに振り返って見ると、乙女は嬉しい恐怖を経験することになる。というのは一人の男の幻が大きな鎌をブルンブルンと振りながら、播かれた種から生えてくる幻のアサを次から次へと刈りとりながら追いかけてくるからである。

アサ

シチリア島では女性は、アサの糸を恋人を誘惑するのに使うが、糸が二つの心を結びつけるという連想が働くからであろう。アサの悪い用法といえば、ハシッシュを抽出することである。この麻薬を喫む者は、頭がぼーっとしてグロテスクで怪しげな幻影を見る。アラビア人は、ハシッシュをやっている時には、遠く離れたところにいる他人の言葉を聞いたり、その人が何を考えているのか知ることができると信じている。

アサガオの類
（Morning-glory）

そのやさしい眼差しで朝日を見上げその蔓をみごとな色で飾りたてるアサガオ〔熱帯アメリカ原産のアサガオ *Ipomoea purpurea*〕は、あとひとついい香りがありさえすれば、すばらしい価値をもつことになるだろう。これはもっとも根強い植物の一つで、一度種を播くと、栽培者は冬が終わって新しい生命が始まる時に、まわりに集まった無数の芽生えを間引きしてやるだけで、それ以外の世話を一切しなくとも繁殖しつづけることは確かである。

花の命は短いにもかかわらず、これは勇気と活力《エネルギー》の表象《エンブレム》とされるべきものだ。

イギリスではヒルガオの一種にラージ・バインドウィード〔ヒロハヒルガオ *Calystegia sepium* か〕と呼ばれるものがあり、フランスでは〈真昼の美女〉と呼ばれているが、すりつぶすか煮るかして、人間の容貌を台なしにするような悪性の腫れ物に用いると聞けば、あまりきれいな花という感じを受けない。詩人なら顔の腫れからそれを引っぱがしてしまっただろう。しかしながら本草学者のジェラードは、こういった目的に対してさえそれを使うことを勧めていない。というのは「これは医薬品としては適さず、無用の雑草で、あとに生えてくるあらゆるものに有害であって、これを薬として用いるのは、放浪の薬商人・いかさま医者・蛭使いの老婆・薬づけの医者・人民の裏切り者だけである」と言っているからである。それでも、イギリスの田舎の人は恐れることがなく、ハマヒルガオ《シー・バインドウィード》の若芽を摘んでセリ科の香草サムファイア〔*Crithmum maritimum*〕の代用にさえした。

ヒロハヒルガオ

アザミ (Thistle)

ギリシア神話では、大地の女神は、羊飼いで音楽家、詩人で狩人であったダプニスが、自分の気持ちを知りながら通りすぎたのを悲しんでアザミの花をつくり、ダプニスに対する愛を表現しようとしたという。しかし、北欧ではアザミは雷神トールに結びつけられており、トールがアザミ、およびそれを身につけた人間を守護したので、人々はこの刺の多い植物を〈雷の草〉と呼んだ。

ドイツ民話の尽きることなき鉱脈からは、この控え目な雑草にまつわる一つの物語を掘り起こすことができる。ある商人は、その日に限ってお守りのアザミを身につけることを忘れていたに違いないが、人里離れた土地を通りかかったとき、一人の農夫に出会った。農夫は、旅人の身なりと持ち物から金持ちらしいと気づき、うらやましさと苦々しさの気持で一杯になった。道に自分たち以外の人影のないのを確かめ、農夫は商人に飛びかかり殺してしまった。犠牲者は死ぬ間際に人殺しをにらみつけながら、重々しくこう言った。「アザミがお前の罪を告げるだろう。」この警告が何を意味するか考えることもせず、それを嘲りながら農夫は商人の金をかき集めて逃げ去った。

しかし誰も知っているように、富は不満をもたらすもので、やがてかの農夫は快活さを失い、疑い深く、おびえるようになった。農夫は盗んだ金をはやく使ってしまおうとあせったけれど、別の賊の手に奪われることも恐れた。隣人たちは、農夫がアザミをとりわけ嫌っていることに気づいた。野原を歩くときに避けていたからである。人々は農夫にその理由を尋ねたところ、「いいたくない。だけどアザミにも言えなかろう」と答えた。しかし、なおもしつこく「でも、あんたとアザミは一体どういうかかわりがあるんだい？」と人々が聞いたので、最後にとうとう、後悔と恐怖のために半狂乱になって自分の罪を告白し吊るし首にされた。殺人が行なわれた場所は、メックレンブルクにあるが、商人の倒れた位置にはアザミが生え、その蕾と枝は、人間の頭、腕、手に似てみえる。

サボテンのケレウスの一種、すなわち鬼面角《トーチ・シスル》〔*Cereus peruvianus*〕がケレスの提げていた松明であるといわれるのに対し、チャボアザミ《カーリン・シスル》〔*Carlina vulgaris*〕はカルロス・マグヌス、すなわちカール（シャルルマーニュ）大帝の名を不朽にするものである。大帝は戦争の最中に部隊に疫病が大発生したことにうろたえ、病気で兵を失うことによって自らの計画を断念しなければならないのではないかと怖れ、助けを願って熱心に祈った。それに応えて、一人の天使が天から降りきたり、大帝に、弩《いしゆみ》を射て矢の落ちたところを見よ、そこに疫病を鎮める薬草が見つかるだろうと言った。矢はアザミの上に落ちたので、アザミを煎じて病気の兵士たちに投与したところ、病気はたちどころに癒えたという。

この草が〈祝福されたアザミ《ブレスド・シスル》〉〈聖なる《ホーリー・》アザミ《シスル》〉〈聖母のアザミ《アワ・レイディズ・シスル》〉〔いずれもキク科の *Silybum marianum* を指す英名でもある〕といういくつもの名を持っているのは、薬としてのその効能に対するこのような信仰のためであった。

この植物は14世紀にフランスで聖母マリアを讃えて創設された「アザミ勲位」(the Order of the Thistle）の紋章であった。同じ名前をもつもう一つの勲位が、世界で一番古い貴族社会イギリスで行なわれている。これはもとはスコットランド王アルチウスが、10世紀に、アゼルスタンに勝利した後に設けたものとされていたが、現在ではこの主張は英国史家たちによって否定され、このナイト称号の創設はイングランドのジェームズ2世に帰せられている。

アザミがスコットランドの国家の象徴として選ばれるのは、デンマーク戦争の時までさかのぼる。襲いくるデンマーク軍は、敵陣に夜襲をかけて不意打ちしようと考え、裸足で敵に向かって前進したが、一人の兵士がアザミを踏んづけて痛さに堪えきれず大声をあげてしまった。これを聞いてスコットランド陣営は奮い起ち、侵入軍を打ち破った。それ以来、「守護アザミ」は王国の紋章となり、それに「われを襲うもの害を受けざるなし」(Nemo me impune lacessit）というモットーが添えられた。

こういったことがあるにもかかわらず、アザミはこまめに手をかけて栽培されることがない。実際に、米国議会はアザミの栽培に声高に反対してきたし、通常は見つければ根こそぎにするべき敵として扱われている。しかしロバはそれを食べて大きくなるのであり、その栄養価を疑う者には「死んだロバを見たことがあるか」と問うことができる。さらにワイオミング州、イエローストン地方では数年前、道に迷った人が、アザミの根を食べて何週間か生き延びている。

ある古い本には、アザミは、野菜および鉢植え植物——刺を取って——として推奨され、季節の移り変わりには「血をきれいにする」と記されている。その上さらに悪感、黄疸を癒し、酒にすると「余分な黒胆質《メランコリー》を体から追い出し、人を至極陽気にする」と述べられている通りであるとしたら、将来われわれはビートやカブの畑と同じように、アザミ畑をもつことになるかもしれない。

聖母のアザミ

アネモネ（Anemone）

アドニスはウェヌスの棒げる愛には目もくれず、いのししを追うのに熱中していたが、やがてその牙にかかって殺されてしまった。これを知ったウェヌスははらはらと涙を流し、その涙が大地に流れ落ちた。この涙をそのまま蒸発させてしまうにはあまりにももったいないというわけで、大地の神は天の錬金術でもって、その涙をアネモネの姿に変えた。アネモネの英名〈風の花《ウインド・フラワー》〉は、この花が春、最初に吹いてくるおだやかな春風の力で開くという伝説を留めている。中国人にとって、アネモネは死の花であり、それゆえ、悲哀や苦悩とひろく関連づけられている。また、しばしば、危険な花とみなされていることも多かった。最近の見解によると、ローマ人はアネモネを集め、ローマ市周辺のカンパニア平原から市内へ蚊が運びこむマラリア熱の治療薬にしたという。

もう一つの伝説によると、ドイツ人が〈小さな風のバラ〉と名づけているように、アネモネは、もともと花の女神クロリスの宮廷に仕える乙女《ニンフ》であった。そこで乙女は、西風の神ゼピュロスに見染められたのである。ゼピュロスは大地にそっと息を吹きかけて花や果実を芽ばえさせる神である。一方、クロリスはなんとなくゼピュロスが自分の手をとって求婚することになるだろうと思っていた。ところが、ゼピュロスの心はアネモネに傾いているのに気づいて、クロリスは怒りのあまりその乙女を宮廷から追放してしまった。ゼピュロスは、クロリスが失恋に打ちひしがれ、一人ぼっちで沈みこんでいるのをみて、仲よくやって行かねばならないことを覚った。かわいそうに、乙女は見捨てられた。が、お別れにゼピュロスは乙女を花の姿に変えてその名をアネモネとつけたのであった。

古代ギリシア・ローマの人々はアネモネを染めて、ウェヌスの祭壇を飾った。アネモネはウェヌスの愛のしるしだからである。また、死者の顔を飾る花輪にも用いた。人々は古くからこの花に永遠の生命をという願いを託していたようで、現在でも、ヨーロッパの一部では復活祭の花、すなわちキリスト復活の花として知られている。ドイツでは、復活祭のとき、アネモネは〈牛の鈴〉と呼ばれ、雌牛の首を飾ったものである。聖地では、アネモネは、〈キリストの血の滴〉（この名はときおり、ニオイアラセイトウ《ウォールフラワー》にも使われる）であり、磔刑の日の夕方、カルヴァリの丘に生えていたアネモネはキリストの血が滴り落ちて以来、その花が赤くなったのである。昔、教父たちは、この植物の三つ葉を用いて、神の現われを象徴したので、この植物は〈三位一体の草〉とも呼ばれた。

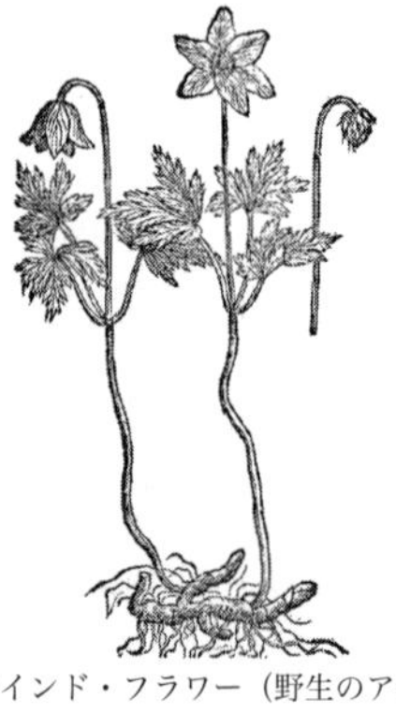

ウインド・フラワー（野生のアネモネ）

アブシント (Wormwood)

アブシント〔*Artemisia absinthium*〕はアブサン酒に含まれる有毒の成分で、ヨーロッパではいろいろ変わった風習を生んでいる。生まれて12週以下の赤ん坊の両の手にアブシントをこすりつけてやると、髪の毛に虫がつかないし、風邪をひいたり熱を出すことがなくなる。奇妙なことにこの草は、古代人にはアルコールの作用を和らげるために酒に浸され、また、ドクニンジン《ヘムロック》、トガリネズミ、海の魔物からも身を守ってくれた。マグワートすなわちヨモギ属の植物は、そのアルテミシアという属名を、マウソロス王〔小アジアのカリア国の王〕の妻アルテミシアから採っている。ただし、それがアルテミスすなわちギリシア神話のディアナであると主張する者もいる。そこで、これは女性の生理不順に用いられるだけでなく、死者の魂や冥界の鬼をこの世に連れてくる秘密の魔法にも用いられた。

「5月にマグワート《マギンズ》を食べよ」、すると肺

病、毒、疲労を防ぎ、敵の矛先や猛獣から身を守り、その他もろもろの悩みを逃れることができる。マグワートで十字架をつくって屋根の上に置くと、その十字架はキリスト御自らによって祝福されるはずだから、1年間は下に降ろしてはならない。

ロシアの昔話では、ある女性が、森を通り抜けようとしたとき光輝く石を守っている蛇の穴に落ちた。この石はなめるだけで蛇どもの食物となり、女もまた、同じやり方をして生きながらえた。春になると蛇たちはしっかりつながりあって梯子となり、女はそれを伝って蛇の巣穴から出て、光と緑の世界へ戻ることができた。女が蛇たちのもとを立ち去ろうとしたとき、蛇の女王が女に、けっしてマグワートの名を口にしないという条件で、植物の言葉と使い道を理解する力を授けた。しかし、見知らぬ人から突然、道ばたに何が生えているかと尋ねられたときに、女は〈Tohornobil〉（マグワート）と答えてしまい、せっかくの神秘的な知力は消えさった。そこで、ロシア人がマグワートを呼ぶ言い方の一つは〈忘れ草〉となっているのである。

アブシント

＊ヨーロッパ原産の Wormwood は一般にニガヨモギとされることが多いが、別種であることが判明したのでアブシントという和名を用いることにした。明治時代にアブシントが日本に紹介された時に誤って同定されたという経緯がある。

アボカド（Avocado Pear）

アボカド、すなわち〈ワニナシ《アリゲーター・ペア》〉は、軟らかく、軟膏のような感じのする果物である。サラダに使うとおいしいもので、これは、昔、インディオのセリオカイが南米ギアナの未開の荒地に住んでいた時、お気に入りの食物であったそうだ。セリオカイは、しばしば、オリノコ川の森林をうろつきまわってはこれを集めて貯わえていた。こんな風にゆったりと暮していたある時のこと、一頭のバクが、セリオカイの妻を見て恋心を抱き、ついにはその心を射止めたのである。何も知らないセリオカイが、ふだんと同じようにアボカドを集めに行った時、妻はすぐ後から、薪を切るためというので、手に石斧を持ってついて来た。セリオカイがアボカドの木から実を集めて降りて来た時、妻が猛然と切りつけたので、セリオカイの右の脚はふっ飛んでしまい、気を失ってのびてしまった。

女は、あたりに散らかったアボカドの実を集めてしまうと、バクの穏れている場所へと急ぎ、そして、この邪恋に狂った２人は手に手を取って逃げ去った。セリオカイは、近所の人によって発見され、傷の手当てをしてもらってから、家へ連れて帰ってもらい、そこで手厚い看護を受け、健康をとりもどした。動けるようになるや否や、不具となった脚に木の義足を誂え、それから弓と矢を携え、逃げた２人を求めて出発した。逃げた２人の通った道はすでに跡形もなく消え去っていたが、セリオカイは茫漠たる荒野をどこまでも２人を追跡して行った。手掛かりはアボカドの木で、裏切った妻が食べちらした種子から芽生え、大きくなっていたのである。

それは長い長い骨の折れる追跡であった。山や川をいくつも越えたが、行く先々にはかならずアボカドの木が生えていて、次第にセリオカイを仇敵の方へと導いたのである。木はだんだんと小さく、みるからに若木となっていた。さらには幼木は縮み、やがては、ほんの芽になり、ついには木がなくなって種子となり、それから足跡がみつかった。それを追ってセリオカイはとうとう２人に追いついた。

アボカド

怒りに燃えるセリオカイの矢は、バクの身体を貫き、その畜生は世界の端から転げ落ちて行った。自分の情人が射ぬかれてそんな風になったのを見て、女も同じように世界の端から跳びおりた。いやされぬ復讐心に燃えて、セリオカイはなおも後を追い、そして、今なお、未だに悔いることのない２人を宇宙に追い求めているのである。その男とは、オリオンであり、女はプレアデス、バクは血のように赤い目をもつヒアデス星団である。

アマ (Flax)

大地の女神ヒルダは、昔から人間に亜麻布を織る技術を教えてきた。今でも年に3回、チロル地方はウンターラッセン近くの洞穴から姿を現わして、人々が相変わらず自分の教えを守ってうまくやっているかどうか見てまわる。1度目は夏の呼び声に応えてやって来る。ちょうどアマが青い芽をふく時候で、このとき女神が何よりも関心を持って知りたがるのは、人々がアマをたくさん植えているかどうかである。次に冬にやって来た時には、女たちが糸巻き棒にたっぷり紡げるだけのアマがとれたかどうか、また、家庭用リネン布の正しい織り方をしているかどうかを見てまわる。もし、期待どおりにいっていないとすると、それはその家の者が

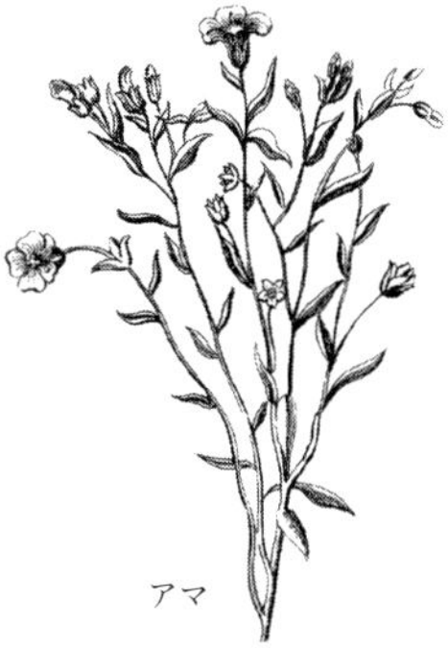

アマ

むだ使いしているか怠けているか、あるいは亜麻作りにはふさわしくないということなので、次の年には罰としてアマを枯らして収穫できないようにしてしまう。

ヒルダは豊穣の女神であるから、北欧の一部地域の人々は、アマを生命の象徴とみなしている。ドイツでは、赤ちゃんの育ちがよくないと裸にして草の上に置き、その上からアマの種子をふりかける。これは、この種子が地面に落ちると根を出して繁茂するとき、赤子の人生を、実り豊かなものにするよう加勢してくれるという信仰に基づいている。ふりかけたアマの種子からアマが芽を出したら、赤ん坊はすくすく育ち始めるに違いないというわけである。

アマランス（Amaranth）

古代ギリシア・ローマの信仰では、アマランス〔ヒユの仲間〕は永久にしぼむことのない「不凋花」で、天国の花園に宝石のようにちりばめられていた。ギリシア人にとって死の花といえばユリ科のアスフォデル〔ツルボラン属の植物〕であったが、葬式の際にはアマランスが永遠の生命を象徴する花として用いられていた。スウェーデン人は、国をあげてこの花の価値を認め、アマランス勲章を制定している。

この仲間にヒモゲイトウがある。〈愛《ラヴ・》は出血にあり《ライズ・ブリーディング》〉の名前が示すように、血のような深紅色をしている。この植物は、フランスでは〈修道女の鞭〉という意味の名前がついており、それゆえ、フランス人の心には鞭打ちの苦行に耐える回心者の姿を暗示するが、アメリカの庭園で見られるアマランスはほとんどこの種しかない。ローマもカトリックに帰依している国々では、アマランスはキリスト昇天祭に教会を飾るのに選ばれた花の一つで、ここに古代ギリシア以来、生命とこの植物との根強い関係を見ることができる。

古代から近年に至るまで、この類の植物の名をいろいろ挙げてみると〈丸々し《グロウ》

フラワー・ジェントル

たアマランス《ブ・アマランス》〔センニチコウ〕〉〈王子の羽根《プリンスズ・フェザーズ》〔ホナガアオゲイトウの変種〕〉〈雄鶏の鶏冠《コックス・コーム》〔ケイトウ〕〉〈貴族の花《フラワー・ジェントル》〉〈ビロード状の花《ヴェルヴェット・フラワー》〉〈ビロードブラシの花《フラワー・ヴェルア》〉〈愛の花《フローラモア》〉などがある。

アーモンド（Almond）

王女フュリスは、トラキア海岸に難破して流れついた若者デモポオンと恋におち、二人は結婚を誓い合う仲となった。しかし、トラキア王のお陰で壊れた船が修理されたため、デモポオンは仕事を片づけ次第、戻って来るからという約束で、ひとまずトラキアの浜辺から出航したのである。ところが、ああ、哀しき男の性というべきか、故郷へ帰って出会った一人の乙女が、デモポオンの目にはトラキアのフュリス姫よりさらに美しく映ったため、フュリス姫との約束を忘れてしまったのである。フュリス姫はトラキアの海辺に立ち尽くして、水平線の彼方から帆船が姿を現わし、愛しの恋人が飛び降りてくるのを今か今かと見つめていた。そうこうするうち姫は重い病にかかって、とうとう悲しみのうちに死んだ。しかし、フュリス姫の身体は墓場へは運ばれなかった。というのは、神々が姫の貞節を褒め讃える証しとして、その身体をアーモンドの木に変えたからである。そして、その姿で海を見つめつづけ、姫の両の腕はなおも不実の恋人をさし招いていた。そんなわけで、後悔して戻って来たのか、何か別の目的があってやって来たのか知らないが、デモポオンが帰って来たとき、留守の間に何が起こったかを悟ったのである。良心の呵責に耐えられず、デモポオンはそのアーモンドの木を探し求め、根元に倒れ伏して幹を抱きしめ、その根に滂沱《ぼうだ》の涙を流したところ、フュリス姫のアーモンドの木はうれしさのあまり、ぱっと花開いた。そこで、ギリシア語ではアーモンドの名をフュリア phylla と呼ぶようになったわけである。

イタリア中部西海岸のトスカナ地方では、アーモンドの枝は地中に埋められた秘宝を探すのに使用されているが、地方によっては宝探しにセイヨウハシバミ《ヘイゼル》の木を使うところもある。カトリックではアーモンドは聖母マリアに帰する木であり、イスラム教徒は、その木に天の希望を見る。ユダヤの民話では、例の幕屋の中で一日にして芽をふき実をつけたのがアーモンドの木で、ユダヤ最初の大祭司アロンが手にもっていた杖である。

さて、このアロンの杖は、畏敬の念をもって保護され、ローマへ到着して教皇の杖になったが、これについてはもう一つの物語がある。ワグナーが歌劇『タンホイザー』でその世界を身近なものにしているが、この伝説は歌劇に仕立てられるずっと以前から人々の間に流布していた。この物語の主人公タンホイザーは吟遊詩人で、歌のコンテストに参加しに出かける途中、ある山腹の洞穴にきたところ、その入口に絶世の美女が立っていた。美女の招きに従って、タンホイザーが山の洞穴の奥深く入って行くと、そこは洞穴が大きくひろがって素晴らしく豪奢な部屋になっていた。タンホイザーを呼びよせたのは愛の女神ウェヌスだったのである。こうして、タンホイザーは時間も義務の観念も仲間の連中のことも忘れ、夢幻の境をさまよいながら何年も眠りこんでしまった。しかし、その永遠の享楽にも飽きのくる日が来て、タンホイザーはこの世の粗末な果実も食べたくなったのである。タンホイザーはわが身を虜にしているウェヌスにもう一度、外の世界に解き放ってくれるよう懇願したが、聞き入れられない。とうとう、タンホイザーは跪いて聖母マリアに私を救って下さいと哀願した。目を閉じて、長い長い祈りを捧げたあと、タンホイザーは涼しい息がそっと頬をなぜるのを感じた。そこで、顔を上げてみると、自分が元の世界のホーゼルベルクの頂でさんさんと日光を浴びているのがわかった。タンホイザーは随喜の涙を流して喜んだ。

タンホイザーがこの一部始終をある司祭に告解したところ、司祭はこれまでだれ一人としてそんな罪を犯した者はない、そんな罪の赦免は私にはできぬ、教皇にお願いするより他はない、ときっぱり言い渡したのである。タンホイザーはとぼとぼと気分も重くローマまで歩いて行き、教皇に訴えでた。タンホイザーが経験談を繰り返し奏すると教皇ウルパヌスは驚愕のあまり叫んだ。「お前のように罪ぶかい者はない、どうして赦せるものか。全能の神の前でお前を許したりしたら、私の手の杖が芽をふいて花が咲くだろう。」罪を宣告されたタンホイザーは、わが道を行くより他はない。するとやがてタンホイザーは再びホーゼルベルクに居るのに気がついた。突然の絶望に、大声でウェヌスに自分をもとに連れ戻してくれと叫んだ。女神はその願いを叶えたが、その3日後、山がすっかりタンホイザーたちをつつみかくしてしまうと教皇の杖に突然アーモンドの花が咲いて芽をふいた。大きな驚愕と後悔の念が教皇をみたした。なぜなら、教皇は神の審判がずっと寛大

右：ウェヌスとタンホイザー
（J. C. ウェアーズ画、1896年）
左：アーモンド

で慈悲深いものであることを理解したからである。教皇は何人も使いを出してタンホイザーのあとを追わせたがまったく無駄であった。タンホイザーはすっかり消え失せてしまっていた。

もう一つ、杖にまつわる伝説がある。それは、ある修道院の見習い修道士の話で、その男は忍耐と従順を身につけるべく、香料をとる木《スティラックス》〔エゴノキ属の植物〕の杖に毎日、2年間、水をやるように命令されていたが、水は2マイルも離れたナイル河から運ばねばならないのであった。修道士の忍耐は報いられ、やがてその枯れたように見えた枝にぱっと花が開いた。このように、杖や枝に花が咲くという伝説は実にローマ時代にまで遡るもので、少なくとも、ウェルギリウスはその叙事詩『アエネーイス』の中でその種の奇蹟について語っている。テュルパン著の「シャルルマーニュの歴史」にも、この種の出来事について述べられているが、こちらの方はさらに異様な驚くべきもので、皇帝の軍隊が露営した時、大地に突きさしておいたたくさんの槍が一夜のうちに森になってテントを覆ったという。ユダヤの民話ではテレビンノキ《テレビンス》は、アブラハムのもとを訪れた天使らの一人が運んできた杖から生じた。また、聖ヨセフが持ち歩いていた杖は、聖ヨセフが聖母マリアに求婚したとき、契約の通りにことが成就したことを祝して、ぱっと葉をつけたという。

アルブツス (Arbutus)

老ピーボワンは、ぼろぼろになったティーピー〔アメリカインディアンのテント〕の中で一人ぽつんと座っていた。わずかに残る髪の毛は白く、テントの頭上の松葉を飾るつららのようにまっすぐであった。ピーボワンは、鼻のところまで毛皮で包んではいたが、寒くて、おまけに、腹を減らして弱り切っていた。それというのも、もう3日間、出歩いても何も獲物がなかったからである。「助けてくれ、偉大な神よ！」と、とうとうピーボワンはさけび泣いた。「私だ、ピーボワンだ。冬の霊《マニトゥー》のお願いだ、私は歳がよって、足が重い。食物がないのだ。それでも、北の方へ白熊を探しに行かねばならんというのか。」ピーボワンは、僅かばかりの火に息を吹きかけた。と、しばらくしてその炎がめらめらと燃え上り、あたかも、暖かな風がピーボワンの鹿皮のテントをかけめぐったかのようであった。ピーボワンは、偉大な神が願いを確かに聞きとどけてくれたことを知った。

やがて、ティーピーの入り口がもちあがり、美しい少女が姿を現わし、子鹿色の目をきらきらと光らせながら入って来た。両の頬はバラ色に輝き、緑の黒髪はしなやかな衣のように流れてその身体を覆っていた。着物は甘い草と若葉でできていた。両腕にはヤナギの小枝をかかえ、それはビロードのようなつぼみがいくつもついていた。「私の名はセガン」と少女は名のった。

「セガンよ、こちらへ来て火のそばにおかけなさい。私は偉大な神に助けを求めたところだ。あなたは何がおできか。」

セガンが答えた。「あなたの方こそ、御自分でできることをおっしゃいなさいな。」

「私は冬の霊《マニトゥー》だ。若い時分には強かった。私がほんの一息吹きかけるだけで、小川の流れはよどみ、葉は落ち、花はしぼんだものだ。」

「私は夏の霊《マニトゥー》です。私が息をすると花が開き、私が歩くと氷がとけて水が流れ始めます。」

「私が髪の毛をふると、白鳥の羽根のような雪が降る。その雪は死の衣のようにひろがって大地を覆うのだ。」

「私が髪の毛をふると、雨がやって来ます。暖かくおだやかにね。私が呼ぶと小鳥が応えます。草は私の足の下でおい茂るのです。私のティーピーは、これほどふさがれてはおらず暗くもありません。青い棲み家、夏の空は私のもの。ああ、ピーボワン、あなたはもはやここにとどまることはできません。偉大な神は、あなたの季節が終わったことを告げるために私をつかわしたのです。」

老人は顔を上げ、毛皮をしっかりとひきよせた。頭は肩の上におち、やがてくずれるように倒れてながながと地面に横たわった。雪が融けてしたたる水が音をたてはじめた。セガンが、長々と横たわった冬の霊《マニトゥー》の上で両の手をふると、冬の霊《マニトゥー》の身体はだんだん小さくなり、ついにはその姿は跡形もなく消えてしまった。毛皮は葉に姿をかえ、ティーピーは一本の木になった。葉のなかに凍って硬い葉があった。が、セガンは身をかがめてその葉を自らの髪の毛の中に入れた。すると、その葉は色が変わったので、セガンはそれらを地面の中に入れ、息を吹きかけた。暖かい息がかかると、それらは生き生きと蘇り、えもいわれぬ芳香を発するようになった。セガンは言った。

「子どもたちがこれらを見つけることになるでしょう。そして、子どもたちはセガンがここに来ていることを知るでしょう。またピーボワンが立ち去ったことを知るでしょう。この花は、私のいる証拠、あたりに雪があるにしても、私が大地を所有していることの証しです。雪どけ水が流れる頃には、そよ風が甘い香りを伝えるでしょう。」

つまり、これが、アルブツス〔イチゴノキ〕のはじめ、というわけだ。

アルブツス

アルム（Arum）

長い冬の間、ずっと閉じこめられていたアルムは、春になるとスカンク・キャベジ〔悪臭のある北米産のザゼンソウ〕と競い合って、一生懸命に空気を吸う。つまり、このアルムが大地から顔を出すのは、ほとんど雪が溶け去った頃なのであるが、花を咲かせるのは急がず、6月まで遅れることもよくある。そして、これらの花が赤い液果に変わり、それまでかぶっていた帽子を脱いだ時には、まっ赤な肉穂花がにゅっと突き出て、〈血まみれの指《ブラディ・メンズ・フィンガー》〉という名の由縁に合点がいく。だが、この植物には、まだまだたくさんの名前がある。例えば、〈ヘビの食べ物《スネークス・フード》（もちろん事実ではない）〉〈ヘビの肉《アダーズ・ミート》〉〈毒イチゴ《ポイズン・ベリーズ》〉〈アロン〉〈アロンの杖《アロンズ・ロッド》〉〈郭公の水のみ《クックー・パイント》〉〈郭公のとまり木《クックー・ピントル》〉〈聖職者のとまり木《プリースツ・ピントル》〉〈説教壇の司祭《パースン・イン・ザ・パルピット》〉〈聖職者と牧師《パースン・アンド・クラーク》〉〈悪魔の男女《デヴィルズ・メン・アンド・ウィメン》〉〈雌牛と仔牛《カウズ・アンド・カーヴズ》〉〈仔牛の足《カーフス・フット》〉〈澱粉草《スターチワート》〉〈カラップ〉〈修道士の頭巾《フライアーズ・カウル》〉〈めざましロビン《ウェイク・ロビン》〉〈ウェイク・ピントル〉〈男爵と貴婦人《ローズ・アンド・レイディズ》〉〈情熱の花《パッション・フラワー》〉〈ゲッセマネ〉等である。

アルム

この植物の根には毒があるため、また、巻いた葉をひろげると温度が高くなるという不思議な性質をもつため、昔から敬遠すべき植物とみなされていた。もっとも、悪魔が悪事を働くための物質、澱粉を発明したとき、それをトウモロコシやジャガイモからでなく、アルムから抽出したということも重要である。

2000年前には、この植物に滋養分があると信じられ、クマは冬眠から醒めたとき、これを食べて元気をつけたという。聖書の時代、イスラエルの密偵たちが約束の地にはいりこんだとき、密偵たちは〈アロンの杖〉を所持品の一つとして携え、エシュコルで摘んだブドウの束を産物見本として持ち帰るのにそれを用いたといわれる。なぜなら、そのブドウの房はとても重くて、男2人でかかっても持ち上がらないほどであったが、ちょっとその杖をつけるだけで楽々と運ぶことができたからであった。密偵たちがブドウといっしょに約束の地に着いた時、何ということなく無意識にその杖を地面につきさした。すると、そこからアルムが生えてきて、すでに確かめていた通り、豊かな地であることを示した。それ以来今日に至るまで、この植物は季節の恵みを象徴するものと考えられ、世界のあちこちで農夫たちはその年の収穫がどのくらいか、アルムの肉花穂の大きさによって測っている。

イガマメ (Saint Foin)

イ　ガ　マ　メ（*Onobrychis sativa*〔*O. viciifolia*〕）はイギリスの有名なお伽噺にでてくるフワン（Foin）という名の聖者にちなんだ名前である。しかし、この名はもともとフランス語で祝日を意味する。

聖家族がベツレヘムに着いて、宿屋で部屋をとることができなかったとき、馬小舎に一つ場所が見つかったが、そこで出された唯一のベッドは石の飼い葉桶であった。そこで、ヨセフは野原に出て干し草と刈り株の束を集めて、それをできるだけふんわりと敷きつめ、妻が楽にできるようにした。この干し草の大部分は今日〈ルーサーン〉とか〈とさかのクローヴァー《コックス・ヘッド・クローヴァー》〉と呼んでいるバラ色の花をもつ植物であった。霜にうたれて枯れていたので、この草はすっかり乾ききっており、この粗末であるがいい香りのする寝床の上でみどり子イエスは安らかに眠った。東から博士たちがやってきて、イエスをあがめようと抱き上げたとき、見よ、イガマメは甦り、イエスの頭の置かれていた場所を、咲きほこる花の輪でしるした。そこでイタリア人はクリスマスに緑色をした植物または苔で飼い葉桶を飾るが、それは幼き救い主《キリスト》の下に敷かれた聖なる干し草の代わりなのである。

イチゴ (Strawberry)

イチゴについてスウィフトは、神はもっともおいしい漿果《ベリー》を作ることができたのは疑いないが、けっしてそうされなかったのだと言っている。

イチゴはフリッグ〔北欧神話のオーデンの妻で結婚と家庭の女神〕に献げられたものであったが、新しい宗教であるキリスト教が北欧に広まるとともに、聖母マリアがこの果実に関する権利を、異教の神フリッグから受けついだのである。実際、マリアはイチゴが大好きになったので、生えたものをすべて欲しがるように

イガマメ

エゾヘビイチゴ（ワイルド・ストロベリー）

なり、もし、天国の門に唇にイチゴのシミをつけた母親がやってくると、慈悲深き聖母でありながら、自分の畑を侵害した罪でその女を地獄に投げ落とすと人々は信じていた。一説によるとこのような信仰がなぜあるかというと、天に召された幼児はイチゴの姿をとるので、そのため、この世の人々は、イチゴを食べるという共喰いの罪を犯しているか、わからなかったからで、安全のためには食べないにしくはなかったのである。

しかし、洗礼者ヨハネは聖母マリアと同じ時代の人であったが、恐れることなくこの実を食べて暮らし、ポルトガルの説教者ドン・ジョアンに対する称賛を表わすため、イチゴをドン・ジョアンの紋章とした。同じく紋章としたのはイギリスのさまざまな貴族たちで、黄金でできたイチゴの葉が貴族たちの各種の小冠に見られる。

イチゴの葉飾りがついたイギリスの公爵の冠

イチジク (Fig)

イチジクが最初にひろまったのは、おそらく東洋においてで、その栽培植物としての多様さは、ほとんどバラに匹敵する。

この仲間には、恐しい毒矢に用いられて有名であったが今やあまり用いられなくなったウパスの木をはじめ、イラクサ《ネットル》類〔クワ科に近縁のイラクサ科の植物〕、インディアン＝ヘンプ〔キョウチクトウ科の*Apocynum cannabium*〕、ホップ、パンノキ、クロミグワ《マルベリー》、ゴムノキなど、ミルク状の樹液を分泌する植物がふくまれる。イチジクの材はエジプト人により、ミイラ用の棺桶に用いられ、死体がぴったり納まるよう細工された。より良質の材は、ほとんど木のないエジプトにはなかったためである。放浪する部族民は、昔からイチジクの木陰にキャンプを設営してきた。イチジクの実は、今なおこれら放浪者の食事メニューの重要な一部をなしており、とりわけ四季咲きのイチジクグワ《マルベリー・フィグ》（シカモア・フィグとも呼ばれる）はドルイド教の祭司にとってオークの木が聖木であったのと同様、未開部族にとっては聖なる木とされている。この木の下で、呪術師たちは祭儀を行なったが、その祭儀の中には好ましくないものもあった。それがゆえに、また同時にユダが自分をつる木としてイチジクを選んだ──どうやらユダはバラの灌木からナツメヤシ《パーム》まで森

イチジクグワ

の中のすべての木を用いて自殺したようである――という理由も与っていることは疑いないが、以来、小鬼や小悪魔がそれに隠れ棲むことになった。すなわち、「ワイセツな怪物」と聖ヒエロニムスが名づけた魔物たちである。しかし、もう一人の聖者アウグスティヌスは、イチジクにそんなことは全然見出さなかった。というのは、アウグスティヌスが聖書に書かれている言葉のいくつかを信じることができなかったその瞬間、絶望して、イチジクの木の下によりかかった時、そのイチジクは、子供の声で話しかけ、もう一度、読みなおしなさいと命じたのである。そしてそのことばに従った。すると、アウグスティヌスの疑念は氷解した。

ある人々にとっては、イチジクの木の下で眠ることは危険である。というのは、修道女の幽霊によって眠りをさまされるからで、その幽霊はナイフをさし出して、どのようにナイフをとるとよいか、とたずねる。もし、その人が刃をつかめば、幽霊はそれで心臓をさしつらぬく。しかし、もし、ナイフの柄をつかめば、幽霊はその人に幸運を授けねばならない破目になる。キリストは、イチジクにその不稔を呪ったので、イチジクはますます評判が悪くなり、その結果、イチジクはその葉を失い枯れた。その材さえも無価値となった。なぜなら、火の中に投げこんでも、ただくすぶるだけで、燃えようとしなかったためである。

ある古い聖書によると、人類の最初の両親アダムとイヴは「イチジクの葉の半ズボン」をはいたことになっている。学者の中には、イチジクをリンゴのかわりに知恵の木とするのが正しいと主張する者もある。聖母マリアがヘロデ王の軍隊から、みどりごイエスをかくす場所を探したとき、その幹を開いて、追手が通り過ぎるまでかくしたのがイチジクの木であった。さらに、われわれはその木が、東洋の神話でも聖者と関連のある木であるのを見出す。ゴータマ〔釈迦〕は夢の中で、自分がイチジクの木の下の王国へ近づくのを見た。そのイチジクの木が、バンヤンやピーパルとして知られる〈聖なる多足の木〉〔バンヤンはベンガルボダイジュ、ピーパルはインドボダイジュ。筆者は両者を混同している〕である。悟りを開いた時、ゴータマはその木〔インドボダイジュ〕の下に座って崇められた。

ヴィシュヌの場合も、生まれは寺院のインドボダイジュの木陰であった。これらの木は、とてつもない大きさに生長し、長い長い年月を生きる。セイロン〔スリ

イチジクをまとうアダムとイブ

ランカ〕の〈聖なるボダイジュ《ホウリー・ポー》〉は、仏陀がその下で悟りを開いたあのインドボダイジュのさし穂から育てられたもので、キップリングによれば、「世界中でもっとも古く、また、もっともあがめられている偶像」ということになる。インド西部の港町スーラト付近のベンガルボダイジュは、樹齢3000年と称せられ、その木に棲む神の御機嫌を損ねないよう決して鋼鉄では触れない。パトナ付近の木は差し渡し280メートルにもひろがって、その水平に伸びた枝からは60本もの気根が地面に絶をおろし、木を支えている。もう一つの驚くべきイチジク《フィクス》は、ジャワのパドジャジャリアンの廃墟の「巨大植物」で、数多くの巡礼によって探訪され、巡礼たちは死者の魂がその枝を占領していると信じている。

ギリシア・ローマ神話では、イチジクはリュケウス〔天の地から生まれたティタンの子孫の一人〕であり、神々の母レアによって木の姿に変えられた。一方、もう一つ別の物語によると、そのしわざはバッコスに帰せられている。その木は、ローマの敷地の上に生えており、ロムルスとレムスの揺り籠はその木の下につり下げられていた。そこで、時代下ってその場所は祭礼の場所となり、バッコスの祭日にはローマの町の婦人連はイチジクでつくったカラーを多産のシンボルにして身につけて踊り、男連は、休日にはその木から刻んだプリアポスの男根神をもち運んで行進したものであった。ローマ時代には、カルカス〔トロイ戦争におけるギリシア軍最大の預言者〕が、仲間の預言者モプソスに挑戦し、預言のテストを仕かけた。が、モプソスはその質問に答えて言った。「むこうのイチジクの木は9999個の実をつけている」と。──これは数えてみるとその通りであることが証明された。カルカスは、これに匹敵するだけむずかしい問題を預言することができず、自分が嫌になって自殺した。

ベンガルボダイジュ

イナゴマメ（Carob）

『タルムード』に次のような伝説があるが、これとそっくりなものは世界のおよそ半分の国々にみられる。その一つが今日、われわれのよく知っている「リップ＝ヴァン＝ウィンクル」である。

『タルムード』に出てくる物語は、故郷を離れて放浪するラビのコミが、道端でイナゴマメ〔*Ceratonia siliqua*〕を植えている老人に出会うところから始まる。コミはその老人の馬鹿さ加減にあきれて嘲笑い、「お前さん、そいつを植えて実を集めようと考えているのかね──もう髪の毛が真っ白だというのに。イナゴマメが実るようはなるには30年もかかるから、それまでにお前さんは御先祖のところへいっちまっていることだろう」と言ったのである。

しかし、老人は、高ぶることもなく、つつましくこう答えた──「その通りでございます。旦那さま。でも、私は自分が食べようと思って植えているのではございません。私はこれまで他人さまの植えてくれたイナゴマメを食べてきたのですから、どうして他人さまのために植えていけないことがありましょうか。私の息子の息子たちは、私の植えたこのイナゴマメを食べて私のことを感謝してくれるでしょう。」

コミは放浪を続け、疲れに打ち勝つことができなくなってとうとう、大地の上にどさっと倒れ、深い眠りに落ちた。眠りからさめた時には、太陽はすでに昇りかけているところだったので、やれ、しまった、一晩中、野原の真中で眠ったりして家族の者を心配させてしまったと気も重く立ち上って、もと来た道をたどり始めた。しかし、コミの四肢は弱々しく萎えてしまっていた。突然、関節はこちこち、頭は重い、おまけに知恵もさっぱり働かないといったありさまになっていたのである。しばらく歩いて、例の老人と会った場所に着いたコミは、あれっとびっくりして不思議に思った。というのは、苗木のかわりに、熟したマメのさやをいっぱいつけた大きなイナゴマメの木が生えていたからである。ちょうど男の子が一人、それを見上げてほしそうな顔をしていたので、コミはその少年に聞いてみた。

「この木を植えたのは誰なんだい？」と。

「ぼくのおじいさん。おじいさんは死ぬ前の日にこれをここに植えたんだよ。」

コミは、自分の感覚は一体どうなっているのかといぶかしく思いながら、少年のもとを立ち去って、また旅を続けた。ふとコミは、人々が目ざめた時によくやるように、あごに手をやって顔をなでてみておどろいた。真っ白な長いほおひげが生えていたからである。故郷の町へ着いても、知った顔は一人としていない。が、息子の家へ着いた時、そこが息子の家だということはわかったので、喜んで入っていった。しかし、部屋の片隅で赤ん坊に乳をやっている女は見知らぬ女であったし、自分に話しかけてきたほおひげの男も一度も見たことのない顔であった。ラビのコミは口ごもりながら言った。「私

イナゴマメ

の間違いをお赦し下され。ここは私の――いや、コミの息子の家だと思ったものだから。」

「コミの息子なら、それは私の父ですよ。でも、父も祖父のコミも亡くなってもう何年にもなりますが。」

「何だって?! 私の息子が死んだとな?! それじゃあ、息子はもうこの世にいないのか？」

ほおひげの男は「たぶん、あなたさまは私の父を知っていらっしゃるのですね」と言ってことばを続けた。「もしそうなのなら、私たちはあなたさまを歓迎いたします。」

「さよう、私はコミを知っておりますぞ。」

「いったい、それはどういうことでしょうか。」

「私がコミなのだ。」

「コミですって。そんなはずはないじゃありませんか！　コミが死んでからもう70年にもなります。放浪の旅に出て、どこかの荒野でけだもののえじきになって死んだのです。」

「いやいや、それは違う。うそじゃないんじゃ。私がコミなのだ。私は死んではいない。」

コミの身体はたいへん弱っていたので、もはや立っていられなくなった。コミの孫――ほおひげの男はコミの息子の息子であった――は、コミの身体を支えて寝台へ連れていった。コミはそこで数日間、ながらえたが、心は重く、また魂もあの世へ行きたがること切なるものがあった。おりしも、コミが植えられるところをその目で見た例のイナゴマメの木で、さやがはじけている。そして、コミは、生きぬいてきた者たちを祝福しながら永遠の眠りについたのであった。

イノコズチの仲間
(Achyranthes)

ヒユ科のこの植物はインドによく見られるもので、ヒンドゥー教の儀式などで、その種子を粉にしたものを夜明けにインドラに捧げることで知られている。

さて、インドラは数多くの悪鬼羅刹《あっきらせつ》を退治した勇猛の神として有名であるが、怪物ナムチだけにはどうしても力が及ばなかった。そこでインドラは一計を案じた。

怪物ナムチと和平を結び、どんな化物であれこれよりは殺すまい、そのためには、液体を用いたり固い武器を使うことをせず、昼でも夜でも襲うことはしない、というものであった。ナムチは、それならよかろうと思ってインドラの申し出を

インドイノコズチ

受けたところ、インドラはたちまちにある植物をひき抜いてナムチに襲いかかった。インドラにいわせれば、その植物は液体でなければ固くもない、さらに襲いかかったのが夜明けであるから、昼でもなければ夜もでなし、ナムチとの約束を破ることなくまんまとひっかけたわけである。びっくり仰天するナムチはうまうまと仕留められてしまった。

怪物ナムチが死ぬと、その植物が頭骸骨から芽をふいた。こうしてインドラはこの植物をもって次から次へと悪鬼羅刹を退治し尽くした、ということである。

イランイランノキ
(Ylang-Ylang)

ニセアカシア《ロウカスト》やフジと同じように、フィリピン諸島のイランイランノキ〔*Cananga odorata*〕の花は、黄緑色の房となって垂れ下がり、すばらしい香りを発散する。昔から現在までヨーロッパやアメリカでは、香水を調合する材料として用いられているが、コールタールからの化学合成品がイランイランノキの花のエキスを市場から閉め出してしまう日まで、この木はすべての人から珍重され続けるであろう。しかし、チューリサン族だけはまったく例外である。どうして連中はこの木を憎悪するのか？

さて、そもそもの始まりから話をすると、連中はパナイ島で信じられていた多くの神々の中でもっとも偉大な神ナガの不興を買ったのである。森や寺院におかれていたナガの像は特別の木でつくられており、この木はナガのために用いるように聖別された、珍しい、堅くて美しい材であった。すべての町や村にはナガの彫像があり、毎日人々から拝まれお供え物を受けていた。ナガは顔立ちのよい神ではなかった。少なくとも、上下にならぶ数個の、一種の醜さ、あるいは仰々しさを感じさせる口をもっていたのであり、その感じは、今でも時々ナガと思われる顔が彫られた原住民の大刀の柄にうかがえる。

チューリサン族に対してナガが怒りを爆発させた理由が一体何であったのかは、歴史の闇の中で忘れさられてしまった。いずれにせよ、ナガはチューリサン族を根絶やしにしようと決心し、そのためチューリサン族の穀物を枯らして飢え死にさせようとし、さらに災難と悪疫を運命づけた。チューリサン族はもはやそれに耐えることができなかったが、それでも、山

イランイランノキ

から一団となって降りると、ナガの像をすべて打ち壊し、それらの像を彫り出した木を燃やすことによって、ナガに対して手きびしい復讐をとげた。

ナガを奉ずる他の部族に戦いを挑まれ、結局チューリサン族は山へ追い戻されたが、勝利者たちは神の新しい彫像をつくるという厄介な問題に直面しなければならなかった。そのような像を町に建てないかぎり、人々は神のことを忘れてしまい、正しくうやまうことをしなくなるからである。この問題は、一羽の飼い鳥を放し、それが舞い降りた木を彫像の材とすることによって解決された。小鳥はイランイランノキに留まった。そして見よ、奇蹟が起きた。それまでけっして実をつけず花を咲かせなかったその木が、今や咲きほこり、小鳥のような形をしたその小さな花の一つ一つは、それまで誰も吸ったことのないようなかぐわしい香気に満たされていた。ナガがこの木を祝聖したのである。そしてそれ以来、ナガの像はすべてこの材から彫られた。チューリサン族が、雲の上からこの敵の生き残りをみて、不満を感じたとして、何の驚くことがあろう。

インドボダイジュ（Peepul）

インドボダイジュ（現地ではピーパルとかピッパラ、あるいはアシュヴァッタなどと呼ばれる）は、植物学者なら *Ficus religiosa* と呼ぶべきものだが、この木は仏陀に捧げられており、仏陀を祠る廟や寺院に生い茂っている。仏陀がこの木の下で座って悟りをひらくため長い瞑想に入ったところから、これは知恵の木とされている。このとき仏陀は、現世のもろもろについての記憶を捨て去り、解脱して浄土を理解した。

聖なる火はインドボダイジュとアカシアの一種 *Acacia sumi*〔*Acacia suma* か *A. sundra* のことと思われる〕から採られる。インドボダイジュは雄の原理を、*A. sumi* は雌の原理を象徴し、炎はこの2種の木をこすり合わせることで創られる。僧侶たちは、インドボダイジュの器でソーマ酒を飲む。また、浄土に着いたとき、その実を食べた者は光明を得る。なぜならこの実はアンブロシア、すなわち神の食物だからである。

ヒンドゥー教徒も、仏教徒に劣らずこの木を尊んでおり、ヒンドゥー教徒の描くヴィシュヌはこの葉の上に座っている。一方、セイロン〔スリランカ〕のアヌラダプラでは、人々はこぞってインドボダ

インドボダイジュ

イジュ、すなわち〈ボー〉と呼ばれている木を保護している。この木こそ、その下で仏陀が悟りをひらいた木〔ブッダガヤにあった〕の子孫と考えられている。チベットの仏教徒にとっては、インドボダイジュはすべての良き魂が地上から浄土へ渡るための橋である。

ヴェロニカ (Speedwell)

ヴェロニカ〔*Veronica* spp.〕にまつわる聖ヴェロニカ伝説は、初期キリスト教の伝説集にでてくる。けれどもこの花は、聖ヴェロニカが死に赴くキリストの顔から血と汗をぬぐったハンカチに現われたキリストの絵姿を思わせる以外にもいくつかの属性をもっている。その「真青な色」と聖ヴェロニカの伝説が相まって、この花は、女性の貞淑の表象として選ばれることとなった。久しい昔には、その医薬的性質のゆえに高く評価され、そのドイツ語名 Ehrenpreis すなわち「栄誉の賞」に表わされているごとき声望を得た。

ヴェロニカ

治療薬としての効能を発見したのは一人の羊飼いであった。羊飼いはオオカミに咬まれて傷ついた鹿がオークの樹に体をこすりつけたあと、ヴェロニカの叢に横たわるのを見たのである。この雄鹿はその隠れ場所に1週間とどまっていたが、出てきたときには傷がすっかり治っていた。さてこの国の王様が癩病に悩まされ床に臥せていた。具合はきわめて悪く王様はもう二度と床から起き上がれないのではないかと思っていた。そこへ、新しく集めたばかりのヴェロニカの花を山盛りにした皿を携えてかの羊飼いがやってきて、自分の見たことを申し述べた。王様がそれを、血のでている皮膚につけ、煎じた汁を飲んだ。その結果、王様は床を離れることができ、すっかり元気になって、神が地上に降り注がれた祝福に対して感謝の気持ちで一杯になった。

エーデルワイス (Edelweiss)

エーデルワイス（気高い白さの意）は、緑がかった白色の、ビロードのような花で、犯しがたい高貴な姿をしている。そのつつましやかな姿のため、これを集めて売っているつましい子供たち以外には見すごされているが、旅行家はこの花をアルプスの象徴と見なしている。ある伝説によるとエーデルワイスは、天国と結びつけられている。なぜならそれは天国に近い所に生えるからである。

あるとき一人の女天使がその天上界の至福の生活にあきあきして、もう一度この世の苦味を味わいたいと切望した。女天使は、もう一度、肉体の形をとる許可を受けるが、しかし、泥にまみれて人間とつきあう覚悟はできていない。女天使の同情的な両の眼にとってさえ、人間の社会は、貧乏、罪業、苦悩、不孝、不平不満の悲劇に満ち満ちているとうつるので、女天使はスイスの山々のもっとも高い荒涼とした場所に住み家を選んだ。そこから世界を見わたすことはできたが、俗界にまみえることはなかった。人間の姿をとった女天使の顔は、その汚れなき魂によって輝き、眼をみはるような美しさであった。が、大胆不敵なある登山家によって見られてしまってからは、その美しい姿をかくす氷の隠れ家は、一目見たいと切望する男たちに踏みこまれてしまう。男たちは喜んで見つめているうちはどうしようもなく愛するよう運命づけられるが、絶望が待っているだけ。その女性はやさしいのだが誰に対しても冷たい

エーデルワイス

態度をとる。そんなにも美しい存在を見続け、それから離れられないことに耐えられず、男たちは皆で神に祈りを捧げた。「私たちはあの女性《ひと》を自分のものにすることができない以上は、少なくとも、その愛らしい姿を見る苦しみから救われますように。」願いごとは聞きとどけられた。女天使は天上へと連れ戻され、女天使の人間としての心がエーデルワイスの中に残った。この世における在住の記念として。

エニシダ (Broom)

エニシダのラテン名 *Planta genista*〔*Cytisus scoparius*〕は今日なお、その名をプランタジネット王朝に留めているが、それは、アンジュー〔フランス西部ロアール盆地の一地方〕のゴドフリー公がいざ戦さに出かけんと、家来の兵隊からよく見え、後に続きやすいようにその木を兜にさした時から、この名〈将軍の植物《プランタ・ゲニスタ》〉で呼ばれるようになったのである。その日、ゴドフリー公がその目じるしの木を急斜面の土手から引き抜いた時、その根は編んだように密に張っていたので、大声でさけんだ。「この黄金の木こそは余の紋章なるべし。見よ。しっかりと岩の間に根をおろし、いまにも崩れ落ちぬべき山を支えおる。余は、戦場で、馬上試合で、正義の法延でこの木を末長く使うことにしようぞ。」

ブルターニュ地方〔フランス北西部〕では現在エニシダが県の紋章となっているが、この地方でエニシダが紋章として用いられるようになった起源についてはもう一つ別の説がある。昔、アンジュー家のある王子が兄を暗殺して、その王国をのっとった。しかし、罪を犯してまで守った権力と富からは何の安らぎや楽しみも得られず、王子は仕方なく城を去り、聖地へ悔い改めの巡礼に出かけた。旅の途中、毎晩、自分の身体をエニシダ《ゲニスタ》のそだ《ブラシ》でさんざん鞭打ったというのである。フランスのルイ12世は、この紋章の使用を受け継ぎ、位の高い100人の護衛兵の上着にエニシダの花の紋章をつけさせ、「神は謙虚な人間を賛美し給う」をモットーにしていた。

キリストが悲劇の前の晩、ゲッセマネの園で祈っていた時、エニシダの木をのこぎりでひくようなゴリゴリという音に祈りをさまたげられた。そのエニシダの木は、ユダを先頭に、キリストを探し求める人々がキリストの姿を見つけるまでやかましく音をたてた。そこでキリストはエニシダの木に言った。「おまえは、燃える時に必ず、今たてているような音をたてなさい」と。また、聖母マリアとイエスが、ヘロデ王の軍隊の追求から逃げて隠れていたとき、エニシダとヒヨコマメ《チック・ピー》がさらさらぽきぽきと音をたて、近くに隠れているのを知らせた。それゆえ、以来エニシダはほうきの材料として掃除の仕事をずっとさせられているわけで、さらにもう一つ不名誉なことには、魔女に選ばれて、夜、魔女が空を飛ぶときに乗られるようになったのである。

エリンゴ (Eryngo)

不幸な乙女サフォーは、美男子でたくましく勇ましい船頭が好きになった。船頭の心をどうしても従わせ愛をかちえるため、サフォーはエリンゴすなわちシー・ホリー〔セリ科の *Eryngium maritimum*〕の小枝を身につけた。なぜなら、当時の

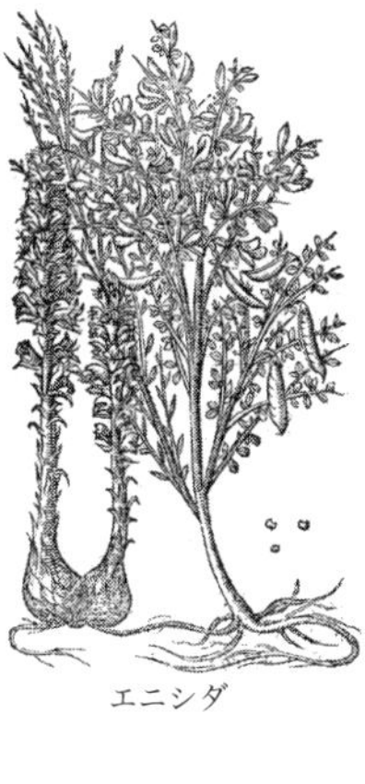

エニシダ

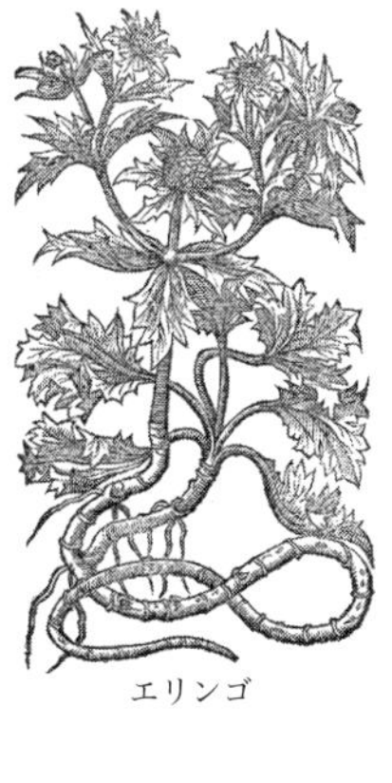

エリンゴ

信仰によると、エリンゴを隠しもって、恋する男の注意を自分の方に向けさせることができれば、その男の心は、鋼鉄の帯で縛られたようになるからであった。ところが、その船頭の趣味は低級で、せっかくサフォーが詩をうたって呼びかけても、無関心で反応しなかった。こういう風な肘鉄に我慢できなかったサフォーは、エリンゴを投げすてて恋の痛みを終わらせ、自らのために断崖絶壁の上で死の歌をうたい深淵にわが身を投げた。

以前はエリンゴは強壮剤や砂糖づけに用いられたものである。ベーコン卿はその方面の権威者で、竜涎香、卵の黄味、強い甘口の白ブドウ酒マルムゼーといっしょにとるとき、はじめてエリンゴの根は栄養になり、また、弱い背骨を強化するという。プルタルコスによると、もし、ヤギがエリンゴを口に入れると、それはヤギを動けなくするばかりでなく、また、それが群れ全体に影響するため、ヤギの群れは彫像のようにその場にじっととどまって、虚空をはむことになる。そして、ヤギ飼いがその事故の原因を発見して、荒々しくその草《ハーブ》を投げすてると、はじめてその呪縄がとけるのであった。

エルム (Elm)

アメリカ人は、エルムの木を自分の国のものだと主張しているが、その起源はイタリアにあるといわれている。イタリアでは、昔は、ブドウの木の支えによく使用されていた。エルムの木に果実はならないので、他の果物のできない木と同様に、古代ギリシア・ローマの人々はエルムについてあれこれ言っていないが、ただ、それを地獄の神々の保護の下にあるとし、葬式の象徴としていた。後にわれわれがヤナギの木に象徴させているように。北米のインディアンにとって、エルムの木は鎮痛薬であり、食物でさえあった。イロコイ族は、レッド・エルム〔*Ulmus procera*〕、すなわちつるつるしたエルムのことを、「それはすべる」を意味する「ウーフースカ」という言葉で呼んでいた。

ギリシア・ローマの伝説では、エルムはオルフェウスの創造物、すなわち神々のオルフェウスへの贈り物であった。というのは、オルフェウスが、その妻を黄泉の国から解放するのに失敗して家へもどり、慰めのためのハープの調べに耳を傾けて助けをもとめた時、その楽の音を聞いた大地は新しい生命の形をとり、次々と地上に押し上げて、エルムの森が生じた。そしてオルフェウスの歌にのって行進し、緑の寺院をつくり、その木陰の中でオルフェウスはしばしば熟考し、地上にとどまっている間、歌の調べを口ずさんだのであった。こういうわけで、エルムはオルフェウスの木であるはずなのだが、しかし、誤用が重なったため、それは眠りの神モルフェウスの木となった。そしてその枝のまわりに夢が舞ったりとまったりして、その下で眠りをむさぼる軽率な人間にいつでも飛びつき空想と恐怖で満たすよう準備している、ということらしい。聖徒を表わす紋章では、ゼノビオを象徴するしるしは、みずみずしい葉を出しているエルムの木である。というのは、この聖人は死界から非常に多くの人をよみがえらせ、祈りに満ちた生涯を送ったので、葬式の時にはゼノビオの死体のまわりに人々が群れ集まった。ちょうど今日、ニューヨークで神に召されたラビの霊柩車のまわりに人々が群れ集まってその棺桶にふれて病を癒してもらおうとするようなものである――その混雑のもみくちゃで、聖ゼノビオの遺体がしおれたエルムの木に向かってころがった。するとエルムの木に触れた瞬間、その木はどっと芽をふいて葉を茂らせ、聖ゼノビオが木に生命をもたらしたことを示した。聖ゼノビオが墓場からたくさんの男女をよみがえらせたのと同じように。昔から知られているロータス――もし旅人が食べると生まれ故郷をさっぱりと忘れてその見知らぬ土地に満足するという――は、ハス《ロータス》ではなく、エノキ《ユーロピアン・ネットル》の仲間で、またハックベリーとかシュガーベリーという名でもよばれるニレ科の木の一種である。

アメリカには有名木がいろいろあるが、エルムの木が多い。そのなかの一つがペン＝条約の木で、これは1810年までフィラデルフィアの郊外にあり、かつて白人とインディアンの間で唯一の公平な条約を結んだ地点を表わしていた。ケンブリッジ〔マサチューセッツ州〕でワシントンが指揮をとった場所に生えていたエルムの木は、路面電鉄会社の軌道拡張の訴えにもかかわらず今なお健在である。

米国ニュー・イングランドの周縁に高く記念碑的にそびえるエルムの木のみどりは、なつかしい英国におけるのとそっくりそのままである。英国では、1本のエルムの木が村の共有地に植えられ、そこは、人々が集まってみんなの問題について討議したり、ちょっとしたごたごたについて裁決をする法廷をひらく場所であった。少なくとも一つの例ではその木は、「信条の告白」のかどで一人のあわれな人間を火刑にする柱として利用された。

民話には、人の生命が木や植物によっていたという例が少なからずあり、そのような一例が、ダブリン付近のハウス城にある大きなエルムの木にまつわる迷信の中に記録されている。永年の間、この木は世話を受けていて、枝が折れそうになると支えをつけられるか、紐で結わえられるかした。枝が折れる時には必ずハウス城の城主が死ぬと信じられ、また、その木自身がその生命を失う時は、その家族は絶滅すると信じられていたのである。

ドイツ、ヘッセン州シムスハイムのエルムの巨木

エンドウ (Pea)

この繊細で栄養に富む野菜は、屈強の老トール、すなわち雷神の食物であった。今でもドイツでは、トールを讃えて、トールの日（Thursday＝木曜日）にはエンドウを食べる。

エンドウは悪い評判を一つもらっているが、そのわけはこうである。聖ヨハネの前夜祭に焚かれた火が、翼から悪疫をまきちらしながらあたりの空を飛びまわっていた竜《ドラゴン》を追い払ったときのことである。この抜け目ない竜は、火の手の見える丘にはあえて降りようとせずに、多量のエンドウを抱え上がり、井戸や泉に投げ落とした。そのため、そういった場所は腐敗し、陰うつな悪臭が立ちのぼり、人々の内に災いを生んだのであった。

エンドウは占いに用いられたし、また古代の儀式は、料理法の発達した今日にいささかも劣らぬ関心がこのマメに払われていたことを証明している。また、スコットランドやイギリスの若者や娘たちは、恋人に捨てられたとき、慰めのためにエンドウの茎でこすられる。

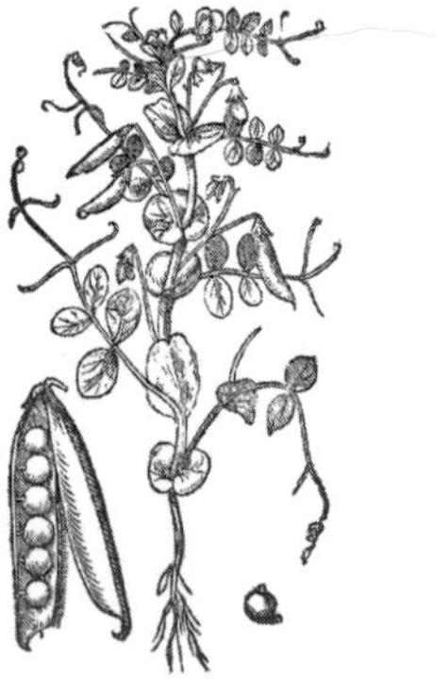

エンドウ

結婚の資格がある未婚女性がエンドウマメのさや出しをしているとき、1さやにマメが9粒入っているものを見つけると、その女性はそのさやを窓の外の楣石の上に置いてから息をひそめて待つ。そしてその後で最初に入ってきた男と結婚することになる──その男がまだ未婚で、近親者でさえなければだが。

オーク (Oak)

あらゆる人間が語る言葉や文章において、オーク〔コナラ属 *Quercus* の植物の総称。ただし European ork として知られる *Q. robur, Q. petraea* を指すことが多い〕は強さの象徴として使われる。それはユピテルの木であり、北欧神話の雷神《トール》の木でもある。マーリン〔アーサー王伝説にでてくる強大な魔法使い〕はその木の陰で妖術をあやつり、ドルイド教の祭司はその下で秘儀を執り行なった。

ヘブライ人は昔からオークがお気に入りだった。なぜなら、アブラハムはその木の下で天使を迎え、その息子サウルとデボラはその木のもとに葬られ、ヤコブはシケムの邪神像をこの木の下に埋めた。アブサロムの髪の毛をひっかけて吊りさげたのもオークであり、エゼキエルの怒りをかきたてたのは「太いオークの中にはことごとく立っている」邪神の像であり、ギデオンに語りかけた天使はオークの木陰に舞い下りたのである。

今日なおオークが雄弁や詩に用いられ続けているのは、このすばらしい木が人類に与えた恩恵のゆえであることは疑いない。さまざまな技術工芸の面においてもまたオークは有用であった。それは人類に家・船・武器・道具・燃料・食物を供給してきたのである。

黄金時代にさかのぼれば、オークは蜜をしたたらせ、人々はその大枝以外には何ひとつ身を隠すもののないところで平和で安楽な日々を送っていた。銀の時代の人々はこの木陰を去り、枝を折りとって小屋を建て、その結果一人一人ばらばらになってそれまでの原始共同体を離れることになった。青銅時代になると、人々はこの木から武器の柄をつくった。犯罪と暴力と貪欲が横行する鉄の時代になると、オークは戦艦をつくるために山から切り出され、かつてオークが祝福を与えた地に災いをもたらすのに手を貸した。

ヘブロンにあるアブラハムのオーク

無法者で不遜なエリシュクトンは召使たちにケレスの森にそびえたつ一本のオークの木を切り倒せと命じた。召使たちはそのような冒瀆に対する神々の怒りを怖れて抗弁したので、しまいに怒りを抑えきれなくなったエリシュクトンはぐずぐずしている木こりの手から斧をひったくり、自らその幹に切りつけた。見ていた一人がその道具を奪いとろうとしたが、首筋に斧の一撃を受け、首は木の足元に転がっていって根を血に染めた。ますます猛り狂ったエリシュクトンはものすごい勢いでオークに切りつけ、見守る人々の悲鳴の中、とうとう切り倒してしまった。しかしそれをやってのけた当人は勝利の喜びにひたれなかった。倒れた木から次のような声が聞こえてきたからである。「この木に棲む私は、ケレス様のニンフです。今ここで死に臨んで、お前に神罰の下ることを警告しましょうぞ。」天罰はたちどころに訪れた。自分のニンフをこんなひどいめにあわされたケレスは、エリシュクトンを果てしのない飢餓に陥れた。エリシュクトンは食物のために全財産を使い果たし、絶え間なく食べ続けたが、空腹はけっしておさまることなく、とうとう最後には自分の肉体を食べながら死んだ。

言葉をしゃべる木のもうひとつの例が、ドドーナ〔古代ギリシア北西部、エペイロスの都市〕のオークに見いだされるが、この木は切り倒された後でも話す力を失わなかった。というのは、この木からつくられたアルゴー号という船は乗組員に指図し、イアソン〔テッサリアの一王国の王子。金毛羊皮を求めコルキスに航海する〕にアプシュルトス殺しの疑いを晴らすよう命じたからである。

古くからオークは、他の木よりもよく雷に打たれるということが注目され、そこから、ユピテルが警告のためにその矢をオークの木に放つのだと考えられた。ユピテルが人類の邪な行ないに不快の念を表明したいときには、他のいかなるものにもましてオークはその稲妻を受けるにふさわしく強かったのである。

ホルム・オーク〔*Q. ilex*〕は、カラスどもがとまって、死人が出るぞとガーガー鳴く弔いの木であり、非常によく「雷を引きつける」とされたので、古代の農民はそれを避雷針に、つまり神々の仕打ちに対する腹いせとして植えた。ここらあたりに、この木の暗いイメージの原因があるのだろう。

森の木々はキリストの運命を知ったとき、会議を開き、処刑用の材を貸さないと決議した。木こりが切ろうとした木は

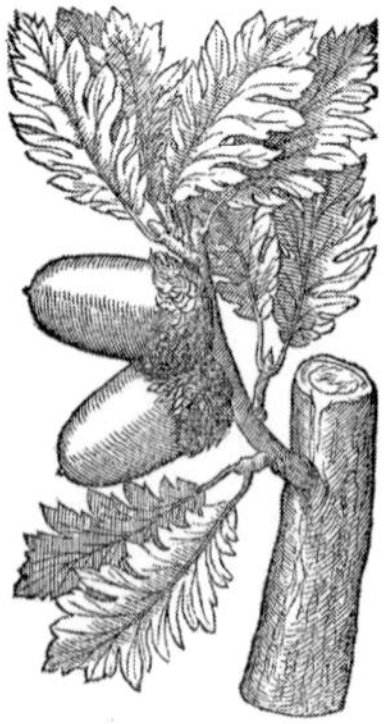
ホルム・オーク

ことごとく割れたり砕けたりし、あるいは節で斧がだめになってしまった。木こりはとうとう最後にホルム・オークのところへやってきた。これだけが無傷で残っていたので、この木から死の十字架がつくられた。だが、このような罪を犯したにもかかわらず、イエスはこの木を許して安らかに死んでゆき、ホルム・オークの木陰から使徒たちの前に再び姿を現わしたのである。

木を意味するギリシア語 drus は dryads〔木の精〕が語源であり、後には Druids（ドイルド教の祭司）という語も生んだ。木の精に対する信仰はしだいに妖精一般への信仰に溶けこんでゆき、北へ広がったこの信仰の跡は、はるか辺境の国々までたどることができる。

こういった妖精はオークを好み、洞となった木の幹を棲み家とし、枝の抜け落ちた穴から出入りした。そこで、もし教会の鐘の音が妖精たちを追っ払ってしまっていないかぎり、患部をこの「妖精の出入口」に触れさせると、たちどころに病気が治ったという。ドイツのヘッセンでは、現地の人々が一本のオークをトールの木として崇拝していたので、キリスト教を広めにやってきた聖ボニファティウスはそれを切り倒すことを神に誓った。そのように木を崇めるのは偶像崇拝以外の何ものでもありえなかったからである。

聖ボニファティウスが幹に斧を入れると、異教徒たちは遠巻きにして、罰当り者が不具か盲目になるのを見んものと、胸の内で呪っていたが、怖ろしくて邪魔

するまでにはいたらなかった。半分切られたとき、この巨大な木は震えだし、そしてあたかも一閃、剣が空からふりおろされたのではないかと思われた。なんと、突然木は裂けて4つの同じ大きさの木片になり、地面に落ちると巨大な花びらのように飛び散ったのである。さて、このようなことを見ても、古い神より新しい神がちっともよいとは思えないという人がいるかもしれないが、聖ボニファティウスはこれぞ自分の努力が認められた証しであると宣言し、その場で幾人かの人々が改宗した。そして2、3日後、かのトールのオークの木材が切り出され、小礼拝堂となり、その礼拝堂の中で改宗者たちは新しい宗教を讃えた。他のオークも、幹に十字架を彫られ、トールを崇める木から、キリストを崇める木へと聖別しなおされた。そういうわけで、妖精はある地域ではキリスト教信仰を示すこういった印を避けるのに対し、別の地域では妖精ばかりか人間さえもキリスト教に守られたオークの木に逃げこむということになって、伝説はわれわれを混乱させるのである。

ドイツではある痛ましい事件の伝説に、この地に移しかえられたアポロンとダプネの物語を見ることができる。——一人の若い農夫が人間だと信じて妖精と結婚したが、抱きしめたとたん突然呼べど応えぬオークになってしまったのである。

ドイツからさらに東に向かうと、オークはいまだに伝説の木であり、金髪《ブロンド》のリトアニア人たちの間に、古い森林崇拝の痕跡を認めることができる。リトアニア人はおとなしい民族で、残忍な攻撃にさらされたときでさえそうであったから、神の棲み家として崇拝していた森——今日では孤立した村落でごくまれに崇拝されているだけ——に、多勢の人間が葬られた。人々からの供え物はいちばん大きなオークの根元に置かれた。この森林崇拝の集団は「判官中の判官」として知られる筆頭司祭クリーヴェを頂点として司祭・長老など17を下らぬ位階から構成され、リトアニア人は15世紀までキリスト教に教化されなかった。

このようにキリスト教とは異なる風習があり、結びつきがあるにもかかわらず、またこの木から人類が生まれたという古代の信仰があったにもかかわらず、オークはたちまち新しい信仰の対象として受け入れられ、早くから聖母マリアの木とみなされるようになった。

ギリシアの伝説ではオークの根は地獄にまで達していたが、初期キリスト教の伝承では、その大枝が天に向かって祈るのが聞こえるという。ケルト人はオークをドルイドと呼んだが、後にはオークに対するこのような大衆の親愛の情を非難したまさに当のキリスト教の聖人たちによってオークの木が捜し求められた。アイルランドではキルデアの聖ブリジットは「オークの庵」に住み、その地にアイルランド最初の尼僧院を設立した。ケンメアでは、聖コロンバはお気に入りのオークをもっていたが、それに目をつけた皮なめし職人が、皮をはいで乾かし、靴にしようとしたところ、その無礼のゆえに癩病に悩まされることになった。また別の聖人コルマンは一本のオークの守護聖人であり、この木のひとかけらを口に含んでいれば信徒たちは、規律を守らないという理由で縛り首になることから免れることができた。さらには、聖アウグスティヌスもケント王エセルバート〔552～616〕を改宗させるべく訪れたとき、一本のオークを自分の礼拝所としたし、ヴァチカンの聖ペテロの椅子はアカシアの枠にオークの板を張ったものであった。

当然のことながら、迷信深い人々は、オークの木に対して、彼らの信仰・風習・歴史にとって重要な意味をもつさまざまな価値や美点を認めた。アメリカにおいてさえ、そういった信仰の名残りが見られ、病人を治すのに、もはや「妖精の出入口」とはいわないが、オークの股や人為的に斧でつくった穴をくぐらせればよいという。この穴はあとで泥土で修復される。

オークは「さまよえるユダヤ人」に対してさえ恵みの木である。というのは、もし十字架の形に生え育った2本のオークの木を見つければ休むことができるからである。見つかるとそこで地面に身を投げだし、数カ月もの間許されることのなかった眠りをとることができるのである。「聖アントニウスの炎症」〔丹毒〕や歯痛などは、オークの材や樹皮、あるいはオークが発する霊的な影響力だけによってさえ治った。人々は助けが欲しいときにはひと房の髪をオークに結んだし、飛節内腫にかかった馬にはその虫瘤《むしこぶ》を食べさせたりもした。

フィンランドでは、オークはきわめて頑健で、木こりが鋸や斧で責めたてるとますます大きく丈夫になるといわれている。これは、この木に対する大衆の尊敬の念を体現する伝説であり、この尊敬の念はザクセンでは、それを傷つけることを法律で禁じるという形をとった。同じような保護はウィーンのストック・アム・アイゼン（鉄の幹）という名のオークに与えられており、すべての徒弟は遍歴を始める年に、良きチュートン人風に幸運を願って釘を1本この古い木に打ちこんだ。

以下にみるごとく歴史や行事にまつわるオークは多い。例えば、英国国会議事堂のオーク。ロビン・フッドのオーク。シャーウッドの森のジョン・ラックランドのオーク。ニューフォレストのウィリアム・ルーフズのオーク。ゴータのフォルケンローデのオーク。樹齢2000年と推定されるフランスはサントのオーク。ダートムアのウェストマンのオーク。周囲20メートル

ヨーロピアン・オーク

で、幹に妖精の棲み家として恰好な幅5メートルの穴をもつドーセットのオーク。ジェニシー川の土手にあるウォズワースのオーク。クエーカー教徒の集合所としてジョージ・フォックスを助けたニューヨークはフラッシングにあるオーク。インディアンたちの「平和の木」であり、エリオットが聖書をアルゴンキアン語〔北米インディアンの言語〕に訳したときにこもったマサチューセッツ州はナティックのオークなどである。

ウィリアム・モリスをして「木こりよ、あの木を助けてやってくれ」と嘆願せしめたオークは、予想に反して、モリスの屋敷内にではなく、喧騒のブロードウェイからつい2、3歩の聖パウロ寺院の墓地に生えていたのであった。

ミシシッピ・インディアンのある伝説では、夜と大地の息子で万物の守護神ワイオットは、10カ月前に自らの死を予言してこういった。「偉大な星が昇り、草丈が高くなったときに（死ぬ)」。ワイオットは人々に灌木の若枝を集めて、自分の遺骨を入れる籠をつくるよう命じた。つくり方はすでに教えてあった。人々が遺体を焼いて喪の期間に入ったとき、ワイオットの魂は火に傷つくことなく、天に昇って月となった。別の言い伝えでは、織女星《ヴェガ》と信じられる輝く星となった。

当時、カエルは白と赤の肌色と大きな眼をもつ、美しい生き物であったが、脚は痩せて醜かった。そしてきれいな足をした人間をみて嫉妬し、傷つけたいと思っていた。そういうわけだから、ワイオットが泉で水を飲んでいるとき、カエルは水を汚し、3度唾を吐きかけ、自らの姿態の欠陥をワイオットのせいだとなじった。ワイオットはこの水を飲んで病気になり、予告したとおり5月に死んだが、その遺灰から子孫すべてにとって非常に価値ある贈り物が生まれるだろうと言い残した。

ワイオットの魂が天に向かって昇ったとき、その肉体はオークとなって残った。美しく頑丈なその木を見て、それを待ち望んでいた人々はカラスに向かって言った──「偉大な星まで行ってワイオットを見つけ、与えてくれた木の使い道をすっかり教わってきておくれ。」カラスは高く飛んだが戻ってきた。次にワシが遣わされたが、これもまた何の返事ももたず帰ってきた。あらゆる鳥が次々とこの使いの役を試みたが、どれ一羽として、かの星に達することができるほど強健なものはなかった。

最後にハチドリがワイオットを探しに行くよう言われ、地上から矢のような速さでまっすぐ飛び立った。数日後にハチドリは再び姿を見せ、ワイオットの言葉を伝えた。「私が自らの肉体にかえてお前たちに与えた木は、すべての人間、ケモノ、鳥が生きていくためのものだ。人間はその実を粉にすれば、その粉でパンをつくることができるだろう。」そこで毎年ドングリの祭りが行なわれるしきたりになったのであり、今でもドングリはミシシッピ・インディアンの食物となっている。

ある書物によると、ジャンヌ・ダルクがその死期を早めることになったのは、ブールモンの妖精《フェアリー》のオークのせいであった。彼女はこの木を足繁く訪れては花輪をかけ、ミサを執りなってそのまわりで踊り跳ねたので、木の精に対する崇拝を復活させたという罪を問われたのであった。木の精はそのお返しとして守り刀と旗印を与え、それによってジャンヌは村人たちを勝利に導いたのであった。

しかし時代が下るにつれて、この木には妖精よりも聖人の現われることが多くなった。19世紀という身近な時代にさえ、こんな話が伝わっている。雷に驚いた一人の少女がローマのカンパニア平野にある一本のオークの根元に避難した。高い木は雷を引き寄せるので、嵐の際に避難するにはもっとも危険な場所なのであるが、少女は聖母マリアに雷からお守りくださいと一心に祈った。聖母はこのような時にさえ祈りを捧げることを忘れない一人の乙女を守るため、イタリアの残りの人をすべてほったらかして、少女のところに現われ、少女の怖れを静めた。あたりには雨が滝のように降りそそいでいたにもかかわらず、この木の葉には一滴の雨もかからないようにしたのであった。

ボローニャには昔、有名な一本のコルクガシ《オーク》〔*Q. suber*〕が立っていた。この中に敬虔な羊飼いが聖母マリア像を安置した。それ自体は非常に立派な行為であったが、その若者は深い考えもなくその像を教会から牧師の許可を得ずに借用してきたのであった。そんなことをしたのは、牧師たちがそれをうっちゃらかしにしていると思ったからで、若者はこの木のところへ行っては、聖母像の前でフルートを奏でた。

やがて若者は逮捕され、その行ないが窃盗罪にあたるとして死刑を宣告され、マリア像は教会へ持ち帰られた。しかしその夜、憤慨したマリア像は建物からこっそり忍び出て、ほったらかしにしていた神父たちの監視を逃れ、牢の戸を開け、罪のない盗人を解放した。そしてあくる日、マリア像と若者がその木の中で一緒にいるのが発見された。若者は引きずり出され、監禁されたが、奇跡は再び繰り返された。そこで人々はとうとうそれが聖母マリアの意志であると考え、この木は祭壇にされた。イタリアの田舎で、オークの木に小さなマリア像を吊り下げる風習は、恐らくこの出来事に端を発しているのであろう。

町から遠く離れすむ隠遁の聖者ベルナール神父は、道徳的問題の解決や、世俗の事件における助言を求められることがしばしばあった。ベルナール神父はほとんどの時間を祈りに費していたが、「二人の娘」から心の慰めを得ていた。「二人の娘」というのは、一人はブドウ栽培家の娘である小さなマリアで、もう一人はベルナールの小屋を雪や雨から守ってくれる大きなオークの木に対して、たわむれにつけた呼び名であった。この女の子はベルナール神父の食事のひどさを和らげるおいしいものを運んできたり、片言でベルナール神父を元気づけたりしてくれ、大きなオークの方は日々の仲間であった。ベルナール神父は木が渇きを訴えれば水をやり、話しかけ、撫でさすりし、そして葉のざわめきに感謝の気持ちを感じとった。一度、洪水がこの地方を襲い、ベルナール神父の小屋を流しさったことがあったが、そのときベルナール神父はこの木に登って難を逃れ、そこへ口のきけるほうの「娘」が食物と身にまとうものを運んできた。というのは、3日間枝の間にとじこめられてベルナール神父は死んだようになっていたからである。

何人かの材木商がこの木を切って梁材にしたいと申し出たが、ベルナール神父はけっして承知しなかった。そして神父が生きている間は、オークはまったく傷つけられることがなかった。最後の日が近づいたとき、神父は神に、「二人の娘」の生涯の献身と気高さに何らかの形で報いるよう特別な配慮をお与え下さいと祈願した。しかし最初のうちこの願いは聞きとどけられたようには思われなかった。というのは、マリアは職人の妻となり、大きなオークは結局は材木にされ、マリアの父がそれで酒樽を作ったからである。

そうしてできた酒樽の一つの前で、マリアが子供をあやしていると、見知らぬ一人の美しい若者が近づいてきた。ちょうどそのとき、マリアの上の男の子が、2本の棒でつくった十字架をもってマリアのところへ走り寄った。この出来事に感動を受けたらしく、その若者はその家族の絵を描かせてもらえないかと頼みこんだ。返事を待つのさえもどかしく、若者は樽の覆いをはぎとると、そのなめらかな木肌に、世界中に「小椅子の聖母」(Madonha delle Sedia)として知られる絵の下書きを描いた。この若者こそラファエロだったのである。かくして、ベルナール神父の祈りは聞き届けられたのである。なぜなら二人の「娘」は最高の美の表現における素材となったからである。

オジギソウ (Mimosa)

数ある植物の中でとりわけ不思議なのはオジギソウで、包まれたり、叩かれたりすると葉をぴったり折りたたみ、萎れてしまったかのように垂れ下がる。動物は食肉獣が死体を避けるという習性を利用して「死んだふり」をすることで餌食になるのを防ぐが、オジギソウのこの挙動はあたかもそれと同じ本能につき動かされているように思わせる。しかし、比較的ずぶといオジギソウの近縁種もあり、それらにとっては包まれるぐらいはたいした問題でない。そういったものの一つ

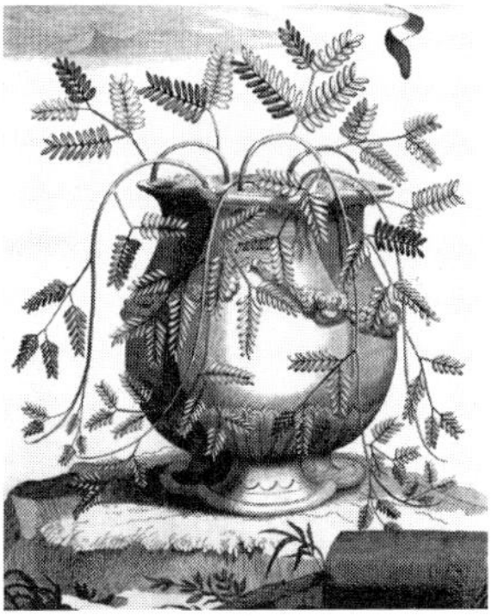

オジギソウ

がエジプトのオジギソウ《ミモザ》で、これは香料として知られる樹脂を産する〔アラビアゴムを産出するアカシアの一種のことか〕。

ギリシアの伝説では、オジギソウはケフィサという乙女であったが、パンがあまりにも烈しい情熱を傾けたために、恐くなってパンから逃げた。後を追ったパンがケフィサを腕に抱きしめようとしたまさにそのとき、助けを求める願いは他の神々に聞き届けられ、ケフィサはオジギソウに化身した。古い俗信では、この草の感受性はとてつもなく過敏で、罪を犯した乙女がそばを通るだけで、まるで自分が触れられたように葉を閉じるといわれた。

オトギリソウの仲間 (Hypericum)

ヒペリクム〔オトギリソウ属〕は、またの名を〈聖ヨハネの草《セント・ジョンズ・ワート》〉〔150頁参照〕ともいい、シダの種子《シード》と同じく、真夏の聖ヨハネ祭の前夜、黄金の夕陽のごとき姿を現わし、その時の華やかさは日中のこの花の輝かしさをはるかに凌ぐ。北欧の国々へキリスト教を伝えに赴いた初期の宣教師たちは、この植物が太陽を仇とする魔女たちに捧げられ、暗黒と悪天候の象徴とされているのを知って、この花を聖別し、新たに有益な意味を与えた。このとき、花びらの赤い汁からの連想が働いたことに間違いなく、この赤い色は宣教師たちの説くところ、殉教した洗礼者ヨハネの血のしるしとされたわけである。かくして、この聖者の名で祝福されてからは、ヒペリクムは魔女除けや悪魔払いに使われるようになった。聖ヨハネ祭の前夜、すなわちワルプルギスの夜祭りの日に魔女たちはブロッケン山に集まって酒宴を開くため、一年のうちその夜だけは外出する。この隙に、ドアの上に〈聖ヨハネの草〉を十字架と並べて打ちつけておくと、魔女や悪魔は宴会から帰ってきても家に入ることができないのである。

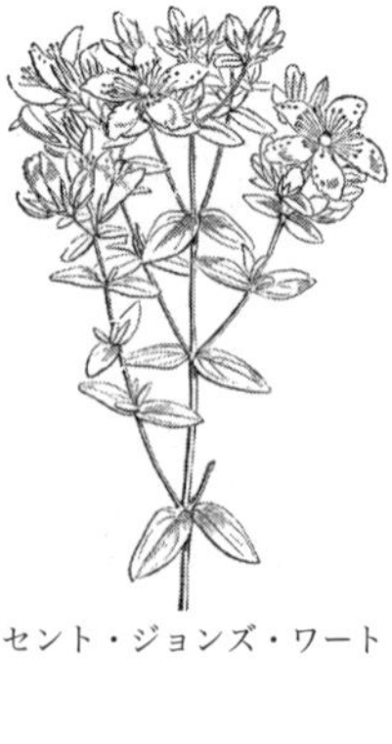

セント・ジョンズ・ワート

チロル地方の登山家は、靴の中にこの草を入れておくと、それが靴の中にある限り、疲れることなく山に登ったり歩いたりできると信じている。

オリーヴ (Olive)

オリーヴは安全と平和を表わすものだが、そのわけは、ノアの方舟に戻ってきたハトがくわえていたのがオリーヴの枝だったからである。また旧約聖書の士師記のヨタムのたとえ話にも登場するから、オリーヴは聖書においていわれの深いものである。オリーヴからとった油は何千年このかたずっと使われ続けており、ローマやアテネで非常な高値で売られていた香油の主成分であった。それはまたユダヤ教の幕屋の灯を燃やし続ける油であり、祭司や王たちの頭から注ぐ聖なる油であった。戦い合っている国同士の間で平和が求められる時には、使者がオリーヴの枝を携えたが、同じことはアポロンの神託を求めるアテナイ人もしたし、疫病除けのためにアルテミスの神殿でオリーヴの枝が打ち振るわれることもあった。親木の幹のそばに叢生する幼木の姿から、オリーヴの枝は子供を意味する直喩としてもよく使われる。

オリーヴはギリシア神話のアテナの木である。アテナは、ポセイドンが三叉の戟を投げてアクロポリスに海水の泉を湧かせた時に、地上にオリーヴの木を芽生えさせた。というのも、後にアテナの名を冠することになった町（アテナイ）の支配権を巡ってのアテナとポセイドンの争いに際し、神々は、両者のうちで人間にもっとも役に立つ贈り物をした方が町の支配権を握るべきだと宣した。そこでポセイドンが海から現われて馬を創ったのに対し、アテナはオリーヴを創ったのである（こういうわけだから、すべての美食家はオリーヴの実をかじったり、サラダにオリーヴ油をふりかけたりするとき、心の内でアテナに感謝を捧げねばならない）。

こうして、この町はポセイドンではなくアテナのものとなり、アテナイの市民は町の命運がオリーヴの運命と分かちがたく結びついていると信じるようになった。そこでアテナイ市民たちはオリーヴの油でパルテノン神殿の灯を燃やした。またオリーヴの木はアテナイ市民に非常に好まれたので、町のぐるりに植えられ、家屋敷の四隅や境界を画するのに用いられるようになった。ソロンの時代には、崇敬の念が全般的に高くなったため、自由・希望・慈悲・祈り・純潔・秩序の象徴《シンボル》としてオリーヴを植えることに関する法律が公布されるにいたった。

イタリア近辺では今日にいたるまで、この聖なる慣行が続いており、戸口にオリーヴの一枝を吊しておくと悪魔や魔法使いが入れないといわれている。かつてエルサレムの神殿の扉・門柱・守護神テラピムの像はオリーヴ材でできていた。この木が重要視されたことは、オリーヴ山やゲッ

オリーヴ山のキリスト（ボッティチェッリ画、1499年）

セマネといった地名にうかがえる。ゲッセマネとは「オリーヴ油搾り」の意である。

アダムは迫りくる自らの最期を感じた時、息子セツをエデンの園の門までやって、約束の慈悲の油を求めさせた。アダムが追放されて以来、432年が経っていたが、野を越え森を抜けてアダムがつけた道は、昨日つくったばかりのようにはっきりと残っていた。なぜなら、呪われた足が踏んだところには草一本生えなかったからである。セツは歩き続け、とうとう最後に驚くほど大きくて美しい一本の木を見つけたが、それは開けた場所に立っていて、そこにある泉からは四つの大河が流れ出ていた。

木は一枚の葉さえつけていなかったが、あたりを威圧する高さと気品を備えていた。幹には一匹のヘビが巻きついていて（ここには北欧神話におけるユグドラシルとの類似がある）、いちばん上の枝には、光輝く衣を身にまとった一人の天使が座っていた。この天使は、許しの時がきたときに慈悲の油を授けるべく天から遣わされていたのである。セツがこれらを眺め、美しい光景にうっとりしていると、天使がその木から進み出て、禁断の木の実からとった3つの種子を運んできた。埋葬する時に、それをアダムの口に入れるように言った。そこでセツがアダムの死んだ時に天使の命じたとおりにしたところ、なんとこれらの種子から3種類の異なる木の芽が出た。それはホソイトスギ《サイプレス》、レバノンスギ《シーダー》とオリーヴであった。

モーセは、荒野をさまよう流浪の旅を始めたとき、この3種の苗木を「慰めの谷間」にもっていった。40年にわたって小さな国の中をあちこちさまよい歩く間、この聖木のしずくと樹液がイスラエルの民を生かし続けたのである。そういった木の一本が、モーセがその中に主の姿を見た「燃える柴」〔出エジプト記、第3章〕であった。おしまいに、アダムの口の中から生えたオリーヴの苗木を移植したところ、それは30年でりっぱな木になったが、その下でダビデは自らの罪を悔いて泣いたのである。

英明で実践的なソロモン王はその使い道にこそオリーヴの長所があることをみてとり、現代の研究家と同じように、それを切り倒し、どんな材木ができきかを調べた。しっかりしているように見えたが、しかしまったく不思議なことに、どれほど切っても削っても、それをエルサレムの神殿の梁材としてはめこむことができなかった。そこで、人間が使うのを妨げる何らかの不思議な性質が授けられているか封じられているのだと気づき、ソロモンは、それを幕屋がある地所の中に聖遺物として残した。

ユダヤの聖地ナーブルスを望むエバル山のオリーヴ

さて、ローマ帝国の時代になってある日のこと。ローマ人のマキシミリアという一婦人が、不注意にそれに寄りかかっていた。暫くして、その婦人は驚いて飛び上がり、「イエスキリスト、神の御子よ助けたまえ」と叫んだ。それから出た炎が飛び移り、婦人の衣服を燃やしていたのである。叫び声で火は消しとめられたが、ことの次第を見聞きしていたユダヤ人たちは、婦人が魔女だと言いだした。「エホバ〔ヤファウェ〕が御子をお持ちだなどと言うのは、神に対する冒瀆である。」「あの女をこの町から追い払わなければなるまい」と、ユダヤ人たちは言った。そしてその通りにした。何年も後にこの出来事は再び思い出されることになった。これが「イエス・キリスト」という言葉が語られた最初の機会だったからである。

この材木は、最後に、シバの女王がエルサレムを訪れる際に、女王が渡る沼地を干すために投げこまれた。女王がそこで足を止めたとき、目の前に幻が立ち現われ、丘の上の十字架に吊されたキリストが辱しめを受けて死ぬのが見え、そして事実その通りの成り行きになった。しばらくしてから、この丸太材は再び沼地の表面に浮かびあがり、ユダの裏切りがあったその日の夜、水面に持ち上がり、十字架の形をとった。ある人々はそれがキリスト自らの御手によってなされたと言っている。オリーヴの淡い葉色は、キリストがオリーヴ山上で変容を遂げられたときに降り注がれた栄光を今なお反映し続けているためである。

オレンジ (Orange)

ある詩人たちは、ヘスペリス姉妹の楽園の黄金の林檎というのは、リンゴでなく単なるオレンジ〔スイート・オレンジ *Citrus sinensis*〕であったと信じさせようとしてきた——しかし、それではヘラクレスの偉業を正当化するにはあまり陳腐にすぎる。なぜなら厳しい試練を課されたヘラクレスは、この実をつもうとしてアトラス山へ旅し、その実を守る恐ろしい竜《ドラゴン》と戦う破目になったのだからである。それにもかかわらず、ヘラクレスの働きは報われなかった。なぜなら、その実はヘスペルスの娘たちの見守るもとでしか保《も》たなかったためにミネルヴァが持ち帰ったからである。こうして、ヘスペリスの三姉妹、アイグレー、アレトゥーサ、エリュテイアは黄金の林檎を取り戻した。ちょうどラインの乙女がラインゴールド〔ニーベルンゲンの指輪〕を取り戻したようにである。先ほどの詩人たちは、狡猾なヒッポメネスが足の速いアトランテをだし抜いた時に投げたのもオレンジにすぎなかったとさえ言っている。

ユピテル〔ゼウス〕がユノ〔ヘラ〕と結婚したとき、ユノにオレンジを与えたところから、いまだに花嫁はオレンジの花で飾られる。もっともこの花のつややかな白さと甘い香りは、それだけで十分もてはやされる資格があるのだが。

カエデ (Maple)

マナボゾー——あるいはハイアワサ、あるいはホヤエンサあるいはグルースキャップ〔すべて北米インディアンの神話に登場する文化英雄〕——にまつわる伝説は、さまざまな木や草にかかわりをもっている。例えば、カバノキ《パーチ》が他人を鞭打つのによく使われるのをとがめてこの木をびしびし打ちのめし、樹皮に横縞《リング》を残したのがマナボゾーであり、また、マナボゾーはバラの花を愛するがゆえに、動物に食べられないようバラに刺を与えた。あるいは、最初のタバコを巨人から盗んだのがマナボゾーであり、その煙を秋に吹きあげて、小春日和《インディアン・サマー》の霞をつくるのである。さらに、マナボゾーが身体にうけた無数の傷の切り口から流れ出た血はヤナギを赤く染め、以来その色はけっしてあせず、またマナボゾーの焼けただれた背の火ぶくれは岩につく地衣類になったという。

部族の者たちに対するこの上ない贈り物として、マナボゾーはカエデから採る砂糖を創造したともいわれる。が、この伝説に対しては、東部のいくつかの部族から異論が出されている。それによると、砂糖は東部の部族のある女が発見したということになっている。早春のある日、その女は夫のとってきた大鹿《ムース》の肉を料理しなければならなかったが水場が遠いので、サトウカエデの木に穴をあけ、鍋一杯になるまで樹液を採った。鍋を火にかけると、女は家事をさぼって隣近所のおかみさんたちとおしゃべりしに出かけたが、帰ってきてみてびっくり仰天、見れば汁は煮詰まってすっかりなくなっており、肉はおいしそうな匂いはするがきたならしい姿をして、ねばねばの固まりの中に沈んでいた。今にも森から帰ってきる夫の足音が聞こえてきそうであったが、こんな肉を出せば鞭打ちに耐えねばならない破目になる。そこで女は逃げだした。しばらくして、おそるおそる野営地《キャンプ》に戻ってみると、何と驚いたことに、夫は火のそばに気持ちよさそうに腰を下ろし、茶色いねばねばがこびりついた指をしゃぶっており、焦げて固くなった肉にはまったく見向きもしていなかった。女は勇気をふるいおこして近づき、自分の怠慢を詫びようとしたまさにそのとき、夫は立ち上がり、手を首に伸ばして抱き寄せ、男らしく感謝と慈しみの言葉をかけた。なぜなら大鹿《ムース》の肉よりはるかに価値のあるもの、つまり砂糖を発見してくれたからである。そういうわけでこの女は永遠に妻の座を確保することができた。

このエピソードの中に、サトウカエデが今日までよきニューイングランド人ならびにカナダ人に対して、心の慰めと収入源という形で恩恵を与えてきたことがみてとれる。この事実は、とくにカナダ人がサトウカエデの葉を国章として選ぶにあたって影響を及ぼしたことであろう。この地方に霜が降り始め、一年が暮れゆかんとするとき、あたりの景観に輝きを与え、ルビーやトパーズをちりばめたかのように山々を飾りたてるのは、他のいかなる木々にもましてサトウカエデである。

大昔には、カエデは慎ましさの表象《エンブレム》であったが、それはこの花の地味さゆえであった。その根は肝臓の不全を直すとプリニウスは言っている。キケロは1万セステルスの費用をかけたカエデ材の卓を一つもち、もう一つを、それと同じ重さの金と引き換えに、大金持のローマ人に売ったという。さらにまたカエデは、金やガラスが手に入らないときに、盃の素材としてもよく使われ、ロザムンド夫人〔ヘンリー2世の女王。サー・ウォルター・スコットの伝奇小説『ウッドストック』や『護符』に登場する〕は、そういったカエデの盃の一つから死の一滴を呷《あお》ったのである。

ハンガリーには次のような話が伝わっている。ある王様の金髪の娘が羊飼いに恋をした。羊飼いがカエデの笛——今でもコーンウォールでは五月祭に、春を音楽で迎えるためにこれを吹く——で王女を魅了してしまったのである。王女は、季節のはしりのイチゴを摘みに、二人の姉妹とともに野原に出かけたが、浅ましい年老いた父親は、自分の国や子供たちよりも、食物のほうをずっと大事に考えていたので、籠に一杯イチゴを最初にもち帰った娘に王位を与えると約束した。金髪の王女の籠が最初に一杯になったが、そのことは二人の黒髪《ブルネット》の姉妹を嫉妬に狂わせた。二人は金髪の王女を殺してカエデの木の下に埋め、そのイチゴを分け、鹿が金髪の王女を食べてしまったというもっともらしい話をでっち上げて帰った。王様は、ただ空しく悲嘆にくれるだけであった。山の上で羊飼いが吹き鳴らす笛もまた空しく、いくら吹こうとも、カエデの笛は応えず、愛する金髪の王女は姿をみせなかった。

それから3日目、王女の埋められたカエデの木のそばを通りかかったとき、羊飼いはきれいな新しい若枝がでているのに気づいた。羊飼いはその枝を切り、前よりもすてきな新しい笛をつくった。それは唇をあてるだけで歌い始めたが、その笛の音は単なる物言わぬ調べではなく、はっきりとした言葉となって流れ出た。「奏でてください、愛しいお方。昔、私は王様の娘、それからカエデの枝になり、今では笛。」この打ち明け話に驚いて、羊飼いは宮殿にかけつけ、王様にぜひこの笛を聞いてくれるよう願った。唇をこの笛につけたところ、次のように語るのが聞こえたのだから、王様が驚いたのも当然であった。「奏でてください、お父様。

サトウカエデ

昔、私は王様の娘、それからカエデの枝になり、今では笛。」我が耳を疑い確かめるために卑劣な二人の娘を呼んで笛を吹くように言った。二人が吹くと、笛は「奏でてごらん、人殺し。昔、私は王様の娘、それからカエデの枝になり、今では笛」と叫んだ。いかなる犯罪が行なわれたかを悟った王様は二人を屋敷から放逐し、一方、羊飼いは羊の群れに戻って笛を吹き、愛する人の声を聞いては淋しさをまぎらしたという。

カーネーション（Carnation）

われわれの祖父の時代、カーネーションは〈ピンク〉という名で知られていた。なぜなら、よく普及していた園芸種には色がピンクのものが多かったからである。まさにこの事実において、現在のカーネーションという名を解釈しようとした者もいた。つまり、ピンクという色は、イタリア語カルネ Carne すなわち生の肉の色だから、というのである。しかしカーネーションは、花輪とか花の冠を意味するコロネーションがなまったものだとも言われている。なぜならば、芳しい香りのするその花が、以前、花で編んだ冠や首飾りに用いられていたからで、古代の人々は、こういったもので身を装ったのであった。

カーネーションの花は、また、嗜好品であるとも見なされていたが、それは、料理人の間に調味料としての用法が知られていたためで、さらに、酒づくりの専門家は、カーネーションがビールやブドウ酒に特有の風味をつけることも知っていた。花は、バラの花びらと同じように砂糖漬けにされ、これらの砂糖漬けは「心臓を楽にするのに、計り知れないほど素晴しい効き目をもつ」とされていたのである。カーネーションは恋人の墓から生えると広く信じられており、それゆえ、近頃では葬式の献花として用いられることが多くなってきた。しかし、カーネーションは、キリストが生まれた時にはじめて地上に現われた花の一つなのであるから、喜びの花ともされてしかるべきてあろう。

イタリアのロンセッコ家では、家紋にカーネーションを用いているが、その由来は、伯爵夫人マルガリータ＝ロンセッコが、愛するオルランドの旅立ちに際してこの花を送ったからである。二人が結婚式を挙げたその晩、オルランドは、サラセン人に奪われたキリストの墓をとりもどすため、あわただしくマルガリータのもとを離れて出陣した。1年後、一人の伝令がマルガリータのもとへ、オルラン

ピンク

ドが戦いに倒れたという知らせをもって来た。その証拠として兵士は、生前オルランドがお守りとして身につけていたマルガリータのつややかな髪の毛とともに、萎びたカーネーションを差し出した。その花はオルランドの血で白から赤に変色していた。マルガリータは、その花の種子が熟し始めているのに気がついて、これを恋人の形見として植えることにした。種子は立派に芽をふいてマルガリータが愛しの騎士に贈ったのと同じように白い花をつけた。しかし、そのカーネーションは花の中心だけが赤く染まり、それまで誰も見たことがないようなものであった。

カノコソウの仲間
(Varelian)

カノコソウの一種*Valeriana jatamansi*〔オミナエシ科の*Nardostachys jatamansi* カンショウコウ〕は甘松《スパイクナード》ともいわれ、匂いのよさではサフラン、没薬、乳香と同列に並ぶものである。昔、東洋の高貴な香料にはこの物質が入れられていた。これはまたマグダラのマリアがキリストの脚に注いだものでもあった。その煙はローマ教会の祭壇から長々と尾を引いて立ち昇り、礼拝者たちの祈りを天に伝えた。したがってそれは古代から使われていたのであるが、時には世俗的な用法もみられた。例えばチョーサーはそれをsetewaleと呼び、「リコリス〔ヒガンバナ属の植物〕その他いかなるsetewaleの根に劣らず美味である」と述べているし、スープに風味を添えるためによく用いられたものであった。その匂いは人間だけでなく、ある種の動物をも引きよせ、ネコやネズミはそれを転がして遊んだり、根や葉をかじったりする。

インドの伝説では、一人の男が結婚してすぐに、ある突発事件のために家を後にすることを余儀なくされたので、庭に甘松《スパイクナード》を一本植え、それを花嫁にみせながら、この草が健やかであるかぎり自分も無事だと話した。

何年もの歳月が流れ、ようやくわが家にたどり着いたとき、男は妻の貞節を試したいと思い、乞食のようなボロを身にまとって庭に入っていった。うれしいことに甘松《スパイクナード》は健在で、生い茂って芳香を放ち、眼にも鮮やかな姿を呈していた。しかし何よりも美しいのは男の妻で、妻はその木の前に膝まずき、枝を手入れしたり眺めたりし、時折、真珠のごとき涙のしずくでその葉を飾っていた。男は仮装を脱ぎ捨てた。そして、ほんとうに幸福な結婚生活が始まったのである。

カンショウコウ

カバノキ (Birch)

バーチ〔*Betula* spp.〕、すなわちカバノキは丸太小屋やカヌーの材料として賞讃され、木皿、手桶、バスケット、外套に使用され、また、その樹皮はキリストより700年も前に書かれたローマ王ヌマ・ポンピリウスの著作に使われた紙であり、ローマ王タルクイニウスが買いとった神託集の紙でもあった。そして、カバノキは昔は、非常に有用であったに相違ない。というのは、カバノキはいろんなお守りとされていたからで、雷よけ、けがの予防、安産、痛風や邪視よけ、毛虫よけになった。古代ローマにおいては執政官の束桿(束ねた棒の真中に戦闘用の斧をつけたもの、執政官の権威を示した）は、カバノキでできていた。カバノキが権威を表わすことは現在のわれわれにも、細々ではあるが伝えられており、学校では男生徒に罰を与えるとき、カバノキが用いられる。ぶたれながら、くわえさせられた黒いカバノキのひりひりする樹皮を少しずつかみしめて反省するうちに、懲らしめは終わりとなるのである。カバノキは優美な木である。その矮性の種類も、もとはやはりすらりとした美しい姿であったが、それから作った鞭でキリストが打たれたので、以来、恥じて縮こまったままになっているのである。

カバノキ

ロシア人は、今なお、カバノキが健康の象徴であると信じている。なぜなら、その「酒」つまり樹液は肺病の「治療薬」だからで、その油は潤滑油にしてその樹皮はたいまつである。また、それは身体を潔めるのにも使われ、サウナ風呂の中で、カバノキの枝でビシャビシャ身体をたたいて汗を出すのである。聖母マリアは、信仰篤きブイアンに対し、カバノキのてっぺんに、その姿を現わした——このマリア伝説は、森の妖精が姿を現わすというドイツの民話と関連がある。この妖精の女は、羊飼いの娘の前に姿を現わして、糸を紡ぐのを止めて、いっしょにダンスの相手をしてくれと頼む。羊飼いの娘は、見知らぬ女の白く輝く着物に目を奪われ、野の花の冠の輝きによって強められた美しさに感嘆しながらその申し出に応じ、二人はともに3日間、楽しく陽気にダンスをしてはしゃぐ。妖精の女のステップはいとも軽く、草を踏んでも曲がらないほどである。ダンスがすむと森の妖精は、相手をしてくれた少女のポケットにカバノキの葉をいっぱい詰めこむが、これが家に帰ったとたんに黄金に変わるのである。

一方、ロシアでは、森の精は男性で、これを呼び出すには、カバノキの幼木を何本も切り倒し、先っぽを内側に丸く円を描くように並べ、それから、その中に立って森の精を呼ぶ。森の精が出現したら、うやうやしく切り株の席へと案内するが、この席は東を向いていなければならない。森の精が腰を下ろしたところでその手にキスすると、森の精はさまざまな願いごとをきく。もしもその嘆願者がお返しにその魂を与えるならば、森の精は喜んで願いを叶えてくれるのである。

カボチャ（Pumpkin）

インドの一聖者は、その名をイアイアといったが、この世ならぬ事柄に心を奪われるあまり、ただ一人の息子が病に臥し、死んだとき、必死になって考えても、何をしたらよいかが思い浮かばなかった。数日の後、肉体を離脱するのがよいだろうという考えに至り、その肉体を見つかるかぎり最大のカボチャの中に封じ込め、さほど遠くないある山の麓へ運んだ。しばらく後にたまたまこの地を通りかかったイアイアは、カボチャを開いたところ、中から魚がドッと飛び出してきたうえ、クジラも数頭出てきたのにびっくりした。これらの生き物は地面に落ちたが、カボチャから多量の水が流れ出たので、川まで這い進むことができた。いささか驚きながら、この聖者はこの有様を平地の人々に報らせたところ、4人の兄弟がその魚を捕らえて食べんものとその山へ急いだ。イアイアは4人の兄弟がカボチャを傷めるのではないかと恐れて後を追った、しかし、4人の兄弟の方が先に着き、それを持ち上げた。が、イアイアがやってくるのを見て、再び落としたため、それは6つの断片となって砕け散った。その一つ一つから川が流れ出し、増水に増水をかさねて地上をすっかり覆いつくし、大地の大部分は乾くことがなかった。これこそ、われわれが海と呼ぶものに他ならない。

この話は、世界中普遍的に見られる洪水伝説の風変わりな一変形である。この時にカボチャがかくのごとき重要な役割を果たしたことが、恐らく、いまだに中国人がそれに払っている敬意にしめされているのであろう。中国人はカボチャを庭園の皇帝、豊穣、健康、利得の象徴と呼んでいる。

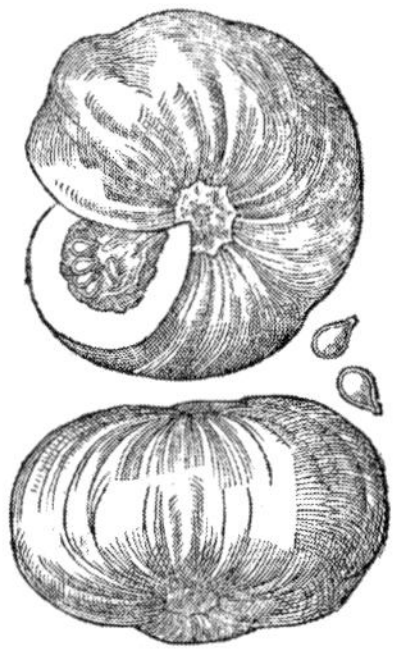

カボチャ

カポック（Silk Cotton）

西インド諸島に生えるカポック〔*Ceiba pentandra*〕は、巨大な板根《ばんこん》が幹の半ばぐらいまで伸びており、こんもりと茂ったその葉陰で、現地人の物売りたちは品物が売れるのを待つ間居眠りをする。しかし、黒人たちと同じように、この木に怪しげな人影が宿り、その幹に死神が潜んでいると信じる白人は、この木の下を身震いしながら通り過ぎる。

オービア、すなわちヴードゥーというのは魔術の一種だが、アンティル諸島の一部ではあいにくながら現実のものである。オービア・マン（呪術師）が自分の依頼主——という、のは、こういった呪術師は、弁護士と同じように自分の影響力を売り物にするからである——の敵を傷つけるために行なう魔法やまじないを馬鹿にしたければすることもできようが、こ

カポック

ういった悪徳漢によって、狡猾な殺人がとくに植物毒を使って実際に行なわれているのである。可能な場合には、呪術師はお目当ての犠牲者の下着を手に入れ、それを毒に浸す。するとその人物は長患いの末に謎の死を遂げる。病菌のついた着物や日用品を使うことで病気を移すこともある。

しかし呪術師を見つけだし罪に問うことはむずかしい。なぜなら、呪術師は原地人の間で非常に怖れられているので、誰も呪術師について知っていることをしゃべらないからである。だが、雇い主たちの方は、いつも守ってくれる現地人ほど無教育だとは限らない。少なくともジャマイカで吊るされた一人の雇い主は、自白によって数人の農園主と白人有力者を巻き添えにしたのである。

さて、このオービア・マンは、善いのも悪いのもとりまぜて各種の霊と同盟を結んでおり、例えばそれは duppy, rolling calf, the mial people, the fan eyed および Anannsi ——この悪魔は英語表記で馬鹿げたことに Aunt Nancy（ナンシーおばさん）と書かれる——である。ここにあげたような連中がはたらく悪事の一つとして、人間の影を盗むことがあり、それをされると健康が損われてゆき、財産は費され、行きつく先はただ一つ、死しかない。

盗まれた影は、カポックの木をねぐらとするようになる。たいていの時は眼につかないのだが、木が盗まれた影で一杯になると、おだやかな天気の日には、葉の間からささやきざわめく声が聞こえる。

黒人はこの木に斧を入れることはまずない。それはそういったお化けが怖いからであるが、またもう一つには、もし木を倒そうとすれば、幹の中に棲む死神たちが鼻の穴から魂の中に入ってくるからでもあった。死霊、影、悪魔《デュピイ》たちを鎮めるという目的で、ドルイド教徒のやったような一種の礼拝も定められている。

オービア・マンが呪文で影を追い払ってしまうと、自らの影を失った不幸な男はただちにエンジェル・マンすなわち影を取り戻す呪い師のところへ行き、カポックの木が自分の影を手離すよう祈ってほしいと頼む。この仕事には非常に多額の金がかかるが、それは、成功を保証できるようなエンジェル・マンはめったにおらず、いたとすればきわめて偉大な人物だからである。

カリブ人やガイアナのインディアンたちには一つの伝説があり、民話学者ならそれを北欧神話のユグドラシルと結びつけるかもしれないが、この伝説によれば神は、人間の役に立つすべての野菜――バナナ、トウモロコシ、キャッサバ、ジャガイモ、ヤム、およびあらゆる果物――をもたらす不思議な木を創ったという。天空からの命ずる声で、人々はこの巨木を切り倒すことにした。切り終えるのに10カ月を要し、やがてそれは大きな音をたてて倒れた。次いで、声の命ずるままに人々は葉と枝を切りとって肥えた土地に植えた。芽を出したものは親木とは似つかぬ木で、バナナ、ヤム、マンゴー、およびココヤシであった。

カポックもまた巨人の座であったという点で、この神話の木はカポックを指しているように思われる。その枝は雲までも高く、小枝や樹皮をぱらぱらとまきちらすと、その一つ一つが生き物に姿を変えた。こうして人間がつくられ、同時に鳥・けもの・魚・爬虫類もつくられた。しかし白人は違った。白人は、もとは萎れて役立たずな葉っぱにすぎず、これが水の上に落ちてはるか彼方の地まで漂っていき発酵して後に、略奪や人殺しをする部族民に姿を変えたものであり、すべて時がくれば、ハイチのヒョウタンからあふれ出る大洪水で溺れ死ぬべき運命をもつのである。

カモミール（Chamomile）

カモミールは、つつましい、どちらかというとむしろ嫌な臭いのする路傍の植物であるが、デージーに似た清純な花と細かい鋸歯《きょし》のある葉をもつ。カモミールは茶に混ぜて用いられるが、田舎では「老婆の呪医」が「風邪を追い散らす」ためにとか、これを飲み干すまでは勘弁してやらないよ、と言っては子供に飲ませたので、子供たちはこの飲物に苦しめられたものである。カモミールは寒さに強く、寒冷で霧の多いカナダ東部ニューブランズウィックの沿岸でよく育つ。この地方ではカモミールの花がその大きさと美し

カモミール

カンナ

さで、デージーやその他の白い花の雑草と張り合っている。カモミールは広く分布しており、エジプトでは、崇め敬われるまでになっていたが、それは、この植物が神々への捧げ物として聖別されていたからである。ついでに言えば、カモミールは瘧《おこり》の薬であったし、ローマ人の間ではヘビの咬傷に効く薬の一つであった。

カンナ (Canna)

アメリカでもカンナは、その真紅の華麗な花びらでおなじみの花であるが、その種子がインドの首飾りのビーズ玉であるという点で、東洋の人々にも親しい植物である。ビルマ人の話によると、カンナは聖者の血から芽生えたものである――悪魔の提婆達多は、かねてから仏陀の霊力と名声を妬ましく思っていたが、ある日、仏陀が旅に出るということを聞いたので、ある丘に登って仏陀の来るのを待ち伏せしていた。悪魔はあらかじめ、巨大な丸い岩を崖っ淵にぐらぐらさせておいて、憎しみの対象である仏陀が通りかかった時、その岩を突き落としたのである。岩は仏陀のまさにその足許へところげ落ちて、粉々に砕けて飛び散った。その破片がたった一つだけ、仏陀の足の指に当たって血が流れ出た。その血は大地にしみこむと、生命を得て蘇った――すなわちカンナである。一方、大地は、聖者の血を美しい花に変えると同時に、悪魔の行ないを心から憎んで、卑劣な提婆達多の足もとに口を開き、すっぽりとその身体を呑みこんでしまったのである。

カンパニュラ (Campanula)

カンパニュラ・スペクルム *Campanula speculum*〔*Legousia speculum-veneris*〕は、ベル・フラワーという名でも知られるが、古代の鏡に似ているといわれている。それで〈ウェヌスの姿見《ヴィーナスズ・ルッキング・グラス》〉とも呼ばれるのである。どうも、ウェヌスは鏡を一つ持っていたらしい。その鏡には写るものの美しさを増す力があった。あるとき、ウェヌスはこの宝物の鏡を置き忘れてしまった。これを一人の羊飼いが見つけたが、その男はわが姿の美しさに突然とりこになり、彫像のようにじっとたたずんで、満足げに眺めいっていた。さて、この鏡を探しまわったのがクピドで、羊飼いを見つけ、母親の宝物を田舎者ががそんな風にひねくりまわすとは、と半ば面白げに半ば腹立たしげに見てから、鏡を羊飼いの手からさっとうばい取り、泣きわめく羊飼いをしり目に立ち去った。しかし、その鏡は神のものだったから、芝土の上にその姿かたちを残し、たくさんの花となった。それがすなわちベル・フラワーである。

この花の仲間に〈カンタベリー寺院の鐘《カンタベリー・ベル》〉〔フウリンソウ *C. medium*〕として知られるものがある。これは、トーマス・ベケット大司教の墓で祈りを捧げるため、カンタベリー目指して行進する巡礼たちがならした鈴と似ているところから、その名をとったものである。

ヴィーナスズ・ルッキング・グラス

キク (Chrysanthemum)

紀元前246年、中国の帝位は一人の暴君によって占められていた。帝は、自国の海岸から遠く離れたある島に永遠の生命を保つ貴重な植物があることを知った。しかし、その植物は心の純潔なものだけしか触れることができず、心の不純なものが触れるとその価値が失われるのである。帝自身が使いに行くこともできず、さりとて廷臣に頼るわけにもいかない。家来である若い侍医〔徐福〕の奏案するところ、300人の若者と300人の乙女を選び、遠く海を越えてその花を探しにやらせればよろしかろうという。帝はこの案に賛成し、さっそく遠征隊が組織されて、今日の日本に向けての航海の途についた。遠征隊が問題の花を見つけたかどうかはわからない。が、遠征隊を乗せた船は二度と戻らなかったし、やがて帝も亡くなった。しかし、一説によれば、派遣されたその医者は、快適な楽しい島国へ上陸したのであるが、その帝の手の届かぬ国へ来たというわけで、次から次へとたわむれの恋にいそしんで、キクのように美しい花をも顧りみなかった——たとえ、それを見つけたとしてもである。医者は、その喜重な植物の汁を利己的に自分自身が長生きするためにしぼったのかもしれない。また伝えるところによれば、ずい分と遠くにきてしまったことを悟った医者は、新しい国の王としてとどまり、その従者たちは、中国に残った人々よりも、さらに道徳的、有能、精力的な種族でこの国を満たしたという。

しかし、実は、キクは中国の原産で、ほんの2、3000年前に日本へ導入されたにすぎない。キクの花は14世紀、「菊戦争」すなわち南北両朝の争いの後、日本の国の花となった。その戦いは西欧での「バラ戦争」にたとえられたかもしれないが、56年間も続いたのは、ただ、瞬時に人を殺す武器を欠いていたために過ぎない。

日本でキクは太陽を象徴しており、整然と開いた花びらは完全無欠のしるしである。同様の象徴的表現は、日本人が巧みに刻む水晶玉にもみられ、それは日本の国旗に表わされる日輪を表象しているのである。天皇《ミカド》の国では、キクの花の種類は欧米よりも少なく、新しい系統が法外な値で売られているが、至るところ美しく栽培され、あらゆる階層の人々によって観賞されている。平民はいそいそと入場料を払って、年に一度の菊花展を見に団子坂、つまり東京の花卉栽培業者の集まる地区に出かける。その一隅では、木の枝と漆喰で形をつくった人形に一面に

日本のキク

キクの花の衣裳を飾りつける。同様にキクの花を一面に飾った動物や船の模型をつくって、これらが泡だつ海に仕立てた花の波の中に浮かべられることさえある。これは植物を刈り込む装飾法のなかでも最高にグロテスクなものであるが、花は切らず、根をワラ束に埋め、そのワラ束を人形に詰めこむ。毎晩、その人形は水をかけられ、この方法で花は数週間もつ。この大きな花市ではキクの花が安く売られ、敷地の庭は隅から隅まで赤、白、黄のキクで鮮かに輝く。

日本には、キクの園芸品種は250あるが、目下、花卉業者が途方もない頻度で新しい系統を創りつつあり、かけ合せも、形と色を考えて、対称形とぎざぎざのもの、整然とした花ときらびやかな花、筋や斑入りのものと単色のもの、まっすぐな花弁や巻いた花弁、直径1尺もあるものや1寸ばかりのものなどが交配されている。

わがアメリカのカタログには500以上の園芸品種がのっており、そのうちの一つには緑色の花、またこの花としてはもっとも青に近い薄紫色のものもある。極端に変わった花は自然の意図するところから遠くかけ離れているので、めったに種子をつくらない。けれど、今日、勢いよく生長している種類の多くは25年前には存在していなかった。巷間言われるところでは、花序の半分を覆って日光が当たらないようにして、半分だけ色がつくようなものも作られているという。

キクは、高さ4メートルもの灌木にしたり、地面を這うように仕立てたり、バター

カップ〔ウマノアシガタ属の植物〕のように小さな斑を入れたりする。また、キクは収穫の季節に咲くので、人間の成熟を象徴する。さらに、花が長もちするところから、長寿の意味あいを与えられるが、甲斐の国ではそれが文字通りに受けとられている。そこの川沿いはこれらの花で縁どられているが、花びらが水中に落ちると、人々はこの世での寿命を延ばしてもらえると信じてその水を飲む。また、同じ目的でキクの花びらを酒杯に入れることもある。

キクは天皇《ミカド》の国の至る所で栽培されるが、姫路ではキクを植えるとたたりがあるとして作られない。それには次のようなわけがある。昔、その町の30余のやぐらをもつ城に一人の殿様が住んでいた。殿様はお菊という名の女中を傭って、宝物の青銅製品、真鍮の像、宝石、厨子、水晶、陶器、その他の骨董品を世話させていた。これらの宝物の中に10枚の金の皿があった。ある朝、お菊が皿を数えてみるとその中の1枚がなくなっていた。お菊に責任はなかったが、殿様に怒られるのを大そう恐れて、井戸に身を投げてしまった。お菊の幽霊は夜ごと現われては、1枚、2枚と黄金の皿の数を勘定し、9枚まで数えたところで大声で泣き叫び、庶民を大いに悩ませたため、お菊の花は亡霊の花として姫路では栽培されなくなったという。

＊日本に関する記述は明治時代以前のものであるが、誤記も少なからず含まれているように思われる。

キナノキ (Cinchona)

マラリアの特効薬であるキニーネはまたの名を「イエズス会士の樹皮」とか「ペルー産の樹皮」ともいうが、ポピュラーな薬になってからもう約1世紀になる。キナノキの樹皮の薬効の発見には、伝説によれば、不思議な話が伝わっている。ある所に人々が飲み水用に使っていた溜め池があった。ある日、強い風が吹いてキナノキが何本か吹き倒され、溜め池の中に積み重なった。人々は池の水が著しく苦くなったのに気がついて、すぐに、別の池に飲み水を求めるようになった。が、マラリアを患っていたある男は、喉の渇きに矢も盾もたまらず、ふらふらしながら、そのキナノキの浸っている池まで歩いて行き、水際にばったり倒れこんで口をつけ、ごくごくとその水を飲んだ。するとすぐに熱が引いて病状が回復に向かった。やがてその男はあちこちへ出かけて

キナノキ

は、池の水に薬効を賦与したのはその木の皮だという話をしてまわった。こうしてキナノキの絶大な力はペルーの副女王、すなわちチンチョン伯爵夫人の耳に入るところとなり、ついでお抱えの医師に命じてキナノキの樹皮を粉末にさせ、実際にその効能を試させたわけである。そういうわけで、この薬は、はじめは「伯爵夫人の粉薬」という名で知られていたので、その名称でヨーロッパに導入されたのであった。

キャベツ (Cabbage)

今ではもう一般には忘れられているが、実は、月の住人はキャベツに目がなかったために月に飛ばされてしまったのである。その男は、この香りのよい野菜を欲しがること切なるものがあり、ある晩、もはや我慢し切れなくなった。ところが自分のところにキャベツはない。そこで、ご近所のを失敬したのである。それぐらいのことは、別にめずらしいことでも何でもないのだが、ほかならぬこの晩が、たまたま12月24日で、このクリスマスイヴにキャベツを盗んだ者は、生きながらにして昇天させられるはめになるのである。男は、まさにそうなった。白衣の天使が馬に乗って来て宣告する。「この聖なる夜にキャベツを盗もうとしたからには、籠ごとお前を月に飛ばしてくれる！」ヒューン、ポイッ！　男の身体はキャベツ畑も何も、あらゆる誘惑をかなたに見やって月まで運ばれた。そういうわけで、今日、月を眺める大人はだれでも、子供に対して、馬鹿な男の見本としてそれをもちだすのである。

しかし、キャベツに関しては、もう一つ伝説がある。

トラキアの王子、リュクルゴスは、ディオニュシウス〔ローマ神話のバッコス〕のブドウ畑を滅茶苦茶にしてしまったので、罰としてブドウのつるで縛られた。リュクルゴスは自由を失ったことを心から嘆き悲しんで涙を流した。その涙ははらはらと大地に滴り落ち、これが物質化してキャベツとして根づいたのである。この話には、キャベツはブドウの敵であり、酔いざましに効くという古い信仰が象徴化されている。実際、キャベツは、昔からずっと他のあらゆる植物にとって敵と考えられている。というのは、キャベツは土から栄養を自分の方へ引きよせて、まわりの植物を枯死させるからである。キャベツは、料理の際や腐ったときに発する、くらくらっとさせるようなガスやにおい

サボイキャベツ

にもかかわらず、非常に神聖な植物とされていたので、イオニア人はキャベツの上で宣誓したものであるし、また、妖精は、魔女がほうきの柄に乗って空を飛ぶのと同じように、キャベツの軸でとび歩くのである。

キュウリ (Cucumber)

キュウリは男根のシンボルとして多産を象徴していた。仏教徒の間に伝わる伝承によると、サガラの妻には6000の子孫が生じたが、その中で最初の子がキュウリであり、そこから生まれた子孫は自分自身のつるをつたって天へ登ったという。ユダヤ人とエジプト人は大いにキュウリを賞味したが、イギリス人はじっくり考察した結果、怖れを抱いて何世紀もの間キュウリを受けつけず、「キュウリの持ち前の冷たさで殺される」ことのないよう、どうしても食べようとしなかった。今日では「キュウリのように冷静な」というのはありふれた言いまわしであるが、こういったことは、キュウリの実の大部分が水なので、その悪い面だけが誇張されてきたわけである。

キュウリ

キョウチクトウの類
(Oleander)

スペインのある貧しい家で、一人の少女が熱病に倒れた。母親は乏しい資力の許すかぎり、あらゆる手だてを尽くして、娘の苦痛を和らげようとした。しかし病人は回復のきざしをまったくみせなかった。報われない努力に気力も失せ、自分のほうが病人のようにやつれはてた母親は、娘のかたわらで膝をつき、聖ヨセフに病人の回復を願って熱心な祈りを捧げていた。ふと頭を上げて、バラ色の光で部屋が輝いているのに気づいたとき、電撃のような喜びが母親の体を走り抜けた。光は子供の上にかがみこむ気品ありげな人影から発しているようにみえた。その見知らぬ人物は子供の胸に、花をつけたセ

セイヨウキョウチクトウ

イヨウキョウチクトウ〔*Nerium oleander*〕の一枝を置いたが、その花は色鮮やかなピンクで、天国から摘んできたばかりのようであった。やがて光は消え、母親がもっとよくその人をみて来訪に感謝の言葉を述べようと眼をこすったときには、もはや部屋は空っぽで、病人と自分しかいなかった。けれど母親は娘が病気になって以来はじめて安らかに眠っているのを見た。そして感謝の涙にくれながらあらためて頭を下げた。回復はすみやかで、その日からセイヨウキョウチクトウは聖ヨセフの花となった。

このような伝説があるにもかかわらず、この植物は芳しくない評判も得ている。われわれ北方の人間はその美しさを称え、温室栽培されたものに大金をはたき、この植物から何の害も受けないが、ギリシアやイタリアでは、これは弔いの花であり、家畜にとっては毒であった。ヒンドゥー教徒はキョウチクトウ〔*N.indicum*〕を「馬殺し」と呼ぶが、その美しさは十分に認めていて、寺院をこの花で飾り、その愛らしい花房で花輪をつくって、火葬場へ向かう死者の額に載せる。

ギョリュウの類（Tamarisk）

オシリスとイシス〔エジプト神話の神とその妻〕は人類によりよき生活を勧めるために地上にやってきた。二人の行ないはあまりにも人々から慕われたため、陰気で非情なテュポン〔オシリスの兄弟。エジプト神話ではセト〕の嫉妬をかきたてることになり、テュポンは自らの兄弟オシリスを殺そうと謀った。

そこでテュポンは競技会を開いて多勢を招待した。お祭り騒ぎの最中にテュポンは、貴重な材でできた箱に入る競争をもちかけ、一番ぴったりはまった者にそれを賞品として授けると約束した。テュポンがあらかじめオシリスの体の寸法を測っておいたから、もちろん太陽神オシリスはそれにぴったり合った。ところが、オシリスが身体を伸ばして横たわったとたん、テュポンはぴしゃりと蓋をし、しっかり縛りつけて、ナイル河にこの箱をほうり入れた。

イシスは夫がいなくなったことを嘆き悲しみ、方々を探しまわった。かの箱はといえば、バイブロスの岸にたどりつき、タマリスク〔ギョリョウ属の植物の総称 *Tamarix* spp.〕の中にからまっていた。このタマリスクは神の体から発する体温のために驚くべき速さで成長を遂げ、とて

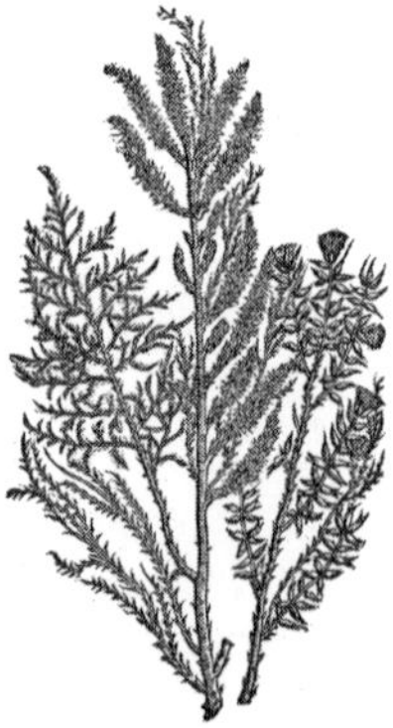

タマリスク

つもない大きさになって、奇蹟と呼ばれた。そして伸びてゆく途中でそれはオシリスの棺を包みこんでいた。

フェニキアの王は、臣民の誰かがこの木を卑しい目的のために使うことを恐れ、切り倒して自らの宮殿の柱にした。イシスはその柱の髄に箱が隠されていることを発見すると、この柱に雷を落としてたち割ってしまった。そしてイシスは夫の体を隠したが、テュポンは夜中にその隠し場所へしのび寄り、それを14の断片に切り裂いて川へ投げこんだ。イシスはその断片をすべて拾い集めたが、一つだけ回収できなかったので、イシスはこれをイチジクグワ《シカモア》のひとかけらで補って夫の姿を完成し、ナイル河中のファイリー島に葬り、そこには、オシリスを記念して大神殿が建立された。

地上に降り注いで、荒野をさまようイスラエル人の飢えを救ったマナは、タマリスクから採られたと言われており、今でもシナイ山で作られているマナは、*Tamarix gallica* のねばねばした甘い樹液からできている。

キリ (Paulownia)

何世紀前もの昔、河南の竜谷に一本の高貴なキリの木が立っていた。それはその高さ、均斉、その花の豊潤さのゆえに森を支配していた。そうして幾世紀もの間、自らの声で風に歌いかけながら立ち続けた。そこへさまよいこんできた一人の魔法使いがこの声を耳にし、魔法の杖の一触れでこの木を竪琴に変えてしまった。しかしながら、この竪琴は最高の演奏家に対してしか音楽を奏でないようになっていた。皇帝は楽士たちを召集し、その弦を打ち鳴らすように命じたが、楽士たちはいつも耳障りな音しか出すことができなかった。そこへ一人の男がやってきて、他の人々がしたごとく命令通りその弦を打ち鳴らすかわりに、竪琴にやさしく触れ、人間の音楽でなく、自らの声で語るように求めた。この人物には何の虚栄もなかったから、キリは再び歌いだした。それは森を渡る嵐の息使いのように響き、鳥の囀りを想い起こさせ、雨や遠くの雷鳴や滝の音、木の倒れる音を思わさせた——こういったものはすべて、キリが森にあった頃よく知り、愛した野性の音であった。皇帝は大いに喜び、その扱い方と神秘について説明を求めた。「自分の主題《テーマ》を選ぶようにキリを励ましたのです」とかの男は答えた。この寓話には、芸術の真髄がはっきりと述べられている。

キリ

ギレアドのバーム
(Balm of Gilead)

本物のギレアドのバーム〔*Commiphora opobalsamum*〕からとれた香油は、ごく少量たりともトルコ帝国から門外不出といわれているが、実はずっと昔から貿易の品目に含められてはいた。聖書時代、ヨセフの兄弟たちはそれを商っていたが、商売気が過ぎたため、ヨセフは奴隷に売り飛ばされたわけである。香油は、それを3つの方法で作る。「キシロ香油《キシロバルサム》」は新しい小枝を水に浸して得られる。「カルポ香油《カルポバルサム》」は果実から搾られる。「オポ香油《オポバルサム》」は種子の仁《じん》から抽出する。しかし、最上の香油はバーム、すなわち樹液で、樹皮に切り込みを入れて得られる。昔、この物質には非常に力があると信じられ、もしこれを指に塗っておけば、火の中をくぐらせることができるとも、火をつけても痛くないとも考えられていた。それゆえ、今日でも相変わらず「ギレアドには香油《バーム》がある」といういい回しが使われているが、これは、病気で苦しむ人に、「きっと治って楽になりますよ」という慰めを意味する。東方では、この香油は風呂の湯を清めて快適にするのに使われた。これは、皮膚の毛穴が開いた時はその芳香が吸収され、そしてそれから再び空気中にもどると考えられていたからである。この香油は、また疫病に対する予防にも用いられていた。

キンマ (Betel)

インドでは、結婚の儀式の一つとして、花嫁と花婿の間でキンマの葉とビンロウジの実が交換される。キンマには、30もの効能があるとして尊敬されており、おそらくこういった効能が心に深く刻みこまれているせいで、人々はその葉をせっせと噛むのであろう。が、実はキンマを噛むのには副作用もあるはずで、その一つは食欲を鈍らせることである。インドおよびその他の東洋諸国の、悲惨なまで

ギレアドのバーム

キンマ

に貧乏な人々の間では、キンマを嚙むのは口臭を良くするためよりもむしろ飢えのうずきをおさえるためであるといわれている。ヒンドゥー教徒の信仰では、キンマはアルジュナが天国から運んできたもので、アルジュナはそこで見つけた一本の木から盗んだのであった。この行為を記念して、キンマを植えたいと望むヒンドゥー教徒はその若枝を盗むのである。

草、穀物、ヨシ
(Grasses, Grains and Reeds)

世界中どんなところでも見られるありふれた植物、詩や絵画の中でも馴染み深い植物といえばこれらの草〔おもにイネ科の植物を指す〕であるが、伝説の世界ではごく限られた範囲にしか現われない。まず、キリスト教やその他の宗教には、その教義や来歴を述べる際に比喩として登場する。聖書を読む人なら誰でもイザヤ書にある「人はみな草なり」とかマタイ伝の「野の草をも神はかく装ひ給へば、まして汝らをや」という文句を思い起こすであろう。昔は、すらりとしたイネ科の草の葉は、千里眼や予言の能力を得るために食べたものであり、芝生《ソッド》を植えておけば魔女を寄せつけないと考えられていた。また、芝生は、不動産権利証書につけて、譲渡の有効性を示す証拠とされた。

戦いの際には、勝利した側は、敗北した側から草と水を厳しく取り立て、支配と服従の関係をはっきりさせた。インドに見られるいくつかの戦いの例では、ある部族が戦いに敗れると、その戦士たちは腹這いになって地面の草を食べたものであるが、これは敵の支配下に入って家畜になったことを明らかにするためであった。スペインでも話は同様で、ムーア人と戦った英雄エル＝シドは、アルフォンソ王の軍門に下った時、15人の騎士とともに膝まずいて草を食べた。マサイ族の場合には、手に草を持つか衣裳に小さな草束を結びつけて歓迎の意を表し、ぱっと頭にふりかけてその人を祝福する。また、川に草を投げ入れ、水の精に対する捧げ物とするが、これはもう暴れないで下さい、仲よくやって行きましょうということである。この点においては、ローマ人のものの考え方も似ていないことはない。ローマ軍は敵の町を包囲して、町を明け渡すべしという意を表わすのに、敵の司令官へ草の冠を贈った。これが「包囲の冠」corona obsidionalis とか「穀草の冠」corona graminea という名で知られる勝利の記念で、包囲した陣地に生えている草を編んで作ったものであった。

ヒンドゥー教徒はクシャ〔スズメガヤ属の植物〕という名の草を犠牲の飾りとし、魂を浄化燻蒸するため、祭壇の香の火にくべてその煙の中で三大神、ブラフマ、ヴィシュヌ、シヴァを祭る。ブラフマは、昔、クシャの束の上に座ったのでクシャは神聖な植物となった。ヒンドゥーの賢者や修験者も、やはり瞑想を業としているが、クシャを床にまき、その葉を幸運のしるしとして身につける。これは西洋で、迷信深い人々が四つ葉のクローヴァーを身につけるのと同じである。

イネやスゲの仲間は、もっともありふれた類の雑草で、とりわけ〈魔女の草《ウィッチ・グラス》〉〔カモジグサ属のシバムギなどを指す〕は抜いても抜いても生えてくるので農民が絶えず苦しめられるが、有毒な種は一つしかない。それは学名が *Lollium temulentum* で、「人々の眠れる間に、仇きたりて麦のなかに毒麦を播きて去りぬ」と聖書マタイ伝に記されているドクムギである。ウェールズの迷信では、イネ科の草叢には危険が潜んでいる。というのはそこが妖精の棲み家だからで、十二分に注意して扱わないと仕返しされることになる。

「特徴説」〔4頁参照〕を確立した昔の植物学者たちは、草の葉の震え方が人間の病気の震え方に似ているのをみて、それが薬に使えるしるしだと考えた。そこでコバンソウの仲間で〈ぶるぶる草《クウェイカー》〉とか〈ふるえ草《シェイキング・グラス》〉という名で知られる草〔*Briza media*〕が、悪寒や熱病の薬となった。19世紀のイギリスの言い伝えでは、昔は悲劇が起こった時は震えるだけではなく、無実の罪で死刑に処せられた男の墓を飾るのを拒否した──モンゴメリーの教会墓地の一角に地肌がちょうど棺桶の形にむきだしになっている場所があるが、それには次のような話が伝えられている。

ドクムギ

デーヴィスという若い農夫が近所に住む二人の金持ちの敵意を招いた。二人はデーヴィスが追いはぎであるという出鱈目な訴えを起こし、逮捕させた。デーヴィスは有罪を宣せられ、死刑に処せられた。当時、強盗は吊し首になるような重罪だったのである。死刑執行の前にデーヴィスは言った。「私は何もしていない。この濡れ衣の罪について、もし私が潔白であれば、少なくとも10年間、私の墓地に草は生えないだろう。」刑の執行を告げる鐘がカーンカーンと鳴り始めるとにわかに空が暗くなり、デーヴィスが足を処刑台に置くと稲妻が走り、恐しい雷鳴がとどろきわたった。でっち上げの告発をした2人は恐れおののき、吊し首を見に集まった人々は世界の終わりが来たと叫びながら散り散りに逃げ去った。──刑が執行されてから30年経った1825年、モンゴメリーの村の司祭は「いまだにその墓には草が生えない。草が生えるようにいろいろな試みがなされたが、全部枯れてしまった。土は相変わらず冷たくむき出しのままで、あたかも稲妻に焼かれてしまったかのようである」と書き残している。

イグサ《ラッシュ》、あるいはヨシ《リード》がこの世に生じたのはギリシア神話の昔に遡る。一つ目の逞しい巨人キュプロクスの一人で嫉妬深いポリュペモスは、海の女神ガラテイアが羊飼いアキスの腕に抱かれているのを見つけた。何と、ガラテイアの恋人はアキスだったのだ。嫉妬に狂ったポリュペモスは恋仇のアキスに石を投げつけて滅茶苦茶にしてしまった。ガラテイアは恋人を血まみれのままにしておくのは忍びなく、さりとて生き返らせることも叶わない。そこで羊飼いの血を水に変え、永遠に流れる河としたのであった。血が完全にその色を失った時、亡くなった若者の姿が流れの中の腰の探さほどに現われた。ガラテイアが、さめざめと涙を流しながらじっと見つめているうちに、ガラテイアの両の腕は次第に長くなり、両の肩からは緑の葉が芽生え、やがてその河の岸辺にひと叢のイグサが生じた──。

ヨシやイグサは古くから王たることの威厳と関わりがあり、その象徴の箒として用いられてきたように思える。例えば、誰もが知っている通り、赤ん坊のモーセが入れられた揺り籠が浮かべられたのはイグサの繁みの中であり、そのイグサはモーセの頭上で輝いて、モーセが人々の間で高い地位にまで進む道を指し示していた。また、十字架につけられたイエス・キリストが罵詈雑言を浴びせられた時、釘を打たれてどうすることもできない両の手に握られていたのがヨシであったことも周知の通りである。さらには、ものの本によると、英国のノルマン王朝の開祖ウィリアム1世（征服王）はイグサを敷いた床に生まれ落ちたという。その時からずっと長い間、あちこちの城や教会でイグサを敷きつめることが流行ったが、これはがらんとした飾り気のない広間に変化を持たせるとともに、ごみ集めの役割も兼ねていた。イグサはいつでも箒として用いることができるからである。幼いウィリアム1世がこのイグサの上を転げ回って、そのかわいい手でイグサをたくさん掴んだ時、ちょうど祝典に招待されていた列席者はこの光景を目のあたりにして、こぞって拍手喝采した。将来の王位が約束されたというわけである。

エジプトでは、豊饒の女神イシスが夫の太陽神オシリスの死体を取り戻そうとナイル河に舟を浮かべた時、イシスはその舟をパピルスで編んで作ったので、パピルスを尊敬していたワニもさすがに舟

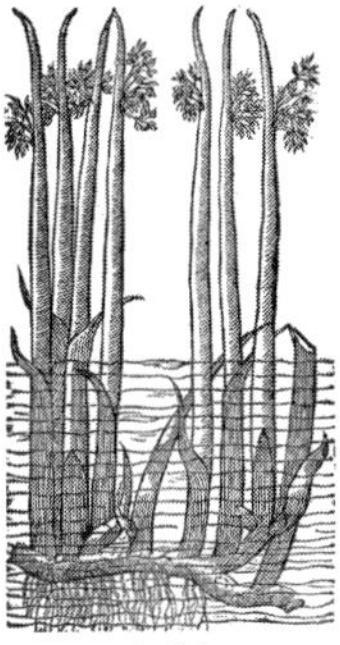
イグサ

ヨシ

の進行を妨げることはなかった。

また、生まれて3か月のモーセがナイル河に流された時、入れられた籠の舟も、この偉大な水生植物パピルスで編んだものであった。今日に至るまでパピルスでできた舟は相変わらず作られてはいるが、もっと重要な用法は紙の原料で、2000年前にパピルスから作られた紙が今日なお存在している。タケは、インドでは避難場所と友情を象徴する。タケの花は、鼻が敏感な人にとっては嫌なもので枯草熱に似た症状を引き起こすが、その太い幹は、建物や塀、野獣を追い込む囲い柵、家具、装飾品に使われる。われわれが聞いた話では、中国の貧しくて庭をもつことができない人びとは、タケの筏を組んで土で覆い、湖や川の上に浮かべて野菜を栽培するとか。

アメリカ南西部に住むインディアンの伝説によれば、昔、大洪水があった時、人類と獣類が救われたのはトウやぶ《ケインブレイク》のお陰であった。神の怒りのため、大地がまさに沈められようとした時、インディアンのノアにあたる人物は自らの家族と主だった動物を呼んで、巨大なトウ《ケイン》の茎の洞に連れて入った。そして、その入口の割れ目を閉じ、上へ上へと登って行った。水が広がって深くなってきたからである。時々、そのトウ《ラッシュ》は嵐のために揺れて壊れそうになったが、雲をそいで継ぎ手にし、繰り返し補強したので、なんとかしっかりさせておくことができた。水かさはどんどん高くなって、とうとうトウの背の高さにまで達したので、人類の守護者ともいうべきかの人物はトウの壁を這い上がってその先端に達し、髪にさしていた羽根を引き抜いて空に向かって打ち振った。この行為を記念して、それ以来、トウ《ケイン》の茎には羽根がついているわけだ。

日本の天地創造神話では、混沌の大地からガマ《ブルラッシュ》がその先っぽに蕾を出し、混沌の天上を突きぬけて、無限の空間へ生命の種子を運んだ。その蕾が花開いてそこから4組の天上の住人、つまり神々が現われた。そのうちで最後に生まれた神々の夫婦が、風の神イザナギと雲の神イザナミで、二人が日本の国土を創造したのである。二人はまず、コメ粒をばら撒いて、世をおおう暗闇を取り除いた。それから風の神は手にした槍を下ろして海をかきまぜた。すると海は渦を巻き始め、次第次第に速くなって、ついには陸地が海底から現われ、神々の足元に投げ出された。この陸地が少し乾いた時、イネが根づいたので、そこで動物の生命を保つ手段が確保されることとなった。一方、槍はイザナギが突き刺したところにそのまま残って大地の中心となり、その周りを一切のものが回るようになった。それからこの夫婦神がアマテラスを産み、次いでこの女神が回転するこの球体に美を添えるべく、あらゆる花を創ったのである。

日本の伝説の一つには、このイネの藁が好奇心をそそるおもしろい形で描かれている。つまり、藁がしっかりしていたからこそ、日本には夏があるというのである——太陽の女神アマテラスは、弟の嫉妬深い暗黒の神（名をスサノオといい月の神でもある）の暴虐に耐えかね、機嫌を損ねて天の岩屋に身を隠してしまった。アマテラスから発する光が隠されている限り、暖かさはもちろん、植物や水さえも存在することはできなかった。水が存在できないというのは、寒さにあうとすぐに凍ってしまうからである。ともかく、困りぬいた地上の住人たちは、女神を岩屋から誘い出すため、一計を案じた――八百万の神々が岩屋の入口に集い、大声で語り合い腹の底から笑ったのである。鬱々としていたアマテラスはびっくりして目を醒まし、いったい何事が起こったのかと2、3歩、岩屋の外へ出てみた。女神が洞窟からちらっと姿を現わして、この世が再び光で満たされるや否や、人々はさっと女神の正面に鏡をかかげ、新しいライバルが出てきましたと告げた。アマテラスは、それまで自分の顔かたちを見たことがなかったので、われとわが姿に見とれてつっ立ったまま。その隙に、地上の住人たちは天の岩戸をイネの藁で作った注連縄《しめなわ》で封をしてしまった。太陽の女神は岩屋の入口が封じられたのに気づき、また、まんまと計略に乗せられたと知って、笑いながら地上の住人たちの賢さを認め、天空の、自らの場所へと戻って行った。それから、アマテラスは、光と暖かさを隠して崇拝者たちを苦しめたことを悔い改めたかのように、自らの孫で豊饒の神、またコメの神でもある瓊瓊杵尊《ににぎのみこと》を送って地上の住人とともに住まわせた。瓊瓊杵尊は魔法の鏡を身につけていることを許されていたので、その後、何世紀もの間、日本の鏡はその鏡を手本に作られることとなった。デザインは円の周りに八条の光をあしらった形〔八咫鏡《やたのかがみ》〕で太陽を表わしている。この瓊瓊杵尊は、地上に降りて来たので天上にいた時に備えていた力を失ってしまった。神々の子供であったが、人間にさせられてしまったわけで、人々を教え導くことに一生を捧げたのであった。その後、何代もの王が現われては消えているが、この皇子の血筋は今日に至るまで滅びずに続いている。つまり現在、日本を支配している天皇家の祖先は、この瓊瓊杵尊まで遡れるので、天皇家は世界でもっとも古くから続いている王家というわけである。

日本の農民で、キリスト教の洗礼を受けていない者は、今なおコメ（イネ）の神を祭って豊作を祈願するが、農民たちはコメを豊饒の象徴であるとともに子孫繁栄の象徴であると考えている。こうした伝統は他の国々にも伝わっており、わがアメリカでも新婚旅行に出発するとき、新郎新婦はばらばらとコメ粒を浴びせかけられる。インドではバラモン僧がサフランと混ぜたコメ粒を新婚夫婦の肩から投げかけ、また、子供が生まれると小部屋へ連れて行き、父親が子供の頭皮に赤いコメ粒を浴びせて、邪視除けにする。

昔、日本の僧侶たちは木の根や草を主食として暮らしていた。ある日、一人の坊さまが何とも言葉では言い表わしがたいことを瞑想していた時のこと、ふと我に返ってみると、一匹のネズミがちょろちょろしながら何かを巣へ運んでいる。坊さまは罠を仕掛けてそのネズミを捕らえると足に糸を結びつけ、後をつけていった。ネズミはちょこちょこと野を越え丘を越え、とある湿地へ入っていった。そこは坊さまが一度も見たことのないところで、野生のイネが豊かに育っていた。坊さまはこの草の実がたいへん美味しいものであることを知って、弟子たちに収穫させた。その後、コメがこの国の大切な食糧となるに及んで、ネズミは民衆にとって祭るべき対象となったのである。人々のネズミに対する敬意がどれほどのものであるかは、それがコメと並んで聖なるものとされ、ブロンズ像や、絵、象牙あるいは磁器の置き物になっていることからもわかる。が、アラビア人はこのような話を認めていない。アラビア人たちの主張するところによると、最初のコメ粒はモハメットの額から潤り落ちた滴だったからである。

穀物《グレイン》に関する民話は他の国々にも伝わっている。北欧では穀物は、慈悲深い大地の母フルダ（あるいはベルタ）の保護の下にあった。フルダは自分の畑に豊かな実りがあるよう気をかけていて、穀物に害を加える者が入ってこないよう、畑の境界に狼人間を配置していた。しかし、悪戯好きな火の神ロキは時々、狼のそばをこっそり通りぬけては畑にカラスムギ《ワイルド・オート》の種を蒔いたりしたもので、そこで、ユトランド人たちは暑いさかり、畑に陽炎が立つと「ロキがカラスムギを蒔いている」というのである。北欧では今日でも2種の雑草がロキの名を留めている。一つはウマスギゴケ *Polytrichum commune* すなわち〈ロキのカラスムギ〉もう一つはリナンサス *Rhinanthus* すなわち〈ロキの蝦蟇口〉で、これは〈黄色いガラガラ《イエロー・ラトゥル》〉ともいうゴマノハグサ科の植物である。

その昔、ライムギ畑はどういうわけかよく悪魔に襲われたため、農夫たちはたいへん恐れて、取り入れの時には1束だけを畑に残して置くことにしていた。そうすると、悪魔たちはその束を取り合って喧嘩するので、その隙に大急ぎで残りの収穫を納屋にとりこむのである。しかし、悪魔も〈寝床の敷き藁《ベッドストロー》〉すなわちカワラマツバの一種 *Galium verum luteum*〔*Galium verum* の黄花品か？〕をめぐって争うことはなかった。というのは神々し

イエロー・ラトゥル

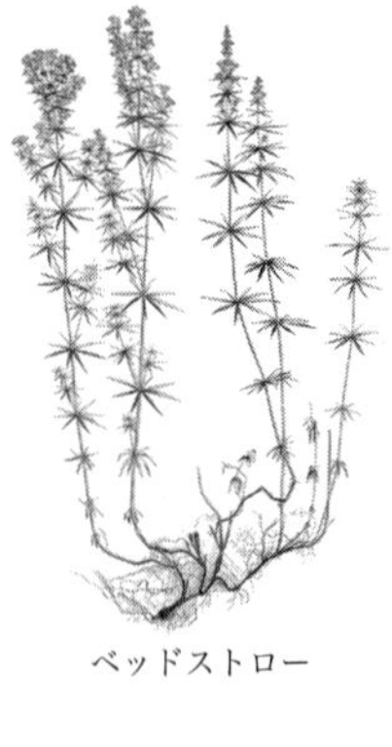

ベッドストロー

すぎて触れることができなかったからで、この植物こそは、みどり児イエス・キリストを寝かせた飼い葉桶に敷かれていた植物なのである。そういうわけで、これは、クリスマスの祭典に用いたあと、畑に撒いて畑を祝福し、増収を願ったり、また、牛舎に撒いてウシの寝藁にして牛が病気にかからないようにしたり、さらには、床に積んで家族全員がクリスマスの一夜を過ごすベッドにするといったことに利用するのが習慣となったのである。

スペインの探険家コルテスが西方の新大陸にやって来た時、その関心の的は穀類よりも黄金を持ち帰ることであったが、期せずしてわれわれにもっと豊かな富をもたらす役割をになうこととなった。その富は、たとえもしコルテスが今日まで生き延びていて、その間ずっと運び続けたとしても追いつかないほど莫大なものである。というのは、今日アメリカで栽培されているムギは、コルテス一行の一人がたまたま手違いでメキシコに持ちこんで払い落とした数粒のムギから生じたものだと言われているからである。コムギ、ライムギ、オオムギから得られる富

ライムギ

は非常に大きいのであるから、もし、わがアメリカの住人がもっと想像力のある人種であれば、当然、収穫の時期に古代の祭りを復活させなければならないはずであり、さまざまの名と姿をもつ穀物の女神たち、例えば、ケレス、レア、ヘラ、デメテル、キュベレ、テルス、イシスなどに感謝するはずである。

ゼウスとデメテルの娘ペルセポネは、半年をこの世で、半年を黄泉の国ハデスで過ごすというが、これは植物が冬は枯れ、夏に繁茂することを表わしている。美しいニンフが暗黒の他界へさらわれ、ある季節になると再び地上に現われるというこの種の話は、世の東西を問わず、未開の人々の間に共通したもので、そっくり同じ話もあれば部分的に似た話もある。実際、インドでは古代ギリシアの儀式の名残りが見られ、花嫁は多産の象徴として穀草の冠をかぶる。エジプトでは、穀物こそ国家の財産だ、と考えられ、また、ある男が息子に「畑に宝物を埋めておいたから精を出して探しだせ」と遺言したという寓話は世界各地、いろんな国の言葉で伝えられている。息子は何年も鋤や鍬をいれるが埋蔵金は見つからない。が、畑を耕したことが結果として豊かな収穫をもたらし、たくさんの金を得て満足する。そして、さらにゆったりした生活ができるようになった時、息子は、遺言の宝物とは土が肥えていることだと気づく。黄金色の穀物をたくさん収穫しようとした結果、たとえ黄金を掘り出していたとしても得られないような、幸福で有意義

な人生を送ってきたのだということに思い至るのであでる。

昔から、元旦にキビ《ミレット》を食べると金持ちになる、と言われている。ところが、貧乏人の多くはたいてい毎日キビを食べているのだ。この種の話には、何とも支離滅裂ででたらめなところがあり、わけのわからないものだと考えがちであるが、しばしばそれは何かの象徴や比喩であり、よく調べてみると、一見まったく関係がないように思われた信仰やものの考え方と深く関わっていることがわかる。例えば、この「新年の幸運なキビの話」に含まれているものの考え方は、もとをたどれば、古代ゲルマン人の「キビは嵐を引き起こす巨大な竜《ドラゴン》の食物である」という信仰と「穀物はその色を黄金から取る」という空想に関係している。つまり、雷を起こす竜がその隠れ処の雲から赤い稲妻を放つ場合、その稲妻は落ちた地面に黄金を落としたしるしであり、一方、その竜が青い光を吐いた場合、それは自分が食べるためのキビを蒔いたことを意味したのである。黄金もキビも同じ竜の持つ魔力で作られるからには、ある程度はキビが黄金に変わることもあり得るというわけだ。ペルシアではこの話はちょっと異なった形をとっているが、それでもなおつながりが認められる。当地でも竜はやはり天空の住人ではあるが、稲妻よりももっと人間に喜びを与えるもの、つまり虹の姿をしている。そして、黄金は地面に投げ落としたりせず、そっと滴らせるのである。だから、竜の身体の端が地面についている所を探せば、宝物が見つかるわけだ。

アメリカでは、穀物に艶っぽい意味あいは付与されていない。しかし、北東部のニューイングランド地方にはトウモロコシ《メイズ》の皮をむきながら若い男女がカップルになるという風習がある。いざトウモロコシを収穫して、その皮をむく段になると隣近所で寄り集まってお互いに手伝い合う。このとき、若者には特権が与えられていて、もしむいたトウモロコシに赤い粒が混じっているのを見つけたら、その男は隣の乙女にキスしてよい。イギリス本土ではトウモロコシの取り入れの時、最後の実は村でいちばん美しい少女が切る。もっとも、この地の女

ミレット

ゴマ

性は男にキスを許すというような素敵なチャンスを与えたりはしないが。

どんな町の子供でも知っている穀類が一つある。それは言わずと知れたゴマであるが、なぜかというと、アリババが40人の盗賊の洞穴を開けるのに唱えた例の呪文のお陰ではないだろうか。ゴマは、ものの本によれば、空に蒔かれた油性のマメでそれから七つ星が生じたのであり、死神によって創り出されたのである。そういうわけで、東洋の人々はゴマを悔い改め、罪滅ぼし、浄罪の儀式に用いる。死者に供える団子にはコメと蜂蜜をこねてゴマを混ぜる。こうして「6粒のゴマのお供え」をちゃんと作って6回お供えすると死者は天国に入るのを許されたと信じてよい。

ヒンドゥー教では、葬儀が終わって死体を焼く時、遺された人々は川の土手にゴマを半ポンドばかり置いて死体といっしょに焼く。こうして灰を川に流せば、死者はそれを食べてあの世までの長旅のための力を貯えることができるのである。

クスノキ (Camphor)

ある日本の伝説に明らかにされている通り、クスノキの精は大自然の力をしのぐ力を有している。熱海にはこういった木の一つがあり、節でごつごつした巨大なクスノキが社寺の森に聳えている。ここにかつて一人の信心深い坊さまがひっそりと住んでいた。その坊さまが座禅を組んで修業《めいそう》にふける場所は、海を見わたす所にあったので、坊さまは嵐が接近してくるぞと船乗りに警告したり、海面がざわついている、サバの大群がやって来たぞと漁師たちに知らせることができた。不漁の季節が続いたある時のこと、坊さまは祈りをあげたり助言に走ったりするのに疲れてぐっすり眠りこんでしまい、夢を見た――浜辺に魚が打ちあげられて山のように積み重なっている。坊さまはさっそく浜辺へ行って海の神々に感謝しようとした、まさにその時、目がさめた。が、その時、肝をつぶすようなどろどろいう音とシューシューいう音とともに巨大な雲が海面から立ちのぼるのを見た。海底火山が噴火していたのだ。火山灰を含んだ真っ黒な蒸気が空高く何マイルも噴き上げていて、ガスのために魚が死に、それが山となって浜辺に積み重なった。大地は揺れ、人々はガスや灰のために半ば窒息しながらあわてふためいて山の方へ走っていった。突然、地面が大きくグラッと一揺れしたとおもうと、そこに生えてい

クスノキ

たクスノキがてっぺんから根元まで真っ二つに裂けた。すると、その太い幹から美しい女仏が姿を現わし軽やかに降りて来て、地震のためにばらばらふるい落とされたクスノキの一枝を差し出して坊さまに命じた――煮えたぎっている海の上でこの枝を3度ふるがよい、そして3度ふったら、「観世音菩薩」と唱えながらその枝を海に投じなさい、と。

坊さまは急いで浜辺へ行った。そして、大きな声で海に向かって鎮まれと呼びかけたところ、噴火はおさまって海は静かになった。魚の群れも再び安心して泳ぐようになった。ただし、打ち上げられて村人の腹の中におさまったのは別として。こうして村には静けさが戻った。今日、寺の坊さんが口々に言うところによると、クスノキからあたかもその木の霊であるかのように姿を現わした女仏は、観世音菩薩その人に違いないという。

クリスマスローズ (Hellebore)

この植物（「花と古代キリスト教伝説」を参照）は、通例、根の色によって、ブラック・ヘレボア〔*Helleborus niger*〕と呼ばれている。およそ、植物が初めて医療用に利用された昔から、これは通じをつける薬であった。また、家の中に入りこんでいる悪霊を追い出し、家を清めるためには、部屋の中をクリスマスローズの香りで満たし、讃美歌を歌いながらものものしく儀式をとり行えばよかった。家畜の牛をクリスマスローズで祝福する時は、あらかじめアポロンとその息子のアスクレピオスの許しを乞い、それから刀で地面に円を描き、その円の内側から掘り起こしたクリスマスローズを用いた。矢はクリスマスローズでみがくと、その矢で射た動物の肉は柔らかくなった。クリスマスローズは狂気の治療にも用いられた。もっとも古い精神病の治療例は、うつ病の患者をアンティキティラ島まで船に乗せて行ったことに見いだされるが、これはその島にクリスマスローズが豊富に生えていたからである。

クリスマスローズ

クリの類 (Chestnut)

アメリカでは、ブナ科のチェスナッツ〔アメリカグリ *Castanea dentata*〕の木はほとんど放ったらかしで、手塩にかけてクリの実の大きさや品質の改良を心がけるということをしないが、ヨーロッパでは、チェスナッツ〔*C. sativa*〕は非常に尊敬すべき親しい木であり、神聖にして侵すべからざる名木と名のあるオークの木やエルムの木と同様、手厚い保護を受けている。英国はグロスタシャー、トートワース城の庭にあるチェスナッツの木は樹齢1000年の古木で、11世紀にすでにその大きさで有名であった。イタリアのエトナ山には100年ばかり前、5本のチェスナッツの木がまとまって1本になったものがあり、幹の太さは21メートル余りで、「100人乗りの木」として有名であった。この木は病気になって倒れ、朽ちてしまったが、昔の古い見聞談や彫刻の中では今もながらえている。

チェスナッツは、クセノフォン〔ギリシアの歴史家、また軍人にして哲学者〕の軍隊がその撤兵時に主食とした食物であり、また、神聖な意味を示すということは聖シモンの日におごそかにチェスナッツを食すことや、聖マルタンのお祭りには貧しい人々にチェスナッツを配ることにも表われている。

アメリカ人に〈馬のクリ《ホース・チェスナッツ》〉として知られているセイヨウトチノキ〔トチノキ科〕に、なぜその名がついたかというと、葉のつけ根の葉痕が馬のひづめに似ているからだと考えられている。実際のところ、その実を馬がいろんな病気になったとき、砕いて餌として与えたのは「特徴説」〔4頁参照〕と一致していたのかもしれない。しかし、ホース・チェスナッツの原産地はトルコで、一人のイスラム教の聖者によって創造されたのである。――その聖者の名をアキャズリというが、この隠遁者は自分の肉を火あぶりにしたいと願って、大地に一本の棒を突きさして身体を支えて火にかけた。それほどまでの聖なる心にうたれて、天はその棒から大地の中へと根を生ぜしめ、それが大きくなって今日知っているホース・チェスナッツになったのである。

エトナ山のチェスナッツ

クレマチス (Clematis)

クレマチスはものに絡みついて生育する性質のために、かつて英語では〈愛《ラヴ》〉と呼ばれていたが、またの名を〈旅人の喜び《トラヴェラーズ・ジョイ》〉〔*Clematis vitalba*〕ともいった。これは、クレマチスがよく旅籠《はたご》の玄関や道端にはびこって、遠い道のりをやってきた旅人に、一息つかせる涼しい日陰を提供したためである。これらの他にも〈野づた《ワイルド・ヴァイン》〉〈タバコ用の茎《スモーキング・ケイン》〉〈タムバッカ〉〈悪魔の髪型《デヴィルズ・カット》〉〈悪魔のもじゃもじゃ《デヴィルズ・トワインボ》〉〈ボヘミアの植物《ボヘミアン・プラント》〉〈聖母マリアのあずまや《レイディズ・バウワー》〉〈処女マリアの木陰《ヴァージンズ・バウワー》〉〈老人のひげ《オールド・マンズ・ビアード》〉〈乞食の植物《ベガーズ・プラント》〉等々、わけのわからないような名前がある。〈タバコ用の茎〉と〈タムバッカ〉は、ちょうど子供たちがトウを切って口にくわえ、タバコ遊びをするのと同様に、クレマチスの茎がパイプや葉巻として用いられることを示している。種子についている灰色の細長い毛は、種子を新しい場所へふわふわと運ぶ役割をするものだが、〈老人のひげ〉という比喩はなるほどと肯かせるものがある。〈乞食の植物〉という明らかに侮辱的な名前は外国からきたもので、乞食を職業とする人々がわざわざ自分の身体を傷つけて、その傷口にクレマチスの葉をすりこみ、醜《みにく》くただれたできものをつくるところから、この名が生じた。クレマチスの分泌する刺激性の汁は皮膚の表面に炎症を起こさせるので、貧しい人々にいろいろな施し物が恵まれる土地では、人工的なものではあるがこういった種類の苦痛は、不具や盲目のふりをするのと同じように慈悲深い人々に強く訴えかけるものがあるのだ。

トラヴェラーズ・ジョイ

クロッカス (Crocus)

クロッカスは、春一番に姿を現わす大地の宝石であり、今日ではその美しさだけしか讃えられないが、その可憐な花は、かつてはさまざまな理由のために尊重されていた。例えば、秋咲きのクロッカスであるサフランの雌しべは強心剤であったし、また、その花のしぼり汁はローマの女性たちに染髪料として珍重された。このため、教会の神父たちは、それを染髪料に使用することを禁じた。時代下ってイギリスでも、ヘンリー8世はアイルランド人に対し、サフランを亜麻布の染料として用いるのを禁止した。それまではサフランを染色に用いていたのであるが、アイルランド人の考えるところ、この植物で染めた布地は白いままのものと違って何回も洗濯しないですむし、この植物性染料には何か衛生上の利点があるから、というわけであった。つい先ごろまでサフランはケーキに鮮やかな色合いを添え、四旬節の断食の6週間に作る料理として、一般の信徒の志気を保つ役割を果たしていた。しかし、このケーキがそういうような効能をもつと信じられていたといっても、その意味するところ、昔のギリシア＝ローマの人々が宴会のとき、部屋やテーブル、あるいは酒杯のまわりをサフランの花で飾ったのと同じ程度のことであろう。つまり、宴会を開いてブドウ酒をやれば誰でも元気がよくなるということを意味しているにすぎない。

インドのカシミール地方では、サフランは昔から王侯の独占物であったが、エドワード3世の時代、あるイギリス人の旅行者が巡礼としてこの地方をくまなく踏破し、命がけでその球根を盗んだ。それを中空の杖の中に隠してイギリスはウォルデンの自宅に持ち帰った。この男はそこでこの球根を育て、たった一つの球根からたくさんの花が咲くようになったため、その場所はサフラン＝ウォルデンと呼ばれることとなった。この植物と、これからとれる染料はインドでは大いに珍重されたもので、昔の言い伝えによると、戦の際、いよいよ負けそうだということになったとき、王侯たちはサフランで染めた正式の衣裳を身にまとい、憐れ、妻たちをまわりに集めて従容《しょうよう》と焼け死んだという。

春咲きのクロッカス、つまり、いわゆるクロッカスという名をつけたのは、植物学者のテオフラストスである。テオフラストスがギリシア語で kroke すなわち糸を意味する語をもとに命名したわけは、雌しべが糸状であるからであった。しかし、テオフラストスの時代よりも古い伝承によると、その花はゼウスがイダ山の斜面でヘラと寝そべっていた時のゼウスの体のぬくもりで芽をふいたとされる。が、また別の言い伝えによると、サフランは、ヘルメスの手から投げられた鉄輪で不慮の死を遂げた息子のクロコスが天上の露に浸されて花の姿に変わったものであり、春咲きのいわゆるクロッカスはメデイアが年老いたイアソンのために調合していた不死の薬のしずくから生じたものだという。

サフラン

クローヴァーとシャムロック (Clover and Shamrock)

クローヴァーの類の草本はかなり大きい科〔マメ科〕を形成するもので、広範に分布して非常に有用である。野原のクローヴァーからは蜂蜜がとれ、アメリカではすばらしい芳香のある野生クローヴァーが身の丈ほどの叢《くさむら》をつくって蜜蜂が足繁く通うところとなっている。花穂の長い深紅色の種は最近東部諸州に移入されたもので、野原一面を庭園のように鮮やかに彩る。クローヴァーは葉にも、観賞用植物に見られるのと同じようなおもしろい模様が入っているものがある。ニューオリンズの聖ロチの古風な趣のある共同墓地に行くと、子供たちが近づいてきて、キリストの血のついたクローヴァーを買いませんかと誘いかけてくることがある。さっそく、5セント白銅貨を払ってそのクローヴァーを買ってみると葉の上面にハート型の赤い模様がある。が、なんのことはない、そのすぐあとには、墓地の至る所にその植物が群生しているのを見つけるはめに終わる。この模様は「イエス・キリストの血の印《あと》」と呼ばれているが、そのような伝説にまつわる民話も他に根拠となるような話も伝わっていない。そのかわり、フランス人地区の歳とった人々は、先祖から聞いた話を記憶の片隅から呼び醒ましてくれた。その趣旨は以下のごとくである。

昔、一人の乙女がいよいよ結婚式を挙げようという晩に亡くなって、ここ、つまり昔の聖ロチの墓地に埋葬された。夫となるべき男は絶望のあまり、乙女の墓標の横でわが身をピストルで撃ったのである。身体から流れ出た血は芝生の上一面にひろがって、それからこの墓地に生えるクローヴァーにはことごとく、その葉に赤い模様がはいるようになったというのである。

クローヴァーは、通常の3枚葉でなく、4枚葉をもっていると幸運のしるしとして昔から有難がられ、現在でもわれわれは in clover という語句を、財産があるぜいたくな暮しを表わすのに用いるが、その象徴するところの意味は、幸運に関する迷信というよりもむしろ、クローヴァーの野に放たれた家畜が草を喰む喜びを表わしている。予知能力を持つ賢者の言うところによると、クローヴァーの夢を見るだけで幸運のしるしであるという。

現在、われわれが〈森のスイバ《ウッド・ソーレル》〉と呼んでいるクローヴァー、すなわちコミヤマカタバミは、昔はヘビなどの毒をもった生き物に対する護符であり、魔女をも、ものともしなかった。戦いに出かける際に兵士たちはコミヤマカタバミを右腕か刀の柄につけ、邪悪な秘密の殺し技を持つ敵の一撃から守ってくれるようにと願いをこめたものであった。3つ葉のクローヴァーをアラビア語ではシャムラクと呼び、ペルシア人はこの模様を「ペルシア3つ葉の象徴」として崇めた。アメリカのコミヤマカタバミは白花で、花弁にかすかに赤みを帯びたすじか紫色のすじが入っている。英国ではピンク色の種が白花の種に先がけて咲くが、他の花と同様、北へ行けば行くほど白花の出現する割合が高くなる。これはロシアではブルーベル〔ユリ科の *Endymion non-scriptus*〕が北へ行けば白く、またレッド・キャンピオン〔ナデシコ科の *Melandrium rubrum*〕が北極

クローヴァー

圏では雪とその白さを競い合っているのと同じである。スペインやイタリアでは、コミヤマカタバミは〈アレルヤ〉と呼ばれるが、これは、復活祭の後で神を讃えるハレルヤが歌われる頃に咲くためである。ウェールズでは〈妖精の釣鐘《フェアリー・ベル》〉であり、スコットランドでは〈ハートの集まり《ハーツ》〉とか〈カッコウの食物《ガウクス・ミート》〉と呼ばれる。大ブリテン島では〈カッコウのスイバ《ククー・ソーレル》〉が通り名で、カッコウがさえずり始める頃に姿を現わすからである。

現在ではもはや食用とはされていないが、以前は、前述のコミヤマカタバミは、サラダとして用いられたものであった。〈羊のスイバ《シープ・ソーレル》〉あるいは〈野原のスイバ《フィールド・ソーレル》〉〔*Rumex acetosella*〕はコミヤマカタバミとは植物学的に異なるタデ科に属し、現在なお青菜として食用にされているが、なれていない人にはあくが強くて食べにくい。

コミヤマカタバミに含まれる酸（シュウ酸、すなわちオキサル酸はこの植物の学名オキサリスに由来する）は「シュウ酸水素カリウム《ソルト・オブ・ソーレル》」という名の化学物質として抽出され、インク消しなどの商業的利用に多少需要があるが、これは嫌な味の有毒物質である。その葉は5パーセントの酸を含み、心臓形をしているため、昔は「特徴説」〔4頁参照〕に従って心臓病の薬として処方された。ボリヴィアで栽培される〈オカ〉〔*Oxalis tuberosa*〕という種には塊茎状の根があり、アーティチョークと同様に賞味されている。メキシコでは4つ葉の種が食卓に供されており、また、ペルー産の種〈アラッカ〉arracha〔arracacha すなわちセリ科の *Arracacia xanthorrhiza* か。2回3出複葉をもち、根茎を食するという〕も同じく、根と葉軸の両方が食用にされている。

大多数の人は、もともとのペルシア語の名前がさすシャムロックはコミヤマカタバミであったと考えているが、3月17日、だれもかれもが聖パトリックを拝む時に、シャムロックとしてふつう身につける植物はシロツメクサ《ダッチ・クローヴァー》である。何がシャムロックであるかに関して専門家の間でも一致をみないので、この問題については少し混乱している。アイルランドに残るアース語の seamrog は3つ葉の意の seamar と、小さなの意の og から来たもので、seamrog, seamsog, seamroge, shamrote, shamrocke, shamrug, seamar-oge, chambroch など、さまざまな変形が見られる。聖パトリックが実際に使った植物は、シロツメクサ〔*Trifolium repens* f. *minus*〕か、コミヤマカタバミであったかもしれない。古いアイルランドの文献では、シャムロックは食用植物とされており、イエズス会の殉教者キャンピオンは、その著

コミヤマカタバミ

書『アイルランドの歴史』(1571年刊) の中で、「アイルランド人はシャムロート、オランダガラシ《ウォーター・クレス》、その他の草《ハーブ》を常食にしている」と語っている。フランドルの植物学者マティアス＝ロベールは、紫花と白花のクローヴァーについて語っているが、白花の種については、「これは牛を太らすのにもよいが、小作農たちもひいて病人用の食事にまぜている」と言っている。詩人のスペンサーも、マンスター〔アイルランド南西部〕戦争の間、人々がコショウソウ〔*Lepidium sativum*〕とシャムロックを食べて飢えをしのいだ次第を語っているが、旅行作家のフィネス・モリソン〔1566～1630〕は、人々がこのピリッとした味の草《ハーブ》、すなわち酸っぱい味のするコミヤマカタバミだと思うが、これを貪り食う、と述べている。しかし、「人々があちらこちらと逃げたり追われたりしながら、溝から獣のようにその草をひっつかむ」とあり、もしもその溝が水をたたえているとすれば、それはコミヤマカタバみではなく、現在も料理のつまとして使われるコショウソウかもしれない。

シャムロックと宗教の関連、および、それがアイルランドの象徴として採用されるに至ったわけは、この国にキリストの福音を伝えにやって来た聖者の霊感に基づくもので、次のような話が伝えられている。聖パトリックが、この地へ上陸して異教徒たちに接してみると、異教徒たちが「三位一体」について深刻に悩みを感じていることに気がついた。聖パトリックは全力を尽くして説教し論じたが、三位一体の教えを首尾よく認めさせることができなかった。何度も説教をしているうち、ふと地面に目をやると、偶然、シャムロックの葉が小さな3つ葉になっていることに気づいた。それは、自分が言いたいことをみごとに例証していた。聖パトリックはかがんでシャムロックを摘み、それを示して、1枚の葉ではあるが、3つの葉が1つになったものである、と説き明かした。こうしてアイルランド人はキリスト教を受け入れてから後、シャムロックを自らの象徴として3つ葉の紋章とし、教会の式文集の中では国家をあげて守る徳目に、愛、勇気、機智を定めた。聖パトリックの時代にもうその葉は魔法に対する防御物として広く一般に使用され、農夫たちは、恐ろしい泣き声で家人の死を予告する女妖精バンシーや通りすがりの旅人の魂を盗む妖精の棲む沼地や湿原をどうしても通らなければならない場合、あらかじめその葉を摘んで身につけたものであった。実際、聖パトリックがアイルランドから蛇を追い払うことができたのは、このクローヴァーのもつ毒と災いに対抗する力である。それを手にもって差し示しただけで、蛇どもはあわてて海に飛びこんで退散したのであった。

クローフット (Crowfoot)

イリュリアに産するこの黄色いサクラ

ンボ色の花は、英語でいうところのバターカップ〔ウマノアシガタ属の植物〕と同じ物である。バターカップは古くは〈王様の杯《キングス・カップ》〉〈黄金の杯《ゴールド・カップ》〉〈黄金の把っ手《ゴールド・ノブズ》〉〈ヒョウの足《レパーズ・フット》〉〈カッコウの坊や《クックー・バッド》〉などとも言われた。ウマノアシガタ属の学名ラナンキュラスはカエルを意味するラナという語に由来するが、それは、これらの植物がカエルのたくさん棲んでいる場所に好んで育つことを示している。この属の植物は、非常に辛いので、普通、家畜は食べない。しかし、プリニウスの言うところ、このイリュリア産の花には食べると笑い出して止まらなくなるような効能があるという。事実、これを食べた者は、パイナップルの芯とコショウの入った年代もののブドウ酒を飲まなければ、バカ笑いをしながら、この上なくみっともない格好であの世行きということになる。

古代には、この植物の種が矢じりに塗りつけられ、人を毒殺するのに用いられたが、別の〈聖アントニオ《セント・アンソニー》〉という八重咲き種は、ペストにかかったとき、もっとも症状のひどい病斑にすりこんで治療に用いたものであった。また、牡牛座かさそり座に宮があるとき、月が欠け始めるころに、首にすりこむと気狂いに効果あるとされていた。

イリュリア産クローフット

ゲッケイジュ (Laurel)

古代ギリシア時代、ゲッケイジュは象徴としての地位を獲得したが、一方では厄災よけとしても高く賞賛され、また、稲妻よけのために、戸の入口につるされた。さらには安全のしるしであるところから、それは勝利のしるしとなった。将軍たちは皇帝に急送する公文書をゲッケイジュの葉にくるんで送った。ゲッケイジュの葉は、ギンバイカ《マートル》、オリーヴ、マツ、パセリなどと同じく、花輪や冠に編まれ、競技の勝利者に与えられた。もし、ゲッケイジュを枕の下に置いて眠ると、へぼ詩人でもちゃんとした詩人になれる。また、学生が自作の詩を大学で朗読すれば、ゲッケイジュの葉と実の冠を与えられた。そんなわけで、私たちは「学士の学位《バッカローリット》」という語を有しているが、これは、ゲッケイジュの実を意味する。さらに、学生は本にしがみついて絶えず勉強する義務があり、世帯持ちになることなどは思いもよらなかったので、学士を意味する派生語のバチェラーは「独身の男」に適用されるようになった。

ゲッケイジュは未来をかいまみる予言

者にも力を与えた。デルポイの祭司は、その葉をよく嚙んでから、噴煙がもうもうとたちこめるなか、祭壇の上に腰をおろして神託を伝えたものである。一方、神託を得ようとする人々は、ゲッケイジュの冠をかぶり、アポロンの神殿の付近に生えているゲッケイジュの葉を少しずつ、ちぎってかじりながら、巫女の前に進み出ることになっていた。

いささかげんなりするような話であるが、伝説によれば、皇帝ティベリウスは、ゲッケイジュの保護力をかたく信じていたので、嵐が吹き荒れる時には必ず、あわててゲッケイジュの冠をかぶり、ベッドの下にもぐりこみ、嵐が終わるまでずっと、王らしからぬ態度のままであったという。一方、ゲッケイジュの下に立っている間、人は魔女の手から安全であった。また、ゲッケイジュの実はさまざまな病気を寄せつけなかった。少なくとも、ネロはそう信じていた。というのは、あるときペストが流行したので、ネロはラウレンティウム〔古代都市でゲッケイジュの都、の意〕へ遷都したが、これはローマ皇帝たる者の貴重な健康は、ゲッケイジュが浄化した空気を吸うことによって守らねばならぬというわけであった。

もし、われわれの生活からゲッケイジュがなくなったとしたら、いろんなものごとを表現する際、じつに困ったことになる。ゲッケイジュは、名誉のしるしとして人間を飾るのに用いられるようになってから長い時間がたつ。音楽会のときには幕間の拍手喝采に際して聴衆から舞台の音楽家にゲッケイジュの輪が手渡される——いったいどこでこんな流儀が始まったのか。昔々、アポロンがクピドをいわれのないことで叱った時、クピドは仕返しに持っていた黄金の矢でアポロンを射た。この矢はアポロンをして最初に出くわした女に恋することを運命づけるものであった。クピドは、それでも満足せず、二の矢を放った。鉛の矢じりをもつ矢は恨みのアポロンの胸に命中した。これによってアポロンは恋の相手が誰であれ、その女性がアポロンに対して嫌悪の情を抱くように定められたのである。

まもなく、アポロンは森の妖精《ニンフ》ダプネ

左：アポロンとダフネ
（ポライオーロ画、1470-80年頃）
右：ゲッケイジュ

と出くわした。アポロンはダプネをかきくどいた。しかし、ダプネははねつけた。アポロンは、いっそうやっきになって迫ったが、かえってダプネを恐がらせ、軽蔑の目で見られるだけ。ダプネはとうとう、自分の逃れるすべは逃走あるのみと知ったが、しかし、アポロンはすぐ後から迫った。そして、いよいよアポロンに捕まるということがはっきりしたとき、ダプネは神々に祈って、アポロンを魅惑している姿を取り去ってほしい、しつこい求愛から解放してほしいと願った。その願いがダプネの口から発されるや否や願いは聞きとどけられ、ダプネの両足は大地深く根をおろした。そして宙に高くさしのべられていた両の腕も太くなりはじめ、じっと動かなくなった。ダプネの顔は消えて、節やしわとなり、美しい肌は茶色に変わった。髪の毛は一瞬前までは風になびいていたのに、今や葉となってそよそよと音をたてている。そして、アポロンが追いついてつきだした両の腕の中に抱いたものは、ゲッケイジュ以外の何ものでもなかった。アポロンは悲しみのどん底に突き落とされたが、恋慕の情は消すこともできず、鎮まりもしなかった。アポロンはなおも、野のどんな木々にもましていとしいダプネの木を愛した。そこでアポロンは、ダプネのつやつやと輝やく髪の毛の束、すなわち夏も冬も変わらずつく葉に聖職を授け、冠として勇気、奉仕、あるいは美の創造において他に抜きん出たものにそれを授けることと定めたのであった。

コクタン (Ebony)

コクタンのずっしりした黒色の材で、昔からステッキや官杖などが数多くが作られている。とても信じやすい人か、もしくは大法螺吹きであるあのジョン・マンデヴィル卿の生きた時代〔14 世紀〕、この木は無気味で奇怪な迷信のたねであった。それは、ある特定の時期になると肉に変化する木であり、また、その木の産する油は、もし取り入れて 1 年間しまっておけば、変化して「良質の肉と骨」になるが、それがどんな動物の肉と骨であるかについてはマンデヴィル卿は述べ忘れている。

コクタンの黒さは、英語で、〈コクタン《エーボン・》の夜《ナイト》〉とか〈コクタン色の黒人《エーボンヒュード・ネグロ》〉というように、しばしば比喩や言葉のあやとして用いられている。地下の世界に棲むプルトンにはぴったりであるから、その玉座はコクタンで彫刻されているはずである。また、アポロン神殿のアポロン像は、当時、エジプトの神々の像の多くがコクタンでつくられていたのと同じく、コクタンの木に刻まれていたと言われている。

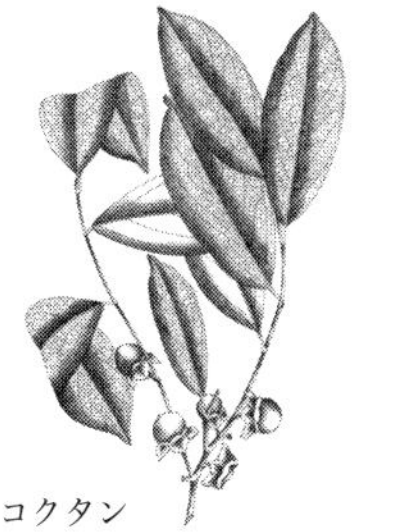

コクタン

コケ (Moss)

遠い昔、神話を作った人々は慎しみ深いコケといえども見過していない。例えば、ラップ人が寝床に敷きつめるのに用いるヘア・モス *Supercilium veneris*〔スギゴケ属 *Polytrichum* の植物〕については、北欧神話に出てくる女神フリッグとトールの妻シフがどちらも自分のものだと主張している。

また、今日エルサレムの城壁を覆っている Bryum〔ハリガネゴケ属の植物〕こそ「ソロモン王のヒソップ」〔清めの儀式に用いられる植物で、一般にはハナハッカだと推定されている〕であったとも伝えられている。

「ヒソップ」といえば昔から薬用にありがたがられていた植物であるから、ノーサンブリア王国〔イングランド七王国時代の王国の一つ〕のオズワルド王の死後、その十字架を覆い、いくつかの奇跡をなしとげたと伝えられる「ヒソップ」は、他ならぬこの Bryum であったかもしれない。その奇跡の一例をあげれば、この尊い十字架を拝もうと氷上を渡っていた一人の男が倒れて腕を折った。そこで友人がかの十字架からコケを少しばかり引き剥いで、傷ついた仲間にぱたぱたはたきつけたところ、骨はたちまち癒合した――。奇蹟をなすいま一つのコケは、教会の墓地に葬られた人間の頭蓋骨の上に生えるもので、これは「百日咳」と発作の特効薬といわれている。

Lycopdium selago すなわちコスギラン〔シダ植物〕は、おそらくドルイド教の祭司の黄金の草ないし衣であったと思われるが、これもまた医薬品としてではなく、妖怪や黒魔術を防ぐお守りとして目覚しいものであった。ただし裸足になって足をきれいにし、あらかじめパンとブドウ酒の犠牲を供えた者が集めたものでなければならない。準備のととのった者は左の袖に通した右手でコスギランを摘み、新しい布に収める。

ロアール川の中のサン島に住んでいたドルイド教の女祭司たちはさらに手のこんだ面白い集め方をしていた。それはケリドウエン〔イシスにあたる神〕の祭壇に供えるコスギランが入用か、あるいは兵士たちが矢に塗る毒としてそれを所望したときに行われた。コスギランを集める乙女は着物を脱ぎ、能うるかぎり月の化身たらんとする。また鉄を避けなければならない。もし鉄がコスギランに触れると、たちまち災難にみまわれるからである。コスギランがみつかると、そのまわりに円を描き、小さな指先で引き抜くが、そのあとしばらくは、まっさらの白

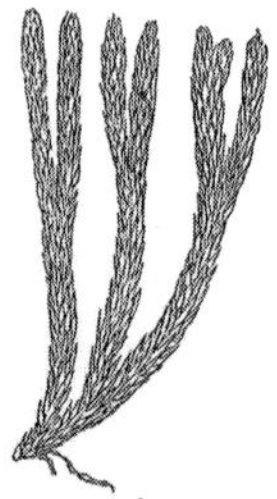

コスギラン

い布でその手をくるんだ。

劇場に今日のような「電気設備がつく」までは、コスギランは、嵐の場面のおどろおどろしい恐怖をかもしだすための道具立ての一つであった——すなわち、これと、ジグザグの溝を転がり落ちて雷鳴そっくりの音を出す砲丸、そして箱の中に詰めて振られて雨音を出すマメ粒——。それというのも、乾燥させたコスギランには火薬はほとんど同じような発火力があったからである。

ドイツの伝承にある「コケの妻」というのはすてきな妖精で、コケをしとねに木の洞に棲み、驚かされるとコケの緑に身を隠す。この妖精たちはほとんどの時間を、コケを編んできわめて精妙な織物に仕立て上げるのに費やす。その織物は絹のように柔らかく、ビロードのように輝き、森の緑色・黄金色・褐色・赤色に染められる。誰かが親切を施したとか、あるいは妖精たちのほうが誰かを庇護してやったときには、こういったコケ製の外套の一つに、その人のための縫い取りをすることで、関心のほどを明らかにした。この妖精たちはこの他にも恩恵を与える。例えば、ある貧しい女の子の話。その女の子は病気のお母さんのためにイチゴ《ベリー》摘みをしにフィヒテルゲビルゲ〔ドイツのバヴァリア地方の山。トウヒ《フィヒテ》が多いところからこの名がある〕に登ったが、一人の小さなコケの妻に会い、イチゴを少し欲しいと頼まれた。女の子は喜んでこの小さな妖精が籠からイチゴをたっぷりとるのを許した。家へ帰る途中、ふと気がつくと、残ったイチゴはすべて黄金に変わっていたのだ。

サクラとウメ
(Cherry and Plum)

厳しい生活をモットーとする西欧の人々は、日本人が生け花のようなことを習うのに何年も時間をかけるのを知るとびっくりする。生け花は日本で仏教思想とかかわって起こった芸術で、15世紀、足利義政がその流儀を創始したのであった〔一般に創始者であると言い伝えられているが確証はない〕。義政は、そこに至るまで、神仏に花を供えるにはどのようにしたらよいか、どんな方法が神仏に喜ばれるかと考えた末、この流儀に発展させたのであった。まさにその通り、今日でも日本人は宗教心をもって、桜の森や、菖蒲園を巡礼するし、自らの家を花で飾り、祭や節句にはとくにその日のための花を生ける。また、花を生ける際、全体としての美と重みは不可欠なものとして、茎や葉も花と一緒に生ける。何種類もの花をとり合せて用いることはめったにない。というのは、1種類の花だけでその美しさを完璧に表わすべきものと考えられているからである。対称的に生けるのは避け、また、ぎっしりつめて花を団子のように生けることもない。

しかし、日本人にとって一番の楽しみは何といっても花見である。4月、サクラの花の季節は一年のうちでもっとも喜ばしい月とされている。サクラの木は、自然の野山に生えているものは小さくて姿もよくないが、現在では、そういった野生種から大型で豪華な花をつけるサクラの木が経験豊かな植木屋によって作られ、それが植えられた場所へ大勢の人々が花見にやってくる。新聞は花便りを掲載して、つぼみがいつごろ開くかを報道するが、その大まじめな調子は、ちょうどアメリカの新聞が社交シーズンの開幕を報道するのと似ている。日曜日になると日本中、至る所、職人は道具を放ったらかし、おかみさんは家事を忘れて、サクラの咲いている公園へ押しかけ、サクラの木の下で飲めや歌えと浮かれ騒ぐのである。

日本に春の到来を実際に告げるのはウメの花で、この時季の梅林は実に素晴しい眺めであり、いみじくも白梅の梅林があった東京郊外の景勝の地が「白金台」と呼ばれたのにうかがえるように、文字通り「銀世界」を呈する。ウメは「百花の長」といわれ、マツとタケとともに長寿の象徴として用いられているが、花が散り、その香りがもはや思い出となってしまうころ、今度はさらに華やかなサクラの花が林縁をにぎわせる。しかし、日本のサクラには食用価値はまったくない。その実は小さくて酸っぱく、あまりたくさん実をつけない。ただ、樹皮は美術工芸品を作るのに用いられる。サクラが不朽の名声を誇るのは、ひとえにこの島国の人々の色に対する鋭い感性のゆえである。5世紀ごろのある天皇についての話──池のほとりのサクラの木の下に船を浮かべて遊んだときのこと、天皇が酒を注いだ杯を高くかかげたところ、桃色の花びらがひらひらと風に舞い落ちてきて杯の中に浮かんだ、──ちょうどローマ人がゴブレットをバラの花で彩るように。絹のようにあでやかな花びらが酒に浮かぶ様子はこの上なく美しかったので、その天皇は毎年、サクラの花の咲く時節になると、サクラの木の下で酒を飲むのを習いとするようになった。そういうわけで、今日、飲酒は花見の一部となっている。

後代のある天皇は、歌の中でサクラを賞で、宮廷のまわりにたくさん植えさせたので、これが広く一般に愛好されるもととなった。そして、サクラの花の美しさに対する尊敬の念が心からのものであることは、須磨寺に掲げられた触れ書きの「何人たりともこの木の一枝を折りたるもの指一本を失うべし」という文句から推測できるかもしれない。

森の神々はお気に入りのサクラ、マツ、スギに傷がつくのもたいへん嫌っているが、この弱みにつけいることによって、恋に破れた乙女は、恨みを晴らす。乙女に不実な愛人を取り戻す気持がない場合には次のようにするのである。乙女はあたかも男をくどきに出かけるかのように着飾って、真夜中、3本の火をつけた蠟燭を頭のかぶりものにつけ、首に1つの鏡をかける。左の手には裏切った男に似せて作ったわら人形、右の手には金づちと釘がある。それからお寺の林の中で、人形を木に釘で打ちつけて、神々に裏切った男の生命を取りあげて下さいと願をかけ、「ことが成就すれば直ぐに釘は抜いて差し上げます。それ以上は木と神々を困らすようなことはいたしません」と約束する。数晩にわたって神聖な森に出かけ、そのたびごとに釘を1本打ちこんで祈りを繰り返す。神々が、いくらでもいる人間の一人の命をいけにえにして、数少ない仲間の木を守るであろうことを乙女は確信しているのである。

伊予の国には小人の男がその生命を捧げてまでもサクラを生かそうとした話が伝わっている。男は一介の武士で、子供時代、そのサクラの木の下で遊んだもので、大人になってからも毎年4月、任務のない時には桜吹雪の中に腰をおろしていたものであった。年月が経ち、長寿を得た男は高齢に適したが、妻も子供たちも、親類縁者もことごとく死んでしまった。男と過去を結んでいるものはただ、そのサクラの木ばかりであった。ある年の夏、そのサクラの木が枯れてしまった。この出来事の中に、男は自然が自分に何を要求しているかを読みとったのだと思われる。人々は姿のよい若木を枯れたサクラの木のそばに植えたので、喜んでいるようなふりをしたが、心の内ではつらい思いをしていた。そして冬が来た時である。枯れた枝の下で頭を下げてサクラに言った。「敬愛すべき桜の木殿、もう一度花を咲かせて下され。ただ今より、拙者の生命を差し上げ申すゆえ──。」それから白地の布を地面に敷いて切腹した。流れだした血はサクラの根にしみこみ、男の心が樹液にのり移って、サクラの木はぱっと花開いた。そしてその木は毎年、地面が雪で白く、他の木はみんな葉を落としているのに、男の命日に花を咲かせるのである。

わがアメリカにはみるべきサクラの伝説はない。ただ一つ、少年ワシントンがサクラを切った話があるが、この感動的で気高い話をつくりあげたウィームズ師は、歴史家の間ではまるっきり無視されている。

しかしながら、アメリカにはサクラに関して記録するに足る歴史的事実が一つある。なぜ記録に値するかというと、アメリカ有数の大都市で何百万という人々の往来に影響を及ぼしているからである。ニューヨークのマンハッタンのブロードウェイ通りは、現在とは違って、もっと幅広く、しかも真っすぐなものになるはずであった。もとの計画では、そうなっていたのである。が、現在、グレース教会の建っているあたりは一本のサクラの木があり、ヘンドリック・ブレヴールトという居酒屋の親爺さんがその下で暖かい夕方にパイプをくゆらすのをたのしみとしていた。測量技士がブロードウェイ

ニューヨークで催される今日のサクラ祭り

拡張の街路設計図をもって来たとき、ブレヴールトは、その道路がサクラの木の根をまっすぐに横切ることを知ったので、さっそく役所へ行ってかけあい、とんでもないことだと訴えた。それで、役人たちもまさかニューヨークの町がその居酒屋のあたりまで大きくなるとは思いもせず、快く道を曲げたので、親爺さんのくゆらすパイプの煙はサクラの木の下でさらに何年かゆったりと漂うこととなったのである。現在では、親爺さんがフリップ酒やエール酒を調合して売っていた静かな居酒屋の敷地は、ニューヨーク市内で一番の賑やかな場所の一つとなっていて、ブロードウェイを南から北へ向かって歩くと通りは西の方へ曲がる。が、そこを歩くたくさんの人々の中には、とっくに枯れて今はなき一本のサクラの木のために真っすぐになるはずだった道が曲がったのだ、ということを知る人はいない。

スモモ《プラム》はアメリカのポーニー族の間では豊かさの象徴であるが、ヨーロッパの一部では、その核果に地獄に苦しむ自殺者の亡霊がこもっているといわれ、不吉なものと考えられている。ミロバラン〔シクンシ科のテルミナリア属の植物〕の果実は不快な味で食用には向かず、薬としては用いられるが、ヒンドゥー教徒にとってはそれどころのものではなかった。なぜなら、ソーマカルマンの妻が杖でその実を3度打つと、妻はワシとなって舞い上り、黄金の町の黄金の丘に降り立ったからである。他のすべての核果と同じく、サクラやウメなどの果実には微量の青酸が含まれている。これは猛毒中の猛毒であるが、そこから、サクラやウメなどの名声や効能が語られるのかもしれない。

ミロバラン

ザクロ（Pomegranate）

ザクロは、キリスト教芸術における希望の象徴であり、一部の古典学者は、それがエデン園に栄えた生命の木であったと考えている。トルコでは、花嫁がその実を地面に投げたとき、こぼれでた種子の数が、花嫁の産む子供の数を示すとされているが、この風習の意義は、聖女カタリナに信仰の結実のしるしとしてザクロを持つように教えた老師たちが強調したところである。

しかし、これはまた古代神話においては、地獄の果実であった。なぜなら、それを食べたペルセポネは黄泉の国に戻り、一年の半分をそこで過ごさねばならなくなったからである。地上の女神でペルセポネ（すなわちプロセルピナ）の母デメテル（すなわちケレス）は、自分の娘をゼウスが地獄の神プルトンに妻として与えたことに激怒し、オリュンポスを去った。ケレスは地上に降りて人間たちの間で暮らし、自分に親切な者すべてを祝福し、そうでない者すべてを呪った。ケレスがあまりにもたびたび民衆に罰を見舞ったので、ゼウスは自らの軽率に気づき、地上と天国の間にもっと良好な関係を取り戻すべきだと考え、プルトンにペルセポネをあきらめるよう命じた。あえて逆らうことをせずプルトンはペルセポネを手離したが、まさにペルセポネが出発しようとしたその時に、ザクロを与えて食べるよう勧めた。プルトンの望みを受けいれたためにペルセポネは、冬の間、地下のプルトンのもとにとどまり光と暖かさを断念することを永遠に運命づけられることになってしまった。しかしながら、この条件付き解放は人類にとって十分に満足のゆくものであった。なぜなら、

ザクロ

ケレスは自分の娘と一緒にいられるようになってとても幸せに思い、再び親切になったからである。

　この伝説はさまざまに解釈されており、例えば地上が冬の暗さから解放されたことを示す季節神話として、また例えば、月の光の退出と出現を表わす月の神話として、あるいはまた、不死と復活の象徴として、さらにまた、闇の国に落とされたペルセポネが結局前よりも光輝いて再び出現したところから、自然の豊かさの表象としても解釈されている。しかし、何よりも、ザクロは闇の世界の力を象徴するがゆえに、地面より下で芽を出しその種子を特定の季節に地上へ送り返すあらゆる果実を代表するものである。ギリシア人のこのような見方が東方へ伝わったことは疑いない。というのは、中国人の考え方の中に、ザクロが豊穣を意味することが見いだされるからである。子供を欲しいと願う女性は、慈母観音にこの実を奉納するし、観音寺のために作られた磁器はザクロの絵柄で装飾されている。

　最初のザクロはバッコスに帰すべきだと主張されている。というのは、バッコスがザクロの木に変えたのは自らが情をかけたニンフであり、バッコスは、ニンフが王冠をいただく身になるという占い師の予言を実現させるため、その花の冠の形にしたからである。エテオクレス王および自らを犠牲にしたメノウケウス王の墓から生えたザクロは、血のごとき果汁をしたたらせることによって、人間との血縁を証明した。

サトウキビ (Sugar)

サトウキビの汁からは、雪のように白い結晶が造られて全世界の食卓の上で輝いているが、それが生育する地域では、ちょっとした贅沢品である。オリエントでは謹厳な人々が馬に乗ったり歩いたりしながらサトウキビをちゅうちゅう嚙んでいるところが見られるだろうし、また、グリーンランドであれジャマイカであれ、さまざまな民族の男の子が、何とかして60センチほどのサトウキビの茎を手に入れようと努力し、もし、手に入ればもっと恵まれた国々のもっと身ぎれいな子供たちがキャンデー棒をかじるように、吸うのを目にするのも珍しくない。

インドの農民は、刈りとった後に残った茎を焼き払って、この植物の精ナーグベールへの犠牲《ささげもの》とするが、そうする理由の一つは、シーズンの終わりに花をつけないようにすることである。なぜなら、自分の土地でサトウキビの花を咲かせるのは、単に慣習に反するだけでなく、不吉なことでもあるからで、サトウキビの花は、その農家の一族から近々葬式が出ることを意味するのである。

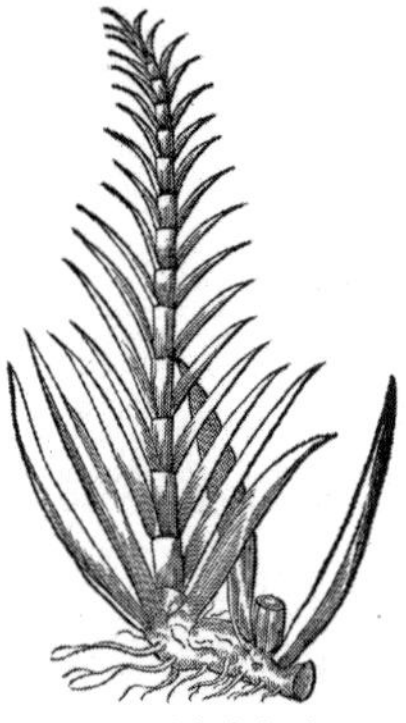

サトウキビ

サボテン (Cactus)

メキシコの国の紋章は、ワシがくちばしにヘビをくわえてサボテンにとまっている図柄である。ところで、アステカ人が豊穣と安全の地を求めて長い旅に出発したときのこと、賢者たちは、ワシとヘビとサボテンを見つけた場所に国をつくるべしと告げた。1312年、現在メキシコシティの人々がサントドミンゴ広場と呼んでいるところに着いたとき、探し求めているものを見たので、そこに留まって国をつくったわけであるが、自分たちの造った基礎がどんどん発展して、すばらしい大きな国になろうとは、夢想だにしなかったであろう。

ペルーの呪術師は、ブードゥー教の呪術師と同じやりかたで、サボテンの針を

メキシコの国章

使って遠くにいる人を殺したり、傷つけたりするといわれている。やっつけられる人の似姿はぼろきれや粘土でつくられ、この人形をペルー人の呪術師がぶつぶつと呪文を唱えながらずぶりとサボテンの針で突き刺すのである。

サボテンは、ほとんど水のないところでも水をたくわえる。したがって、サボテンは、砂漠で迷った人々には貴重である。花はとても華麗であるが、もっと見てくれのおだやかな野草のある国々に住む人は、あまり賞めない。600種〔現在2000種以上あるといわれる〕のうちで、ノパレアと呼ぶサボテン〔とくに *Nopalea cochenillifera*〕はコチニール〔えんじ色の染料〕をとるカイガラムシの食物に利用され、その他、実をつけるもの、馬草になるもの、紐として用いられるものなどがある。アメリカ南部のいくつかの地方では、もし馬がサボテンに身体をこすりつけて、その針が刺さったら、その馬の白い斑点がかぶれてしまうと信じられている。ただし、その馬に白い斑点がなければどうということはないのである。

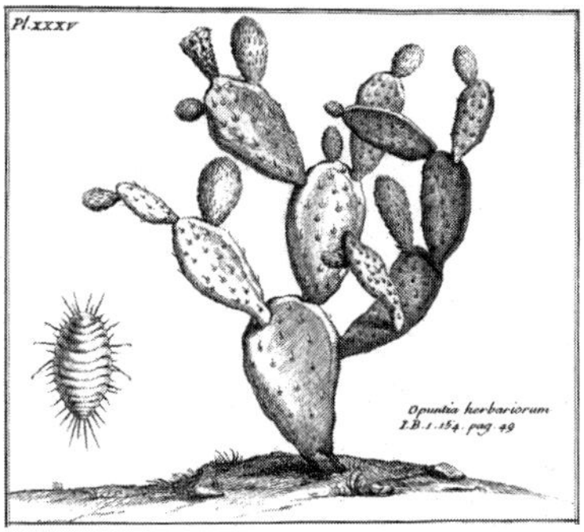

ノパレアとカイガラムシ

サラソウジュ (Sal)

サラソウジュ *Shorea robusta* は、インドではサールと呼ばれ、聖なる木である。その理由は、仏陀の母が、仏教の祖となったその子を産んだときに、その枝を手にしていたからで、それはあたかも、この木がその子の人生における保護者となることを象徴しているかのようであった。そして生涯がまさに終わらんとするとき、仏陀はクシナガラで2本のサラソウジュの木陰に横たわり、すぐそばの森に住む一人の職人の手から食物を得た。ブラフマ（梵天）の妻が、仏陀が浄土に入られたと告げたとたん、雷鳴が轟き大地は揺れ動いた。しかしその死の瞬間は美しく飾られた。なぜなら、サラソウジュの木が仏陀の上に身をかがめ、花の咲く季節でなかったにもかかわらず、一面に花をつけたからである。さらにやさしい調べが天上から聞こえ、木からは花が降りそそぎ、涅槃に入った仏陀の姿をかぐわし

サラソウジュ

い色と香りで覆いつくしたのであった。

インドの低いカーストの人々の間では、木との結婚が一つの風習となっている。娘たちは、結婚してくれる男を見つけることができないと、サラソウジュの木と、ときには、1束の花とさえ結婚した。もし娘が木と結婚した後で男と結婚すると、2度目の結婚に付随する災難はすべて木に押しつけられ、その木がそれ以後、花嫁に訪れるはずだった怪我や病気を引き受けるという迷信があるからである。しかしこの儀式にはもう一つの理由があり、それは、木と結婚することによって妻は、健康と多産を象徴するものとして木の強さと繁殖力にあやかろうとするのである。

シダ (Fern)

商品価値のあるようなシダはほとんどない。が、ニュージーランドでは食用にされる種もあり、またオシダの一種《フラグラント・シールド・ファーン》は、プリムローズ〔サクラソウの仲間〕やラズベリーに比肩すべき芳香を発するので、シベリアに住むヤクート一族は、これをゆがいて茶の代用品としている。〈入会地の大シダ《コモナー・ブレイク》〉〈ブラッケン〉〈鷲シダ《イーグル・ファーン》〉などの名で知られるワラビの一種 *Pteris aquilina*〔*Pteridium aquilinum*〕は、その大きな葉が、ワシのつばさに似るためにそう呼ばれている。生長するとカナダのブリティッシュ＝コロンビアでは2メートル、南アメリカでは4メートルに達する。これが古代イングランドで「fearn」と呼ばれていたものと信じられており、そこから Landisfearn, Fernham, Fernhurst, Farndale, Farnham（シダの家の意）、Farnsfield, Farnsworth, Fearnall, Fearnow, Farningham などの村名が生じた。このシダより希なものが昔ルナリーやマルタゴンという名で知られたシダ、ヒメハナワラビである。しかし現代では、この植物は〈月の草《ムーンワート》〉または〈ガラガラヘビのシダ《ラットルスネーク・ファーン》〉、（または特殊な言い方で）*Botrychium lunaria* と呼ばれている。これは、家の戸口に生やしていたら、もっとも危険なものである。なぜなら、それを鍵穴へさしこむと、扉が開いてしまうからである。このシダは足かせの鍵をもはずすので、もし馬がこのシダの生えている草地にほんのちょっと脚を入れると、その脚から蹄鉄がはずれてしまう。実際､古代にはその名前の一つに〈馬の蹄鉄はずし〉というのがあった。しかし、あらゆるシダのうちでもっとも希なのは、〈バロメッツ〉とか〈スキタイの仔羊《スキシアン・ラム》〉

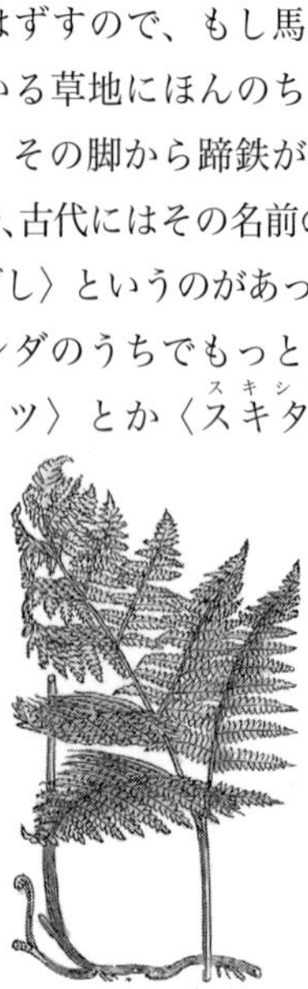

イーグル・ファーン

「バロメッツ」と呼ばれる伝説の植物

〔*Cibotium barometz* という名で知られるシダからでっち上げられた偽の標本に基づく実在しないシダ〕と呼ばれるタタール地方のシダで、その根はふさふさした細い小根をもち、羊か犬にたとえられる。

〈幸運の手《ラッキー・ハンズ》〉というのは、ベニシダの仲間の *Aspidium filix mas*〔*Dryopteris filix-mas*〕と呼ばれるシダに一部の人が与えた名である。そのまだ開かない巻いた葉は人間の手に似ており、この葉と根は、魔法使いや魔女の呪文よけに用いられた。その灰からつくられたガラスは魔法の力を持っていた。一説によると、ジンギス＝カンの指輪にはそのガラスが含まれていたという。それを身につけている時はいつでも、植物のものの考え方や鳥の話を理解することができたからである。しかし、〔以下の、花と種子に関する記述は植物学的には誤り〕このシダで本当に貴重な部分は種子《シード》である。というのは、その植物はたった一度しか花開かず、しかも暗闇《くらやみ》の中で花開くためである。もし、聖ヨハネの日の夜、外に出て近寄ってみると、濃い赤い花が咲いているのが見えるかもしれない。が、花が見られるのはその時だけで、夜明けにはその花はしぼんで落ちてしまい、すっかり大地に吸収されてしまう。その花を見るとよいことがあるという信仰のため、ロシアの百姓はその晩、このかわいい植物が見られる幽谷を歩きまわって過ごす。もし、花が咲いていなければ、ひょっとすればまだ、暗闇の中で、溶解した黄金のように光り輝いているシダの種子を見るチャンスがあるかもしれない。その種子はこの上なく貴重なもので、というのは、それを蒔くと同時に、大地にかくれた宝物が姿を見せるよう願いをかけると、大地はあたかもガラスのように透けて、薄暗いブルーの光の中に宝物が見つかることになるからである。その花開いたシダの汁は、飲むと永遠の若さが授与される。が、この種子は、クリスマスの日、時計が真夜中の12時を打つ直前にしか集めることができない。これをとるにはぬけめなく気を配らなければいけない。というのは、悪魔がそれの世話をしているからである。まず、その頃合にさみしい十字路に立って待つが、そこは最近、死体が運ばれた場所でなければならない。そういったとこ

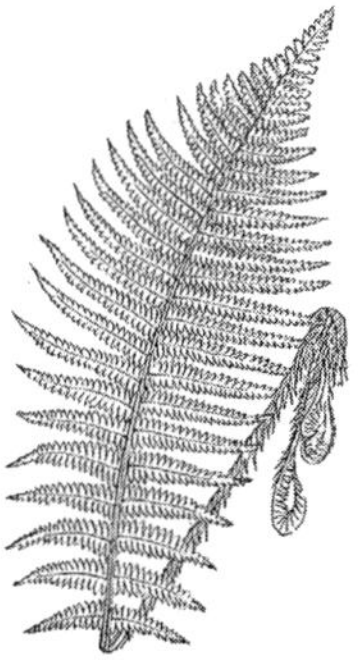

ラッキー・ハンズ

ろでは、奇怪な気味の悪い化け物どもが群れ集まっているのが、半ば透けて見えるはずだ。現われた化け物どもは耳をたたくことがあるかもしれないし、帽子をはたき落としたり、あるいはしゃべらせ笑わせようとして茂みの中で不思議な音をたてたり、頭の中に奇想天外な幻を吹きこんだりするだろう。この時にはすべての誘惑に耐え、くちびるから声をもらさないようにしなければならない。というのは、もしも声をたてたりすると、石の姿に変えられてしまうか、もしくは八ツ裂きにされてしまうからである。そこで、ちょっと静かに前進してみるとよい。例のシダはその種子がきらきらと輝いているのが見られるはずだ。そうしたら、その下に聖杯の布を敷くのである。これは悪魔が手を差し出してその種子をとらないようにするためである。そして、日が昇る前に落ちる、その種子を集めるのである。探し始めた時、凍った大地の上を、ぞっとするような気味の悪い蛇が這いまわっているのが見られるはずだ。しかし、その蛇は求める種子への道を教えてくれる案内役に過ぎない。蛇に従って行くうちに、おそらく、例のシダにからみつかれることになる。そのシダは、方向や距離の感覚を失わしめるが、その時は靴をぬいで、右のを左に、左のを右にはきかえると、もとの所まで戻ることができる。

魔法にかからないようこのシダの精に祈願する慣習があったことは、まもなく結婚する女性の手に、メシダ《レイディ・ファーン》の葉形をしるすシリア人の儀式に示されていると考えられる。このメシダの葉を（シリア人は〈花婿の手袋〉と呼んでいる）、手の上に置いて固定し、それからヘンナの木の赤い染料を皮膚の上にかける。手の甲は、その葉でおおわれて染まらないので、シダの葉型がつき、染料が色褪せるまで残る。

なぜアジアンタムに〈乙女の髪《メイドゥン・ヘア》〉という名がついているか、それは明らかに、その細く黒い輝く茎のためである。というのは、ギリシア語の adiantos は、「乾いた」を意味し、海中から立ち上がった時でも、濡れていないウェヌスの髪のことを言っているからで、そういうわけで、このシダは、古代には〈ウェヌスの髪《ヴィーナス・ヘア》〉とも、〈処女マリアの髪《ヴァージンズ・ヘア》〉とも呼ばれ、なぜかその理由はわからないが、プルトンとペルセポネという冥界の神々に捧げられた。ギリシア神話が英国へ持ち込まれたのか、あるいは英国ではそのシダがなお悪の植物であるのは、いったいどうしてそうなったのか?!　実際、前述の *Aspidium filix mas*（メイル・ファーン）は魔術を防ぎ邪視よけになる。しかし、このシダを持ち歩いてはいけない。もし、そんなことをしたら、蛇という蛇がついて来て、そのシダを投

アジアンタム

げ捨てるまで追いまわされることになるからだ。シダはすべて妖精の棲み家なのである。コーンウォール城の妖精たちは、真の神を知らないで死んだものの精なのであり、その後、キリストがやってくるまで、妖精たちは、真の信仰を欠いたかどで罰され、身長を短くされ、奇妙な森の生きものにされたのである。

シトロン (Citron)

シトロン〔*Citrus medica*〕は、ダイエットをしている人々には添加物としてとても人気があるが、これをひろめたのはユダヤ人で、幕屋の祭典の際、ユダヤ教の教会堂まで左手にシトロンをたずさえ、またその式典の期間中、その砂糖づけを食べる。中世には、シトロンはほとんど神に近いものとして崇拝されていたが、それは下毒剤として非常によく効くとされていたためで、毒蛇に咬まれて死ぬべしとの死刑宣告を受けた罪人たちはしばしばシトロンをたっぷり食べてはこの審判を無事に切りぬけたので、裁判官はじめ当局の者はどうしてよいやら、その扱いに目を白黒させて苦慮することになった。なぜなら、すでに裁きにより毒蛇に咬ませた囚人は法的に死んでいるわけだからである。

シトロン

インドではシトロンは、夫が死んで後に残された妻がその火葬に際して生きながら焼かれて殉死《サティー》するとき、身につけたものである。この場合、シトロンは、おそらく、つれあいの死のために耐えがたくなった人生を象徴していたのであろう。

シナモン (Cinnamon)

シナモンという名で知られるスパイスは、クスノキ科のセイロンニッケイ *Laurus cinnamomum*〔*Cinnamomum zeylanicum*〕の樹皮であるが、ヨーロッパではローマ時代、この植物は、葉を輪に編んで神殿の装飾に使われていたし、ヘブライ人の幕屋の中では、その材から抽出された精油が聖油として儀式用の杯や壺に、あるいは聖職者の身体を清めるのに塗布されていた。アラビアでは、この樹皮は非常に貴重なものとされていたので、聖職に携わっている者しか採集を許されていなかった。最初に作られた輪は太陽神に奉納するものとされ、祭壇に置かれて「神よ、その炎の輝きをもってこ

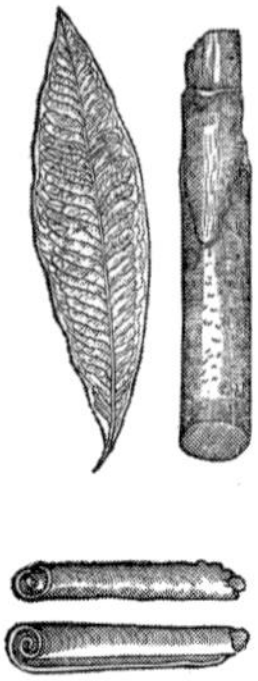

シナモン

の輪を照らしたまえ」との祈りが捧げられるのであった。シナモンがたくさん生えている谷間には毒蛇が棲んでいるので、これを採集する人々は、咬まれないよういやでも両手両足に包帯をしなければならなかった。直接、人間の身体に触れないで取り入れるこの採集法が、昔からこの植物が高貴な評価を得ていることと関係があるのかもしれない。

シャクヤクやボタンの仲間
(Paeony)

ペオニー〔*Paeonia* spp. シャクヤクやボタンの仲間の総称〕のことを、プリニウスは最古の医薬植物として自著『博物誌』に引用している。それには、キツツキがペオニーをとくに好むこと、そして、もしその花を摘んでいる人間をみつけると、キツツキは飛んできて眼玉をくり抜くだろう、ということが書かれている。

この植物の名は医者としてのアポロンの名を不朽にするものである。というのは、アポロンはパイエオンに仮装してトロイア戦争で神々が受けた傷を癒したからである。このことから、初期の医学博士はパイオニ、医薬植物はパイオニアイと呼ばれていた。今日でもサセックスの農民の間では、シャクヤクの根から彫り出したビーズの輪を自分たちの子供の首にかけるのが習慣となっている。それは単に歯が生えるようにということだけではなく、ビーズがあらゆる災厄と悪霊のたくらみをも防ぐようにと願ってのことである。

治癒者であり、光・熱・その他の恵みを与えた神としてのアポロンは、その名をとった讃歌に称えられており、いまだにわれわれはその歌を「パイアン」と呼んでいる。かくのごとく、命名の点に関してペオニーは単なる貴族以上の血統の持主である。つまり神聖なものなのである。しかしそれは、オリュンポスにおいてさえ、争いと不和の因であった。なぜなら、パイエオン――ここではアポロンの仮装としてでなく一人の男性として現われる――がプルトンの傷を癒すのに成功したとき、これを知って嫉妬をかきたてられた医術の神アスクレピオスは、ライバルを殺してしまったからである。しかしながらプルトンは、パイエオンをその驚くべき医術に使われた花に変えることで、自分を癒した医者の哀れな運命を救った。ある古い信仰では、この花は月光から生じたと言い、また別の話では、その起源は医者ではなく、頬を染めた女羊飼いパエオニアであり、その魅力がアポロンの恋をかきたてたという。

東洋では、ボタンが豊富にみられ、なかでも日本では500もの園芸品種が栽培され、ボタンを樹木大の大きさにまで育てている。また、ボタンの花の世話をするのを主な楽しみとした一人の中国の士人の話が伝わっている。ほとんどボタンの花と書物の中だけで暮らしていたので、一人の愛らしい乙女が何の前ぶれもなく門前に立ち、雇って欲しいと頼んだとき、驚いたのも当然であったが、喜んでその申し出を受け入れた。時がたつとともに、喜びは増していった。というのは、乙女が単なる召使いではなく話相手にもなり得ることがすぐにわかったからである。乙女は類まれな教育を受けており、宮廷の作法をわきまえ、学者のように筆が立ち、詩人、画家で友であった。この若い士人は知人たちに乙女を誇らしげに紹介した。知人たちは乙女の気品と美しさに劣らずその教養にも驚いた。乙女はいつも喜びをもって主人に仕えた。

ところがついに、有名な道士が訪ね来るという運命の日がおとずれた。その日、

ペオニー

若き士人は乙女を呼んだが返事がなかった。姿が見えないので心配になって、探しにかかった。薄暗い廊下に入ったところ、眼前を幽霊のように動いてゆく乙女の姿が見えた。追いつけないうちに、乙女は壁にぴったりへばりつき、その中に身を沈め、とうとう単なる壁面の絵になってしまった。が、唇だけは動き続け、次のように告白した。「お呼びになったとき、お返事をしませんでしたが、それは私が人間ではないからです。私はボタンの精なのです。あなたの愛情あればこそ、人間の姿に身をやつしたのです。お仕えするのは楽しゅうございました。でも、とうとう道士様がおいでになりましたから、あなたの恋を非難なさるでしょう。そうすればこのままの姿でいることはできません。私は花のところへ戻らなければなりません。」士人は必死にかき口説き懇願したが無駄だった。乙女はさらに深く壁に身を沈め、壁の絵の色もしだいにかすかになり、ついにはまったく消えてしまい、その日から乙女の痕跡は何ひとつみあたらなくなった。そして士人は悲嘆に明け暮れた。

ジャスミン（Jasmine）

温室の中でわずかばかりの白い花をつけたジャスミンしか見たことのない人には、この植物がどれほど幅広い可能性を

秘めているか、理解できないだろう。実は、熱帯では白や赤の、甘いうっとりするような香りの花で、まるで木が雲のようになる。そして、その熱帯の国に住む人々は、ふんだんに生えているにもかかわらずジャスミンを賞め讃えるが、われわれのほうは見慣れた毎日の日没や北国の陽光を必ずしも賞め讃えるわけではない。アメリカ人が森や道端に生える、ありふれたちょっとした花や、見過ごされがちな花をうまく利用したり観賞したりするようになってきているのは事実であるが、メキシコや中米の人々が、バラ、フランボイアント〔ホウオウボク *Delonix regia*〕、ジャスミンといった花を利用しているような使い方は、社会的な行事においてさえ見られない。これらの花はメキシコや中米へ行くと町で安い価格で売られているので、われわれがゴールデン・ロッド〔アキノキリンソウ属〕やデージーをうまく利用するのと同じように、祭りの日には、そういった花をふんだんに用いて家や教会を飾るわけである。

ジャスミン

キリスト磔刑の夜には、数多くの花が悲しみのあまり枯れてしまったのに、ジャスミンは、ただ葉をたたんだだけでその苦痛に耐えたのであった。つぎの朝、ジャスミンが再び花を開いたとき、それはもはや、もとのようなピンク色ではなかった。色は褪せて、二度と再び色づくことがなかった。

東洋では、ジャスミンは非常に尊重され、インドでは、恋人からジャスミンを受けとると女たちは髪の毛といっしょに編んで変わらぬ愛の約束とする。そういうわけで、ジャスミンは結婚式のとき花輪にして身につけられる。が、その東洋での名前の〈夜素馨〉は、結婚の喜びをまったく意味しないばかりか、たのしい伝説もなく、そのかわりに、ある王女の絶望と自殺を表わしている。その王女は、愛する太陽神の心がライバルの女へと移ったのを知って自らの生命を絶ったのであるが、王女の墓からは〈嘆きの木〉として知られるナイト・ジャスミン〔*Nyctanthes arbor-tristis*〕が芽生えた。その香気ある白い花は恥ずかしめられたため今なお縮んでおり、太陽の怒りを避けるため、夜明けになると花びらを散らす。さらに、アラビア人にとって、ジャスミンは愛の花であり、恋人の魅力のイメージであるが、アラビア人たちはその花を yas min と呼び、これは、「絶望は愚劣」を意味し、愛の甘さよりも、むしろウマル・ハイヤム流の無頓着な気分を感じさせるものである。

スイレン (Water Lily)

ドイツのお伽話では、水の妖精たちは人間の眼から逃れるためにスイレン〔*Nymphaea* spp.〕の花姿をとり、見知らぬ人が通りすぎると再び女人の姿に戻る。これに対して、水魔すなわち水の霊はスイレンの丸い葉の下に潜み、自分の愛するスイレンの花すなわち「海のバラ」をつもうとする者には誰であれ、危害を加えようと待ちかまえている。チュートン人は長い間、スイレンを装飾や紋章に用いてきた。この「ハクチョウの花」の7枚の葉が、フリースランド人の甲冑を飾り、ヘルウィック王は同じ図柄の青で縫い取りした旗印をもっていた。この花は淡水に生え、雪のような花びらを太陽に向かって広げるが、まことにふさわしいことに、純潔の象徴として選ばれてきた。

それが匂いのない花であること──匂いのあるのはアメリカ産のスイレンだけ──を知っているヴァラキア〔現在のルーマニアの一部〕人は、それを他のすべての花の審判官としているが、それはヴァラキア人がすべての花はそれぞれ魂をもっていると考えているからである。もし匂いを気前よく十分に使っていれば、その花は聖ペテロの門を通って天国で咲くことが許される。そうでない場合には枯れて消え失せてしまう。

東洋では、この水辺の花は、死者を埋葬する行列の前を運ばれ、故人が愛されるゆえんであった美徳を象徴する。が、民話では、この花は、あまりにも純粋なゆえのことに相違ないが、恋路を邪魔する。2000年前には、スイレンを身につけていると、もし恋に狂った乙女か若者に、こっそり媚薬を盛られても、その効き目を抑えることができると考えられた。

星辰湖（Lake of the Clustered Stars）といううるわしい名がついていた湖に、タッパーという男が自らの名を冠する無粋な名前をつけてしまったのにもかかわらず、その水面は前の呼び名のときと同じように美しかった。さて、その険しい湖岸にはサラナク族が住んでいて、ワヨタ（燃える太陽）というのが一族の酋長であり、オジータ（鳥）はこの上なく美しい乙女であった。オジータは背が高く筋骨たくましいワヨタを愛し、ワヨタが語る戦争の話や武勇談に心をはずませた。しかし乙女の両親はもうずっと前から、もっと若くてあまり戦闘的でない男に嫁にやることを約束していた。そしてオジータは、自分の好みよりは両親の決めたことに従う義務があると感じていた。ワヨタはオジータの胸に強く訴えかけたが、オジータは涙を流して気持ちの高揚を表わしながらも、まだワヨタを避けていた。しかしとうとう、ワヨタがタワイ族との戦いに勝利を収めて戻ったとき、ワヨタは湖を渡るオジータをカヌーで追った。ワヨタが抱きしめようとすると、するりと身をかわした。歌ってくれるように頼んでも黙ったままだった。そこでワヨタは、さらに両腕をさし伸ばしてオジータに向かって進んだ。オジータは湖面に突き出た岩の上にかけのぼり、ちらとふりかえることで恋心を披瀝したが、まだ片手を挙げてワヨタに戻るよう警告した。

ワヨタは警告を受付けなかった。すぐ間近まできて微笑みながら、オジータの両腕をつかまえようとした。しかしワヨタがオジータの意図を察知するより早く、オジータは湖の中に身を投げ、水面はオジータの頭上で閉じた。若き酋長は飛び込んで救けようとしたが、不思議なことにオジータの影も形も見えなかった。オジータは川の流れにかき消えた雨粒のようにいなくなってしまったのである。じっと待ち受け、長い間探したあげく、ワヨタは村に帰り、人々にこの出来事を話した。それを聞いて人々は嘆き悲しみ、乙女の両親は深く傷ついた。

あくる日、一人の猟師が驚きの眼を見張りながら村へ戻ってきて、「水の中で花が咲いているぞ！」と叫んだ。人々は大急ぎで見にいった。カヌーの船団が「エルムの島」に向かって急いだが、そこには猟師が言った通り花が咲いていた。湖は花の色で白と金色に染まり、あたりにはすばらしい香りがたちこめていた。「昨日はこんなじゃなかった」と人々は叫んだ。「どういう意味なのか教えて下さい」と女たちは予言者に尋ねた。予言者は、こう答えた。「この花の床はオジータで、死んでこんな姿になったのだ。オジータの心はこの花びらのように純粋で、その愛はそこに包まれた黄金のように燃えている。見ていなさい、この花が太陽の暖かさで花開くのがわかるだろう。そして日が沈むと、その生命はかげり、花を閉じて、湖の水面で眠るであろう。」そのあとワヨタは森に入りこみ、悲しみに顔を伏して座りこんでしまったという。

スイレン

スギの類（Cedar）

香りのよいレバノンスギ《シーダー》がソロモンの神殿を造るために切り倒され、職人たちが巧みに、美しい彫刻をほどこしていたころ、レバノンにはこの木がたくさん生えていた。しかし現在では、人間の情け容赦のない乱伐によって、レバノンのみならず至る所から姿を消しつつある。この木は幸運の木とされていたので、多量の材が聖者や神々の似姿、つまり、ひらたい言葉で言えば、偶像を造るのに必要とされていたのであった。この木が2000年の昔に有していた〈死者からの生命〉

という名は、この木が永遠の象徴とみなされたことを現わしているが、しかし、この名前はただその材に含まれる精油が墓から虫を追い払うということを意味しているに過ぎないのかもしれない。その材の防腐効果のため、エジプト人はレバノンスギをミイラの棺に用いたが、現在、その保存効果の素晴しさは立派に証明済みであり、推定年代3000年を経た彫像の数々が発掘されて、各地の博物館で見ることができる。

中国には次のような伝説がある。ある国の王が忠実な家臣の妻に邪な想いを掛けた。王はその家臣をいわれのない嫌疑で責めたてて牢に入れ、邪魔にならないようにしたので、その忠実な家臣は悲しみのあまり獄死してしまった。一方、夫の死を聞いた妻も、憎い王の横恋慕から逃れるため、哀れにも高所から飛び降りて夫の後を追った。二人は死んでからでさえも王の命令により別々に埋葬されたのである。

しかし、二人の墓から各々、一本のスギ《シーダー》の木があたかも王の邪悪な行ないをとがめて嘆くかのように芽をふき、すくすくと育ち、2つの枝と根をからみ合わせ

レバノンスギ

ながら一体となって大きくなった。この2本のスギは「連理の杉」と呼ばれて人々の間によく知られている。

スズラン (Lily of the Valley)

スズランほど愛らしい花はない。この花は純潔と謙遜を表わすものとされている。その白さにはどこか心を落ち着させるところがあり、その香りには何か神聖な雰囲気がある。

スズランは、半ば日陰の静かな場所を好み、あたかも俗世との騒々しい付き合いを避けているかのようである。ドイツでは〈小さな5月の鈴〉などという名で知られ、イギリスでは〈5月の花《メイ・フラワー》〉や〈5月の百合《メイ・リリー》〉という古い呼び名が今でも通用している。しかし、いずれも月並みで、私は〈天への梯子《ラダーズ・トゥ・ヘヴン》〉という呼び名のほうが気に入っている。フランス語の〈聖母マリアの母〉という呼び名は、スズランのやさしい感じをおのずと伝えている。

北欧神話を見ると、春の女神オスタラは、春の訪れを示すこの花の守護神《パトロン》であった。また『フリティヨフ物語』には、この花にふさわしい使われ方が見られる。インゲボリが、愛する英雄フリティヨフの死を悼む場面で、その墓が、やさしいスズランの花で覆われたと書かれている。

スズランは恋人を訪れる若者が献げるにふさわしい贈り物である。この花が純

潔と優美を表わし、それを讃えるものであることそれ自体が十分にロマンチックなのである。その昔、この聖なる花から蒸溜した香水がきわめて貴重なものとされ、それを受けるのが金か銀の容器に限られていたこともなるほどと思われよう。

イギリスのサセックス地方に伝わるある寓話では、聖レオナールはシンという名の恐ろしい竜《ドラゴン》にたち向かったことになっている。戦いは3日間にわたり、時には息も絶え絶えになり、何度かもう駄目かと思い、覚悟をしたこともあったが、決して戦いをやめなかった。とうとう4日目の朝、ついに竜はぬるぬるした体を引きずって森に逃げ込み、痛みで弱って二度と立ち向かってくることはなかった。しかし竜は戦いの跡を残していった。その爪や牙にかかった聖レオナールの血が流れ落ちたところはすべて、神が聖なる場所のしるしを与え、そこにスズランが生えたからである。巡礼たちは、森中いたるところ、その白い花を目印に聖レオナールの戦いの跡をたどり、耳を傾けては鐘の形をしたスズランの花が勝利の音を告げているのを聞いたことであろう。

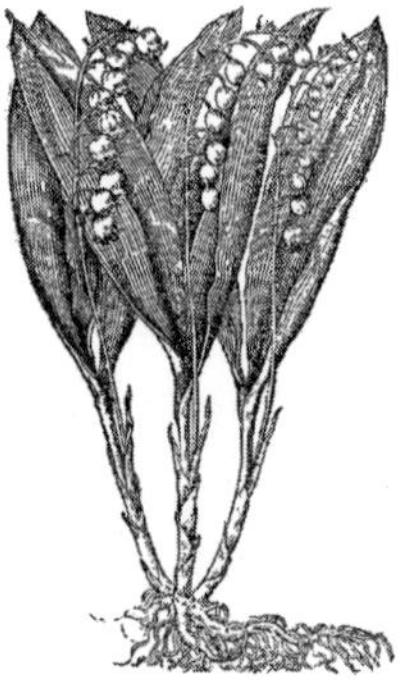
スズラン

スノードロップ (Snowdrop)

最初の冬が大地を白く覆ったとき、イヴは野原の美しい草花が姿を消したことをひどく悲しんだ。これを憐れんだ一人の天使が、吹きすさぶ雪のひとひらをつかんで息を吹きかけ、イヴを喜ばすために生きよと命じた。雪は真っ白な花となって地上に降り、イヴはそれを胸に抱きとめて喜んだ。この花は冬の呪文を解き破っただけでなく、神の慈悲の証しをも運んできたからである。ここから、スノードロップは慰めと約束を意味するようになった。

いま一つの伝説では、恋人の死を知った乙女ケルマがスノードロップの花を摘んで恋人の傷の上に置いたところ、命を甦らせることはなかったが、花が触れたとたん男の肉体は雪の片《スノードロップ》になった。それゆえ、この花は死の表象《エンブレム》でもある。現在でもイギリスの田舎ではこの花の評判は悪く、シーズン最初の花を家に持ち込むのは不吉なことであり、また一方で、異

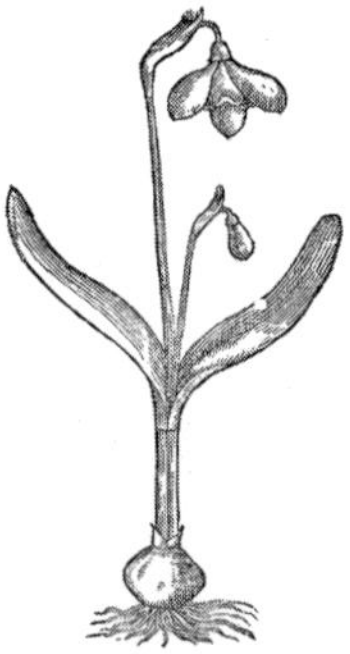
スノードロップ

性にそれを与えるのは、もらった人の死を見たいという願望を意味するがゆえに、相手に対するあからさまな非礼である。

このスノードロップ *Galanthus nivalis* は、イギリス、フランス、イタリア、スイスにおいて様々な名で呼ばれており、〈マリアの花〉〈雪の花〉〈寒さを恐れず真っ先に咲く花〉〈ツグミ《ブラックバード》の花〉〈小さな雪の鐘〉〈小さな白い鐘〉〈可愛い鐘〉〈春の白さ〉〈白い菫〉などがある。

スプリングワート (Springwort)

聖ヨハネの夜に、シダ類の間にみいだされるスプリングワートすなわち blasting root の上に手を置くのはむずかしい。それはひらりひらりと身をかわすがごとき魔術的性質をもっているからだ。かつてそれは、錠前、隠し扉や見捨てられた洞穴の入口を、アリババの「開けゴマ」のように開ける力を持っていた。そしてもし馬がそれを踏みつけると、スプリングワートは必ずや馬の蹄鉄を外してしまうだろう。このトウダイグサ科の草〔オックスフォード英語大辞典には「不思議な力をもつ神秘的な草」とあり、実在は疑わしい〕を入手したければ次のようにするとよい。──巣造りの季節にキツツキの巣穴まで跡をつけ、キツツキが餌を探しに出かけているすきに巣穴に栓をする。穴が塞がれたことを知るやいなや、キツツキはスプリングワートを探しに飛んでゆく。この草の魔力によって栓はポンと外れることになる。そこで、その下に立って、小鳥が落としたスプリングワートを拾い上げることができる。

この俗信はプリニウスより古いもので、プリニウスの説では、この植物の電気的な力が詰めた物を引っぱりだすのだという。後世の人々はスプリングワートが水と雷光の産物であり、火または水瓶の上にのせてそれを運ぶ鳥が落すのに違いないと信じていた。スアビア地方では、今でも雷よけのために、それが山頂で燃やされる。

スミレの類 (Violet)

ヴァイオレット〔スミレの仲間の総称 *Viola* spp.〕はどんな地方でも歓迎されると考える人がいるかもしれないが、イギリスの田舎の人々の間ではいまだにヴァイオレットに対する怖れが抜けきれない。というのは、それを、ヘンルーダやローズマリーと同じように、葬式に使っていたからである。しかし、これらの草が墓穴に亡くなった人への「憶い出のために」投げ入れられるのに対して、ヴァイオレットは墓地から立ち昇る有毒な発散物から参列者を守るのに用いていた。

ヴァイオレットを絞って化粧用の香料がつくられる。イタリアのカーニヴァルではヴァイオレットの花が大量に撒き散らされ、冬には嘘のような高値で売れるから、都市近郊では温室という温室はヴァイオレットの栽培に当てられた。またヴァイオレットは金持ちのお嬢さんたちの甘いお菓子に姿を変えることもあった。ヴァイオレットはバラと同じように食用にされ、それも単なるプディング、スープ、その他の料理の彩りや飾りとしてではなく、レタスやタマネギと混ぜて──考えても見よ！──サラダとして食べるのである！ イギリスで vyolette という名で知られている料理は、ヴァイオレットの花を煮て絞り、ミルク・米の粉・蜂蜜を加えてすりつぶしたものからつくられる。

しかしながら、こういった用法も、この花に対する心情的な好感をけっして弱めるものではない。というのは、今日でも、ドイツのいくつかの地方では、花嫁のベッドと揺り籠をヴァイオレットで飾るのが慣わしで、この風習はケルト人やイギリス人にまで遡りうる。

ギリシア神話では、ヴァイオレットはユノの神殿の巫女イオのために生え出たものだという。ユピテルは、イオと何度か恋のたわむれをしたが、あるときあやうく現場を妻に見つけられそうになり、イオを隠すだけの時間的余裕がなかったので、ユピテルはイオを白い牛にしてしまった。しかし、あたりに生えていた草は、この繊細な美しい生き物が食べるには粗悪にすぎたので、ユピテルはイオ用の食物としてヴァイオレットを創ったのである。そこでギリシア人はそれを ion と名づけ、イオニア──ヴァイオレットが多いところからこの名を持つ──のニンフたちは、この花をユピテルに捧げた。イオニアから本土まではひとまたぎの距離しかなく、やがてアテナイ人はこの花をアテナイの町の象徴としたのであった。

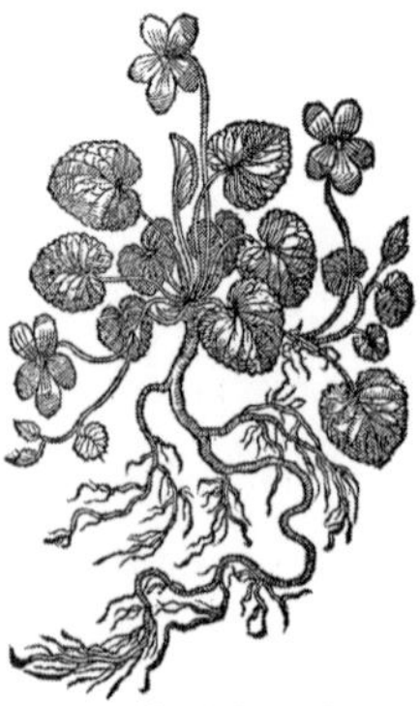

ヴァイオレット

当時においてさえすでにヴァイオレットは葬儀に使われ始めていて、ギリシア人を葬るときはその体をヴァイオレットで包み、墓穴や墓所のまわりにもヴァイオレットが置かれて、恐ろしい納骨所は鮮やかな彩と香りで覆いつくされた。プロヴァンス地方では黄金でつくられたヴァイオレットは、歌合戦の賞品であったが、それというのも、この花に対する半ば迷信上の愛好と葬礼での使用の慣習が、キリスト教圏に受け入れられていたからである。

ヴァイオレットはイオのために生えたのであるが、どういう経過を経てかウェヌスに捧げられるようになり、その香水は、恋の情熱を鎮めるのみならずかきたてるものでもあると考えられた。

しかしながら、ヴァイオレットの青を

創ったのがウェヌスであるという話については、信ずべき典拠は詩人ヘリック〔1591〜1674〕しかない。ウェヌスは自分と一団の乙女たちのどちらが美しいかという点について息子クピドと論争した。反抗的ないたずら者であったクピドは、眼の前の母親を怖れることなく、乙女たちの方だと言った。その言葉にウェヌスは怒り狂い、ライバルたる乙女たちを打ちすえ、乙女たちはとうとう青く小さくなってヴァイオレットとなったというのである。

古き神々が死に絶えたあと、ヴァイオレットは聖母マリアに譲り渡され、一部の国々では、花輪に編んだヴァイオレットをマリアの祭壇におくのが普通になっている。もっとも、バラとユリの方がより一般的ではあるが。

はりつけの日に十字架の影が落ちたとされている花はいくつかあるが、ヴァイオレットもその一つで、その影の中に入った他の花と同じように、ヴァイオレットは悲しみに頭を垂れ、そのことによってキリスト教の礼拝や儀式に使われるべき花であることを表わした。ヴァイオレットの色は、教会の葬儀における紫の衣や孤児や未亡人が身につける紫水晶にうかがえる。イスラム教徒の考えでは、ヴァイオレットはほとんど神に近いもので、そのわけは預言者マホメットがこの花を好んだからであった。

ナポレオンは「スミレ伍長《ヴァイオレット》」という名で呼ばれていた。それはこの花がナポレオンのお気に入りだったからで、エルバ島へ流されたときには、ヴァイオレットの花が咲く頃また戻ってくると宣言している。追放の間、ナポレオンの支持者たちはこの小さなヴァイオレットの花でお互いの同志たることを認めあうことができたようだ。皇帝ナポレオンは言葉どおり約束を実現したので、チュイルリー宮殿に再入城したときには、すばらしいヴァイオレットの飾り付けがなされていたわけである。ナポレオンは、その位にある間中いつもヴァイオレットをつけていたので、それはナポレオンの表象《エンブレム》として非常によく知られるようになり、ために、ブルボン王朝が復活すると、ヴァイオレットを公衆の面前で身につけることはもとより、花束にしてもつことさえ反逆行為とされた。

共和制になってさえ、ボナパルト家の統治を象徴するミツバチとともに、ヴァイオレットを描くことはかたく禁止された。ボナパルト家の人々が権力の座に返り咲くと、再びヴァイオレットは人気を取り戻し、またナポレオン3世が妻ウジェニーを祭壇へ導いたとき、がっしりした

ナポレオンを讃える当時の版画

市場女たちが、ヴァイオレットの花の大きな束をウジェニーに差し出した。そのときまでウジェニーは満面に笑みをたたえていたが、この紫の花束が現われたとたん真っ青になり、女王たる威厳を失って両の眼から涙を溢れさせた。「これは弔いの花。不吉のしるしだよ」と女たちはささやいた。そしてウジェニーがイギリスへ追放され、アフリカで野蛮人に殺された息子の喪に服することになったとき、人々は「あの時の花はこのことを予言していたのだ」と言いあった。また、紫は弔いの色であったから、ウジェニーの夫ナポレオン3世が、実際に、ヴァイオレットで編んだ棺覆いに包まれて墓まで運ばれたのは、似つかわしいことであった。

最近ヴァイオレットは、医薬方面の報告書にちょくちょく触れられ、痛み止めに効くとか、癌を治しさえするといわれる。その葉を煎じたり湿布に使うと効くと言われているが、これはジェームズ1世時代の用法が復活したもので、当時の薬草学者カルペパーの本には次のように書かれている。「ヴァイオレットはウェヌスがもたらした美しく愛らしい植物であり、気性は穏やかで決して害をなさない。それは肉体のあらゆる熱・発熱性の病気を冷ますのに用いられる。病いは外傷・内傷を問わず、例えば眼の炎症、膿瘍、あるいは熱をもつ脹れものなどで、薬と花を水または酒で煎じた汁を飲むか炎症部に湿布するかすればよい。

アメリカ東部のインディアンにはたくましい英雄の伝説がある。この若き英雄は、村の人々を次々に餌食にしていた巨大なシラサギを殺し、妖術師たちの山の要塞を襲い、病気を癒す医薬用の木の根を持ち帰り、敵の部族を打ち破るなど、数々の武勇で名を挙げたが、あるとき、異教の人々の野営地《キャンプ》で一人の乙女をみそめた。この乙女があまりにも美しかったため、その時以来、男の心の平安は破られた。男は自分の小屋をこっそり抜け出し、夜に夜をついで、森を抜け丘を越えて走り、池や川にカヌーを漕ぎ進め、自らの愛する人に少しでも近づき、同じ空気を吸おうとした。男は乙女の完璧な美しさを星に向かって詠い上げた。愛を詠うその調べはこのうえなく美しく、小鳥たちは聞きほれ、その歌声はこの世のいかなる鳥のさえずりよりもやさしかった。

乙女に会いたいと数夜待った後、とうとう忍耐は報われた。というのは、ある日乙女が森へさまよいこんできたのである。隠れていた場所から飛びだした男は、乙女をつかまえ一緒に自分の村へ向かって走った。乙女の部族の男たちは夜通し後を追い夜明けにはこの二人連れに追いついたが、乙女がすでにかの略奪者と契りを結んでしまっていることを知って、ますます猛り狂った。というのは、乙女が自分の編んだ髪を男の首にくくりつけていたからで、これは二人の結婚のしるしだった。釈明の時間は与えられなかった。人々は誘拐者と乙女の双方に襲いかかり、その場で殺してしまった。死体を地面に残して、人々は気分も重くぞろぞろと列をなして野営地へ帰った。

春になって、太陽が暖かい陽射しを注ぎはじめると、死んだ恋人たちの上に風が吹き荒れて蹂躪した冬の大地のただ中に一本の慎ましやかな新しい花が現われた。それはヴァイオレットであった。今日、インディアンにとってヴァイオレットは勇気・愛・献身のしるしであるが、そのわけは、小鳥たちが、その種子を国中に運んだからで、あたかも若い男女を楽しませるために、こういった類の象徴を運ぶかのようだった。

この小さな花びらの紋様は、インディアンの乙女の髪のおさげにも見えるが、それこそは、恋人の首のまわりにやさしくまきつけられた愛の鎖であった。そこでインディアンたちは、この植物を〈からまりあった頭髪〉と呼ぶのである。

セイヨウイチイ (Yew)

イチイ《ィユー》〔以下ここではセイヨウイチイのこと〕は非常な大きさと樹齢に達することがある。パースシャーのフォルティンガルの教会にあるものは、樹齢2500年といわれ、バクラスのヘドサーにあるものは周囲7メートル、樹齢3240年である。が、現存最古のものは、メキシコのチャプルテペクルにあるイチイで、周囲57メートル、樹齢6260年である。

弓を射ることが唯一の闘いの方法であり狩の手段であった頃、イチイは弓の材料であった。ここからその植物学上の学名 *Taxus baccata* すなわち「弓のイチイ」という名を得ている。その堅い枝からこしらえた弓で、ロビン・フッドとその盗賊団はシャーウッドの森でほしいままに強奪した。

リチャード王に忠誠を誓って以来、ロビンにとって生活は退屈なものだったから、王が死んでもそれほど深く悲しむことはなく、むしろ、ロビンにとって本業を再開する自由が得られたことになった。しかし時勢は変わっていた。略奪・盗み・暴力は、昔のように人々に支持されず、被害を受けた町や村は、そういったことをもはや笑い事として受け入れなくなっていた。そこで人々は盗賊どもに追手をさしむけた。

そうこうするうち、この山賊の妻あるいは愛人であったマリアン姫が死に、ロビンにとって人生は何の面白味もなくなってしまった。そのうえ、新しい王から、すべての追いはぎどもを討ちとれという命令が下り、ロビンに賞金が懸けられた。ロビンはやがて王の部下と戦って傷つい

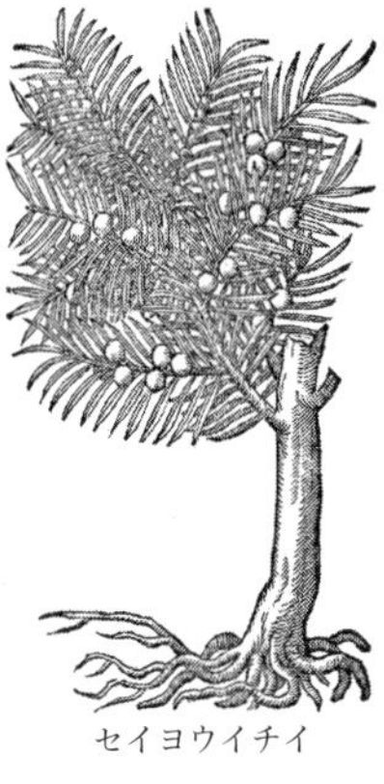

セイヨウイチイ

たので、リトル・ジョンにカークレイ・ホールまで連れていってくれるよう命じた。そこでは、修道院長であるロビンの妹が、ロビンのために一室を用意し、できるだけくつろげるようにした。しかし傷は手の施しようがなかった。ロビンは唇に角笛をあてて3度吹きならした。この合図はいつも手下を呼び集めるのに使っていたものだった。その音がか細いので最期の近いことを知ったリトル・ジョンが飛び込んできた。リトル・ジョンが部屋に入ると、死にかけているロビンは、イチイの木でできた自分の弓と矢をもってきてくれるよう頼んだ。「この矢が落ちたところに俺を葬ってくれ」と願いおいて、ロビンは弓に矢をつがえて射た。矢が落ちたのは一本のイチイの木の根元で、それは意識を失った彼の手に握られている弓と同じくらいの大きさであった。フーッと大きく息を吐き出すと、ロビンは死んだ。こうして、ロビンの亡骸はいいつけ通り、イチイの木の下に葬られたのである。

ロビンの亡骸を葬ったところにイチイが生えていたということは、大昔からの風習を表わしていて、これはエジプトのプトレマイオスまで遡ることができる。この風習はギリシア、ローマに伝わって、火葬の際の薪となり、また葬列に携えられ、死体を収める前に墓穴に投げ入れられた。──この風習の名残りは今でも、墓にバジルを投げかけるエジプト人の風習、石工が墓穴にアカシアを投げ入れる儀礼、およびそれらから発展した冷たく湿った大地の厳しさを和らげるために常緑樹の並木をつくるという慣習などに見られる。

墓地にイチイを植えることについては衛生上の動機もあったようで、なぜかというに、イチイは死者が地面から出す毒性の発散物を飲みほすと信じられていたからである。──これはあらゆる植物について、多少は真実であるが。

イギリスのある伝説によると、教会の墓地に生えていたこの木には、ぞっとするような話が伝わっている。その伝説によれば、自分の教会員である一人の娘に対する恋に心を奪われたある牧師が、一緒に駆け落ちしようともちかけたが断わられ、かっとなったあまり、娘を殺して首を切り落としてしまった。この時、飛んだ首がイチイの枝にひっかかったことから、この木に神聖な力が与えられることになった。なぜなら、それは貞潔を守るための殉教を象徴したからで、人々はその樹皮のかけらをお守りとして集め、とくに、髪の毛に見立てられるような細いものを珍重した。ここから、この悲劇の舞台となった町ハリファクスの名がでており、それは「聖なる髪の毛」という意味である。

もう一つ、ブルターニュのヴレトンにも、聖トマスの杖から生えたという聖なるイチイの木がある。これは非常に崇拝を受けていて、人々はそれに触れるのを慎むだけでなく、小鳥たちもその実をつつくことがなかった。この木がとても頑丈そうなので、海賊の一団が、よじ登って弓と槍を切り出そうとした。しかしそのとき、ぽっきりと枝が折れ、落ちた悪党どもの頭蓋骨は粉々に砕け散ったという。

セイヨウオダマキ（Columbine）

アメリカでは、岩山の山腹に緋色、赤、紫、白の美しい花が自生し、また、庭園に植えられて素晴らしい眺めをつくる。その花の通り名のコロンバイン columbine はラテン語でハトを意味する columba からとられた。属名の *Aquilegia* はハトとはまったく別の鳥ワシを意味する aquila に由来した名前で、見る人によっては、違えば違うものである。また、昔の呼び名〈ライオン草《ライオンズ・ハーブ》〉は、それが「ライオンのお気に入りの植物」であると信じられていたことを示している。

バラが英国の花であり、ユリがフランスの花であるように、この花をアメリカ合衆国の国花にしようという団体が形成されてきている。というのは、その通

セイヨウオダマキ

り名がコロンブスやコロンビアを思わせ、その学名は、「自由の鳥」すなわち米国の国鳥ハクトウワシと関連があり、さらに、この植物はアメリカのたいていどんな庭園でも種子から育てることができ、ほとんどすべての州に自生しているためである〔セイヨウオダマキは慣例的に国花の扱いを受けていたが、1986年になってバラが正式に国花として制定された〕。

セイヨウクルミ（Walnut）

ギリシア人はクルミ《ウォールナッツ》〔以下ここではセイヨウクルミ *Juglans regia* のこと〕を〈ペルシアの樹〉や〈王室樹〉と呼び、それをディアナに捧げ、ディアナの祭りをその木の下で行なった。しかし、ローマ人と同様に、貞節という意味しか与えなかったわけではなく、クルミの実を結婚式にまきちらすときには、多産の願いを表わした。後世、田舎の人は運勢を占うのにその実を用いるようになった。なぜなら、霊――たいていは悪霊だが――は、その枝に潜んでおり、その実、ひいてはそれを用いる者に影響を及ぼすからである。古代ローマには、夜中にたちの悪い小鬼でいっぱいになり、世間のひんしゅくを買うようになったクルミの木があったが、それから何世紀かの後、それを切り倒してそこにサンタ・マリア・デル・ポポロ教会を建てることが必要であるとされた。

クルミの葉と実の殻は非常に渋く、他の植物、とくに秋にそれらが落ちる下にある各種の草に対して有害であると一般に信じられている。そこから、クルミは毒の木としての悪名を背負うことになった。クルミの殻の汁を使って顔を染めるのは、ジプシー風の顔色にしたり、あるいはその他の仮装にも役立つのだが、このことは先の主張の誤りを明らかにするものだろう。しかしイギリスでは、農民がクルミに対して敵意を抱いていることがよくある。農民は黒いクルミはその下の植物類の成育を抑えるだけでなく、そのまわりのリンゴすべてを枯らしてしまうと言う。

いくつかの国では、農民はこの木のまわりに集まり、熱心に棒で叩く。もっとも、なぜそんなことをするのかと尋ねれば、クルミの実がたくさんとれるようにしているのだと答えるだろうが。ロシアには、「イヌと女房とクルミの木は叩けば叩くほどよくなる」という、おっかない

セイヨウクルミ

諺がある。

たぶん落雷、熱病、魔法を避けるのに有効なのは、鞭打たれたクルミの木からとった実だろう。またそういった実は、それゆえにきわめて貴重な性質をもっているから、魔女が座っている椅子の下に落とすと、魔女は立ち上がれなくなるのである。

リトアニアの洪水伝説は、ここに述べたような効能をある程度説明している。というのは、水が地上を覆っている間、神々はクルミの実を食べ、心正しき人々は、海の表面に落ちてくるクルミの殻にはいのぼり、それぞれ銘々の方舟を見つけ、そのことによって、邪なる者たちに課された死を免れたのである。

クルミはうっとうしい木で、今でも旧世界の一部では、夕方にその木の下を歩けば、枝の中から悪魔の使いどもがささやき、くすくす笑い、おしゃべりするのが聞こえるかもしれない。

こういった型のいまわしい木として有名なのは、ベネヴェント〔イタリア南部の都市、トラヤヌス帝が戦勝記念に建てた〕のクルミで、この木の近くに住むキリスト教に教化されていなかった人々はその木を崇拝し、その広げた枝がつくりだす闇の中で罪深い儀式を行なっていた。人々は邪な行ないを続けながらも不満を感じることなく暮らしていたが、とうとう人々の頭に分別が叩き込まれる時がやってきた。そしてこの面倒な仕事はコンスタンチヌス皇帝に課された。

皇帝が人々の町の城壁の前に陣を張り、自分はお前たちを改宗させに来たのだと

告げたが、人々は納得せず不平の声がどっと上がり、事態は一向によくなるように思えなかった。そのとき、町の住人の一人聖バルバトゥスが人々をとがめて説得した。――この包囲攻撃は、とても恐ろしいことになるだろうが、すべて皆が真の宗教を受け入れるのが遅すぎたための結果なのだ。さらに、これ以上の戦いを防ぐにはこれしか方策がないのだから、皆は直ちに改宗するしかないではないか、と。こうして人々は洗礼を受け、聖バルバトゥスを主教に選んだ。主教が新しい権威を行使して初めてした仕事は、かのクルミの木を切り倒すことであった。

木が倒れると、一匹の蛇がその根の下をすべってゆくのが見えた。この蛇を怪しんだ聖者が聖水をふりかけたところ、仮装は脱げ落ちて悪魔の姿が現われた。懺悔をしたあと、悪魔は消え去った。クルミからは呪いがすっかりぬぐい去られたので、聖アガサが、シシリー島のカタニアからガリポリまで地中海を横断したときには、クルミの殻一つで無事航海をなしとげることができたのである。そして聖アガサは、今でも毎年、この小さな舟に乗って旅をしつづけているのである。

セイヨウサンザシ (Hawthorn)

イエス・キリストが十字架にかけられる少し前のこと、追っ手から逃れて森で休んでいると、たくさんのカササギがサンザシ《ホウソーン》〔ここではすべてセイヨウサンザシのこと〕の枝を咥えて飛んできて、その枝でイエス・キリストの身体を覆い隠し、追跡者たちの目をくらました。そして、その一行が通り過ぎるとすぐに「神の鳥」ツバメの群れがやってきてサンザシの繁みを取り払い、イエス・キリストは危うく難を逃れることができた。かくなる次第でサンザシは神聖な植物として名声をかち得るに至ったわけで、例えば、聖人伝を繙いてみれば、アリマタヤのヨセフがグラストンベリーのホワイト・ソーン〔セイヨウサンザシ〕を植えたときどんなことが起こったのか、そして、その花が天候のいかんにかかわらず、必ずクリスマスイヴに花をつけることがわかるだろう。同じような奇蹟の例は、カール大帝〔742～814〕の伝記にもある。帝がイエス・キリストの頭につけられた荊冠の前に膝まずいた時のこと、その冠がサンザシで作られていたことは今もって事実であると断言できるが、その茨《いばら》は何世紀もの間に

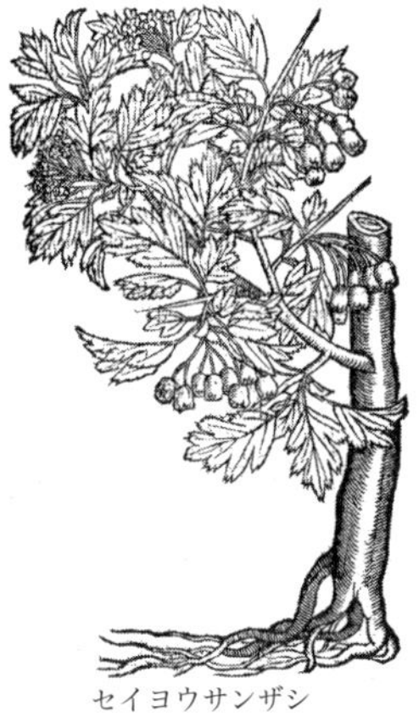

セイヨウサンザシ

乾き切っていたにもかかわらず、ぱっと花を開き、あたりの空気は馥郁たる香りで満ち満ちたというのである。

聖バルテルミの大虐殺で何千人というカルヴィン派の人々が処刑されたあと、人々はむごたらしい人殺しにうんざりして、生き残った新教徒の逃げ出すにまかせた。しかし、旧教の司祭たちは、新教徒弾圧に対する志気の衰えを払拭するため、異端者たちの弾圧を神が称賛しておられるという声明を公にした。それが証拠には、幼児《おさなご》殉教者〔ヘロデ王の命令によってイエス・キリストの身替わりとして殺された男児〕の墓地に植えてあるサンザシの繁みが「あたかも異教徒たちの血を吸い、新たな活力を得たるかのごとく」新たな生命を吹き込まれた、といったのである。人々は急いで町はずれの墓地へ行ってみると、実際、サンザシ、すなわち「聖なる茨《ホウソーン》」が一面に素晴らしい花をつけていた。人々はそれを見て、自分たちが心から信じてやったことは、やはり神の御意志だったのだと納得して膝まずき、その穢れのない「純白の茨」の花に祈りを捧げたのである。

バラ戦争に結着をつけたかのボスワースの戦いに際し、リチャード3世の王冠は、とあるサンザシの繁みに隠されていた。この醜い王が殺された後、この王冠は探し出されてリッチモンド伯爵の頭にうやうやしく置かれ、冠をかぶったリッチモンド伯、すなわちチューダー・ヘンリーは自らの紋章として、サンザシから小枝を折り取って冠につけたのであった。

セイヨウトネリコ (Ash)

セイヨウトネリコ〔*Fraxinus excelsior*〕の英名アッシュは、ノルウェー語で人間を意味するaskrから来ている。なぜこのような名がついているか、それは、アッシュの細枝が腕のように曲がった部分から、オーディンが最初の人間をこしらえたからであった。勇士アキレウスはアッシュの槍を得物にして戦い、愛の神クピドはその矢をアッシュであつらえた。昔、戦争で武器に使われた棍棒はしばしばアッシュで作られたが、それはこの木が丈夫で耐久力に富むためである。別名の〈百姓の木《ハズバンドマンズ・ツリー》〉や〈武勇のアッシュ《マーシャル・アッシュ》〉という名は、アッシュが農具の材料や武器としていかに重要であったかを物語っている。ローマ時代の博物学者大プリニウスは、『博物誌』の中で「悪魔はアッシュを

セイヨウトネリコ

恐れる」とも「蛇はアッシュの葉の上を通るくらいならむしろ火の中に飛びこむ方を選ぶ」とも述べている。

昔、英国では、母親たちはアッシュの木に小さなハンモックを掛け、そこに子供を寝かしつけて、それから畑仕事に取りかかったものであるが、それは、留守の間、アッシュの木や葉が危険な動物、あるいはそんなものよりずっと恐ろしい悪魔や妖精から子供を護ってくれると信じていたからである。寝床にアッシュの葉束を置けば眠っている間の魔よけになり、アッシュの林で囲まれた家はまったく安全だとされていた。昔の英語では、旅立つ人に対して幸運を願う時、「あなたの通る道がアッシュの根のそばにありますように」という言い回しを用いたものである。ドイツには、アッシュの花蜜を生まれたばかりの赤ん坊に与える慣習があり、同じく、スコットランド高地に住む人々はアッシュの樹液の滴を人生における最初の食物として赤ん坊の口にふくませる。クリスマスの祝祭の期間にはアッシュの丸太が燃やされ、アッシュの薪束によって旧い年から新しい年への聖火が受け渡されたものであった。イングランドでは、クリスマスにアッシュの丸太や薪束で焚火をするのが一年のうちで一番楽しいひとときで、村の少女たちはつるで束ねた薪束を火に入れるが、そのとき最初にほどけたつる束の持ち主が早く結婚するということになっている。

北欧神話では、宇宙を支えているのは聖なるアッシュの木ユグドラシルで、この木は空虚の割れ目から生えてこの世の大地（円盤状で真ん中に神の山がある）を突き抜け、何本もの枝をさらに天空高く張りめぐらせて聳えている。その葉は雲、その実は星である。3本の根は地下の国、すなわちヘラの王国に根をおろし、そこは創造以前には光も生命もなかった。3本の根の根元からは各々、1つの泉がとうとうと湧き出していた。すなわち、力の泉、記憶の泉、生命の泉である。主幹の横にもいくつか泉があり、北側のは巨人ミーミルの泉で、そこから海の水が流れ出している。明るい南側にある泉は、そこからウルドの湖がひろがって、太陽と月の象徴である白鳥が泳いでいる。ヴォラスパは言う。「わが知りたるアッシュの木、その名はユグドラシル。この上なく潔き露となりて戻り来る水に養われ、高くみずみずしく繁り、その緑は永遠にウルドの湖を覆う。」

幹の中ほどにはミッドガルド、つまり「この世」があって枝で支えられている。

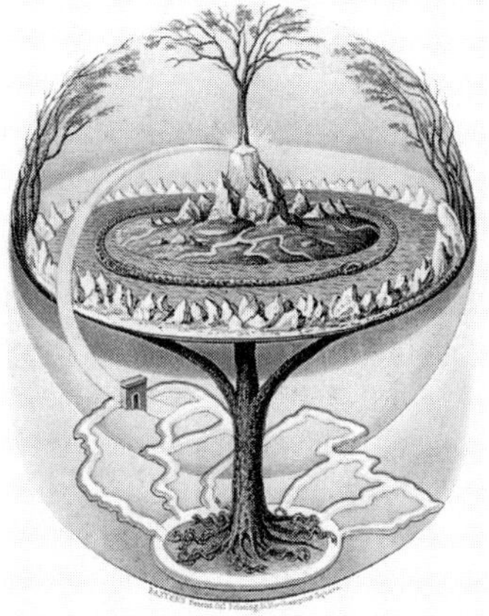

ユグドラシル（パーシー『北方古誌』1847年より）

人の住める陸地の外側には大海がひろがり、大地のへりの海面には蛇が横たわってぐるりと世界を取り巻き、口に自らのしっぽをくわえ、連続と永遠を象徴している。大海のさらに外側には山々が連なって、遙か彼方まで旅しようとする冒険家に対する障壁となっている。ユグドラシルの実にはイドゥンという生命の女神がいてその実を投げおろすので、神々はこれを食べて生命を保ち力を増すことができるのである。しかし、別の形の伝説では、その実はアッシュの実ではなくてリンゴであるという。3人姉妹のノルンは、過去、現在、未来を象徴する女神で、北方の山々からの雪溶け水でユグドラシルが枯れないようにしていた。

北欧神話には他にもユグドラシルに関するものがある。オーディンが巨人ミーミルに約束のしるしとして片方の目を残したという伝説の意味するところは、単純で、オーディンの目が暗く光を失うのは毎夕、太陽が海に没するとき、すなわち、オーディンが小びとの知識を学ぶために地下へ降りるときであるということなのである。夜明けこそは生命を与える霊酒であり、ミーミルは毎朝これを飲むのであった。第4週の4番目の日はアッシュのオーディンの日（Ash Odinsday）、すなわち水曜日（Wodensday）であった。そして、人々は毎年、祭司からユグドラシルについて教えを受けた――その生命がどのようにしてすべての小さなものにまでいきわたり、人間はその生命を獣と、あるいは木々とさえ、分かちあっていることを。また、神々の黄昏、つまり最後の審判の日が来たとき、世界に響きわたることになっているギュラール・ホルンという角笛がどのようにユグドラシルに隠されているか、その日、どんな風にユグドラシルが倒れ、海が陸の上に泡立って押し寄せて来て、天が割けて火の精が跳び出し、あまねく破滅がひろがることを。しかし、その破滅の後、ユグドラシルが再び芽をふき、以前にも増して大きく美しくなるであろうことを。そして神々が再び集まって、人間に生命を与え、存在の連鎖は未だかつて到達したことのない高みへもたらされるであろうことを――。

バラ科のナナカマドの仲間にソーブ〔*Sorbus domestica*〕、ロウンとかロウアン〈山のアッシュ《マウンテン・アッシュ》〉〔*Sorbus aucuparia*〕という名で呼ばれる小さな木がある。この木は雷神トールがヴィムル川の洪水で押し流された時、その生命を救った。激しい流れの中で身体が足の下から持ち上げられるのを感じたので、トールはその木にしっかりと掴まったのであった。そこで「ソーブはトールを救う」という言い回

マウンテン・アッシュ

しが普及したのである。北欧諸国が形式的にはキリスト教に改宗した後も長い間、船大工はトールが自分の木の面倒を見るだろうと信じて、船の外板に少なくとも一枚はソーブの厚板を使用するのが相変わらずの習慣になっていた。

スコットランド高地に住む人々はロウアンの十字架を戸口の上につけて、雌牛の乳の出を絶やさないようにする。これは、この木の十字架があると魔女が入ろうとしないからである。雌牛の安全をしっかり守るため、ロウアンの輪をこしらえて、雌牛を牛舎へ追い立てる途中、その輪を通り抜けさせるようにしたものであった。良い妖精は、ポケットにロウアンの実を入れている子供にやさしい。そのわけは、この木の実が、昔、お祈りの数珠玉に使われたからかもしれない。また、ドルイド教徒の遺跡付近に生えているところから、この木が2つ以上の宗教で聖木とされていたと考えられる。

アイスランドでは、ソーブの木は無実の罪で処刑された人の墓から生え、枝の間に光が輝くという。が、一方では不吉なものとされ、ノルウェーではトールの厚板が船を救うのとは逆に、アイスランドでは沈めてしまうのである。

さらに、この木は家を破壊することになるし、もし炉辺に埋めるとその周りに座った友人を疎遠にしてしまう。

マウンテン・アッシュの仲間にサーヴィス・ツリー〔*Sorbus torminalis*〕がある。これはアメリカのザイフリボク（シャドブッシュ）と近縁の木で、食べられる実がなり、それからつくる飲み物は人を酔わせる。この木の精は家畜を見張ってくれるので、フィンランドでは牧人が家畜を保護して下さいと祈りを捧げる時に、牧場に突き立てることがある。

セイヨウニワトコ（Elder）

エルダー〔セイヨウニワトコ〕は沼沢地の島や周縁にひっそりと人目につかず存在し、また、その木陰にわけのわからないものを隠しているというので、超自然の重要性をもつとみなされるようになった。つまり、それは木の精を有し、身にふりかかる危険なしにその木を破壊できる者は誰一人ない。エルダーという名は、妖精の母、北方神話のよき婦人の名フルダまたはヒルダと関係がある。デンマークではフルダはエルダーの根に住んでいた。このため、その木はフルダを象徴するにふさわしいとされ、フルダを祭るヴェーヌスベルク〔ドイツのボン郊外〕での儀式に用いられ崇拝されていた。もし、この禁断の木が建物を建てるのに使用されるならば、その住人はすぐに、ものの怪の手が脚をひっぱると言ってこぼすことになる。矮性の種は、人の血が流れた場所にしか生えないと信じている人もいる。ウェールズでは、その名前は「人血の植物」を意味している。

しかし、エルダーにはよいこともある。

1月6日の晩、その枝を切るとすると、まずはじめに許可を求める。それから、もしエルダーの木から返事が返ってこなければぽんぽんと3度たたく。そうして切った枝で、次はさみしい野原の中に魔法の輪を描き、その真ん中に立つのである。聖ヨハネの日の夜からとっておいた花とイチゴ《ベリー》など品物をまわりに置いて準備完了。いよいよ魔物に願いごとを要求する段どりとなる。三十人力の力を与える貴重なシダの種子《ファーン・シード》をいくつか欲しいというのである。魔物はその晩、自由に出歩けるが、やはり善良なフルダの呪文の下にあるので、フルダのエルダー製の杖で指されると、魔物は従わねばならない。そこでシダの種子は、聖杯の布につつまれて、正体のわからない幽霊によって運ばれてくることになる。

ついでに言えば、エルダーの木は、歯痛を治し、家を災厄から守り、蛇、蚊、いぼを防ぎ、神経を鎮め、発作をおさえ、金属の食器から毒を消し、家具の虫よけになり、栽培する人に自分自身の家で死ぬことを保障する。

セイヨウニワトコ

もし、この木で作った十字架が墓の上に植えられたとすると―チロル地方で行われているように。そこでは百姓はエルダーの木に帽子をちょっと持ち上げてあいさつする―それが花を開き葉をつければ埋葬された者は至上の幸福を享受しているということであり、もしそれが花をつけなければ、親類縁者にはそれぞれ何か思いあたるふしがあるはずだ。

セイヨウネズ (Juniper)

ドイツには、ジュニパー〔セイヨウネズ〕にまつわる相当に古い歴史をもつ話が伝わっている。あるとき、一人の男の子がリンゴの貯蔵庫に入りこんで1個盗もうとしたところ、継母につかまり、殺されてしまった。継母は、その子の肉を煮てスープをこしらえ、骨はジュニパーの木の下に埋めた。が、その木に火がついて、一羽の小鳥がその枝から跳んで出て、あたりを飛びまわりながら、まま子殺しの一部始終をしゃべりちらしたので、継母は色を失ってあわてふためいた。小鳥は男の子の妹にプレゼントを運んだあと、粉ひきうすの石を落として、邪悪な継母の頭を砕いてしまった。その後、小鳥は再び、ジュニパーの炎の中に飛びこむと、人間の姿になった。それは、もとどおりになった男の子だったのである。

ジュニパーは、次のような状況では泥

棒を捕まえるのに役立つ。まず、ジュニパーの若木を曲げて地面につけ、あらかじめ準備しておいた2つの重しをのせ、しっかりその若木を固定する。2つの重しは、1つは大きな石で、1つは人殺しの頭蓋骨でなければならない。それから、呪文を唱えるわけで、「ジュニパーよ、私はお前を曲げてひどい目に会わせるが、あの泥棒の××（ここで容疑者の名前を言う）が、盗んだ物をもとのところへ返せば、もとの通りにしてやろう」と言うのである。まもなく、泥棒は、両の脚から何とも説明しがたい力が伝わってくるのを感じて、盗んだ品物をもとに戻さないといけないという気になる。こうなればジュニパーにかけた願いは成就の途をたどりつつあるわけだから、大急ぎで曲げて拘束しておいたジュニパーのところに行って、丁寧に解き放ってやらねばならない。

ギリシア人にとってジュニパーは、凶暴な怨霊の木であったが、ジンを作るのにも利用されていた。その果実は葬式の時、悪魔よけに燃やされ、その緑色の根は地獄の神への捧げ物に香として焚かれた。ジュニパーは、聖母マリアとイエスがエジプトに逃げたとき、その腕をひらいて隠れ場所を提供した木の一つであるとともに、預言者エリヤを背信の王アハブから守った木でもある〔この場合は英訳聖書にあるジュニパーで、マメ科のレダマのこと〕。現在でも、ジュニパーは追跡されている弱者の隠れ場所であるという考え方が連綿とみられ、野ウサギが猟犬に追われた時、ジュニパーの木の陰に逃げこむのは、その木の匂いが犬の嗅覚を迷わせ、追跡できないようになることを知っているのではないかと考えられる。

セイヨウネズ

つい最近まで、ジュニパーは室内で燃やされたり、あるいは、その樹液を住まいや厩舎に一面に塗りつけたりして邪悪な妖精や悪魔を寄せつけないようにするのに用いられていた。イタリアでは、今でも魔女よけのお守りとされる。なぜかというと魔女は入口にジュニパーがかかっているのを見つけると、その部屋の中に入るにはその葉の数を全部勘定してからでないと入室できないからである。これはとても無理な相談なので、通例、魔女は勘定するのをあきらめてしまうわけである。

セイヨウハシバミ（Hazel）

モンキュール・D・コンウェイの説によれば、セイヨウハシバミの英名ヘイゼルは「朦朧とした」という意味のシリア語hazehと関係がある。そのわけは、古代宗教につきものの秘儀や秘蹟は、そういった神秘的な出来事を見る人や儀式の参加者が、この木の持つ効能によって朦朧とさせられたためである。コンウェイの説では英語hazing〔朦朧とさせる〕の語源も同じであり、さらには、朦朧とすることは学問の奥儀を極めるための一つの過程であるが、それが過ぎる場合には先生がハシバミ〔以下すべてセイヨウハシバミのこと〕の鞭で懲らしめるのがいちばん効果的だというわけだ。

北欧神話では、ハシバミは雷神トールの木でもあり、建物や墓を稲妻から守ってくれる。キリスト教でも、ハシバミは神聖な木である。それは、聖家族がヘロデ王の追跡から逃れてエジプトへ脱出する途中、この木が身を隠す場所となったからで、現在でも穀物を守り、稲妻を避け、熱病を治し、家畜についている悪魔を追い出すのに使われる。また、火事よけにはハシバミをピン状にして3本を家の梁

セイヨウハシバミ

材に打ちこむだけでよい。ハシバミの小枝をワルプルギスの夜祭りの日、つまり、魔女たちがブロッケン山に集まって酒宴を催す夜の12時に切り、ポケットに入れていると、どんなに酒に酔っていても穴に転げ落ちることがない。また、復活祭直前の金曜日〔聖金曜日〕か聖ヨハネの祝日〔6月24日〕の前夜に切れば、その枝で、離れたところにいる敵を自分の部屋で居ながらにしてビシビシ打ち据えることができる。そのやり方は簡単で、ただ敵の名前を唱えながら自分の前後左右を激しく打つだけでよい。たとえ何千マイル離れていようとも、敵はのたうちまわり、呻き声をあげることになる。

ハシバミはメルクリウスの杖でもある。その杖に触れられた人は誰でも、親族、国、神に対する愛憎をかきたてられる。また、今日の人々なら誰でも知っている通り、それは占い棒としても使用される。そのやり方は、アルファベットのYの字に枝分かれしている枝を切って、枝先の一方を右手に、他方を左手に持ち、残る先端を地面に向けてぶらぶらさせる。こうして歩き回ると、その先っぽは地中に隠れている泉や金銀を指し示すことになる。

そのような言い伝えを信じられなかったリンネは、ダカット金貨100枚を入れた財布をラナンキュラス〔ウマノアシガタの類〕の根元に埋め、召使いの男にハシバミの占い棒を使ってできるかどうかやってみよと命じた。ところが、その話を聞きつけた知人の一人が頼まれもしないのに、ラナンキュラスやその他の植物の

生えている牧草地を掘り返して滅茶苦茶にしてしまったので、リンネでさえ、どこに財布を埋めたか見当がつかなくなってしまった。が、ハシバミを手にした召使いは、見当をつけたり他人の言うことを聞いたりせず、まったくハシバミの動きだけを頼りに歩き回り、やがてある場所でぴたりと止まった。その地点を掘ってみると果たしてそこには財布が埋まっており、リンネは無事に金貨を取り戻すことができた。植物学者のリンネは、もう一度同じ実験をして成功すれば、私もハシバミの魔力を信じると言ったとか伝えられている。が、リンネはその種の実験に再度ダカット金貨を懸けようとはしなかったと言われている。

アダムとイヴがエデンの園から追放された時、神は二人を憐れに思われて、ハシバミの杖で水を打てば新しい動物を創れるように配慮された。その通りにしてアダムが羊を世に出したあと、もちろんイヴも見ならってやってみたが、見よう見まねでやったので狼を創り出してしまった。狼はすぐさま羊に跳びかかったのでアダムはイヴから杖を取り上げ、さらに一振りして犬を出現させて狼を追い払わせたのである。

イングランド南西部のグラストンベリーに初めて建てられたキリスト教の教会は、ハシバミの枝を編んで造った建物であった。アイルランドでは、この地にキリスト教を伝えた聖パトリックがアイルランドの蛇を海に追い落とした時に使ったのが、ハシバミの杖である。昔、エルサレムへ巡礼する人々が携えた杖はこの木で作られ、旅の途中に病気や疲労で倒れた時には、しばしばその杖といっしょに埋葬された。

魔法使いが悪霊を呼び寄せるのに用いたのもハシバミで、『オデュッセイア』に登場する魔女キルケがその愛人たちを豚に変えるのに用いたのもやはりハシバミである。ある伝説によれば、ユダヤ最初の祭司長アロンの杖もハシバミでできていた。かくなる次第でハシバミは神の尊厳を備えるに至り、スウェーデンでは、馬にやるカラスムギに、神の名を唱えながらハシバミの杖で触れ、馬がそれを食べても病気にならないようにする。スウェーデンでも、やはりハシバミの実は魔法の道具であり、その実を持っている者の姿を見えないようにする働きがある。さらに、占い用の枝を切るのは、新月の最初の夜か聖金曜日の夜、または公現祭の夜、あるいは懺悔節の火曜日の夜でなければならない。その時、切り手は東を向き、東側の枝から切っていかねばならない。

セイヨウヤドリギ (Mistletoe)

家をヤドリギ〔以下ここではセイヨウヤドリギ *Viscum album* を指す〕で飾りたてるわれわれ欧米人の風習は、何世紀も昔の古代ケルトのドルイド教の儀式に遡るものであり、厳しい寒さと雪に追われる森の精霊たちの避難所として、室内に緑を絶やさないようにした冬の習慣の名残りである。

このように異教徒と結びつきをもっていたがゆえに、ヤドリギは長い間教会で禁止されていた。しかしながら、今を去る5世紀前に、この聖なる木を迎えるための集会が公共の広場でもたれていたし、またこの木が魔よけとしていまだに使われ続けているというウスターシャー地方からの報告がある。ウスターシャー地方では農民たちは、新年が明けてから最初に仔を産んだ牛にヤドリギを与えれば、その1年間自分たちの家畜を病気や災難から守ることができるという。ドイツでは、ヤドリギの小枝を古い屋敷まで運んでゆけば、その家に棲む幽霊が姿を現わし、その小枝の力によって、尋ねごとを幽霊に答えさせることができる。

ドルイド教の儀式においてヤドリギが象徴するものは生命力 spirit であり、そこから精霊 spirits との結びつきが生まれた。なぜなら、ランと同様ヤドリギは、地上にではなく、空中に、しかも聖なるオークの木に生えるからである。少なくとも、オークの木にまつわりついているヤドリギがみつかれば、非常に珍重された。ドルイド教徒にとっては一年の終わりにそれが必要になるが、その時には、白い法衣をまとった祭司が黄金の鎌で切り、地面に触れないように白い布を広げて落ちてくるのを受けとめた。続いてそのヤドリギが生えていた木の下で2頭の雄牛がほふられ、このヤドリギの小枝が人々に分け与えられる。人々はそれを戸口に置いたり、あるいは撚り合わせるか彫るかして指輪や腕輪をつくって魔よけとした。それは、てんかん・魔女・卒中・毒・痙攣・結核その他に対する特効薬と言われているからである。

この植物が広く分布しているのは、そのねばねばした実《ベリー》を食べ、種子を木から木へと運ぶ小鳥たちのおかげである。その実は雪が舞うようになってから熟し始めるが、このつむじ曲がりのゆえに力の象徴と讃えられるだけの資格があるとい

セイヨウヤドリギ

えよう。ウェルギリウスによると、アイネイアスは、その手にヤドリギをもっていたという条件があったからこそ、タルタロス〔冥界〕へ降りてゆくことができたのだという。おそらくそれが悪魔を防いだのであろう。

ヤドリギの古い英名 mistl-tan は「異なる小枝」という意味で、つまりはそれが寄生する木の枝とは異なるということである。けれど昔からずっと、今日のごとく一方的にすがるだけの寄生者であったわけではない。その材がキリストの十字架に用いられるまではちゃんとした木であったが、その時以来、縮んで今日みるような姿になったのだと言われている。昔の修道士たちはそれを〈十字架の木〉と呼び、その木くずや、それを漬けておいた水を飲んだり、あるいは木のかけらを首に吊るして、万病の薬にした。

アメリカ大陸では、ヤドリギ〔ヤドリギ科の *Phoradendron* spp.〕は旧世界の人間が上陸する以前から広く見られたものであったから、ヨーロッパから移入されたものではありえない。しかしアメリカ大陸以外の土地においての方がよく知られ、北欧人やドルイド教徒にとってはこの上なく重要なものであった。

フリッグ〔北欧神話のオーディンの妻。しばしば光の女神フレイアと混同される〕は息子バルドルをこよなく愛していたので、天地の万物に息子を大切にしてくれるよう頼んだ。しかしフリッグはある植物にはそのことを言い忘れてしまった。それはヤドリギで、木の陰に隠れていたために、白い実をつけていながらほとんど眼につかなかったのである。このヤドリギはワルハラの近くにある一本のオークの老木に生えていた。このオークの木陰で、バルドルは、皆の前に身をさらして四方から神々に攻撃させるという荒っぽい遊戯に興じていたが、神々が槍や弓を射かけてもバラドルは身じろぎもせず立ったままで傷ひとつ受けなかった。

バルドルの寵愛と美しさに嫉妬したロキは、一人の女に姿を変え、フリッグに向かって息子がなぜ傷つかないのかと尋ねた。フリッグはロキに、地・空・水に住むあらゆる生き物あらゆる事物があの子をいたわると誓ったからで、何物もあの子を傷つけたり、血を流させたりしないのであると答えた。

「そうすると、あの方に触れることができるものはいないのですか」とロキは尋ねた。

「誰も。ただヤドリギだけは別です。でもあれはあまりにも小さくて弱いから、何かを傷つけたりはできないでしょう」フリッグは答えた。

ロキはもとの姿に戻って森へ帰り、ヤドリギの一番強そうな枝を見つけて折り、葉と実を払い落とし、先を尖らした。まもなく、再び神々はバルドルのまわりに集まり、弓と投石器でバルドルの不死身ぶりを試しだした。ヘズルという盲目の神が一人離れて立っていたので、ロキはその傍に近寄り、「なぜあなたは皆と一緒に遊ばないのですか」と尋ねた。

「私は眼が見えません。それに投げるも

のも持っていません」とヘズルは答えた。

「少なくとも遊びに参加することはできますよ。これを槍のように投げてごらんなさい」とロキはしつこく勧めた。

ロキはヤドリギで作った武器をヘズルの手に渡し、ヘズルの顔をバルドルの立っている方角に向けさせた。ヘズルが投げたところ尖端は若き神の胸をさし貫き、バルドルは命を失って地面に倒れた。あらゆる神々が力を合わせたので、バルドルは命をとりとめた。神々はヤドリギに二度と傷つけることに手を貸さないと約束させ、その誓いが守られることを保証するため、それをフリッグに献げ、フリッグにそれを監視する特別の権限を与えた。ヤドリギは地面に触れないかぎり、誰も傷つけないことを約束したが、これこそ、何千年も後に、バルドルやヘズルやロキの名を聞いたこともない人々が、クリスマスの季節に家の中にヤドリギを吊るし、その下を通るときに互いにキスし合う理由である。というのは自分の足より低いところにないかぎり、ヤドリギは幸福・安全・幸運をもたらすからである。

セイヨウヤマハッカ (Balm)

バーム〔セイヨウヤマハッカ〕、またの名をメリッサは、心気症や心臓の病気を治す。パラケルススは、この植物に生命のエッセンスを見た。ブドウ酒に入れてのむと、毒ヘビや狂犬病にかかった動物にやられた時、効き目があったという。この植物の薬効が信じられていたことについては、スタフォードシャーに伝わる次のような話がある。

それは「さまよえるユダヤ人」の話で、そのユダヤ人は聖霊降誕祭のある夜、喉の渇きに苦しみながら、ヒースの生い茂る荒野を旅しているところであった。そのユダヤ人は、とある百姓家の戸をたたき、ビールを一杯ぜひ飲ませてくれと頼んだ。百姓は貧乏で耕地もろくに持っていなかったが、快く応じてビールを飲ませた。それで、そのユダヤ人は元気をとり戻し、その小百姓の青白い顔と痩せ細った身体に気づいて具合を尋ね、自分の考えを述べた。

「おまえさん、病気だね。」

「さよう、もうみこみがありません。肺病やみでも、まもなくおしまいでしょう。」

「友よ。私の言う通りになさい。そうすれば、神様のお恵みで元気になるでしょうよ。朝、ビールの壺にバームの葉を3

セイヨウヤマハッカ

枚入れて、できるだけ、毎日何度も飲みなさい。4日ごとに新鮮な葉を壺に加えなさい。そうすれば、10と2日で元気になりますよ」

病気の男は、見知らぬ旅人に、泊っていっしょに食事をするよう何度も何度も頼んだが、この旅人も最後の審判の日まで放浪をつづけなければならないというユダヤ人の運命をやはり背負っていたのである。ユダヤ人は、あたふたと暗い戸外へとび出し、急ぎ足で去って行った。小百姓はバームを摘んで見知らぬ人の言った通りにしたところ、12日たって健康が戻ってきた。──そんなわけで、例の磔刑の日以来、世界中を放浪しているユダヤ人の評判は、全部が全部、悪いというわけではないのだ。

ゼニアオイ (Mallow)

アメリカで普通に見られる小さなゼニアオイ〔*Malva sylvestris*〕の種子のさや──子供たちが「チーズ」と呼ぶもの──は、東方ではまともな食物として口にされているが、マホメットはその繊維で編んだ一本のロープを見て喜び、これがいたく気に入ったため、その植物をゼラニウムに変えた。──これはバーバンク〔アメリカの有名な品種改良家〕に匹敵する業績だ。

ゼニアオイは朝摘むと、その日一日病気から守ってくれる。けれどもタチアオ

ゼニアオイ

イの仲間のマーシュ・マロウ〔*Altcaea officinalis*〕は、その「二倍効く」薬だと言われていたし、近頃のように混ぜ物の多い時代でさえ、「マシュマロ」という名で売られるお菓子を食べておけば、あまりひどい目に会うことがない。膏薬にすると、ゼニアオイは魔法にかけられた人間を癒し、とりわけ、熱く焼けた金属でヤケドしないようにするのに驚くほどの効き目をもっていた。

ゼラニウム (Geranium)

ゼラニウム〔テンジクアオイ属とフウロソウ属の両者を指す？〕には数多くの種類があり、華やかさにおいても、庭園用の高度に洗練された園芸種から、路傍の日陰に生える地味なフウロソウの仲間《クレインズ・ピル》まで幅が広く、旧世界では垣根によく見られる植物である。東洋では、それは見

事なもので、われわれがゼラニウムとしているものは、ほとんど木と呼ぶにふさわしい。天は、それを預言者マホメットの徳を讃えるため創造されたのである。ある日、マホメットは自分のシャツを洗ったあとで、それを水辺に生えているラヴェンダー・マロウ〔アオイ科の植物〕にかけて乾かした。水分が蒸発するのにそんなに時間はかからなかったが、その間に驚くべき変化が起こった――その植物はもはやマロウではなくなって、頭を高くもたげ、鮮やかな赤い花をいくつもつけて芳しい香りを放っていたのである。それは、ゼラニウムに変化していたのであった。これが、この類の植物のはじまりである。

英国とアメリカによく見られる野生種にハーブ・ロバート〔ヒメフウロ〕として知られているものがあるが、その名前に関しては諸説紛々である。ある説によれば、それは追いはぎロビン・フッドの隠れた善行を記念しようとしてつけられたという。また別の説では、シトー修道会の創始者でロビン・フッドなどよりはずっと品位のある英国人、聖ロバートの名を冠したものであり、この聖者の誕生日の4月29日には、たいてい田園のおだやかな空気の中で花を開くという。とにかく、いずれにしても、この植物をルプレヒトのペストの際に用いたのはこの聖者であった。名前の問題については、さらに簡明な説がスコットランドの植物学者マクミラン博士から提出され、その起源をたどって、「ロバート」がラテン語で「赤い」を意味する rubor から来ていると解している。

ハーブ・ロバート

セント・ジョンズ・ワート
(St. John's wort)

オトギリソウ属の一種 *Hypericum perforatum*〔図は70頁に掲載〕は、8月の29日、つまり聖ヨハネが首を切られた日に、その赤い斑点を見せるのだと考えられている。それで〈聖ヨハネの草《セント・ジョンズ・ワート》〉という名前があるのである。しかし、これには〈悪魔の逃走《デヴィルズ・フライト》〉〈悪魔追い《デヴィル・チェイサー》〉という名前もある。それは、この草を聖ヨハネの誕生記念日である6月24日に窓から吊るせば、幽霊・悪魔・鬼・落雷を防ぐからである。しかしながら、もしワイト島〔イングランド南岸沖〕の野原を歩き回ることがあれば、この草を踏みつけないよう用心しなければならない。なぜなら、万一踏みつければ、まさにすぐ足許でその草の根から一頭の妖精の馬が起ち上がり、気がついたら馬にまたがっているということになるからである。夜通し中、この馬は人を乗せて丘を上り、谷を下ってゆき、夜明けになるとたちまち大地に消えてしまい、取り残された乗り手は、うんざりするほど歩かなければ朝食にありつけないという苦い思いを噛みしめなければならないことになる。

「もし、ユピテルの記念に金曜日に集められ、首のまわりにかけられたものであれば」この植物を内服すると、憂鬱を癒し、また寝室の壁に吊るしておくと、胸ときめかす若い乙女は未来の夫を夢にみることができるという。

セージ (Sage)

一説によれば、聖母マリアはエジプトへの脱出の途についたとき、ヘロデ王の追手から身を隠す場所をセージ〔*Salvia officinalis*〕に求めてこの草に祝福を与えたので、以来この植物はそのすべての葉から、バラ色の香りをたちのぼらせるのである。

キリスト教以前の太陽神話、もしくは季節神話から発生したと思われる、もう少し後世の別の物語では、セージは池のかたわらのオークの木の洞に棲むニンフとして登場する。その池にはキズイセン《ジョンキル》があざやかに咲きほこって、ニンフの慎ましやかな美しさをかげらせていたが、ニンフは決して嫉妬を感じなかった。水の鏡をのぞきこむと自分の顔が見えたが、自惚れることはなく、森の花々を眺め愛していた。長い間、ニンフはそこで平安で幸福な生活をおくり、人間の顔を見たこともなかった。

しかし、森の静寂は角笛の音と猟犬どもの吠え声によって破られ、王様が馬を駆って狩りにやってきた。王様はセージの花がたたずむオークの木の根元にやってきたとき、ニンフのしとやかな美しさに魅了された。人間を愛することはニンフにとって死を意味したが、若い王の姿がニンフの胸にまき起こした愛はあまりにも激しく、押しとどめることができなかった。王様がニンフに向かって愛を打ち明けただけで、ニンフはせきを切ったように愛の告白を返した。「楽しい日々は過ぎ去りました。けれど孤独はそれでもまだすてきなものです。ここに二人だけでいましょう。あなたと一緒にいるだけで私の胸は輝きます。あなたは私の愛を

セージ

求められました。私は命をさしあげます」とニンフは言った。王様は何のことか理解できないまま、情熱的にニンフを両の腕にかき抱いた。セージの花は王様の愛撫に応えたが、ニンフの両腕はだらりとなり、首は垂れた。王様はニンフを土手に横たえ、生き返らすべく池の水をすくいに急いだ。けれど恋の灼熱は、はかないセージが耐えるにはあまりにも強すぎた。ニンフの命は尽き、王は悲しみのうちにそこを去った。詩的な言い回しでは、セージの花は太陽を愛し、受精の後、その熱に焼かれて枯れはてるという。

セージは広い範囲に野生する植物である。アメリカ西部の砂漠には、影のようなセージの茎が点在しており、また、家庭の庭にも繁茂して、ガチョウや七面鳥の詰め物用に摘まれる。これの華やかな仲間がサルヴィア〔*S. splendens*〕で、その花はまさに炎のごとき深紅である。

植物が今よりももっと霊妙なものであった中世においては、セージは寿命を延ばし、精神を高揚させ、「嫌な人間」（toads）を遠ざけ、乙女たちが未来の夫を知ることを可能にし、悲しみを和らげ、悪寒を防ぐ力をもっていた。

タマネギとその仲間
(The Onion and Its Kind)

われわれがタマネギと呼ぶ芳香性の鱗茎植物は、料理に使われるだけでなく、医薬品としても古くから重んじられてきた。また詩や物語に象徴としても現われる。その近縁種リーキはオリエントでは貧しい人々の食物であり、それゆえ卑下を意味するようになった。しかしまた、それがキムリック人種〔ウェールズ族〕の色である緑と白を持っているところから、ウェールズの標章《エンブレム》ともなった。ボヘミア地方ではタマネギのいま一つの近縁種であるニンニクを、イヌ、ニワトリ、ガチョウなどの雄に与えるが、怖れをなくさせ強い動物をつくるためだという。

タマネギは魔術的な特性を賦与されており、人々が集まる部屋に吊しておくと、病気を吸い寄せてしまう。エジプト人はタマネギの中に宇宙を象徴させた。エジプト人の宇宙観にあっては、地獄、地上、天国といったさまざまな層が、タマネギの皮のように同心円をなしていたからである。

タマネギは聖トマスに献げられるものであり、クリスマスにはヤドリギ〔セイヨウヤドリギ〕のライバルになる。古い祭日の遊びでは、聖者を演じる一人の浮かれ男が、大きな薪が燃え上がった時に、

リーキをあしらったウェールズの紋章

かがり火の中に踊り込み、列席する少女たちに1個のタマネギを与える。少女たちはそれを4等分し、それぞれ求婚してほしい相手の若者の名をささやきながら、頭の上で打ち振り、その後次のような文句を唱える。

「聖トマス様、どうかお願いです。今夜、あのお方をよこして下さい。

そしたら、私はお顔をじっと見つめて、やさしく両腕に抱きしめましょう。」

乙女は、時計が12を打つまでに寝床に入る。そして運命の神がほほえめば、結婚の楽しい夢を描くことができることになる。

ダリア (Dahlia)

フランスの皇后であるジョゼフィーヌ〔ナポレオン1世の妃〕は、西インド諸島のマルチニク島で生まれた。この島はメキシコのすぐ近くでダリアの原産地であったが、ジョセフィーヌはフランスへ行くまではこの花のことを知らなかった。スウェーデンの植物学者ダールが、栽培と改良に多大の貢献をしたので、この植物にダールの名が与えられた。ダリアはマルメゾン宮殿でひときわ輝いて咲きほこった。そこでは、ジョセフィーヌが手ずから植え、自分の好みの花だと宣言していた。ジョセフィーヌは、皇子や大臣たちを、花を見ることができるようにと

ジョゼフィーヌの庭園のダリア（P.J. ルドゥーテ画）

マルメゾン宮殿に招待したが、花、種、あるいは根を他人が持ち出すことは許さなかった。もし訪れた人みんなが、この花を自由に持ち帰れたなら、ポーランドの皇子も、花の一つを摘むために手をまわしたりはたぶんしなかったろう。しかし、皇子は園丁に1本1ルイ〔20フラン〕をにぎらせて100本を盗ませた。この事件の後、ジョセフィーヌは気分を害し、ダリアを栽培することを嫌がってやめてしまったという。

タンポポ (Dandelion)

アルゴンキン・インディアンの民話には、南風のタンポポに対する愛の物語があり、タンポポは太陽に似せてつくられたものとされている。

南風のシャワンダゼーは、いつものっ

そりと鈍重な、なまけもので、オークとマグノリアのよく茂った木陰にけだるく寝そべるのを好み、花の香りを吸いこんで、それはそれは胸いっぱいに吸いこむので、息をフーッとはき出すときには、その花の香りがあたり一面漂うほどなのである。ある日、シャワンダゼーが眠たげな目で野原をながめていると、遠くに黄色い髪の毛の、ほっそりした可憐な少女が目に入った。シャワンダゼーはその少女が気に入った。もし、自分がそれほど鈍重でさえなければ、少女を自らのそばに呼んだであろうが――。

次の日の朝、シャワンダゼーは、もう一度、その少女のいた方に目をやった。すると、少女は、まだそこに立っていて、この世のものとも思われず美しい姿である。来る日も来る日も、シャワンダゼーはその少女をながめた。その少女が暖かな緑の草原に立っているのを見ると、さすがのシャワンダゼーの目もきらきらと輝くのだった。しかし、ある朝、シャワンダゼーは両の目をこすって、そして、もう一度目を開くのをためらった。なぜなら、最初に見たことを信じられなかったからである。日没の時、その少女がいたところには、一人の婦人が立っていた。しかし、何たる変わりよう!!　若さは消しとんで、輝かしさは失せていた。黄金色の輝きの冠をかぶった少女のかわりに、灰色の髪の、色あせてしおれたいきものがいたのである。「ああ、何たることよ」とシャワンダゼーはため息をついた。「わたしの兄弟の北風の奴めが、昨晩やって来たんだな。奴があの子の頭をさわったんだ。あの凶暴な手で。奴があの子の頭を霜で真っ白にしたんだ。」シャワンダゼーは、フーッと大きなため息をついて、少女が立っていた場所にとどくよう息をふきかけた。するとどうだろう、少女の白い髪はフッとその息にのって頭から飛び、少女は消え去った。その後、少女に似た乙女たちがやって来て、大地は再び喜びで包まれた。しかし、春になると、シャワンダゼーは絶え間なくため息をついて、最初に見た黄色い髪の少女のことを思うのである。

タンポポ

英名のダンデライオンは、ライオンの歯の意の dent de lion がなまったものであるが、タンポポがこのように呼ばれるのは、葉がライオンの歯、あるいはその他の何かに似ているということとはあまり関係がない。かつて、ライオンは太陽のシンボルであり、タンポポは輝く太陽を連想させるので、このタンポポとライオンの連想の方が、葉と歯の類似の連想よりもその名の由来として分があると考えられるからである。

ダーク (Dhak)

パラッサ、あるいはパラナとも呼ばれるインドの木ダーク *Butea frondosa*〔*B.monosperma* ハナモツヤクノキ〕は、稲妻より生じた。その三出複葉は稲妻を象徴していると考えられ、その点において火を運ぶローマ神話のメルクリウス〔ギリシア神話のヘルメス〕の棒に似ている。この木は東洋では、たとえば、牛乳や羊毛がたくさんできるよう、牛や羊を祝福する儀式に用いられる。

ダークから、ヒンドゥー教の神々に神酒《ネクター》、すなわちソーマ〔217頁参照〕がつくられると主張する人もいる。これは生命を不滅にする飲みものであり、ヴェーダの中には、この木は、あるハヤブサの落とした羽根から生え、そのハヤブサはソーマを守護していた悪魔からソーマを盗んだのであった。怒った悪魔の一人は、その鳥めがけて矢を放ったところ、その羽根が落ち、根づいて木が生え、神々の喉をいやす液体を産することになった。その木の産する赤い樹液〔染料などの用途がある〕、赤い花は、聖なる火の象徴であり、ハヤブサは神聖なものとされたため、その羽根から生じた木もまた神聖なものとなった。

ダーク

チコリー (Chicory)

夏になると、アメリカ北東部ニューイングランドの町の近辺の牧草地には、見わたすかぎりピンクやブルーの花が咲きみだれ、花の形はタンポポに似ているが葉はギザギザである。これがチコリー（サカリーとも呼ぶ）である。その実は若いうちはやわらかくて、サラダとして喜ばれるが、このごろはコーヒーの粗悪品に混ぜものとしてよく使われるようになったため、いささか評価が落ちている。

チコリーの花は放射状にたくさんの花びらを出すので、当然のことながらあちこちで太陽伝説の主題にされたに違いないだろうが、ここではルーマニアに伝わる、フロリロールという乙女の話を紹介しよう。

フロリロールとは「花の婦人」という意味で、乙女は、その優美さと絶世の美のゆえにこう呼ばれたのである。魅惑的なその姿は、太陽神の目にとまるところとなり、やがて太陽神は乙女に恋い焦がれ、空から降りてきてかきくどいた。フロリロールは、二人の身分があまりに違いすぎるのに気がつき、もしや太陽神が結婚したいというつもりではないかと疑ってはねつけた。太陽神はおどろき憤慨した。侮辱されたことの仕返しに、フロリロールに花になるように命じた。乙女はチコリーの花の姿となり、その形で夜明けから日の暮れるまで太陽を見つめることを余儀なくされたばかりか、太陽に似た姿にさせられ嘲笑われたのである。そんなわけで、チコリーの古名を〈太陽の従属者《サンフォロワー》〉〈太陽の花嫁《ブライド・オブ・ザ・サン》〉といい、ドイツでは〈道の光〉という。

何世紀もの昔から、この植物は媚薬として賞讃され、その種子はこっそりと処方されて、愛する女の心が変わらないようにする薬として用いられた。あるドイツの物語には、一人の乙女が、恋人が航海に出かけて行って以来、道瑞に座って恋人の帰りを待ちつづけていた。乙女は、いつまでもじっと待っていたのでとうとう根が生えて、〈路傍の見張り〉という名の薄青い草花となってしまった。その物語の別の形では、女が見捨てられて草になっているのは、不行跡《ふぎょうせき》のゆえとされていて、その考え方が広く行きわたっているところでは、その植物は〈忌まわしい乙女〉という名で知られている。

チコリー

チューリップ (Tulip)

デヴォンシャー地方の民話では、子供用の揺り籠をもたない小妖精は、夜に子供をチューリップの花の中に入れて風に揺らす。──昔、ある女の人が提灯をもって庭に入ったところ、チューリップの花の中で眠っている小さな赤ん坊を見て非常に喜んだ。その女の人はすぐにもっとたくさんのチューリップを植え、そうしてやがて、そのあたりの妖精たちすべてに行きわたるだけの揺り籠ができた。そこで彼女はよく、月光の中をそっとしのび出て、つややかな花の盃にすっぽりつつまれて甘いそよ風に揺れる小っぽけな子供を眺めた。妖精たちは用心深かったが、彼女が善意でそうしていることを知ると、その善行に対するほうびとして、チューリップに、バラと同じような輝かしい色彩と甘い香りを与えた。また妖精たちは、この女性とその家に祝福を与えたので、末永く幸運に恵まれ幸せに暮すことになった。

この女性が死ぬと、一人の俗物がその家

に住んだ。冷酷な蓄財家であったこの人物が最初にしたことは、美しくても何の役に立たないチューリップをぬいて、そのかわりにパセリを植えることであった。これは妖精たちの怒りを招くところとなり、毎夜暗くなると森から出かけてきてパセリの上で踊りまくり、その根を引き裂き切り刻み、花には泥を投げこんだ。そのために、何年もの間、その土地には何も栄えず、そこに生えたパセリの葉は今日見るようにギザギザでボロボロなものとなった。けれども、かの女性が葬られた墓は美しい緑を保っていた。墓のてっぺんには豪華な色合いと甘い香りを放つひとかたまりの美しいチューリップが風になびき、他の花がすべて姿を消してからも、長い間咲いていた。時が過ぎ、美しいものを観る眼のない人々が他にもこの地域に入りこんだために、森は姿を消してしまい、墓は通りすぎる人の足で踏みならされ、花は無残に踏みつぶされ、妖精たちは山の砦へ引きこもってしまった。この時以来チューリップは大きさと輝きと香りを失ってしまったのであるが、それでもなおすべての園芸家から慕われるほどの美しさは保っている。

トルコ人はチューリップを名目にしたお祭りを毎年行なっている。また実際、ステンドグラスのように光輝く、緑の大チューリップ畑の光景は、わざわざ見に出かけてゆく値打ちがある。春になるとわれわれは、地面から鮮やかなチューリップの色彩が萌え出てくるのをじっと待ち望む。そして雪が溶け、大地と空が最初の雨に和らぎだすと、戦場で傷つき倒れたホルスを救いに急いだ季節の神イシスのことが想い起こされる。ホルスが倒れたのは、風の吹きすさぶ荒涼たる冬の野であった。ホルスの流した血はまだ芽生えぬ大地の生命を育み、イシスがホルスの傍に膝まずき涙をはらはらと落とすと、涙の一粒一粒が地面から再び立ち上がり花となった——。みよ、春がやってきていたのである。ペルシア人が求婚するときには、恋人にチューリップ——この名はペルシア語の thuliban（ターバン）からきている——を贈るか、それは恋心がその色のごとく燃えたち、恋の激しさゆえに真っ黒なその付け根のごとく胸が黒焦げになっているということを表すためである。ジェラードはこの植物をもっと敬虔な気持ちで観察している。なぜならジェラードは、それが労せず紡がざる「野のユリ」〔マタイ伝、第6章28〕であると言っているからだ。もっとも別の人々はこの一句の対象はユリの一種 *Lilium syriacum*〔学名の出所不明〕であると主張している。

17世紀のチューリップ〈ヴィス・ロア〉

17世紀、オランダの「チューリップ熱」において大衆がみせた熱狂は、歴史の奇妙なひとこまであった。かの熱狂期にあっては珍しい系統は、キクの新園芸品種に対して支払われる史上最高額に劣らぬ値で売られた——そして今日の20世紀においては、新奇な日本の花に対して10000ドル、カーネーションの美しい園芸品種を第一番に所有するという特権のために75000ドルを支払うのである。園芸家や投機家のでたらめな浪費ぶりは、デュマの『黒いチューリップ』に多少はうかがうことができよう。それはまったくのつくり話ではなかった。政府は最終的に、〈提督《ヴィス・ロア》〉という名の園芸品種の球根が4303グルデン〔1グルデン=40セント〕で売られるに及び、チューリップに関する投機を禁止したのである。

チョウセンアサガオの仲間
(Stramonium)

ヴァージニア州、ジェームズタウンにたくさん生えているところから、この雑草ストラモニウムは〈ジェムスン・ウィード〉と呼ばれている。イギリスからの植民者たちが、その種子が食用になりはしないかと考えて食べたところ、その後で狂態を演じたという。

この植物は、植物学ではいかめしく*Datura stramonium*〔シロバナヨウシュチョウセンアサガオ〕となっているが、南西部のインディアンが珍重する医薬的効能は、町に住む白人の連中が発見した効能とは異なっていて、ズーニー族はそれを麻酔用にも鎮静用にも使い、切り傷や打ち傷に塗る。根と花を粉末にしたものが医薬用としては普通の形態で、雨乞い師は夜中に雨が降るよう歌ってくれろと小鳥に頼みにゆくとき、口の中にこの粉末を少し含んでゆくが、そうすれば小鳥たちが怖れなくなると信じてのことである。死者の魂に向かって雨が降るよう祈ってほしいと頼む人は、根っこを一切れ噛むが、ただし、決してそれを雨乞い師、すなわち「小さな火の兄弟たち」からもらってはならない。雨乞い師たちにとってそれは聖なるものなのである。祈禱師はまた、財産を盗まれた者に根っこを与えることがあるが、その目的は、被害者が夢の中で泥棒の姿を見、翌日、面と向かって告発できるようにすることである。

この草にまつわるズーニー族の伝説によれば、この草は、もとは2人の子供、1人は男で1人は女であったが、神々の会

シロバナヨウシュチョウセンアサガオ

議場のまわりをうろつき歩き、不思議なものを見たと母親に告げたために神々の不興を買ったのであった。好奇心とおしゃべりのせいで、この2人は神々によって植物に変えられてしまい、人々はそれを食べると、自分たちが見たことについてしゃべり続けるのである。

チョウセンニンジン (Ginseng)

チョウセンニンジンは、中国で需要があり、よく売れる。そういうわけで、この植物は、アメリカではヴァーモントからジョージアにかけての山中で農夫や自然を相手に仕事している人々によって集められ、輸出されている。中国人はこれを身につけてお守りとし、「人参」genshenと名づけているが、これは、人の形をした草という意味である。その根は岩の多い場所に好んで生え、地中へ伸びる際に石ころを避け、割れ目に侵入するために、どうしても曲がったりねじれたりする。外見はどこかマンドラゴラに似ており、マンドラゴラが人間に似た形をしていると考えられているのと同じく、「特徴説」〔4頁参照〕(東洋では今なお有効と考えられているようである)に従えば、当然、人間によって使用されるということになる。そんなわけで、チョウセンニンジンは単に病気の予防薬や鎮痛薬として珍重されるばかりでなく、悪霊に対するお守りとしてもありがたがられる。チョウセンニンジンは、先天的な病気や身体虚弱によく効き、記憶を鮮明にし、怒りを鎮め、心地よい楽しい夢を見させる。昔、タタール人は、チョウセンニンジンを見つけるのは出鱈目に矢を飛ばして、それの落ちた場所に生えているなどと言ったものであるが、今日ではもはやそんなことはなく、中国人は自分たちの土地にせっせとその根を植えつけている。これは、アメリカ人がせっせとこの植物を掘っては絶滅させつつあるのと大違いで、われわれアメリカ人はチョウセンニンジンを収穫する山にそれを栽培することなどは思いもつかないほど、気の行き届かない民族なのである。わが国から船積みする量は合計すると、金額にして毎年50万ドルにも達すると思われるが、一人一人の採集者が手にする金額は、中国人が同じ労働時間に畑で稼ぐことのできる金額に比べて、微々たるものにすぎない。1人の採集者が1ドル分の値打ちのチョウセンニンジンを採集するためには、野を越え山を越え、たくさんのつらい苦しいことに耐えねばならないだろう。

チョウセンニンジン

ツゲの仲間 (Box)

ボクス〔ツゲの一種 *Buxus sempervirens*〕は、祖父の時代の庭園では刈り込んで生垣や花壇のふちに仕立てられ、さらに古い大邸宅の遊園では、さまざまな動物の形や、杯、めん棒などの形に刈り込まれているが、現在、アメリカではめったに見られなくなってしまったので、百年もかかってしっかり育った木は、何百ドル以上もの価値がある。この木はギンバイカ《マートル》あるいはゲッゲイジュに似ているので、昔の人には怖れをもって見られていた。なぜ、怖れたかというと、もし、この木がウェヌスの祭典のとき、まちがって他の木の代わりに使用されると、女神はその仕返しに男性としての能力を奪ってしまうからであった。

ボクスは、象牙を嵌めこんだり、彫刻を施したりした宝石用小箱をつくるのに貴重な材料であった。その枝は、ユダヤ人にとっても便利なもので、ユダヤ人は幕屋のお祭りを祝う時に用いたものである。荒野の幕屋を緑の大枝で象徴し、様式化したこのしきたりが、英国で聖霊降臨祭のとき、暖炉を緑の葉でおおう習慣のもとになったのかもしれない。トルコ人は、ボクスの木を墓地に植える。英国のいなかでは最近まで、埋葬のとき墓穴の中にボクスの小枝を投げ入れる習慣があった。

ツバキ (Camellia)

この花の学名カメリアは、モラヴィア人のイエズス会修道士カメルの名にちなんだものである。1639 年、カメルがフィリピン諸島からスペインへ帰還した時、時の女王マリア＝テレジアに謁見し、真っ白な 2 輪の花をつけ、つややかな葉

ボクス

香港などに自生するユカリツバキ

をもつ一本の小木を女王の手に捧げ渡した。女王はこの贈り物を受けとるとすぐ2輪の花をむしった。というのは、夫のフェルディナンド公が憂鬱症の発作のため、隣の部屋でこつこつと音をたてながら歩きまわっていたからで、女王は夫の気分を変えたいと思ったのである。幸いなことに、公はその植物が気に入ったようで、さらにそれを王宮の庭園へ入れるよう命じたのであった。

ツバキは純潔の象徴であるが、それはこの花が雪のように白いからという理由だけでなく、芳香がまったくないからである。が、小説家小デュマはこの花によくない意味を与え、道を踏み外したヒロインを『椿姫』と名づけている。

デージー (Daisy)

白い花びら〔舌状花〕の先っぽを深紅に染めたかわいい花、とスコットランドの詩人バーンズが詠んだ草花は、イギリス人にはデージー〔*Bellis perennis*〕という名で知られている。アメリカでは鉢植えや花壇の植物となっており、庭園から逃げ出してひろがりつつあるが、今のところはあまり大規模にはひろがっていない。アメリカ産のデージー〔*B. integrifolia*——ただし現在は別属の植物と考えられて*Astranthium integrifolium*という学名が与えられている〕は、英国産のものと比べるとまばゆいばかりに美しい。白い花をつける雑草として農業をする人たちにはひどく嫌われているが、6月、野原一面に花が開く光景は見事である。この種は、形、高さ、葉がキクに近い。また、各地にたくさん生え、愛らしい花なので、国花の選択に関しての論議に考慮されてもよいように思う。

フランス語のマルグリートやドイツ語のマルガレーテという名には、デージーを適用して差しつかえない。なぜなら、これらの語は真珠を意味し、その花びらのデリケートな白さを表象しているからである。それはまた、六聖人のうちの一人マルガレータにあやかった名をもつ。マルガレータは、異教徒の神官の娘であったが、どうしてもキリスト教の信仰を捨てようとしなかったため、父親は故郷のアンティオキアから追放されてしまった。熱狂的にキリスト教に帰依したその娘は、後に竜《ドラゴン》の象徴で有名な聖マルガレータとなった。マルガレータを象徴する花として、この花の名はふさわしい。なぜなら、

デージー

聖マルガレータは祈りと瞑想の際、必ず顔を天の方へ向けていたからである。歴史に登場するさまざまなマーガレットという女たちも同様にデージーを自らの花としている。アンジューのマーガレット〔ヘンリー6世の妃〕は、廷臣のクロークやコートにそれを刺繍させた。また、ヘンリー7世の母親であるマーガレット女王は、白いデージーを3本身につけたし、フランスのフランシス1世の妹のマルグリートも、それを身につけた。そしてまた、アンティオキアの「柔和でやさしい少女マルガレータ」の花はこれであるとも主張され、これから母親になろうとする婦人たちに捧げた祈りは、多くの生命を救ったので〔マルガレータは出産の守護神である〕、母親たちの心のうちにいつまでも愛でられることになった。旧世界のデージーに対する学名ベリス *Bellis* は、神話時代の木の精であるニンフ、ベリデスに由来する。そのニンフの一人が、緑の芝生の上でダンスしているのを春の神ウェルトゥムヌスが見てしまった。そして、じっと見つめているうちに突然の情熱にかられて、その白い優雅なニンフを両の腕に抱き締めようと走りよった。と、そのとき、春の神の悲しみ驚いたことには、ニンフは恐怖と嫌悪の目を向けたのであった。ニンフは、天の助けによって姿を変えられ、大地へ沈みこんで小さなデージーの姿になった。

ヨーロッパでは、デージーにはいくつもの名があり、その風雅な趣や詩情で気に入られている。ウェールズでは、〈ふるえる星《トレンブリング・スター》〉と呼ばれ、スコットランドでの呼び名ガウアンは、ベリスと同じニンフを意味する。フランス人は、それに洗礼を施して〈復活祭の小さな花〉と命名しており、ドイツ語の〈復活祭の鉢〉という名も、この花を北方の神、春の女神オスタラと関連づけている。オスタラ→イースターというわけで、われわれ、英語のイースター（復活祭）という語はここからきている。その他のドイツ語の名には、〈小さなガチョウの花〉〈メアリーの花〉〈無数の魅惑〉〈牧場の真珠〉〈愛の測定器〉などがある。最後の名前は少女の恋占いからきたもので、恋の道を行く娘は、進むべきかしりぞくべきか、男の心がわからない。そこで、この花の助けをかりて自分の愛の運勢をみてもらうことになる。少女らは、おまじないの「あの若者《ひと》は私を愛している、愛していない、愛している、愛していない……」をくり返しながら、花びらを一枚一枚むしる。最後の1枚とそのとき愛している、愛していないのどちらを言うかが運勢を決める。──もし、件の若者が愛していないと決めていなければ。

トウヒの類（Spruce）

ブリティッシュ・コロンビアのハイダ・インディアンは、細長く切ったスプルース〔トウヒ属の植物 *Picea* spp.〕で、みごとな筵《むしろ》だけでなく、帽子や籠もつくるが、非常にきめ細く編まれているので、蒸気で膨ませると皮袋や陶器の壺と同様、水を入れてもこぼれない。籠は、部族の神話や歴史を象徴する粗く古風な図柄で飾られている。

ある伝説のいうところでは、継母にいじめられた二人の娘が家出の決意を固めた。娘たちは一人の若者に出会い、この若者は二人を家に連れて行き結婚した。何年かの後、彼女たちは子供時代を過ごした場所をもう一度訪れたいという強い思いにかられた。しかしそれは、相当に困難で遠い旅を意味していた。彼女たちの守護霊は、二人に細長く切ったスプルースで、親指にぴったりはまるほど小さな籠をそれぞれ一つずつ編むように言った。できあがった籠には乾し肉と鹿脂を詰めた。

さて、それぞれ一口にたりないほど少量しか入っていないこの小さな籠は、肉や魚をたっぷり詰め込んだ籠と同じ価値があった。というのは、二人が好きなだけ食べても、この食糧はけっして減ることがなかったからである。親の家にたどりついたとき、籠は突然膨れ上がり、この旅に実際に要した食物が入るだけの大きさになり、それを家の中に運び込むのには大勢の人の助けが必要だった。年老いた継母はまだそこにおり、籠の中身を食べるよう勧められると、すぐに乗ってきて、もはや息のできないほどまでにたらふく食らい、満足の極みのうちに死んでしまった。こうして継娘たちは恨みを晴らしたのであった。

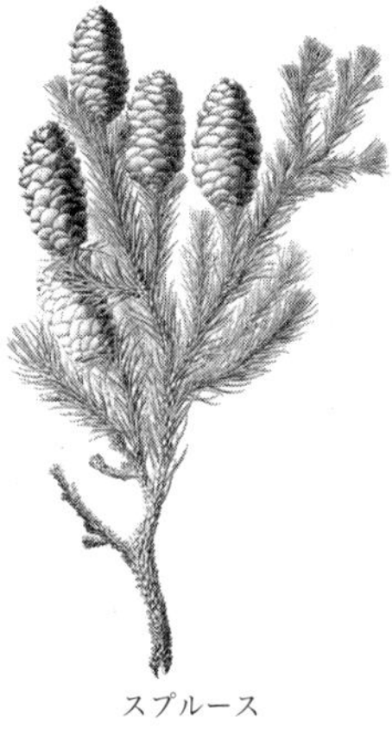
スプルース

トウモロコシ (Maize)

アメリカインディアンの間では、トウモロコシが元来は神のものであったと広く信じられている。すなわち、トウモロコシはかつて大地を創造した神々の食物であったが、恩知らずな人間どもにうんざりした神々が天に舞い戻るときに手からこぼれ落としたトウモロコシの種が地上に根を下ろし芽をふいて、人々の食物になったという。

アメリカの農民はカラスを殺すが、インディアンの中にはカラスを保護する部族もいる。そのわけは、この鳥が天からトウモロコシの種をもってきた運び屋だったからである。しかしイロコイ族の二つの伝説はまた違った話を伝えている。

一つは主　神《グレート・スピリット》のほかに誰もいない

はずの山にたった一人で登った老酋長が、部族民にもっと食物を下さるようにと神に願ったというものである。なぜかといえば、肉と木や草の実ばかりにもううんざりしていたので、神々の食物がどうしてもほしかったのである。主神はその老酋長に、雨の月に妻と子供たちを連れて平原にゆき、そこで3度日の出を待てと命じた。老酋長はその通りにし、待っているうちに家族ともども眠ってしまった。部族の他の者たちが一家を探しにやってくると、何と、老酋長とその妻、子供たちはトウモロコシに姿を変えていた。祈りはかなえられたのであった。

もう一つの物語は、美しい乙女に恋をした若者の話で、若者は、何か突発的な事故がおきたり、大胆な敵が野営地《キャンプ》にしのびこんで乙女をさらっていったりしないかと心配するあまり、乙女の小屋の近くの森で眠ることにしていた。ある夏の夜、小屋から立ち去るかすかな足音に眠りを覚まされて飛び起きたところ、乙女が眠りながら歩いていくのが見えた。後を追ったが、足を速めて追えば追うほど、乙女も速度をあげて走った。けれども最後にとうとう追いつき、強い力で抱き締めた。それはアポロンとダプネの再現であった。というのは、驚いたことに、つかまえていたのは乙女ではなく、これまで見たこともないような植物だったからで、それはすらりと伸びた美しい茎と細長い葉をもっていた。眼が覚めてあまりにも遠くまできてしまったという驚きと男の腕の中にいるという怖ろしさのために、乙女の髪は毛となり、持ち上げた両手は今日人間が食べる穂となったのである。アメリカ東部のインディアンの間では、悪霊の呪いにかけられているのでないかぎり、人間はいざというとき自分の姿を変えることができると一般に信じられていたのである。

トウモロコシ

自然の恵みを讃えるトウモロコシ踊り《コーン・ダンス》は多くの部族の間で行なわれており、南西部のホピ族の間では、トウモロコシの生長とその恵み、ならびにそれに働きかける悪霊の力を象徴する芝居《ドラマ》が今でも続けられている。奇妙な生き物の扮装や仕草をするものが登場するが、一部はインディアンたち自身によって、一部は幕の背後で操作される素朴な人形によって演じられる。舞台の正面はトウモロコシの生える畑を表わすもので、土盛りの中に本物の葉が埋めこまれていて、この畑を嵐と旱魃の悪霊《デーモン》がなぎ払うが、これに対してシャーマンが救済の呪文を唱え、英雄が悪霊を退治して幕がおりる。

インディアンのトウモロコシ伝説の中

でもっとも古いものの一つは「最初の母」が美しい植物から生まれたとしている。飢饉のために苦しむ子供たちを見て「母」は、自分の夫「最初の父」に自分を殺して死体を畑にばらまいてほしい、そうすれば空腹の苦しみをおしまいにできるからと頼んだ。「最初の父」は主神《グレート・スピリット》に訴えたが、主神は妻のいうとおりにするよう命じられた。そこで夫が妻の肉片をあちこちにまいたところ、しばらくして緑の葉が生えだし、実がなると、それはトウモロコシだった。こういうわけで、賢者たちは「人間はトウモロコシの一粒である。葬れば朽ちる。だが、魂は死なず、大地から再び踊り出て、かつての姿を取り戻す」というのである。

チッペワ族〔オジブウェー族〕は、ハイアワサの息子で半神半人の英雄ウナウモンの物語を伝えている。ウナウモンはたった一人で暮す勇猛な狩人であり、地面に映ったウナウモンの影を見るだけで獣たちは飛んで逃げたりこそこそ姿を隠したりした。ウナウモンはミシシッピの森林地帯を自由に徘徊していたのだが、あるとき、遠出をして、大平原にたどりついた。そこは涯のない湖のような土地で、ただはるかかなたに一筋森影が見えるだけだった。「あそこに何があるのだろう」と言って、ウナウモンは大股に歩いてゆき、大平原の向こう側にたどりついた。

ウナウモンが森の下に立つと見知らぬ一人の男が会いにやってきた。──この見知らぬ男は、光り輝く上着をまとっており、それは固く、トウモロコシの皮のようであり、頭頂にそり残された髪《スカルプロック》には、風になびく真紅の羽根がついていた。男は背が低くずんぐりしていて、大きなウナウモンに戦いを挑みにきたとはとても思えなかった。事実、男にはそういう気持はまったくないようで、二言三言しゃべったあとでパイプを取り出し、一、二服この狩人とふかしあった。しかしウナウモンのほうには戦意があり、見知らぬ相手を見下しながらこう言った。

「私はとても強い。お前はどうだ。」

「一人前の男の強さはもっているよ」と小さな男は答えた。

「私はウナウモンだ。お前の名はなんという。」

「私と組み打ち《レスリング》をして打ち負かすまでは教えない。私を投げとばしてみればわかるだろう。そいつはやってみるだけの値打ちがあるはずだ。なぜなら、私の名を知る以上のものをお前は得ることになるからだ。」

「それなら来い、赤い羽根《レッド・フェザー》よ」と狩人は叫び、飾りを脱ぎ捨てた。

「私の名は赤い羽根ではない。試してみればわかるだろう。もしお前が勝てば、お前の部族みんなの利益になるだろう。」

二人は戦い、牽制しあい、離れて息をついては、また攻めかかり、形勢がいずれに傾くこともなく、延々戦いは何時間も続いた。ウナウモンはこの小さな敵を驚きの念をもってみなおした。とうとう最後に、陽が沈み始めたとき、ウナウモンは勇気をふるい起こして強烈な攻めをかけた。足を大きく開いてふんばり、両腕を広げて熊のように相手を抱きかかえたのである。何かが壊れたような手応えがあり、そして男はくずれ落ちた。

「ふう、赤い羽根よ、お前を打ち負かしたぞ！」とウナウモンは叫んだ。「さあ名前をいってもらおう。」

「私はモンダーミンだ。私の体をお前の部族のものたちにやろう。私が倒れたところに細かな土をかけ、そのあと度々ここへ戻ってくるがよい。やがて再び私の姿を見るときがくるだろう。その時、この土からお前たちへの贈り物が与えられよう。」

ウナウモンは死体を地面に横たえ土で覆った。1カ月後に戻ってくると、墓の上に2本の緑の羽根のようなものが揺れ動いているのが見えた。風が吹きぬけると、歌うような声がその羽根毛から聞こえてきて、こう告げた。

「私はトウモロコシ、モンダーミンの贈り物です。気をつけて種をお前の部族のものたちのところへもっていくがよい。そして収穫の月にモンダーミンのお祭りをするようにいいなさい。」

いわれたとおりウナウモンはした。するとその種からは、強くて丈の高い茎が伸び、おいしい穀粒をどっさり実らせ、人々は飢饉の際に多くの命を救えるように余った穀粒をまいた。

この話には次のようないわくがあった。すなわち、主神は世界を大きな湖に投げ入れ、たった一人の男を除いてすべての人間を滅ぼしてから、この男の妹として一人の女を新しく創造した。そのあとで見知らぬ土地からやってきて、この妹を勝ち取ったのが、実はかのモンダーミンだったのである。

モンダーミンはこの妹「白い大地」に求婚した5番目の神であったが、「白い大地」は兄から5人目がくるまで口をきいてはならないと聞かされていた。1人目はウスマだった。「白い大地」がウスマを拒んだとき、ウスマの肩から肩掛け《ブランケット》が落ちてタバコとなった。2人目はワパコで、「白い大地」が顔をそむけたとき、この丸くてずんぐりした男は丘をころげ落ちてカボチャとなった。次にやってきたのはエシュコツシムすなわちウリ、その次はコキーズすなわちインゲンマメであった。二人もまた「白い大地」から拒まれると死んだようになって倒れた。

しかし5人目の神の呼びかける声は、まるで木の葉が奏でる調べのように響いた。「白い大地」は新しくやってきた神の顔を見て、この男こそ自分の夫だと悟った。婚礼の祝宴のあと大雨が降り、他の求婚者たちが姿を消した場所からは、それぞれタバコ・カボチャ・ウリ・インゲンマメの葉が芽を出したが、しかしそのどれよりも丈が高く美事なものはモンダーミンの植物、トウモロコシの茎であった。

ドクニンジン (Hemlock)

同じヘムロックといっても、ここでい

うのは、アメリカでヘムロック〔ツガ属〕と呼ばれている木ではなく、ドクニンジン *Conium maculatum* のことである。かつてこの草は政治犯を死刑にするのに、絞首刑やギロチンのかわりによく毒草として用いられたし、また、痛みなしに死ねると考えられていたので自殺用の薬としても一般的なものであった。大昔の人々は、この植物の毒性が猛烈なので、蛇でさえ、その葉が1枚あるだけで、ふるえ上がって、麻痺させられないよう、あわてて逃げ出すと考えていた。また、魔女たちは、ドクニンジンを「地獄のスープ」と軟膏に混ぜてかもした毒物を使って悪事を働いたので、ロシアやドイツでは、今日でも、ドクニンジンは悪魔の所有物と考えられている。哲学者ソクラテスはところきらわず論争をふっかけまわったため、アテネの人たちはついに勘忍袋の緒を切ってソクラテスを死刑に処したが、このときあおらされたのがドクニンジン〔本書28頁ではドクゼリ《ウォーター・ヘムロック》としている〕の毒であった。

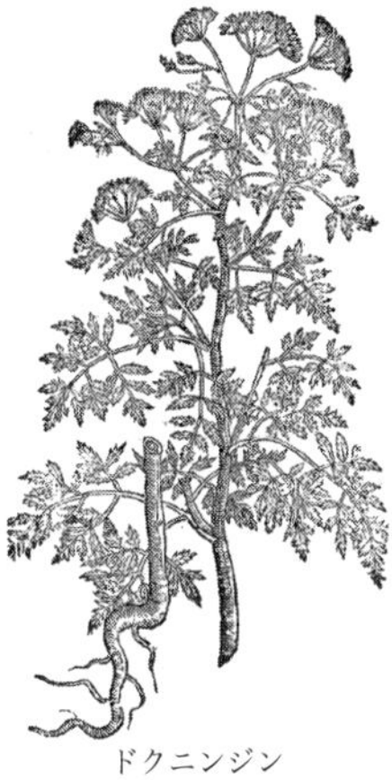

ドクニンジン

トケイソウ (Passion Flower)

スペインの古い伝説では、十字架にはい登り受難者キリストの手足を打ち抜いた釘の跡をふさいだのはトケイソウ（英名は受難の花の意味）であった。初期の神父たちは、その蕾に聖餐用のパンを、その半開きの花に東方の星を、満開の花には5つの聖痕、釘、槌、槍、懲らしめの柱、茨の冠を、その葉に槍の穂先と銀貨30枚を、そしてその蔓にイエスに巻きつく紐を見た。十字架の上にこれが生えていることをエルサレムの人々は覚えていなかったが、アッシジの聖フランチェスコが飢えて幻想を見た時に啓示されたのである。それは目の前で、聖フランチェスコが拝んでいたポヴァティ〔フランチェスコ派の三大美徳の一つ、清貧が人格化したもので、老婆の姿をとる〕が姿を変じて花咲くトケイソウとなったのである。

スペイン人たちは、南アメリカのジャングルに生えているこの花を見つけたとき、それが原住民が必ずや改宗すべきことを示す約束であると考えた。神父の一人が描いた奇妙なこの花の絵は、はりつけの道具立てだけでなく、受難の情景そのもの、柱、釘、冠、盃までが細密に描きこまれている。この花が鐘のような形に半ば閉じる習性を暗にさして、一人の聖職者はこう書いている。「イエスの限りない英知が、それをこのように閉じて覆いかくす形に創ることを好まれたのであろう。あたかも、十字架とイエスの受難のすばらしい神秘を、天なる神があらかじめ定められた時まで異教の地の異教の人々の目から隠しておくべきことを示しているかのようである。」

当然ながら、あらゆる階層の聖職者、病人、障害者から、きわめて不思議な力をもつ植物として探し求められ、またヨーロッパにおいてこのつる植物が自生するようになって以後は、信仰の対象として非常に強い関心を集めたので、人々は長い間われわれには見えない徴候や驚異をそこに見つづけてきた。1600年にイエズス会が、キリスト受難の情景がこの花に現わされていると公表したとき、怒った一植物学者、ハックスリー家の祖先の一人は、「あえていうが、神は神父たちが、人々に嘘を吹きこむことを望まれないと思う。なぜなら嘘はその生みの親、悪魔かやってくるものだからである」と主張したのであった。

象徴的に描かれたイエズス会のトケイソウ（1616年）

トリカブトの類 (Aconite)

アメリカではこの植物を〈憎の頭巾《モンクス・フード》〉と呼ぶが、それは花の上部にある花弁状の萼片が丸く帽子のような形をしているからである。デンマークでは〈トロル〔悪戯好きの小人〕の帽子〉ドイツでは〈鉄色の帽子〉とか〈嵐を呼ぶ帽子〉であるが、〈悪魔の薬草〉ともいわれる。これは、魔女が悪魔を呼びだすときの呪文に関係しているからである。ノルウェーでは〈オーディンの兜〉と呼ばれ、その呼び名を耳にするとノルウェーの人たちは「アジサシの兜」〔アジサシ類の鳥には、頭部に鉄兜をかぶったような黒い模様がある〕を思い起こす。それは暗黒をもたらす帽子として知られ、それをかぶると人から姿が見えなくなるという言い伝えがある。

さて、トリカブトの類には災いをもたらす力があるということは、有史以来、知られたことで、ギリシア神話にも登場する。王子テセウスは、流浪の旅から戻ったとき、父王アイゲウスに自分が息子であることを、すぐには明らかにしなかった。まず、父王が自分のことをどのように思っているか知ろうとして、「私が怪物の棲む国々を次々と平らげて、すべて王様のものといたしましたことは、もとより御存知のことと思います。つきましては、いくばくかの報賞を賜わりたく……」と奏上した。すると、美しい魔女メディアが入ってきてテセウスの傍に立った。メディアのまとう衣からはえもいわれぬ香りが漂い、テセウスをうっとりと誘惑するかのようであった。

メディアは金の杯に泡の立つ液体を注いで、「ようこそ凛々しい御方、悪に立ち向かわれる英雄よ、この杯のブドウ酒を差し上げます！　休息と生命《いのち》の泉、すべての傷を癒す酒、これこそ神々の御飲物でございます」と、テセウスに杯を勧めた。テセウスはその杯をとり、メディアに向かって高く掲げ、今にも飲み干そうとしたとき、メディアの妖しい眼の輝きを見てハッとなった。面《おもて》は太陽のように輝いてどこまでも愛らしく、髪の毛は夕陽に映える雲のように美しかったが、じっと見つめるその眼《まなこ》は、蛇の眼が宿っていたからだ。

「オリュンポスからもたらされた甘美なブドウ酒とその心地よい香りに五体はしびれてしまいそうだ。そのうえ貴女は並ぶものとてないほど美しい。どうであろう。もし、貴女が先にこのブドウ酒に口をつけたなら、そのくちびるの香りが杯に移って、ブドウ酒の味がいや増すことになるでしょう」と杯を返したものだから、メディアは顔色が変わり、たじたじとなって、「私は身体の加減が悪く……」と言い逃れた。

その時、――テセウスの大音声が響きわたった。

「飲めないと申すなら、御身を神の御名にかけて私の手にかけてしまうぞ！」――すでにテセウスは、メディアの悪意を見通していた。王と居合せた人々は、驚きかつ恐れおののいて、声もなくなりゆきを見守るのみ。

次の瞬間、メディアは杯を床にたたきつけるやいなや、身を翻えして竜《ドラゴン》の戦車に飛び乗り、逃げていってしまった。割れた杯から流れ出た液体で、大理石の床の一部はこわれてどろどろに溶け、溶けたものが煮えたぎっていた。そこで、王子が身分を明かすと、宮廷は歓喜の声に包まれたという。

大理石が溶けたことから推して、その液体は強い酸のようなものであったと思われる。一方で、それにはトリカブト類の毒が含まれていた、という言い伝えもある。

古代の軍隊が、槍や矢に塗ったのがトリカブトの類の汁で、これは猛毒で、わずかな量でも身体に入れれば死んでしまう。そのため、現在でも未開の狩猟民が使っているという。また、半人半馬のケンタウロス族のケイロンは聡明なことで知られるが、この植物にそれほどまでに

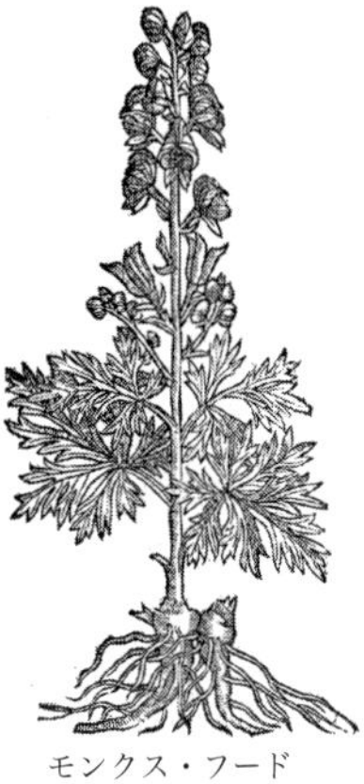

モンクス・フード

猛毒があることを知ったのは、たまたま持っていた矢を落とし、落ちた矢で自らのひづめが傷つき毒が入ったときのことで、瀕死のうちに気づいたのである。

この植物は、その猛毒ゆえ地獄の女王ヘカテに捧げられた花で、ヘカテの庭では暗黒の地獄の番犬、三つ首のケルベロスがこの種を播いたのだといわれている。

ナス (Egg-plant)

アラブの女は手の平や足の裏を赤くそめるのにヘンナの汁を用いるのに対し、日本では婦人の歯を黒く染めるのにナスが使われる。が、その意図は異なる。ヘンナによる着色が美を目的とするのに対し、歯を黒く染めるのは明らかに醜くすることを目的としている。伝統によると、その習俗は、顔立ちの美しい若妻が、その夫のいわれのない嫉妬心を治したいという願いから起こったものだという。その色は、ナスの皮を赤さびた鉄を含む水におとすことによって得られる。それを歯に塗布した後、歯は金属のように光るまで磨かれる。その風習は、皇后が大衆の前に白い歯で現われるまで続いたが、その後、東京の社交界は皇后のお手本に従順に従った。しかし、庶民階級の間では、おはぐろの使用はかなり長い間根強く続いた。

エッグ・プラント

ナスの仲間で、〈ソドムのリンゴ《アップル・オブ・ソドム》〉あるいは〈死海の果実《デッド・シー・フルーツ》〉として知られる植物の実は、ある昆虫によってしばしば穴をあけられる。その昆虫の針には、その実をしなびさせる効果があり、その実の内側を苦い味のする粉に変えてしまう。が、〈死海のリンゴ《デッド・シー・アップル》〉という名は、虫こぶ——われわれのオークの木に生じるような——に適用されている。これはやはり、昆虫の針の作用の結果生じるものである。本もののナスが、〈タマゴの植物《エッグ・プラント》〉という名をもつのは、その形のためであって、その香りのためではない。古代ギリシア・ローマ時代には有毒植物と信じられ、とくに頭に作用するとされていた。それゆえ、それは〈狂気のリンゴ〉〈気狂いリンゴ〉という名がついていた。

ナズナ (Shepherd's Purse)

われわれがよく知っている小さな

ナズナ

〈コショウ草《ペパーグラス》〉すなわちミツバグサ〔*Capsella bursa-pastoris*〕は、昔〈すり《ピックポケット》〉とか〈巾着切り《ピックパース》〉と呼ばれていた。というのは、この草が猛烈な勢いで広がり、農民から土地の生産力を奪ってしまったからである。他にも異称があり、例えば〈聖ヤコブの草《セント・ジェイムズワート》〉〈貧乏人の薬《プア・マンズ・ファーマスティー》〉〈おもちゃ草《トイワート》〉〈物入れ草《ケースウィード》〉などがあり、アイルランドでは〈鳴子つきの袋《クラップディポーチ》〉と呼ばれている。この最後の呼び名は、種子が入ったナズナの莢が、許可証をもつ乞食や癩病患者が携える皮のずだ袋に似ていることをいっている。彼らは昼間、鈴・木の鳴子・ずだ袋を持って四つ角に立ち、公衆に向かって金を恵むかののしらせるかするように乞うたのである。〈コショウ草〉というのはニューイングランドに限られた呼び名で、その花の茎を口に入れて噛んだときのピリッとした味の感じからきている。

ナルキッサス (Narcissus)

スイセンの仲間を示すナルキッサスという学名はかの古代ギリシアのナルキッソスに由来している。ナルキッソスは見るからに美しい若者で、乙女エコーの恋心を得たがその愛に応えることはなかった。絶望したエコーはしだいにやせ衰えて声だけになってしまった。それで、今でもさびれた場所ではエコーの悲しげな声を聞くことができるのである。しかし若者はその懲らしめを受けた。泉に映る自分自身の姿を眼にしたために、その魅力に引きよせられ、泉の縁に横たわって何時間もの間、そこに映る顔にみとれた。その面影に恋焦がれるあまり、食べることも眠ることもせず、すっかりやせ衰えて死んでしまったという。あるいは泉にはまって溺れ死んだのかもしれない。ニンフたちがやってきて、亡骸を火葬す

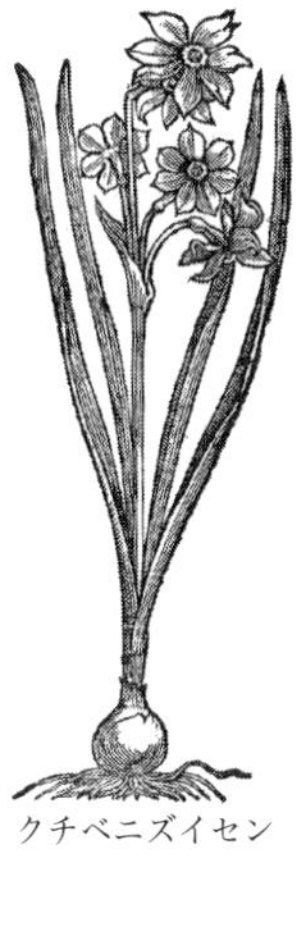

クチベニズイセン

るために薪のところまで運ぼうとすると、死体がなくなっていた。しかし、代わりに今日われわれがクチベニズイセン《ポエッツ・ナルキッサス》と呼ぶ白い花が咲いていた。それはすぐに神々や人間たちの気に入るところとなり、あらゆるところに植えられた。

プルトンはペルセポネを地獄に誘うのにその花を用いたが、そのせいでペルセポネの感覚もお供の者たちの感覚もにぶく薄れてしまったからこそ、身に迫る危険を察知できなかったのである。

ギリシアの俗信では、エウメニデスのごわごわした髪にはその花の花輪が巻かれていたという。またそれは運命の三女神の額を飾る花であり、死者は冥界の神々の前に進みでるときその花の花冠をもって行くが、それは死を悼む人々が最後のお別れの言葉を述べたあと死者の白い手にもたせたものである。

ソフォクレスの詩によれば、その花はオリュンポスの女神たちの冠であり、天国の露から水気と芳香を与えられて、常に咲きほこっているという。もしギリシア人が恐ろしいディス〔プルトン〕とフリエ〔三姉妹の復讐の女神〕の額のまわりにその花の花輪を編んだとすれば、もし死者の棺にその花を収めたとすれば、それは、その花が愚鈍・狂気・死といったものをつくりだす邪悪の気を発散するからであった。実際、この花の本来の語源であるギリシア語の narke は麻酔剤を意味している。

ニオイアラセイトウ
(Wallflower)

トルバトール〔中世フランスの吟遊詩人〕や騎士たちはニオイアラセイトウを好み、世界を股にかけて歩きわたる冒険の間、それを帽子の中に入れて持ち歩き、理想の女性に対する貞節を表わした。この草が貞節という美徳を象徴するようになったのは植えられた場所で壁にからみつき、夏中ずっとくじけず咲き続けるからである。

ニオイアラセイトウ *Cheiranthus cheiri*——チョーサー風に cherisaunce と書かれたり、あるいは〈心の安らぎ《ハーツ・イーズ》〉〈壁のヴァイオレット《ウォール・ヴァイオレット》〉〈冬のカーネーション《ウィンター・ジリフラワー》〉〈キリストの血の滴《ブラッド・ドロップス・オブ・クライスト》〉〈血まみれの戦士《ブラディ・ウォリアー》〉などとも呼ばれる——は、その伝説上の起源をトゥーイドの城にもっている。トゥーイド城の領主には一人の若く美しい娘がいたが、父親が蛇蠍のごとく憎んでいる

ニオイアラセイトウ

隣の部族の領主の息子と恋に陥ちてしまった。二人の秘事は露見し、その結果、乙女は城に閉じ込められた。

しかし、この場合のロメオは、どんなことでもやってのける熱情をもってジュリエットを愛していたので、吟遊詩人に身をやつして城内に入りこんだ。乙女が聞き耳を立てているのがわかっている窓の下にさりげなく腰かけ、リュートをつまびきながら、一つの物語を歌ったが、その意味が乙女の耳には通じることを知っていた。それは次のような内容だった。夜中にアカライチョウの鳴き声が聞こえると、乙女は部屋から抜け出し塁壁のところまでゆく。男はうまくロープを投げ、娘はそれを胸壁にしっかりゆわえつけ、それを伝い降りて彼の腕の中に跳び込むというものであった。

鳴き声がしたので、乙女は屋上にはいのぼり、投げられたロープをつかまえたが、しっかり固定しなかったために、無情にも石の上に落ちて死んでしまった。その場所で行われた白魔術が、遅ればせながら首尾よく哀れみを垂れて、乙女の体をニオイアラセイトウに変えた。こうして、新たな美が、それよりももっと美しかった人のいた場所に姿を現わしたのである。

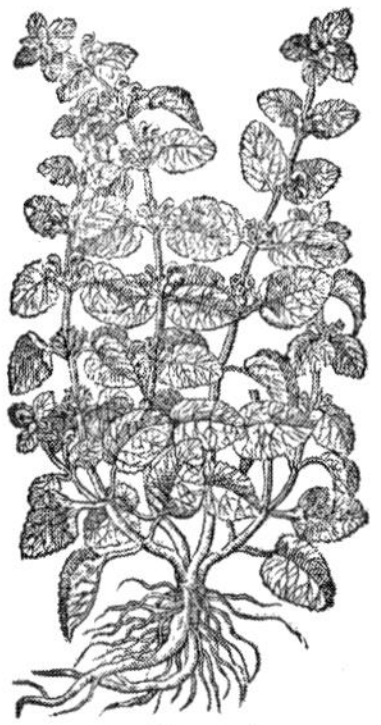
ニガハッカ

という理由でわれわれの父親の時代には広く普及していた。ニガハッカ、ホースラディシュ、コリアンダー、レタス、ネットル〔イラクサ属〕の5種の苦菜を、ユダヤ人は「過越《すぎこ》しの祭り」に食べることになっているが、その英名ホーアハウンドは古代儀式の名残りをとどめている。つまりこの草は、古代エジプトでは天空神ホルスの種子とされ、祭司たちがホルスにこれを奉納したところから hore がきているのだ。しかし、なぜ hound という部分がつけ加わったのかは判っていない。古代エジプトでは、ニガハッカは〈雄牛の血〉とか〈星の目〉と呼ばれた植物と同じもので、これを食べておけば毒にあたらないと考えられていたいくつかの植物のうちの一つであった。

ニガハッカ (Horehound)

ニガハッカの砂糖菓子は、「身体に良い」

ネットル (Nettle)

おそるおそるネットルを握れば

チクリと刺して痛い
思いきって強く握れば
その手ざわりは絹のよう

この昔からの格言を多くの善良な人々は信じたし、それは確かなことだと保証する証人は何人もいる。なぜならネットル〔イラクサ属の *Urtica dioica*〕は人をチクチク刺す草で、その茎には刺した肌に毒作用を及ぼす細く鋭い毛があるからである。今ではもう廃れたかもしれないが、田舎では時に御婦人が葉を煮出して薬湯にし、体の不自由な人や不運な人に、災いのもとを直す薬として与える。また、それはユダヤ人が過越《すぎこ》しの祭りに食べるように命じられた5つの苦菜《にがな》のうちの一つであった。

ローマン・ネットル〔*Urtica pilulifera*〕をイギリスへ持ち込んだのはカエサルの兵隊たちであった。ローマからやってきた兵士たちはイギリスの寒さに十分堪えられるほど制服の半ズボンを厚くしなかったので、寒さと湿気の多い霧にひどく悩まされた。そこで足がかじかんできたときにその草を摘んで、足をごしごしこすって一日ずっと足が気持よくヒリヒリ、チクチクするようにしたのであった。

ハウスリーキ (House-leek)

ハウスリーキ〔*Sempervivum tectorum*〕は、リーキといってもネギとはまったく関係のない多肉植物で、古い庭や壁によく生えているが、そこいらの建物にでもすぐに見つけられる。その名前は、フランク王国のカール大帝の命令で、雷よけに王国内の家の屋根にたくさん植えられたところから来ているようである〔種小名の *tectorum* は、「屋根の」という意味の形容詞〕。

この一風変わった小型の植物には皮のように厚い葉がロゼット状について、古代ギリシア・ローマでは〈ユピテルの鬚〉──人の鬚とは似ても似つかないが──あるいは〈ユピテルの目〉〈永遠の緑〉〈雷の花〉などという名で知られていた。それ

ネットル

ハウスリーキ

は、魔女の呪いからくる熱病を癒し、その汁を与えられた赤ん坊は長命を保証され、指に汁をこすりつけておけば一回限りではあるが、焼けた鉄にさわることもできるのであった。

バジル (Basil)

バジル、またはスイート・バジル〔*Ocimum basilicum*〕は、王様というの名（ギリシア語の basileus より）を示している。これといった理由はわかっていないが、ひょっとしたら、かつて痛みに苦しんだ王様がいたのかもしれない。古代、この植物については、医療に携わっていた人々の間に見解の相違があり、毒だという者もあれば薬だというものもいて、ほとんど華々しいまでの論争テーマがあった。バジルという名前は、バジリスク basilisk、すなわち一睨《ひとにら》みで人を殺せたという伝説上の怪物のつづまったもの、と考える人もある。

バジルの原産地インドでは、バジルは神聖な植物で、ヴィシュヌに奉献される。その妻ラクシュミは、バジルがその姿を変えたものである。この植物の小枝を折ると、ヴィシュヌは満身の痛みを感じるので、枝を折るようなことはバジルを冒瀆するふらちな行為として、ふつうは許されない。しかし、その種子を数珠にして身につけることと、葉1枚を摘むことは構わないとされている。これは敬虔なヒンドゥー教徒はだれでも死ぬ時に胸の上にバジルの葉を置くことになっているからで、この葉を天国の門で見せるだけでそこに入るのを許されるのである。ペルシアとマレーシアでは、バジルは墓の上に植えられるが、エジプトでは女たちがバジルの花を死者の永眠する場所にまきちらす。これら東方の信仰や風俗は、バジルが憎しみや不運の象徴であったギリシアではまったく入りこんでいない。ギリシア人の描いた絵を見ると、バジルは貧乏神として神格化され、ぼろをまとった女のそばに描かれている。

ルーマニアでは、若い乙女は若い男をつかまえて夫にしようとする時、もし、バジルの小枝を自分の手からその男に直接受け取らせることができれば、必ず、その愛を勝ち得ることになっている。モルダヴィアでも、もし、意中の男がバジルを受け取れば、その男の放浪は、その時に終わりを告げ、男は、自分ではどうしようもなく女のものとなってしまうのである。クレタでは、バジルは家庭の植物として栽培され、「涙で洗い清められた愛」を象徴しているが、イタリアの一部では、バジルは男女間の愛のしるしであり、〈小さな愛 amorino〉とか〈私にキスしてニコラス bacia-nicola〉という名で通っている。これはもちろん、女が男を誘惑することを表わした名であり、女はこの草をこっそり手の中や髪の毛に隠して「私は貴男が好きよ」と意志表示するわけである。ザクセンのフォークトラントの人々は、バジルを純潔をためす植物と考えており、身持ちの悪い者がさわると萎れてしまうという。

イザベラについては、ボッカチオ、キーツ、ハントによって、それぞれ物語は、詩に、絵にされて語り伝えられている。イザベラは、シシリー島はメッシーナの娘であったが、兄弟があったので――みな金持で商売に夢中であった――自分の財産を兄弟にまかせて暮していたが、やがて兄弟の経営する事業の支配人で美男子のロレンツォといっしょにいることにやすらぎを見出すこととなった。兄弟はイザベラがロレンツォと会っていることに気づいていたが、しかし、スキャンダルを避けるため、何も見ないふりをしていたのである。が、結局、兄弟は郊外でのお祭りを口実にロレンツォを誘い出して殺してしまい、イザベラには、ロレンツォは長い旅に行かせたと嘘をついて何くわぬ顔をしていた。待てども待てどもロレンツォは帰ってこない。ひと月、ふた月と経つうちにイザベラは不安を抑えきれなくなって、ロレンツォはいつ戻ってくるのかと兄弟に尋ねた。「お前はいったい何を言おうとしてるのかね」と兄弟の一人がきいた。「お前はロレンツォみたいなやつと何か内緒ごとでもあるのかね。やつに聞いたらいいだろう。そうすれば、ずばりお前が受けるにふさわしいような答がもらえるだろう。」

バジル

イザベラは、その日、不安と怖れにさいなまれて、自分の部屋に籠もっていた。イザベラは一人さびしく恋人の名を呼び、帰って来てほしいと哀れ悲しげに嘆いたのである。すると、ロレンツォは戻ってきた――イザベラが眠りに落ちた時、ロレンツォの亡霊が姿を現わしたのである。ロレンツォは青白い顔で血にまみれ、着物は裂け、かびが生えていた。「イザベラ、私は二度とお前のところへは戻れない。私たちが最後に会った日に、お前の兄弟が私を殺したんだ。」

死体がどこで見つかるかを告げたあと、亡霊は虚空にかき消え、恐怖のうちにイザベラはめざめた。その夢の光景をふり払うことができず、イザベラは惨劇の現場へとんで行った。そして、その一画に、最近掘られたばかりの跡を発見し、ロレンツォが横たわって、まるで眠っているかのような姿に対面することになった。これは、そこの土に死体を保存する力があったからである。イザベラは、最初、死体を教会の墓地へ移そうと思ったが、それではすぐに発見されてしまうので、ナイフで頭を切りとって、大きな上等の鉢を借り、その中に頭をおき、きれいなリネン布でつつみ、土でそれを覆った。そしてそこにサレルノに生えていたバジルを植えた。それからは、恋人の肉体から伸び育つこの草を守り育てることがイザベラにとって慰めとなった。精油やオレンジ水も与えたが、自らの涙で水をやることの方が多かった。イザベラは愛と献身をもって一生懸命に世話したのでバジルは丈夫に育ち、花をつけて部屋を芳香で満たした。兄弟たちは、イザベラが家にじっと籠もりきりで蒼い顔をして泣いてばかりいるのをいぶかって、イザベラの心の病を治そうと考え、こっそりバジルの花鉢を取り去った。ところが、イザベラはその鉢を返してくれるよう、いつまでも泣き叫んだので、兄弟たちはいっそう不思議に思って、その根の下に何か隠しているのではないかと、そのバジルを壺からぶちまけた。たしかに、イザベラには隠していたものがあった。兄弟たちはかびの生えた人間の頭を発見し、その金髪の美しい巻毛から、ロレンツォの頭であることを認めた。殺人が露見してしまったことを悟って、兄弟たちは遺体を埋めなおし、ナポリへ遁走した。イザベラは魂のぬけがらのようになって死んだ。いつまでも、バジルの壺のことを嘆き悲しみながら。

ハス (Lotus)

ハスの象徴的な用法は実に多様で驚くべきものがある。例えば、太陽や月を表わし、沈黙には必ずつきものであり、女性美の象徴であり、神々の息吹きであり、永遠の生命を与える神酒《ネクター》の材料であり、モーセの揺籠であり、仏陀の台座であり、『旧約聖書』の契約の箱を記念するものであり、インディアンの主神《グレート・スピリット》の憩いの場である。ヒンドゥー教では、愛の女神ラクシュミ（吉祥天）はその上に臥し、その肉体から発する香りが楽園を満たしていたし、クピドに当たるカーマはその花に乗ってガンジス河を流れ下った。日本のヘルメスともいうべき不動は、ハスの花びらの草鞋に乗って空を飛び、また生まれおちたばかりの仏陀が地面に足を降ろしたところからはハスが生え、北に向かって最初の七歩を進めたとき、その足跡の一つ一つからハスの花が開いた。エジプト人にとってはハス〔スイレン〕は太陽神オシリスの花であり、オシリスの息子で沈黙の神ホルス、すなわちハルポクラテスは仏陀と同じようにハスの上に座り、唇に指を当てたまま平和を楽しんだ。

こういった永遠の平和は、瞑想する仏陀像にも表現されているが、日本の仏師たちはそれをきわめて精妙な形に仕上げている。それは開いたハスの花の上に座る仏の像を現わしていて、仏は「南無妙法蓮華」で始まる信者たちの題目の声にまさに耳を傾けようとしている。ギリシアの伝説では、〈ナイルの花嫁〉と呼ばれたこの花〔スイレン〕は、ヘラクレスに捨てられたため、ナイル河に身を投げて死んだ愛らしいニンフの肉体である。しかし、神秘主義的な東方の人々の間では、ハスは世界の表象《エンブレム》であった。なぜなら、ヴィシュヌ神のへそに生えたハスから生まれたブラフマ（梵天）は、そのハスの台座の上から、世界のすべてが現われるよう命じたからである。

素朴で、装飾的で、魅力的な形態をもつハスの花は、エジプトの建築物、神殿の柱頭、東洋の絵画や壁の装飾、トルコやペルシアの絨毯の模様に用いられている。最初のうちは単にその美しさにひかれて、画家や彫刻家が今日のわれわれがデージーやカエデの葉を使うように象徴性などということを考えもせずに、ハスを使ったのであろうことは疑いない。けれども、ぱっと開いたその花びらは、太陽の光を連想させたから、やがて太陽崇拝の中に取り入れられ、意匠や装飾となっていったのである。美術史家のグッドイヤー教授はその著作『ハス文典』において、紀元前30世紀間の芸術におけるハスの役割をきわめて高く評価している。教授はイオニア式の柱頭がハスとねじれた萼片から導かれたとし、さらにギリシア建築の雷文あるいは稲妻模様の起源をもそこに求めている。そして雷文または鍵模様を二重にしたものが、最古の象徴・装飾といえる卍《まんじ》模様で、これは陶器や新旧両世界の神殿の正面に見られるが、光と闇、生と死、雄と雌、善と悪を表わしている。

三角形をしたその萼が、三つ葉のクローヴァーと同じように、三位一体を解釈する際の教材《テキスト》になったであろうことは疑いない。また、所有する者にその所望する物を何でも与えるという豊穣の角《コルヌ・コピア》の古い置き物も、おそらくハスの果皮から思いつかれたものであろう。

種子は、どこかで根づいて新しい群生地ができるように粘土の球に封じて海に投げこまれた。ここから「あなたのパンを水の上に投げよ、多くの日の後、あなたはそれを得るからである」〔『旧約聖書』伝道の書、第11章〕という一節がでているのである。というのは、エジプト人、中国人などは、ハスを神聖視しながらも、その実でつくったパンを食べていたからである。しかし、食べはしても、西洋の詩人たちが考えているような災いは何ひとつこうむらなかったようである。詩人たちは、ハスの実を食べた人間は、他の食物を見向きもせず、ハスの生えている

ハスから誕生したブラフマ神（18世紀）

スイレンを持つ古代エジプトの女性たち（前1400年頃）

土地に留まって、自分の国もそこにまつわる一切のものをも忘れ去ってしまうと言っているのである。

エジプトでは、ハス〔スイレン〕は4000年の昔に聖なる花であって、酒宴の客を飾るのに用いられ、茎を頭に巻きつけ、蕾を額に垂らした。日本人は今でもハスを儀式に使っており、祭日にはわざわざ買い求めて寺院に飾り、その葉で死者に捧げる食物を包む。タイではハスは国花であり、バンコクの王宮の庭にある大きなハス池は、この世の天国を想わせる。

＊古代エジプト人が知っていたのは、白と青の花をつけナイル河に浮かぶエジプトのハス《エジプシャン・ロータス》、すなわちスイレンである。

ハッカ (Mint)

プルトンはおよそ人に恋心を抱かせるような神ではなく、自分の妻に対してさえ、長い間の辛抱の末にようやく愛を勝ち取ることができたのであった。人々はプルトンのことを暗黒の猛々しい神と思い描き、杖をふりまわして、いうことをきかぬ霊魂たちを陰鬱な最後の棲み家に追いやるのだと考えていた。プルトンはほとんどの時を冥界で過ごしたが、折りにふれて光のある世界を訪れていた。そんなある来訪の時、ミントという名のニンフを見染めて愛した。さて、プルトンの妻ペルセポネは、プルトンが考えていたよりも抜け目なく夫を見張っていた。それは愛していたからではなく、一人の女として、自分の亭主の愛情を他人に分け与えることが許せなかったのである。そこで機会を待ちうけ、恋仇を草に変えることで、プルトンが与えた侮蔑に復讐した。草になってミントは外見の美しさを多少は失ったが、それでもなおその鮮やかな色と芳香で人々を魅了したという。

ハッカと呼ばれているものの中で、キャットミントまたはキャットニップという英名をもつイヌハッカは、ネコ科の動物がとくに好むものである。古い俗信では、この草はネコを浮かれさせ、発情させ、戦い合わせるだけでなく、その根を嚙むと、「どんなに温好な人も気が荒くなり、けんか早くなる」という。

ペニーロイヤルと呼ばれるハッカ〔*Mentha pulegium*〕は、田舎の人の医薬品として珍重されているが、その理由は、それが血を浄化し、ノミを駆除するからで、ワセリンとタールに混ぜて顔に塗るとブヨやハエなどの虫よけになる。魔女はそれを毒薬として用い、飲んだ人間に物が二重に見えるようにしてしまう。

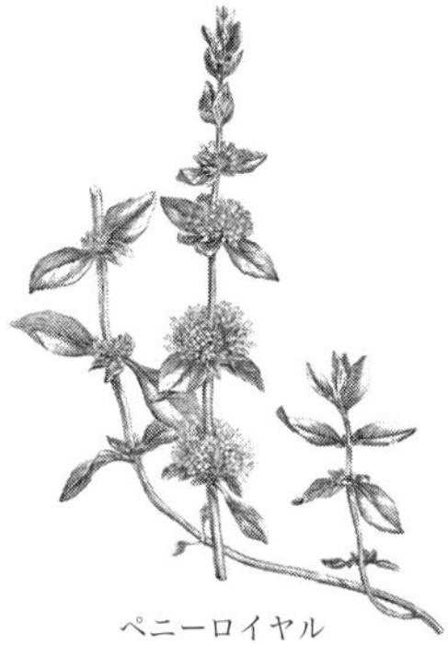
ペニーロイヤル

ハツカダイコン (Radish)

ドイツ語で Hederich と呼ばれるハツカダイコンの、青い花穂を髪にさしていると、何事にも煩わされることなく仕事に精を出すことができる。なぜなら魔女も魔法使いも、魔法にかけたり、邪視で射すくめたりして、働く時間を駄目にすることを封じられるからである。

想像力の乏しいわがアメリカにおいては、ハツカダイコンは、象徴あるいは詩的なものとしての正当な扱いを受けたことはけっしてなかったように思われる。それは単なるオードヴル、すなわちアントレー〔前菜の後、肉料理の前に出る料理〕とロースト〔肉を焼いた料理〕の間にかじられるものにすぎない。しかし想像力豊かなドイツでは、それはいくつかの伝説を生みだした。そのもっとも古いものの一つが、リューベツァール伝説である。リューベツァールというのは、ハツカダイコンや苦くて辛い植物の精である。リューベツァールは一人の王女を略奪し、何としても口説《くぜつ》を聞きとどけさせんものと、自らの城に幽閉した。王女は孤独を慰めるために遊び友だちが欲しいと頼んだ。そこでリューベツァールが何本かのハツカダイコンに魔法の杖を触れたところ、たちまち人間の姿に変わったが、ただハツカダイコンが萎れない間しか、その姿でいられないのであった。これらの友だちが消えると、王女はもっと別のものをと頼んだ。そこでリューベツァールは自らの力を示すために、いま一つのハツカダイコンを蜂に変えた。王女は蜂の耳に窮状をささやき、人間の社会にいる恋人の王子を探すよう送り出したが、蜂は帰ってこなかった。また別のハツカダイコンがコオロギに変えられ、これも恋人への伝言を託して窓から送り出されたが二度と戻らなかった。なおもリューベツァールの求愛に悩まされた王女は、残りのハツカダイコンの数を算えるよう懇願し、リューベツァールが算えはじめると、その間に魔法の杖を奪い、ハツカダイコンの一つを馬に変え、それに乗って恋人に会うべく駆け去ったのである。

ハツカダイコン

バラ (Rose)

バラは人々から愛され、また人々を愛する点で、美の象徴といえる。それは南北両極と赤道を除いてあらゆる土地に生え育つ。その花を蒸留して作られる香り高いバラ精油は、その甘美な想い出を地の果てまで運ぶ。それは党派の記章であり、平和の象徴であり、繁栄した国家の標章《エンブレム》である。歴史に果たしたその役割は、いまだに儀式や供花のうちに語り伝えられている。例えば、ロンドンでは、聖ミカエル祭――バラ戦争の記念日――の日に、市の剣をバラの葉のベッドの上に置くという風習が守られている。

バラは、太古から、美術や詩、人々の伝承の中に姿を現わし、聖者の伝説においてもしかるべき役割を果たしている。ローマ教皇は、黄金のバラを手にして信者に返礼する。信者は各種のお祈りを唱え上げてゆくときにロザリオの珠をくる。バラの花は、宝石、なかんずく信仰篤き王侯貴族の財宝の中に咲いている。それはステンドグラスの窓に咲いている。それはタピスリーや礼服、絹やキャンバス地を彩り、庭園にさえ咲きほこる。言葉が始まって以来、それは詩や歌にくりかえし現われ続けている。それは、中国、日本、ペルシア、ダマスクス、コーカサス、プロヴァンス、アイスランドに自生している。それはシャロンの名を借り受けている〔ソロモン王の雅歌2の1に出てくるシャロンのバラを指すが、これ自体はムクゲのことだとされている〕。〈オーストリアン・ブライア〔*Rosa foeida*〕〉や〈ダブル・イエロー・オブ・コンスタンチノープル〔八重の黄色いバラで、17世紀にコンスタンチノープルからイギリスに導入されたという〕〉といったバラがある。スコットランドにはモッコウバラ〔中国原産の *Rosa banksiae*〕があり、死海近境部には野生バラが見られる。アメリカ特有のバラもあり、ヴァージニアのバラは移植すると枯れると言われている。バラの花は、美術の素材として、あるいは貨幣の裏面にさえ、様式化されて描かれている。例えば、エドワード3世〔1327～77〕は1334年に、ローズ・ノーブル金貨を鋳造した。「ルーアンのバラ」と呼ばれたエドワード4世〔1442～83〕は、それらを鋳造し続け、一方、大西洋を渡ってアメリカには、独立戦争以前にローザ・アメリカーナという1ペニーおよび半ペニー銅貨があった。

ヒンドゥー教の神話では、ヴィシュヌが真昼の灼熱を和らげるために、川に浮かんでいたところ、かたわらのハスが花びらを開き始めた。それがすっかり開ききると、中にブラフマが絹のハスを着てすっぽりとおさまっていた。二人の神は、いろんな花の長所を比較しながら論じあった。ブラフマはハスから立ち上がり、この花こそ自然の美の至高の表現であるとしたのに対し、ヴィシュヌは、「私の楽園には、あなたのハスより千倍も美しく愛らしい花があり、その芳香は他のどんな花をも凌ぎ、その白さは月のごとくである」と言った。

ブラフマはこの言葉をきいて嘲笑い、「もしお前の言ったことが真実であると証明されれば、私は三神の中における私の地位を退き、お前は最高神となるだろう」と付け加えた。

ヴィシュヌの楽園はインドからはるかに遠かったので、二人の神は無窮の蛇を呼び寄せ、その背に乗って空を行くと、やがてヴィシュヌの宮殿が姿を現わした。蛇は門の前で止まったが、ヴィシュヌが音高く貝殻を打つと門はさっと開いた。ブラフマは、自分の相手がその自慢を立証できるかどうか知りたいと思うあまり、茶菓のもてなしを一切ことわったので、二人は真珠でできた廊下を伝って、ひとひらの花をつけたバラの木がある一画へと直行した。それはすばらしい花で、ヒマラヤの雪のように白く、吐き出される芳香は祭壇の香に似ていたが、それよりもはるかに甘美であった。「天地の中でもっともすばらしい物だ」とヴィシュヌは言った。しかし、それよりさらにすばらしいものが現われた。バラがその花びらを大きく開き、中からラクシュミが歩み出てきたのである。「私はあなたの妻として遣わされました」「あなたがバラに忠実でしたから、バラもあなたに誠意をつくします」とラクシュミはうやうやしく言った。ヴィシュヌはラクシュミを両腕に抱きとった。ブラフマはひれ伏して叫んだ。「あなたの言った通りです。これ以後ヴィシュヌ、あなたこそ最高神となるでしょう。なぜならあなたの楽園にはバラがあり、その花こそ、あらゆる花の中で至上のものだからです。」

ラクシュミにおけるバラの人間化は、バラの木にまつわるルーマニアの次のような伝説を想い起こさせる。そのバラはおよそ一個の植物が到達しうる美の窮極をきわめ、今までに例のないような巨大な蕾をつけた。この蕾が開くとそこから一人の美しい王子が生まれ出た。この若者は成長して、人間界の世事にまきこまれることになったが、まだバラの樹液が王子の血に混ざっていて、胎児の頃の平穏な生活への郷愁をかきたてた。生きていれば戦争や略奪で人を傷つけるだけだが、美を通じて人間の役に立てるかもしれないということに思いいたり、王子は誕生の地へ戻ることにした。

トランダフィル（これが王子の名である）は、たった一人で森の中にたたずみ、木々に向かって、こう呼びかけた。「私はあなたのものです。私を産んで下さった偉大なバラの木はどこにいるのですか？」すると木々は、それはもう死んだと答えた。そこで今度は小鳥たちに尋ねたところ、ただ一羽ナイチンゲールを除いて、みんな憶えていないと言い張った。ナイチンゲールは「あのバラの木は死んでしまいました」「だから私は、それが生えていた場所へ、葬送の歌を唱いにくるのです。それは気高い木で、花の代わりに一人の王子を生みました」と歌った。

「私がその王子です」とトランダフィルは答えた。「私は人間の生活に疲れました。芳香とのどけさの生活に戻りたい。他人の生活を脅かすことなく、命のつきたとき気持よくこの世を去れるようそんな生活に。」

そこでナイチンゲールは言った。「ああ王子様、あなたの望みがかなえられますように。ここに留まって、あなたの魂がバラの中に戻るまで歌い続けましょう。」

満足の吐息とともに、王子は自らが生まれ出た場所で大地に仰向けになった。日が暮れるとナイチンゲールはやさしく歌い始め、やがてその歌声はしだいに大きくますます美しくなっていった。その調べは王子の夢と溶け合い、人間世界のあらゆる記憶を洗い流した。王子の身体はしだいに深く苔の中に沈み、手足から地中に根が延び、あらゆる方向に突き進み始めた。両眼は地面すれすれに近づき、空を見上げることしかできなくなった。そして夜が明けると、見よ、一本のバラの木が立っていたではないか。これこそ姿を変えたトランダフィルであった。

われわれは今日索漠《さくばく》たる物質文明の時代に生きているが、それでもなお、わがバラの花にかくも多くの古代のロマンスが生き永らえているのは、まことにありがたいことである。いったい遠い昔のサクソン人の農民のようになれるだろうか。頭の中でちょっとその素朴なものの考え方を空想してみるとよい。幼い子供が死ぬ、そのとき窓から見守っている人たちは、その家から亡霊がすっーとぬけ出て、天国の庭に入りバラの花を摘むのを見ることができるというのだ。あるいは、大人が子供たちのとりとめのない空想に対してうんうんそうだねといってやる以上の寛容な気持をもって、スカンジナヴィア人の信じる話を聞くことができるだろうか。バラは、妖精と小人の保護下にあるが、彼らの王がバラ園の領主ラウリンで、バラ園の囲みには4つの扉がある。扉が閉まった後は押し入るしかなかったが、そういう振舞をしたものの運命は悲惨で、花をむしりとった大胆不敵な盗賊は手や足を失う破目になったという。

バラを医薬用に使うことは、そもそもバラが初めて歴史に登場した時にまで遡る。乙女ミルトは女神ウェヌスに毎日花を供えていたがいざ困ったという時に、この女神はちゃんとミルトのことを憶えていてくれたのであった。というのは、顎にできものができて、ミルトの美しさが危くなったとき、ウェヌスがミルトの夢枕に現われ、自分の祭壇からバラをもってきて、それを使ってできものの膿《うみ》を出して療すように告げた。この薬はきわめてよく効き、キュロス大王〔ペルシア王、紀元前558～529〕がミルトを見たときには、王はその美しさに心を奪われ、妻としてめとることになったのである。

プリニウスによれば、その時代、バラは香水や軟膏だけでなく、医薬品の成分ともされたようで、「軟膏および洗眼薬」の項に入っている。プリニウスはバラの葉および花びらを調合した32の医薬を挙げており、バラ酒をつくる処方も書いている。バラ酒を飲んでバラの花びらを詰めた枕で寝ると、あらゆる芳香性のものがそうであるように、神経症を和らげると書かれている。しかし同時に、バラ酒の風呂につかり、バラのサラダとジャムを食べ過ぎ、バラの臥床《ふしど》で身を休めたために病気になったヘリオガバルス皇帝〔ローマ皇帝、204～222〕が、「バラの一飲み」で健康を回復し、それによって、未来の世界にホメオパシーの方法〔同毒療法または類似治療法〕を残したことの次第も伝えられている。

古い時代には、バラ香水、バラ軟膏、バラのジャム、バラの砂糖漬け、蠟に封じたバラ、炭にかけて燃やすバラ油、バラのソース、バラのクリーム、バラのチンキ、パステル、ペースト、シロップ、ハッカドロップ、コーディアル〔甘味入りアルコール飲料〕などを使っていた。

バラの花は、今日のクレソンやパセリと同じように、つけ合わせあるいはサラダとして、食卓に供された。バラの葉は肉にふりかけられ、ある種の料理に風味をつけるために汁がしぼられた――「害はまったくなく、すばらしい風味を与える」手段として。食通たちは、肉に一味つけ加えるために、バラの風味つきマルメロ・ジャムを用いた。バラの花を漬けてふやかした発酵酒からつくるバラ酢もあった。バラの蒸留酒を飲むのはちょっときつすぎるという向きには、婦人用のバラのスフレもあったし、また、今日でも、中国人は新年にバラの揚げ物を食卓に出す。

ダマスク・ローズ

科学はこれまで、この花から単なるバラではないものをつくりだそうと試みてきたが、あまりうまくいったためしがない。植物学においては、三原色のうちの二つを示す花にけっして三つ目の色を生じるようにすることはできないというのが、ほとんど確立された法則となっている。例えば、アスター〔シオン属〕には赤と青があるが黄色はけっしてない。キクには赤と黄があるがけっして青はない。パンジーにはけっして赤がない〔現在では赤系統のものもある〕。ユリには青いものがなく、カーネーションも同じである。

そこで青いバラが探し求め続けられており、時たまロンドンやペルシアから噂がやってくることはあるが、確認されたものは今まで一つもない。黄色は、熟練した園芸家の手にかかれば、キクのいくつかの園芸品種におけるように、赤または白に変わりうるし、カーネーションにおけるように、ピンクを黄色に変えることもできる。青も紫や赤に変えることはできるが、黄色にはならない。そして赤いバラも黄色いバラもあるが、青いバラはけっしてないだろう。実際のところ、一、二の栽培家は、真っ白いバラもないと主張している。つまり、白といわれているものがすべて、その花びらの基部の近くにピンクまたは黄色の色合いを持っているというのである。オレゴン州、ポートランドの一栽培家は、〈ロンドンデリーの侯爵夫人《マーシャネス・オブ・ロンドンデリー》〉という名で知られる直系18センチの白い花を咲かせる園芸品種の生産にみごとに成功したのだが、やはり右に述べたような性質に注意を促している。なぜなら、そのお気に入りのバラは、雪、乳白色の水晶、あるいはその他なんでも純白の物体のそばに置くと、黄色の色合いを呈することがわかったからである。

人工的な処理によってバラの園芸品種は数を増し続けている。ギリシア人はその中の4つしか知らず、それらは今でもモレア〔ペロポネソス半島〕の地に生えているが、後に十字軍が他のいくつかの種を運んできた。ダマスクスのダマスク・ローズ〔*Rosa damascena*〕は十字軍によって西暦1100年にプロヴァンスにもたらされ、その地で急速に増え、ヨーロッパ全土に栄えるようになった。イタリアのカセルタにおいて高さ18メートルのポプラの木のてっぺんまでよじ登ったものや、太さ28センチの茎を持ち、夏に6万個の花をつけたトゥールーズのものなどの話が伝わっている。フランスに初めて持ち込まれてから5世紀後、バラは20の園芸品種をもつようになった。1800年にはその数が46になり、今やその名は無数にあるといっていい。伝説作家のではなく植物学者の結論を採れば、この花はペルシアに生まれ、アレクサンドロス大王によってヨーロッパへ持ち込まれたと信じられている。

バラは、20ばかりの重要な草や木に対して、兄弟、姉妹、従姉妹の関係にあたる。つまり、リンゴ、ナシ、ラズベリー、イチゴ、ブラックベリーなどや、ロッキー山脈で夏の朝に匂いを嗅ぎ、摘まずにおかれる、バラ科の中でもっとも野性的で慎しみ深く幸福な種、かぐわしきスィートブライアー〔*Rosa eglanteria*〕に対してである。しかしもっとも価値の高いものは、庭園の気高き生き物、高貴な仲間、すなわちペルシアン、ゴールデン、インペリアルといったバラである。

白バラは花嫁、洗礼を受ける子供、葬式に参列する乙女に、ピンクのバラは若さと貞淑に、深紅色は人生の充実、光輝、征服者の花輪にふさわしい。バラと向かい合って、不思議な、心地よい気分に浸りつつ、われわれは、酒に姿を変えた大地の吐息を飲む。その芳香を吸いこみながら、天国の雰囲気を味わうのである。

今なお残っているヨーロッパの風習の中で、もっとも愛すべきものの一つは、バラの女王の戴冠である。パリ近郊のサレンシーのバラの女王は、5世紀からこのかた伝わるある特別な権限をもっている。この役を最初に引き受けたのは、ノワイヨンの主教、聖メダールの妹であった。この肩書きを引き継ぐことができるのは、もっともやさしく、可愛く、貞淑であると判定された乙女である。乙女はまた、ちゃんとした家柄の出でなければならない。なぜなら、サランシーのバラの女王は、実際上はその地方の領主によって認証され、選定が行なわれた日の次の日曜日の説教の席でその名が発表され、どんなことであれ、その乙女がこの栄誉を受けるにふさわしくないという事情のあることを知っているものは、すべて公表するよう命じられていたからである。

6月の8日、バラの女王Rosièreは、白い服に身を包み、白と青の服を着た12人の少女、12人の少年、および近親者につき従われて、城に向かう。そこでは城主が一行を迎え、教会までの行進を導く。晩禱が唱えられ、祝福を与えられた花冠が女王の頭に置かれる。その間、5ドル相当の金の入った財布が女王の手に握らされ、もう一度村中を行進した後で、テ・デウム〔ラテン語による讃歌〕が歌われる。バラの女王の全氏名は、聖メダール寺院のチャペルに刻まれているが、二、三人の名は、のちに墜落したという理由で消されてしまっている。この戴冠式は、かなりな財産があり、しかもそれを相続する息子がいない場合を除いては、娘に結婚の持参金代わりにバラの冠をもたせてやるというフランスの田舎の風習と関係があったものと思われる。

トゥールーズでは、フランス人のバラに対する愛着は、公開朗読会で詠まれたもっともすぐれた詩に対してバラの花を一本授与することにも現れていた。スコットランドの女王メアリー〔1516～58〕は詩人ロンサール〔フランス人、1524～85。バラ香水で洗礼を受けていた〕の祝祭の詩に対して、2500ドル相当の銀色のバラを贈った。

実際ヨーロッパにおけるバラ崇拝はきわめて強力なものであったから、中世には、とくにバラの名を冠する祭日があった。というのは、その頃には、ウェヌスが輝かしいギリシアの神々のあとに従ってしぶしぶこの世を去ってしまったために、バラは聖母マリアの花となっていたからである。ローズ・サンデーは、聖母マリアが天国へ昇った後、バラとユリがその墓を埋めつくしているのが見つかったという伝説を記念するものである。この祭典の復活が現実主義的なわがアメリカ合衆国で見つかるというのも奇妙な話である。つまり、アメリカではローズ・サンデーが毎年祝われているのである。この祭典で執り行われる儀式が、およそローマ教会からもっとも遠く隔った存在である普遍救済派教会《ユニヴァーサリスト》においてきわめて忠実に順守されているということは特筆に値する。それは、赤ん坊が洗礼を受けにゆく際の素敵な儀式である。それぞれの子供は、洗礼名を受けるとき、牧師の手から「バラの贈り物、すなわち麗しい人生が開けることの象徴」と渡される。

教訓物語ではないけれど、『黄金のロバ』〔アプレイウス作、別名『変身物語』、150年頃のもの〕には、バラが救済の手段になるということを象徴するような記述がみられる。この物語でアプレイウスは、一人の若者の獣への変身を述べているが、そのいわんとするところは、人間を堕落させ、愚かにしてしまう情熱の力である。自らを救済するために若者はバラを食べなければならず、この救薬バラを探し求める間の若者の試練、困難、苦しみが、この物語の骨子を成している。最後に女神イシスが夢の中に現われ、若者にどこを探せばよいかを告げたので、イシスを祀る祭司の手にバラがあることを知る。若者はバラを食べた結果、人間の姿を取り戻し、自らも祭司となるのである。

バラと宗教の歴史や宗教的な慣行との結びつきは、けっしてオカルト的なものなどではないだろう。ロザリオの使用は、その種の用例として最古のものである。なぜなら、聖ドミニクが取り入れて、ローマ教会で使用されるようになったのではあるが、もともとビーズ〔数珠玉〕は、イスラム教徒がお祈りの際に「つまぐる」のに使ったし、エジプトの隠者、中国の儒者、ヒンドゥー教徒および日本の仏教徒たちも、キリスト教が生まれるはるか以前から使っていたのである。

この種のビーズはしばしば、バラのごく大まかな模倣として彫られ、時にはバラの花びらを球形に押し固めてつくられた。15の大きなビーズからなる鎖は、主の祈りを唱える際の大珠となり、150の小さなビーズからなるものはアヴェ・マリアの祈りに使われる。仏教徒は108の煩悩を持つところから、108個の珠からなる数珠を用いた。ついでながら、ビーズ（bead または bede）という語は祈りを意味する。このロザリオ（あるいはドイツ語で Rosenkranz）は、絵画、彫像、装飾などにおけるバラの花飾りまたは花輪にその原型がみられ、これらのものは時には尊敬のしるしとして頭に載せられ、またある時にはお祭り気分や喜びのしるしとして身に着けられていた。

正確にいつ頃からバラがこんなふうな表わされ方をするようになったのかわからないが、ただ、13世紀のロンドンには paternoster と呼ばれる職人たちがいて、その仕事は、お祈りに使うビーズを丸く削り、穴をあけ、仕上げることであった。職人たちは聖パウロ寺院に近いパターノスター横丁に住み、そこで働いていた。

しかし、お祈り用のビーズは、それらの職人よりも歴史が古い。ゴダイヴァ夫人〔？～1257、イギリスのマーシア伯レオトリックの妻〕は、夫からそうすれば市民に課している重税を廃止するという約束を取りつけて、白昼、裸でコヴェントリーの町を馬に乗って駆け抜けたことで有名だが、自らが創設した修道院に、よくお祈りをするときに「つまぐった」宝石の飾り輪を寄贈している。

ロザリオにまつわるキリスト教の伝説には次のようなものがある。ある一人の若者が、気ままな暮らしを送っていた頃、毎朝バラの花飾りを編んで聖母マリア像

ロザリオの聖母（J.B. バッギ画、16世紀末～17世紀初）

に冠せていた。ところが若者は修道僧となり、修道院で課せられた仕事のために、このうるわしい日課を果たす時間がなくなることが多かった。若者は年寄りの同僚に、この献げ物の代わりになるような何かいいものがあったら教えてほしいと頼み、聖母マリアのためにバラを集めていた頃には茨の刺に悩まされたが、今ではそれとまさに同じように、自分の良心が痛むのだと説明した。祈りは天国においてバラの花と同じように受け入れられるはずだから、毎朝、アヴェ・マリアのお祈りを何回も何回も唱えるようにという答えが帰ってきた。

ある時、若者が暗い森の中で立ちどまってお祈りをしていたところ、盗賊の一団が若者の祈りを耳にした。というのも、若者はまったく気づかずに、盗賊の本拠地のすぐ近くに立っていたからである。熱烈な祈りの声が耳に達したときには、盗賊の一団は、叢をそっと抜け、木の陰に隠れて若者を見守っていた。若者が祈っていると、一条の光が地面から立ち昇り、光のもやとなって若者を包んだ。それは頭の辺りにただよいながら、やがて濃密になり、威厳ある美しい女性の姿をとった。若者はその姿を見ることができず、もちろん盗賊たちのいることも眼に入らなかった。ところが、この女性は身をかがめ、若者の唇に手を置いて、50本のみごとなバラをそこから引き抜いた。なんと、若者の口から出る祈りの言葉はバラの花になっていたのである。そしてその女性は、それを束ねてキラキラ光輝く花冠にし、若者のうつ向いた頭に載せた。盗賊たちはびっくりし、感動し、若者に和して祈りながら、自らの邪悪な生活をお許し下さいと願い、以後生活を改めることを誓った。事実その通り、盗賊たちはすぐに、その修道院、つまり無意識のうちに自分たちの改心を促すきっかけとなった当の人物がいる修道院に仲間入りしたのである。

バラはしばしば、教会のために殉教者となった聖者の額や手に描かれる。そして聖ウィンツェンチウス〔スペインの殉教者、？～ 304、ブドウ作りの守護聖人〕が死んだときのベッドはバラでできていたと記録されている。聖ウィンツェンチウスが宣告された拷問刑を冷静に耐えぬいたので、ディオクレティアヌス皇帝〔245 ～ 316〕の地方総督は別の手段にうったえることに決め､次のように命じた。「あの男の縄を解いてやれ。そうして、贅沢があの頑迷な性根にいかなる影響を及ぼすか見てみよう。友人どもを連れてこさせ、あの男に上等の酒と食物をどっさり与えよ。それでもなお義務や教義に関して頑《かたく》なな考え方を変えなかったら、もう一度拷問にかければよい。」そこで聖者は拷問台から外され、新たな世俗の生活の始まりを示す第一歩として、バラの寝台に横たえられた。だが、悲鳴一つあげはしなかったといえ、聖者の体は拷問によってあまりにも弱りきっていたから、どんなベッドに置かれたのか気づかなかったし関心を払うことさえなかった。そして、自らが失った血の色のごとく真赤な花びらの上で息を引き取ったのである。

バラは、慈悲と質素な生活で有名な13世紀のヴィテルボの聖ローザの「持物」であり､またパレルモの聖ロザリアの「持物」でもある。この聖ロザリアの像は、モンテ・ペレグリノ山の横穴の前に立っている。そこに住んでいた聖ロザリアは、世俗をはるかに超越し、ただ独り、ほとんどいつも祈り続けながら暮らしたのである。16歳のときに世捨て人としての生活を始め、それまでの友人が誰も知らない隠れ場所で死んだ。聖ロザリアの遺体が発見されたとき、死んでから何日も経っていたのに、まったく傷んでおらず、頭には驚くほど大きくみごとで、天国の庭園からもってきたとしか考えられないようなバラの冠が載っていたという。

「雪の中の聖母マリア」という毎年行なわれるお祭りは、ボルケーゼ家〔イタリアの16～19世紀に政界・社交界で活躍した名家〕の礼拝堂で執り行なわれるが、この際、天井の穴から白バラの花びらを投げ入れて雨のごとく降らせ、それはまるで「牧師と礼拝に来ている人々の間に花びらのかすみができたようになる。」これは雪の降りしきるエスクィリヌスの丘へ聖母マリアが現われたことを記念して祝うものである。

初期のキリスト教徒は、バラの花を尊重し、例えばアレクサンドリアのクレメンス〔150？～215？〕は、バラの花を使うのは、宗教的な儀式の際に限るべしと主張した。その理由は、キリストが茨の冠を被ったが、バラも同じように茨を身に着けているので、聖なる目的に適うものだというのである。そうなると、以下に述べる二、三の例において、バラの花が悪い行ないを意味したり、棄教を表現しているのは奇妙なことである。1284年のニスメスにおけるキリスト教の宗教会議の会期中、町にいるすべてのユダヤ人は胸にバラの花を挿すように強制されたが、これはユダヤ人が聖日の気分に浸らないことに対するみせしめとしてであった。もう一つドイツでは、その赤い色と刺に象徴されるような不道徳な行状に対する懲罰としてバラの花を身に着けなければならなかった。もっと面白いのは、スイスのエンガディンにあった風習で、罪を告発されたがその日のうちに免訴された人間――法律上ありえない迅速さ――は、村一番の美しい娘から無実のしるしとして白バラを受けとる資格があるというものである。

バラを儀式に用いるという考え方は、何世紀も昔に遡るもので、例えばローマ人は、神に捧げられた花を非宗教的な用途に使うのは、単に悪趣味なだけでなく神を冒瀆するものであるとみなした。実際に、金融家ルキウス・フルヴィウスは、聖なるバラの花冠を戴いて公共の場へ現われた罪で、元老院によって16年間の牢送りにされた。一方、P・ムナティウスは、マルシュアス〔ギリシアの神、アポロンと笛吹き競争に敗れて死んだ〕の彫像からバラをはぎ取った罪で鎖につながれた。こういった行為は、ミサの飾り付けとして祭壇に置いた花が盗まれたとき、ローマ教会の信者が感じるのと同じような受けとられかたをしたのである。

ジェラード〔1545 ～ 1612〕――かの偉大な『本草書』〔Herball, 1597〕の著者――は、バラが「ありとあらゆる花の中でもっとも重要で抜きんでた地位を保っており、その恵み深さ、美徳、ふくよかな香りのゆえだけでなく、わがイギリスの王権の誇りであり装飾でもあるという理由で尊重されている」と述べている。もちろんのことながら、英国におけるその重要性はバラ戦争に端を発するもので、この戦争は1450年に、相対立するヨーク家とランカスター家の紋章たる白バラと赤バラを、貴族たちがロンドンの修道騎士団の神殿で摘みあうところから始まるのであった。

この2つのバラは――争いの当事者たちの帽子につけるか、着衣、盾、鎧に縫取りまたは彩飾として描かれた――、10万人の生命を奪った30年に及ぶ内戦における両党派の象徴であった。ランカスター一族のヘンリー7世とヨーク家の女公爵エリザベスの結婚によって戦争が終わったとき、一つの花に赤白両方の花びらをつけたバラがウィルトシャーの修道院の庭園に出現したという。そのときまでこの木は枝によって赤いバラだけ、白いバラだけをつけていたのである。

バラ戦争の始まり（H.A. ペイン画、1908年）

ある伝説によれば、バラはキュベレ〔レア〕によって創られ、神々の酒《ネクター》によって養育されたという。また別の伝説によれば、それはクピド〔エロス〕の不注意に始まるという。つまり、クピドが、酒《ネクター》を入れた瓶を持ってオリュンポスで行なわれる神々の会議へと急ぐ途中、足許に注意を怠ってつまずき、貴重な酒をこぼしてしまったからで、その酒のためにバラは赤く染まったのだという。

バラにはゼピュロス〔西風〕という恋人がいて、ゼピュロスがやさしく愛撫するときにだけ花を開いた。クピドがバラに口づけしたところ、萼の中に隠れていた蜂に唇を刺された。それを知った母親は、この虫を懲らしめるために、たくさんの蜂を集めてわが子クピドの弓の弦の端から端まで数珠通しにした。ところがそれでもまだ怒りの鎮まらない母ウェヌスは、子供を傷つけた蜂どもの針をバラの茎全体に植え込んだ。

しかし、別のギリシアの伝説では、バラが赤くなったのはウェヌスがアドニスを追いかけていたとき、その脚を刺してしまったことに気づいて、恥ずかしさで真赤になったからである。また、ウェヌスは死んだヘクトルの体を、バラの「聖油」で包んで保存した。なぜなら、バラはウェヌスの花だったからである。ここからバラは宴の正餐に出されるようになった。それは、精神が高揚し、舌が大胆に動きだすときに語られる情事について、そんなことは酒を飲みながらや、あるいは場違いな状況や場所で、おしゃべりするべきものではないという戒めとしてであった。これから、バラを秘密の象徴として用いることが始まったし、時代を経ると、食卓へバラを出すこの作法は、花を一つテーブルから突き出すだけというまで単純化・簡略化され、ここから、「バラの下で」(sub rosa= 内緒で) という言い方が生まれた。ある専門家の説によれば、秘密を意味する「バラの下で」という文句は、スパルタ人とアテナイ人がペルシア王クセルクセス1世〔紀元前516～465〕と、ギリシアの国をこの王の手に入れさせるべく陰謀を企てた紀元前477年に遡る。この密談はミネルヴァの神殿近くのバラの木陰で行なわれた。陰謀は細心の注意を払って進められたので、この種の会合は「バラの下で」もたれるものとそれとなく言うのが慣らわしとなった。また、それからしばらくの間は、髪の長いアテナイ人は、友人を内緒で訪れることを知らせたいときには、髪にバラを挿した。

古代ギリシアの伝説の一つには、最初のバラは、知性・誇り・美を兼ね備えた乙女であると述べられている。王たちはこぞって乙女に求婚したが、ホメロスの時代には、男たちは集団で求愛していたようである。この乙女ローダンテは、男たちに、力ずくで愛を勝ち取るように求めた。そして乙女は、男たちから逃れるためにアポロンとディアナを祠った神殿に入り、隠れる場所を探そうとした。しかし、求愛者たちは思いの他すばやく、この神殿そのものに襲いかかってきた。ローダンテは抗議の叫びをあげながら男たちのいるところへ飛んでいった。激しい怒りの色を顔に表わしたために、乙女の美しさはいや増し、求愛者たちはあらためて、「乙女を神にし、ディアナに代えよう！」と叫んだ。大勢に足をさらわれてかつぎ上げられ、その時まで台座にあった月の女神ディアナの像は引きずりおろされてそのかわりに台座に押し上げられたローダンテは、まったく無意識のうちに、あたりを威圧する雰囲気を身につけていた。二輪車の上からこれを見ていたアポロンは、自分の妹に対するこの侮辱に怒り狂い、太陽の矢をローダンテに向かって射かけたので、ローダンテは植物のようにしおれてしまった。ローダンテの脚は石にくっつき、両腕は縮んで曲がり、葉をつけ、その美しさはたちまちバラに姿を変えてしまった。ローダンテの誇り高さの唯一の名残りがその刺であった。

古代ローマ人の中には、バラの花びらを詰めたベッドで寝るというほど度を過ぎた贅沢をする者がいたが、花びらがくしゃくしゃにつぶれてしまっていたために眠れず苦しんだ若者の話が伝わっている。ヴェレスは、バラの香りが鼻孔から消えることがけっしてないように、バラの天蓋で覆われた駕輿《かご》に乗って旅行した。ネロのバラの祝宴の図には、この贅沢な暴君が、バラの首飾りと冠をつけ、花びらを詰めた枕に寝ているところが描かれている。床にも花びらがまき散らされ、噴水がバラ香水を噴き上げていた。ネロは一晩の食事に使うバラに15万ドル相当の金額を費した。

ネロの宴会に出される酒にはバラの香りがつけられ、デザートにはいつもバラのプディングが出た。祝宴の前と後に、客たちは自由に大理石で縁どられたプールで水遊びすることができたが、その水にはバラの香りがつけられていた。

祭りの日のローマを想像して頂きたい。神殿や凱旋門はバラの花輪で飾られ、二輪戦車にはバラが散りばめられ、元老や将軍たちは恥じることなく手にバラの花束を携えた。なぜならその花束は、民衆から賞讃のしるしとして与えられたものだったからである。ある大家の説によれば、「人々は、ファラールニアン・ワイン〔ホラチウスが讃えたイタリアのカンパニア地方特産のブドウ酒〕の中でバラが泳いでいなければ満足しなかった」が、それはバラの花びらがこの酒に香りを添えたからであった。バイア〔イタリア南西部、古代ローマの保養地〕の競艇や水上パーティでは、ルクライン海がバラの花で一面に覆われたという。

こういったことの結果、当然ながらバラ栽培は重要な産業となり、いくつかのバラ農園の生産高は今日アメリカで知られているいかなる数値をも凌駕していた。クレオパトラは、アントニウスを招いた宴席で広間の床に厚さ約1メートルもバラを敷きつめた。ヘリオガバルス皇帝〔204～222〕は、バラ酒の風呂に入ったし、その中で泳ぎさえした。庭園でバラを栽培することにあまりにも大きな関心が払われたため、ホラティウス〔詩人。風刺作家。紀元前65～8〕は食用野菜をつくる土地が不足すると慨嘆している。もっぱらバラだけを扱う商人や、バラの接ぎ木、剪定、芽接ぎ、受粉、害虫駆除をそれぞれ専門とする園芸家たちがいた。子供た

ローマ皇帝ヘリオガバルスのバラの宴（アルマ＝タデマ画、1888年）

ちは、両親が長い旅から帰った日にバラの木を植えるよう習慣づけられていたし、兵士たちも戦争から帰ってくるとバラを植えたものであった。

ローマの金持ちや身分の高い人々にとって、自らの墓のまわりに花を植えるよう遺書に書き残すのはごく当たり前のことであり、ある本には毎年誕生記念日に遺骨の上の土に3本のギンバイカ《マートル》と1本のバラを植えるようにとかなりの額の金を残した人の例が記録されている。焼かれて灰になったこういう遺骨は、酒、香料およびバラの花びらをふりかけられた後、骨壺に入れられ、バラ祭りの日（5月23日）に、この骨壺を近縁者たちが飾りたてる。タキトゥスによれば、ベドリアカムの戦場は、このために一面、ゲッケイジュとバラに覆いつくされたという。この毎年行なわれるお祭りのおしまいには宴がひらかれ、そこで列席者は一人一人バラを受けとってそれぞれ自分がもっとも尊敬する人の墓の上にそれを置いた。

金持ちの祝宴では、どんなときも、バラの花はふんだんに使われ、横臥食卓《トリクリナ》に詰めこまれ、余ったものは床にまき散らされ、列席者は甘い香りをふりかけられた。ものの本には、281年に、ミラノからカリヌス皇帝のところまでバラを運んだ隊商の話や、アレクサンドリアやカルタゴからバラを積んで航海した艦隊の話がのっている。肖像や彫像や墓には、バラの花綱《はなづな》がかけられたが、それは、凱旋してきた軍隊の列や将軍の二輪戦車に投げかけられた。

墓にバラをまきちらす習慣はきわめて広く行きわたっていたから、いまでもスイスの一部では共同墓地を、「バラの庭園」（Rosengarten）と呼んでいる。またトルコでは、女の子の墓にバラの花の絵を刻み、人々はバラはマホメットに由来すると信じている。その伝説というのは、マホメットが天上から地上へやってきたとき、その額から落ちた汗が白いバラとなって地に生えたというものである。

バラの花が葬儀に用いられるのは太古からのことで、そこから婚礼や洗礼に転用されたのはきわめてたやすく、その輝く色と快い香りによって悲嘆や沈鬱を和らげることになった。ギリシア人やローマ人だけがそういう使い方をしたわけではなく、未開人も死体を納めた棺架の上にバラの花をふりかけた。イングランド西南部ウェセックスやコーンウォールでは、墓に向かう少女の死体の前を、純潔を意味する花輪が、少女と同齢の少女によって運ばれ、その後、生前少女が座った教会の席にさしかけられた――それは白バラであった。これに対して赤バラは、生命――愛――恋に破れた胸の血、あるいは幸せにうち震える胸に用いられた。またイギリスでは、乙女が婚約中に死ぬと、胸に赤バラをのせて葬られた。

フランスは庭園の守護聖人、サン・ドニ〔聖ディオニシウス。？～280〕は、見知らぬ寂しい土地で魔法にかけられた。食物は野菜と木の実以外にはなかった。サン・ドニはいかなる動物も決して殺せなかったし、その馬は唯一の連れ合いだったからである。どこをどう歩いているのかわからぬまましばらくさまようち、サン・ドニは紫の漿果《ベリー》をつけた木を見つけ、空腹でしかも喉が乾いていたので、その実をむさぼり食べた。それは腹にたまるというような食物ではなかったのに、しばらくすると、頭がとても重くなったので、膝を屈し、四つんばいにならざるをえなかった。そして、ようやく泉にたどりつき、そこで水を飲もうと首を曲げたとき、驚きのあまり大声で叫ぼうとした。だが唇からはかすれた息の音しか出なかった。例の実を食べたことによって魔法が成就したのである。兜と鎧は脱げ落ち、その下から一面毛で被われた体、額からつき出た枝角、大きく丸いおどおどした眼が現われた――サン・ドニは鹿になってしまったのである。実を食べた木のところまで駆け戻り、大地に倒れ伏し、絶望にうめいた。そのとき、驚きであると同時に喜ばしいことでもあったのだが、サン・ドニに答える悲しげな声が聞こえてきた。

エグランタイン

「私はエグランタイン、王の娘です」とその木がしゃべった。「私は高慢すぎたために罰せられたのです。7年の間、私はこの格好をしていなければなりません。そしてあなたも同じ間だけ鹿の姿を続けなければなりません。けれどやがてこの荒野に1本の紫色のバラが生えるでしょう。そこでもしあなたがそれを食べれば、人間の姿を取り戻すことができ、私を解き放つ力を得ることになるでしょう。そのとき、この木を切って私を自由にしてくださらなければなりません。」

木はそれ以上何も言わなかったが、姿を鹿に変えられた騎士は声を聞こうと耳を澄まして待ち望み、ほとんど毎日、訪れてはその木の下に横たわっていた。一日千秋の想いで指折り数えた7年の期間が終わったとき、その間ずっと自分の馬と仲良く付き合っていたのだが、深い眠りがサン・ドニを襲った。しかし馬の方は眠らなかった。たくさんのバラが咲きほこる山に向かって馬はブラブラ歩いていったところ、その多数のバラの中に、紫色の花をつけた木が1本あった。忠誠なる馬は、このバラの枝を摘んで主人のところまで運んだ。サン・ドニは目を覚まし、そばにあるバラの花をみて喜びにあふれ、それをむさぼり食べたところ、再び眠りに落ちた。朝になって目覚めるとサン・ドニは人間になっていた。馬に対して感謝の気持ちを一杯に表わしながら、サン・ドニは自分の鎧を見つけて、再び身に着け、エグランタインが救けを待っている木のところまで馬を駆った。すさまじい力で剣を一振りして幹に切りつけたところ、木は炎と煙をたちのぼらせながら地面に倒れた。あたりの空気が澄んでくると、サン・ドニの眼前に目を伏せた一人の美しい乙女が立っていた。「あなたが天使か、妖精か、それとも人間の女性か知りませんが、あなたを自由にできたことをほんとうに嬉しく思っています。できるかぎり今後もあなたのお役に立ちたいと思います。」

乙女はただ、父親の宮殿に連れていってほしいとだけ頼んだが、そこでは乙女は間違いなく死んだものとして悼まれているはずだった。乙女は心をすっかり入れかえ、虚栄心をもはや捨てていた。乙女は帰る道を多少とも憶えていたので、魔法から解き放たれた二人は荒野を無事横切り、あれほど久しく恋焦がれていた美しい世界へと戻っていった。やがて二人は宮殿にたどりついたが、そこでは大歓迎が待ち受けており、サン・ドニは非常な尊敬をもって迎えられた。かの馬さえも、惜しみなきもてなしを受けた。その後、この救済のバラは、この王女を記念してエグランタイン〔*Rosa eglanteria*〕と名づけられた。

ペルシアではゾロアスターすなわちツアラトゥストラの生涯におけるある出来事を記念してバラの祭りを祝う。この聖者は、生まれるとすぐ王によって家族の手から奪われた。それは、お抱えの占星家たちが、その赤ん坊が王にとって危険な人物となるだろうと警告したためであった。幼きゾロアスターは燃え上がる丸太の山の上に乗せられたが、目を覚ましさえしなかった。なぜなら、燃え木は花——敷きつめたバラ——に姿を変えてしまったからである。この時の炎がまず最初神官たちによって移し取られ、聖なる火として代々伝えられて、今日まで生き永らえているのである。そしてこのことが、ゾロアスター教信徒たちに拝火教徒という呼び名を与えることになったのである。

バラの花が咲くとナイチンゲールが歌い始めるのもまた、ペルシアにおいてである。なぜならこの小鳥は、バラの花に愛を語りかけ、夕暮れになると、疲れと芳香に打ち負かされて、バラの木の下にくずれ落ちるからである。アラーの神が白く物憂げなハスの花に代えてバラを花の女王にしたとき、感激したナイチンゲールは、匂いのする方向に飛んでゆき、刺の一本を胸に突き刺した。するとこぼれ落ちた血が花びらを赤に変えてしまった。今でもペルシアの人々は、夜を徹して祈り唱うためにバラの刺を自分に突き立てると言われている。そして唱うにつれて、バラはそれに応えて、蕾を開いてゆくのである。

このペルシアの地から、われわれはバラ精油を手に入れた。ジャハンギル皇帝〔ムガール帝国第4代の皇帝。アクバルの子。1569～1627〕のお気に入りの王妃が、主人のためにお湯にバラの花びらを投げ入れて風呂の用意をしたときのこと。水の表面に少量のキラキラ輝く液が浮いていたので、これが御主人の気嫌を損いはしないかと心配し、上澄みをすくってきれいにした。その油からあまりにも強い芳香がたちのぼったので、それを貯めておこうという考えがひらめいたのであった。

アラビアの医者アヴィセンナ〔980～1037〕は、この物質を蒸留によって抽出することを思いついたし、また今日でも、ペルシアではお客が入ってきたときにこれを振りかける家がある。アヴィセンナの発見は1187年のことであった。

当然のことながら、バラはオリエントの詩歌では、ひときわ異彩をはなっており、グリスタン（バラ）の座という言葉は、民族精神、愛、音楽ならびにあらゆる喜ばしきことを表現するものである。しかしながら、バラ物語を初めて世に伝えたのは、西洋の二人の詩人であった。というのは、この物語は13世紀にギヨーム・ディ・ロリスが手掛け、14世紀にジャン・ド・メーによって引き継がれたものだからである。そこには次のような内容を読みとることができる――2万篇にも及ぶ

ドッグ・ローズ

膨大な詩をたどってゆく勇気があればの話だが。すなわち、《怠惰》がその詩人を《喜び》の宮殿に連れてゆき、《愛》《美貌》《礼節》《若さ》《喜び》の神々に詩人を委ねたところ、神々は詩人をバラの土手へと導いた。詩人がその一本を選んだとたん、愛の神にその矢で打ちのめされ、大地へながながとのびてしまった。正気に帰った詩人はその花を取り戻そうと意を決し、《歓待》《羞恥》《悪口》《理性》《哀れみ》《嫉妬》《親切》などの神々に助けられ、あるいは妨げられるから、『天路歴程』〔バンヤン作の寓意物語、1678年〕を想わせる象徴的な語り口のうちに、自らの探し求める目的のものを見つけだすのである。

優美なるバラの花は、馬上槍試合の馬の足跡から芽を出し、墓の上に信徒の信仰のしるしとして花開き、常に信徒の徳行の承認と証しとみなされた。それは有徳の精神を体現しており、現代においても、キューバの詩人カザルスが母親の墓に一本のバラの木を植えたところ、思いをこめたこのバラは母親の霊力によって生き続け、風が吹くたびに話しかけた。これと非常によく似た話で、パガニーニ〔イタリアのヴァイオリニスト〕が、死んだ自分の母親の唇にヴァイオリンを触れさせたところ、以後は演奏するときはいつもこの楽器の中から母の声が聞こえたという。

キリストのはりつけにまつわる伝説の一つでは、バラが茨の冠として選ばれたとされており、そこから、ローズ・ブライアあるいはドッグ・ローズ〔*Rosa canina*〕

という呼び方がある。サタンが天に帰るためにつたい昇ったのはドッグ・ローズであったし、それはユダが首を吊ったとされる多くの「木々」のうちの一つでもあった。キリストの血が地面に落ちると、その場所からバラの木が生え花を咲かせたという。

またベツレヘムにおいては、一人の少女がいわれなき犯罪の科で火あぶりに処されるべく連れていかれたのがバラの野であった。少女は自分の無実が証明されるよう奇蹟を祈った。その祈りに応えて、火は消え、薪束は一斉に葉をつけた。最後の火種がぱっと大きくなって深紅のバラとなり、一方まだ燃えていなかった木と灰は白バラとなった。

似たようなお話がアブラハムの拝火教徒によって伝えられており、アブラハムがニムロデ〔ノアの曽孫〕の命によって火に投じられたとき、炎で目を覚ますことさえせず、それどころか朝までバラの花に埋もれて眠ったと言い伝えられている。この物語がゾロアスターのそれと関係があることは明白である。

ルーマニアに起源を発する今ひとつの太陽伝説は、海で水浴びした王女に関するもので、王女の姿を見たアポロンは、王女に対する恋慕に心をすっかり奪われてしまったため、3日の間、太陽をひく馬を駆ることを忘れてしまい、天空の同じところに留まって、王女が再び現われるのを待ち続け、王女が眠っている間は王女の想い出を楽しんだ。前へ進んで世界に夜をもたらすことを怠った結果、この世はとても熱くなったので、かの王女はやむを得ず、家を出て何度も何度も水浴びをして涼を求めなければならなかった。アポロンが恋心を打ち明けて口づけしようとしたところ、その熱烈な口づけに王女はいたく狼狽し、うつむいて真っ赤になってしまった。以来このはにかみの姿態と色は、王女に永遠につきまとうことになった。なぜなら王女はバラになってしまったのだから。

アッシジの聖フランチェスコが、悪魔に誘惑されたときのこと。悪魔は、修道生活を放棄し、一度捨てたはずの気楽でくつろいだ小ぎれいな生活に戻るようそそのかした。そのささやきにひどく苦しめられた聖フランチェスコは、自分の部屋を出て風の吹きすさぶ丘に行き、雪の中をころげまわった。さて、その場所にはたくさんのバラの木があったが、冬も深まっていたので、あたりに生命の気配はなく、ただの茎かそだ木のようにつっ立っていた。聖フランチェスコのみすぼらしいボロボロのガウンは何の役にもたたず、刺が容赦なく肉体に突き刺さった。それでもなお繰り返し刺に頭をぶちつけながら、十字架のイエスが被った茨の冠のことを思いつつ、進んで苦しみを受けた。この厳しい天候に比べれば自分の部屋の方がはるかに堪えやすい場所であり、ほんとうは狭くて荒れた住み心地の悪いその部屋へも一種の喜びをもって帰れるだろうという、自分でもうまく表現できない感情にかられて飛び出したのであった。肉体の痛みによって、聖フランチェスコの思考は少なくとも、贅沢や欲望の充足という幻影から気を紛らすことができたであろう。しかしながら、造物主はその窮状を憐れみ、天は心のまよいを悲しんだのであろう、直ちに太陽の光がさんさんとふりそそぎ、暖かい風が大地を吹きわたり、そして見よ！　刺からしたたり落ちた聖フランチェスコの血がバラとなって一斉に咲きほこったのである。聖フランチェスコはそれを数多く集めて地面に置き、イエス・キリストとマリアへの献げ物とした。供物は受け入れられ、天使たちがやってきて花を集め、それをもって天に昇り、祈りを捧げる聖フランチェスコのまわりに、その香り高い花びらを雨のごとく降らせたのである。

神話学者なら、この伝説を先ほど引用したより古い伝説と関連させるだろう。つまり赤バラはウェヌスの脚を刺した刺から生まれたもので、ウェヌスがアドニスを求めて森を走り抜けるうちに真っ赤に染まったのであり、黄バラはアドニスが死んだ日の沈みゆく太陽の色に染まったのであり、白バラはウェヌスの涙から生え出たというものである。赤バラは元来白かったが、エデンの園でイヴが口づけしたときに喜びで真っ赤になったのだという物語は、ウェヌス神話より起源が新しいことは疑いない。しかしながら、バラがいかにして赤くなったかについてはタルムードの伝説もあり、これはギリシア神話と同じくらい古い。

春分前夜の真夜中に、カインとアベルが神への献げ物をこしらえようとしていたとき、母のイヴの前に一つの幻影が現われた。それは、アベルの祭壇で小さな仔牛が血を流して死に、アベルがそのまわりに植えていた白バラが突然一斉に咲きほこり真っ赤になるところであった。絶望に打ちひしがれたような、泣き叫ぶ声がイヴの耳に聞こえたが、それは次第に弱まって途絶え、ただその代わりに妙なる音楽が聞こえてきた。やがて、幻影が消えて視界が開けると、そこにはイヴが後にしたエデンの園よりもはるかに美しい広大な平野が開け、そこで草を喰んでいるのは、一人の羊飼いに見守られた羊の群れで、その羊飼いの白い衣裳は、あまりにも美しく光り輝いていたため、目が眩むほどであった。羊飼いはバラの花輪飾りをしていたが、それは先ほどイヴが祭壇のまわりに生えているのを認めたものだった。そして羊飼いはリュートの弦をつまびき、うっとりとするような調べを奏でていた。

夜が明け、ぼう漠たる夢の幻影を追い払うと、イヴは自分の息子たちが神に対する犠牲を捧げに出かけるのを見守った。イヴはその羊の群れから選ばれた小羊が犠牲に捧げられるときに発する叫び声を聞き、息子たちが、苦痛は生命と愛の創造主の意に適うものだと信じてその儀式を進んでなしているのを喜んだ。

夕方になっても、イヴの息子たちはまだ野にいた。夕闇が迫ってきたのでイブは捜しに出かけた。夢に見たことを思い出して、イヴの心は乱れた。二つの祭壇に灯されていた明かりは燃えつき、小羊の体は焦げくずれていた。洞穴から絶望の叫びがひびきわたるのが聞こえてきた。イヴはその声がカインを呼び求めるものであることを知った。そしてアベルの祭壇の手前に、あらゆる犠牲の中でもっとも悲惨なもの、冷たく固くなったアベルの亡骸が横たわっていた。血はアベルが植えたバラのすべてにはね散っていた。イヴがわが息子の亡骸の上に身を伏したとき、再びその夜の幻影がよみがえってきた。再びイヴは光り輝く人影を見たが、それは新しい楽園で羊飼いをするアベルであった。アベルはバラを身に着けていたが、それは美しくふくよかな香りがした。竪琴をかきならして壮麗なメロディを奏でながら、アベルはこう歌った。「涙をぬぐって、約束に光り輝く星たちを見上げてごらん。あの光の車が、エデンの園よりももっと花の咲きほこる野に運んでくれるだろう。そこでは、嘆息やうめきは喜びの聖歌に変わり、無実の血に植まったバラが、あでやかに咲きほこる。」

やがてイヴは慰められ、アベルが植えたバラを集め、夢の中で見たのと同じように、それを冷たくなったアベルの額にくくりつけ、祭壇の前に葬った。ちょうどそのとき新しい日を告げるバラが東方で花開いたのである。

次に述べるのは、カッパドキア〔小アジア東部の古代国家、17年にローマ領となる〕の聖ドロテアの伝説である。その信仰のゆえに逮捕されたドロテアは、領主サプリシウスの前につれてゆかれた。領主はイエス・キリストを否認しないかぎり、手ひどく痛めつけるぞと脅した。ドロテアは「どんなひどいことでもおやりなさい。私は何の痛みも感じないでしょう。私はいつでもあのお方のために死ぬ用意はできています」とだけ答えた。

「誰のことをいっているのだ」と領主は尋ねた。

「私が言っているのはイエス・キリスト、神の御子のことです。」

「そいつはどこにいるのか。」

「地上のあらゆるところに、また天上のあらゆるところに。あの御子が呼びかけられるのは天上からです——天上では、いつでもユリの花が咲きほこり、バラが花開き、野は緑、そして生命の泉が絶えず湧きあふれています。」

テオフィルスという名の律法学者が嘲笑しながらこう叫んだ。「そんなバラにお目にかかりたいものだ。天国へ行ったら何本か送ってもらえないだろうかね。」

ドロテアはただ「よろしい」とだけ答えた。

聖ドロテア（L. クラーナハ画、1530年頃）

領主は、自らの領地の政治的安定のために、この危険なキリスト教徒の一党を弾圧することが必要であると信じ、この乙女に断頭刑を命じた。そしてドロテアの首が打ち落とされた後、テオフィルスは笑いながら同僚に語りかけ、天上からバラを持ってくるという約束はどういう風にして果たしてもらえるのかなと言った。テオフィルスが嘲っている間に、かたわらに聖女となったドロテアが現われた。その姿はすらりとして美しく、色が抜けるように白く、手には目を見張るような色と大きさのバラの花束を持ち、その香りは強く部屋中を満たしていた。バラは香りのみならず光も発したから、ドロテアを嘲笑したテオフィルスは驚きのあまり倒れ、良心の呵責が両の眼にのしかかり、心臓を締めつけた。ドロテアがテオフィルスにその花をとるように命じると、いう通りにし、ドロテアの持っている信仰の正しさを納得した。テオフィルスはその信仰を選び、虐殺を命じた当の頑迷な役人の前で自らキリスト教に帰依することを公に告白した。そしてドロテアと同じように、進み出て血の洗礼を受け、その墓に天上のバラの花を咲かせた。

ハンガリーの聖エリザベト（P．ネッリ画、1365年頃）

これよりもっとよく知られている伝説は、ハンガリーのエリザベトの物語である。この主題にはさまざまなヴァリエーションがあるが、もっとも一般的なストーリーでは、エリザベトの夫は粗野な暴君となっている。しかし夫はそういう人物ではなかった。暴虐であったのは陰謀を企てた一人の聖職者であり、その男は聴聞僧として王室に強引に入り込み、その地位を利用して金と権力を得た。王女エリザベトは誰かが悪企みをしているなど想像すらせず、あくまで慈善に尽くし、何の疑いもつけ込む余地がなかった。奇蹟の日、エリザベトが病人に食物を運んでいるとき、夫が森を駆け抜けてきてエリザベトの前に馬をとめた。エリザベトがドレスのひだに入れて食物を運んでいるのに気づいた夫は、馬から降りて近づいて声をかけた。「そんな仕事をして疲れてはいけないよ。包みを貸しなさい。代わりに私が運んであげよう。お前から恵みを受ける幸せな連中のほうが、こんな悪い道を歩いてパンやブドウ酒を運ぶことにかけては、もっとよくできるよ。」

半ば恥じらいながら、半ば戯れながら、エリザベトは包みを胸に抱えこんだので、夫もまた遊びと真面目の混ざった気分でそれをもぎとろうとした。そうこうするうち包みがほどけ落ちた。すると見よ、エリザベトの胸の暖かさがパンと肉を驚くほど大きな白バラと赤バラに変えてしまい、そのあまりのすばらしい香りに、冬の空気は夏に変わってしまったかに見えた。驚いてエリザベトから離れて立ちつくしながら、夫が見ると高貴な聖者のふり仰いだ顔は柔らかい不思議な光に輝いていた。夫は膝まずき低い声で、花を一本乞い、それを胸に挿した。そして頭を垂れつつ馬に乗って去った。自分が妻をどんなに愛していても、また妻がどんなに自分を愛していても、」二人の間に神が存在することを夫は知ったからである。

数あるバラの木の中でも有名なのは、ドイツのハノーファーに近いヒルデスハイムにあるもので、樹齢1000年以上と信じられている。敬虔王ルードウィヒは814年のある秋の朝、騎士と犬を呼び集め、「幸福の日」に備えた。ルードウィヒは甲冑に身を固め、家来たちは突き刺したり切ったりする道具を持ち、城の周囲の森に棲む無垢な生き物たちの命を奪いに出発した。殺戮の開始を急ぐあまり、この一団は、牧師が剣や槍、それに犬たちに神の祝福を祈願する間、じっと待っていることさえろくにできず、犬たちは今にも、このスポーツのために献げた犠牲の肉を引き裂こうとしていた。アーメンが唱えられるやいなや、この一隊は笑い叫びながら駆け去り、ミサに使われた聖なるパンとブドウ酒は賞味されることなく。牧師が置いたままの場所に置き去りにされた。あくる日、この聖なるパンの上に一本のバラの木が生い茂っているのが見つかった。それは王が出発するやいなや芽を出し、奇蹟のごとく大きくなったのである。そこで王はその場所に礼拝堂を建てることを命じた。

「黄金のバラ」は、ローマ教皇から与えられる勲章で、一年の終わりに、キリスト教のために大いなる貢献をなしたと認められた王侯貴族、あるいは高名な家柄の一員、兵士、文士、さらには教会員や一般市民にさえ授けられる。この高価な贈り物を授けるという風習は、12世紀に始まったものだが、それはさまざまな美徳をあらわす記念品の代用としてであったようで、伝えられるところによると、教皇の一人がかつて熱狂的な信者であったある王に、黄金のシャツを贈ったことにはじまる。この黄金のバラは、四旬節の第4日曜日に授けられるが、もし授けるに値する人物が誰もいないと、ヴァチカンの小箱にしまわれ、もし、翌年にふさわしい人物が出れば小箱からとり出されて役目を果たす。

このバラの置き物は最初は単なるバラの花の模様にすぎず、巧みに彫られてはいるが何の飾りっ気もなかった。時が経つにつれ、大きさを増し、茎がつけ加わり、次に葉がつき、やがて花びらが八重になり、さらにルビーやダイヤモンドの露をしたたらせるようになり、最後には、2つないし3つの花をつけ、教皇の銘が入った把手付きの壺に生けられた小さなバラの木へと発展した。フランスの女王に贈られたこういった貢納品の一つは、重さ8

ポンドにも達し、金属として1800ドル相当の値打ちがあった。後世には枝を飾る宝石や真珠は省かれるようになり、近世では純金でないものさえ使われるようになっている。この種の記念品は銀に金メッキしたものだから、金属としての価値は低い。

黄金のバラは不幸な運命の予兆と結びつけられているから、忠実な教会員ですら、それを受けることを嫌がる。ただしアメリカの女性に与えられた場合には、これまでのところ受け手は不吉な結果を免れているようである。オーラリィ伯爵夫人、マームヴィル公爵夫人、およびシャーマン将軍夫人などがそういったアメリカ人である。しかし、黄金のバラの歴史に関わる女性の多くが、早死に、あるいは苦痛に満ちた死、貧窮、退位、あるいはその他の不運に遭うという運命をたどったことは事実である。最初のバラの女王であったシシリーのヨハンナは絞め殺された。ナポリの女王、皇帝ナポレオン妃ジョゼフィーヌ、ブラジルのイサベラ王女、ベルギーの女王、ポルトガルの女王、スペインの摂政女王、ナポレオン三世の皇妃ウージェニー、オーストリアの皇后、ブラッディ・マリィ（ヘンリー8世の娘で、ヘンリー自身も3本のバラを授勲した)、彼女らはすべて、逃亡、追放、政敵、刺客などに苦しめられたのである。

モス・ローズ

これまでバラにまつわるいくつかの古い伝説を書きしるしてきたが、オリエントにもバラの伝説がいくつかある。なぜなら最初のモス・ローズ〔*Rosa centifolia* ‘Musosa’〕が生えたのはオリエントであったから。モス・ローズも、一人の天使がその下で眠るまでは他のバラと変わるところがなかった。天使は目覚めて、そのバラの木に日陰と良い香りを与えてくれたことを感謝し、何かしてほしいことはないかと尋ねた。「あります」と木は答えた。「あなたは私の美しさをほめて下さいました。できればもう一つだけ何か美点を身につけ、慎ましさを失わないままで甘い言葉を聞けるようにしたいものでございます。」天使が触れると、その茎と蕾はコケ〔モス・ローズはその花柄と萼に緑色の毛が生えておりコケむしたような感じとなる〕に包まれ、柔らかくなった。そして今日に至るまで、それはこの繊細な衣裳をまとい続けている。

オリエントの他の伝説も古さにおいてはこれに匹敵する。というのは、伝説はわれらが祖先アダムとイヴが知恵の世界に落ちたときに、バラが楽園から消えたと伝えているからである。

これよりずっと後に、チラという名のユダヤの乙女がいた。その美しさに魅せられたハンメルという若者は夜も眠れぬほどになった。しかし若者の愛は乙女にはねつけられた。怒り狂い、恨みをもった若者が、乙女が背徳行為をしているとあからさまに非難したので、人々は乙女を殺せと要求した。乙女は、男の言葉が女の誓いよりも重くみられた古い過酷な風習の中で奮闘したが、有罪とされ、火あぶりの刑を宣告された。チラが薪の上に縛られ、火が薪に近づけられたとき、炎が稲妻のように飛び散り、ハンメルの罪深い胸に突き刺さった。ハンメルは火の中によろめき入り、チラの足許――チラの脚は焦げなかった――で焼けて燃えがらとなった。乙女の重みで下に沈むにつれ、薪木は輝きを失ってゆき、炎よりもやさしい色に染まりはじめた。一方、巻き上がっていた煙は止まり、代わりに乙女はうっとりとするような甘い香りを吸い込んだ。なんと炭がバラになっていたのである――燃えていたのが急に冷やされて花になったところは赤バラ、まだ燃えていなかったところは白バラとなった。この花のしとねの上に立つ、傷一つなくいっそう美しさを増したチラには、もはや自らの無実を宣言する何の言葉も必要なかった。神官たちは、自分たちがもう一歩でハンメルの犯罪に手を貸し、神に仕える任務をけがすところであったと気づき、悲しんだ。

バラに対する愛着の名残りを示すある風変わりな話が残っているのは、他ならぬ寒い国のロシア、すなわちバラに対する愛着など予想もできない土地においてである。ごく最近まで、サンクト・ペテルスブルクから19マイル離れた帝室領ツァールセコエ・セロを歩哨が巡回していた。なぜ巡回するのか当の歩哨はもちろん、兵をそこに配備した将校さえ、「それは使命である」ということ以外はその理由を知らなかった。しかし、ほんとうの理由は、1世紀前に、女帝エカテリナが庭園を囲った一画で芽を出した一本のバラに気付いて、不注意な宮廷の人々やお客にふまれたり折られたりしないよう一人の兵士に見張れと命じたことに始まる。やがて花開いたバラは摘まれて、女帝のテーブルに飾られたが、誰もこの歩哨のことを思い出さなかった。だが巡回を続けるようにという命令が出ていたので、巡回すべき場所の中にこのバラの木が含まれたままであった。バラは消えても、歩哨は巡回を続けた。一人ぼっちで兵士はいったい何の役に立っただろう？冬がやってきても、それでもまだ兵士は極地の寒空の下を、いったりきたり巡回する。バラの木は枯れ、エカテリナも他の歩哨たちも死に、他の人々がバラの植わっていたところをならした。それでもなお歩哨たちは巡回し、バラの霊、バラの思い出を見守り続けている。

もう一つ、フランスにも、軍人にまつわる話がある。オッシュ将軍〔フランス革命期の軍人。バスティーユ襲撃では民衆側に加担した〕は、罪に問われた他の貴族たちとともに、パリ裁判所の付属監獄に閉じ込められていた。ある朝、見知らぬ友人からといって将軍のところへ見事なバラの花束が届けられた。やせ衰えた囚人たちは、それを見て喜びの叫びを上げ、貧しい食事の席に将軍が現われたとき、それを分けて欲しいと頼んだ。将軍はまず女性たち、その愛らしい首がまもなくギロチンで切り落とされることになっていた美しい娘たちから順に、この記念のバラを分けていった。それはあたかも、陰鬱な場所に光と希望をもたらす花のようであった。人々のしゃべりあう声はほとんど陽気とさえいえた。しかし、皆がざわざわとおしゃべりしている間に、扉の蝶番がきしんで、黒い服を着た一人の将校が現われ、その後に一列になった兵士が続いてきた。将校は死刑に処されるべき人間のリストを載せた一枚の紙を持っていた。一人の若い女性がオッシュに向かって、「市民オッシュ、私はあなたにもらったバラを断頭台までつけてゆきます」と言った。

「われわれも」他の者たちが叫んだ。

そして死刑囚運搬車が街路を通り抜けるとき、通りの人々は驚きの目を見張った。なぜなら、すべての男は唇にバラをくわえ、すべての女は胸にバラを挿していたが、バラは死の色のように白いか、さもなくば正義、自由、博愛の名のもとにまもなく流される血の色のように赤かったからである。

パルナッソス山の花
(Flowers of Parnassus)

パルナッソス山は、その自然が美しい景観にいろどられているだけでなく、数々の詩歌による伝説の衣をもまとっている。私たちの庭園に生えるあまたの花はそこで生じ、われわれに美しい色と匂いをもたらしたばかりでなく、歴史や寓話を残してくれた。この伝説に満ちた山は、アポロンがその神託を告げたデルポイ神殿の頭上高くそびえ立ち、頂部は高く雪を抱いているが、山腹はオリーヴ、ギンバイカ《マートル》、ゲッケイジュで緑に萌えていた。山の尾根では酒神バッコスの巫女たちがブドウの木を祝してどんちゃん騒ぎの酒宴をはった。ここに生えたのがスイセン《ナルキッサス》、つまり水に映った自分の姿に恋い焦がれ、泣きくれて死んだあの伊達男ナルキッソスの化身である。アドニスは死んだ時、一説によるとアキザキフクジュソウ《アドニウム》になったというし、アドニスのために泣いたウェヌスの涙はアネモネの花に姿を変えたという。アキザキフクジュソウ *Adonis outumnalis*〔*A. annua*〕は、また〈5月の花《メイ・フラワー》〉〈キジの目《フェザント・アイ》〉〈ルビー色のバラ《ローズ・ア・ルビー》〉という名で知られ、アドニスの血で赤く染まっている。

パルナッソス山には、ビーチ〔ブナの類〕が生えていた。競技や試合の勝利者はそれによってつくられた冠を授けられ、ダプネがゲッケイジュの姿になるまでは、その木の葉が代わりに使用されていた。また、ここパルナッソスには、バラも芽生えた。初めは白かったが、ウェヌスが瀕死のアドニスの方へ走っていった時、そのとげで突き刺したことを恥じて後悔し、赤く変わったという。この地にはスノードロップも花開いたが、ギリシア人にとってそれは魔法の草であり、それをもってオデュッセウスは、魔女キルケの棲む島に難破した時、自分と部下を魔法から守ったのであった。キルケの差し出す杯を飲み干した者は豚になったが、英雄オデュッセウスはヘルメスからそれを飲んでも安全な魔法の草をもらっていたのであった。

パルナッソス山には、ニンフのエリクリサにちなんだ永久花のムギワラギク《エリクリスム》の類が生じた。エリクリサはそれでディアナに花輪を編んだのでその名がついたわけである。ここにはまた、悪名高いマンドラゴラと〈魔法使いのナス《エンチャンターズ・ナイトシェード》〉〔アカバナ科ミズタマソウ属の植物〕も生じた。陰気なクリスマスローズ《ダーク・ヘレボア》、致命的猛毒をもつドクニンジン《ヘムロック》、および、セイヨウキンミズヒキ《アグリモニー》も生じた。セイヨウキンミズヒキは、ミトリダテス王が常用して、廷臣の盛った毒に対する免毒性を得た草である。ここには、コゴメグサ《アイブライト》の類が生えた。コゴメグサの類は属名をエウフラシアというが、これは宴の賑いや楽しさを司る女神エウプロシュネルにちなむもので、傷ついた目の視力を回復させる力をもつ。ここには、女魔法使いメデイアの用いた黄花のリンドウとクマツヅラ《ヴァーヴェイン》の仲間も生えた。ここには、セイヨウハシバミ《フィルバート》も生じたが、これは王女ピュリスが変身したものである。寝床からノミを追い放つ〈ノミヨケ草《フリーペイン》〉〔*Pulicaria, Erigeron, Pluchea* などのキク科の植物〕が生じ、そのチョウジに似た香りのためクローヴとよばれるカーネーションが天国にいる人たちのために花開いた。ビロードモウズイカ《マリン》と〈魔女のろうそく《ハグ・テイパー》〉とは葬式用の焚松のことであり、魔女は魔術の呪文を唱えるときに使うために集めた。〈鷹の目草《ホーク・ウィード》〉と呼ばれるヤナギタンポポの仲間は、その名を冠したタカにささげられ、タカはそれを食べて視力をつけたのである。

ローズ・ア・ルビー

アグリモニー

アイ・ブライト

ビロードモウズイカ

〈ユノの涙《ジュノーズ・ティア》〉〔〈ヨブの涙《ジョウブズ・ティア》〉の誤記か。〈ユノの涙〉はクマツヅラ〕と呼ばれるジュズダマ *Coix lacryma*〔*C. lacrymajobi*〕は森の中に花開いて、パルナッソス山からそう遠くないオリュンポスの山にすむ神々に捧げられた。地生ランがオルキスと呼ばれるのは、色情狂のオルチスがバッコスの巫女に加えた暴行を記憶しているからである。怒り狂ったバッコスの崇拝者たちの手にかかってオルチスが殺されたあと、その死体はこの花の姿に変えられたのである。

パルナッソスの木陰で集められたパセリは花輪に編まれギリシア四大競技祭のうちのネメア競技とイストミア大競技祭で勝利者たちの頭を飾ったが、その起源は、大力無双のヘラクレスが最初に花輪に用いたことにあった。一方、パセリは墓や棺を飾るのにも用いられ、一般の人々に葬式用の植物としてもっぱら受けとめられていたため、あるとき、ギリシア軍の一隊はパセリを積んだ何頭かのロバに出会っただけで総くずれになった。不吉の確かな予兆というわけであった。オカトラノオ《ルーストライフ》の仲間、すなわち *Lysimachia* は、リシマコス王が、雄牛の群れが暴れ出したときに、この植物をその首のまわりにかけておとなしくさせたことにちなむ。パルナッソス山では、プリムローズ、ヒナゲシ《ポピー》、スミレ《ヴァイオレット》も摘める。プリムローズは、パラリンスが花の姿となったものであり、ヒナゲシは実りの神ケレスが、悲しみを忘れるために、花の誘う眠りによって眠ろうと創りだした花である。また、スミレはディアナが、一人のニンフの姿を変えたもので、兄のアポロンがそのニンフをつけまわすのを見かねて救ってやったのである。アポロンのデルポイ神殿には、人々はランピオン *Campanula rapunculus* を黄金の皿にのせて携え、食物としたり、葬式の際の装飾に用いたりした。パンに追われたアルカディア川の精シュリンクスが、ヨシ《リード》か、あるいは、今日もなおギリシア人のために花

花への変身を祝福する女神フローラ（N. プッサン画、1631 年）

マルメロ

開くライラック《シリンガ》に突然姿を変えられ、救われたのもパナッソス山であった。また、ヨモギギク《タンジー》は、もとは不死を意味するアタナシアという名で呼ばれ、ユピテルが自らの酌人ガニュメデスにそれを飲んで永遠の生命を得るよう命じたことを思い起こさせる。タイムも、ハイメットス山に生え、薄れゆく意識を甦えらせ、生命力を象徴するものとなっている。

このあたりの風土は、マルメロ《クィンス》の生長にも適している。マルメロはウェヌスに捧げられ、黄金のリンゴと呼ばれた。ヒッポメネスがアタランテとの競走に勝ったとき用いた黄金のリンゴというのは、ほんものの黄金ではなくて、このマルメロであった可能性がある。というのは、ヒッポメネスがリンゴを地面に投げるたびに、アタランテは誘惑をこらえきれず、競走の足を止めて、それを拾い上げたというからである。ヘラクレスがヘスペリス姉妹が番をしている黄金の園の竜と戦う気になったのも、黄金のリンゴを愛好したためであった。

パンジー (Pansy)

現代のパンジーはスミレ《ヴァイオレット》から発達したもので、白いスミレにはっきり現われた小さな斑点が、品種改良の過程で拡大され続け、奇妙に人面を思わせる斑紋になっている。古いドイツの物語の言うところでは、かつてそれはスミレのようないい匂いを持っていた。そうして野原に自生していた頃、人々は血まなこになって探すので、家畜に必要な草だけでなく自分たちの食卓に必要な野菜さえも踏みにじってしまうほどであった。そのような熱狂がもたらす破壊を目にして、スミレの花は三位一体《トリニティ》の神に、もはや探されることのないようにするためその芳香を取り去って欲しいと祈った。この願いは聞き届けられ、それ以来〈トリニティ〉という名を得た。

聖職者にとってそれは三位一体の花、もしくは草であり、俗人にとっては一つの頭巾にくるまれた三つの顔であった。キリスト教以前には、それはユピテル〔ゼウス〕の花であった。キリスト教の時代になると、それは聖ヴァレンティヌスの花となった。〈心の安らぎ《ハーツ・イーズ》〉という別の呼び方もある。今日一般に認められている名称パンジー——フランス語パンセ pensée すなわち思索の英語表記——には、panses, penses, paunces, pancyes, pawnces といった

ハーツ・イーズ

風変わりな綴り方があり、こういった変わり綴りは古い詩に見られる。これ以外の変わった言い方としては、〈聖母の花《レイディズ・フラワー》〉〈鳥の眼《バーズ・アイ》〉〈私のいい男のナデシコ《ピンク・オブ・マイ・ジョン》〉〈通りを走る子猫《キット・ラン・イン・ザ・ストリート》〉〈炎のような《フレイミィ》〉〈私を摘んで《カル・ミー》〉〈私を呼んで《コール・ミー》〉〈継母《ステップマザー》〉〈義理の妹《シスター・イン・ロー》〉〈顔なじみになる《ザ・ロンガー・ザ・ディアラー》〉〈素速くキスして《キス・ミー・クイック》〉〈庭の門のところでキスして《キス・ミー・アット・ザ・ガーデン・ゲート》〉〈抱きしめて《カドル・ミー》〉〈跳び上がってキスして《ジャンプ・アップ・アンド・キス・ミー》〉〈起きる前にキスして《キス・ミー・エア・アイ・ライズ》〉などがある。

ヒアシンス (Hyacinth)

ヒアシンス〔*Hyacinthus orientalis*〕は「不幸」や「悲しみ」を象徴するものとされているが、園芸家にとっては話は逆で、まだ寒いうちにどの花よりも早く、甘い香りで柔らかな明るい色の花を咲かせて春をもたらすこの花ほど待ち望まれる花はない。その名前は美少年ヒュアキントスに由来する。この若者は太陽の神アポロンと西風の神ゼピュロスのどちらにも可愛がられていたが、ヒュアキントス自身は気まぐれな風の神より太陽の神の方が好きだった。そこで、どちらが好きかをはっきり口にしてしまったが、その時は自分がどんな危険を招いたのか気づかなかった。アポロンが若いヒュアキントスを誘って円盤投げに興じている間にゼピュロスは森の中をうろうろしながら仕返しをしようと決心したのである。アポロンが的に向かって円盤を力一杯投げた時、風の神は風をひと吹きして飛んでいく方向をそらせてヒュアキントスの額にぶつけ、殺してしまった。太陽の神は、たとえ美しい少年は死んでしまったとしても、その美は花にして、生前よりもさらに華やかな美としてこの世に留めておかねばならぬと誓った。アポロンは地中からヒュアキントスを呼び出して「Ai, Ai」と溜息を漏らしたが、これはギリシア語で悲しみを表わす言葉なので、今日でも心ある人はヒアシンスの花に AiAi とギリシア文字で書かれた悲しみの紋様を見るわけである。また、Ai の発音は Æi（永遠の意）の発音と似ているところから、ヒアシンスは「思い出」を象徴するようになり、ために以前は、墓石の上によくヒアシンスが刻まれたものであった。

〈野生《ワイルド》のヒアンンス）または〈青い釣鐘《ブルーベル》〉と呼ばれる青い花〔*Endymion non-scriptus*〕は、〈森《ウッド》のヒアシンス〉〈聖ジョージの花《セント・ジョージズ・フラワー》〉〈うなだれたエンディミオン《ベンディング》〉とも呼ば

ヒアシンス

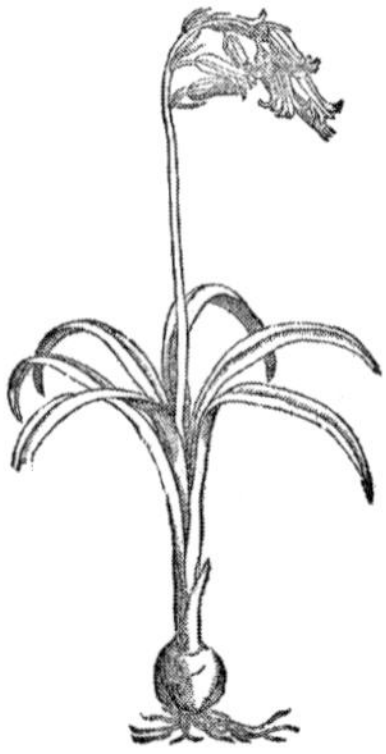

ワイルド・ヒアシンス

れ、その花言葉は「善意」であるが、ヒアシンスと名前のつくものはすべて「不幸な結末」のみならず古き良き時代への愛着をも象徴していた。そのわけは、ウェヌスがヒアシンスの露を集めて湯浴みし、その美しさをいや増したからであり、またユピテルとユノ、それにアダムとイヴの寝床がそれで作られたからである。

ヒエンソウ (Larkspur)

この花の花びらには、アルファベットのA・I・Aの模様があった。これは、ギリシア語でトロイ人に恐れられたギリシアの英雄アイアスを意味する。アイアスは、ある戦闘の後での戦利品の分配に際し、不満のあまりにカッときて、外へとび出してその怒りを羊の群れにぶちまけ、剣を抜いて数頭を突きまくり、そこでようやく狂気からさめて我にかえった。

ヒエンソウ

われとわが身のなした惨めな光景に恥じて、アイアスは自らの剣を返してわが身の急所に切りつけ、そして生命を絶った。血はあたり一面に流れ出て芝生に吸いこまれ、再び大地から生えでて花を咲かせ、ヒエンソウ *Delphinium ajacis*〔*Consolida ambigua*〕となった。が、花びらの上にアイアスの名のはじめの2文字までしか読むことができない人のなかには、その2文字を、運命の女神がのしかかるときに、今でも東方で聞かれる「Ai, Ai！」と泣きさけぶ声だと解釈している。属名のデルフィニウム *Delphinium* は、そのつぼみがイルカに似ると考えられたところから適用されたものであるが、やはり人間のものの見方は十人十色であり、〈ヒバリのかかと《ラークス・ヒール》〉〈ヒバリの足指《ラークス・トウ》〉〈ヒバリの爪《ラークス・クロウ》〉〈ヒバリの蹴爪《ラークス・スパー》〉〈騎士の担車《ナイツ・スパー》〉という名でも知られている。

ヒース (Heath)

スコットランドに行くと、ヒース、またの名をヒーザーという草が丘陵地帯を飾っているのが見られるが、その名前には、昔、キリスト教徒が大ブリテン島北部に布教にやって来て、苦心のすえ、先住民のピクト人を改宗させた努力の跡が刻まれている。武装した布教団はピクト人の居住地を訪れてはキリスト教以外のでたらめな神々の崇拝を止めるよう説いたが、ピクト人は勝ち目もないのに戦いを挑み、かくして異教徒《ヒーザン》の血を浴びた植物はヒーザン、これをつづめてヒースと呼ばれるに至った。

この戦いは凄惨をきわめ、ピクト人の一族で生き残ったのはわずか2人しかいなかった。それはビール造りを業とする男とその息子で、2人は征服者のケネス王の前に連れて行かれた。ケネスは、ヒース・ビールの作り方を教えさえすれば生命は保障すると約束した。が、2人は押し黙ったまま。ケネス王は何とかして父親の方に作り方を言わせようと、父親の目の前でその息子を殺してしまった。年老いた父親は怒りと憎しみに燃え、いくら戦いに勝ったからとはいえ、そんな残虐なことをするなら頼みごとなどいっさい聞くことはできない、ときっぱりはねつけた。かくして、その飲み物の秘伝はついにわからずじまいとなったが、ケネス王も自らの行為を恥じ、父親を放免した。フランス東部のジュラ地方には、今日なおその秘伝が伝わっており、この地方の百姓が昔ながらの方法で作るビールは、ヒースの先端の軟らかい部分と麦芽とを2対1の割合で混ぜて作られるビールである。しかし、ジュラ地方に生えるヒースは人々の血には染まっていない。

ヒマワリ (Sunflower)

昔からさまざまな植物がサンフラワーとして知られている。キク、タンポポ、エレキャンペイン〔*Inula helenium*〕は、花束にして美女ヘレネがパリスと駆け落ちする時に携えていたものだが、アメリカの農園に見られる、すっくと伸びた粗大なヒマワリの花と同様に、まがうことなく太陽神を想起させる。*Helenium annuus* がサンフラワーというなじみ深い名で呼ばれるのは、それが太陽の方に顔を向

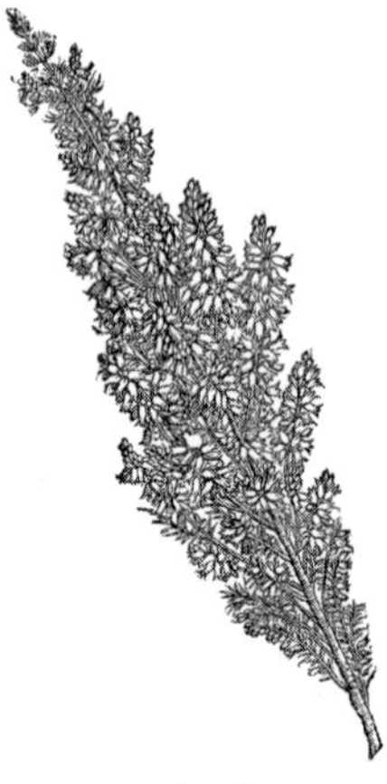

ヒース

ヒマワリ

けて回るからだと一般に考えられている。しかし、その不恰好な花とそれを支える堅い頸はそうたやすく動くものではない。

これはアメリカ産の植物であるからして、オウィディウスのいう日輪草《サンフラワー》であるはずがない。太陽神アポロンに捨てられて悲しみのあまり死んだクリュティエが花に姿を変えたものであれば、その日輪草はもっと慎ましやかな花であったと想像しなければなるまい。

大きなヒマワリの花は、みればわかるように、太陽の明白なる象徴であるから、ペルーにおいては、太陽信仰の信徒たちから非常に尊重された。太陽の神殿の巫女は黄金でできたこの花の模型を身につけていた。スペイン人征服者たちは大喜びし、すぐさま、この地に固有の宗教の存在を示すこの鮮やかな証拠の品を私物化して、文句を言う人間を切り殺してしまったという。

ビュグロス (Bugloss)

植物など生えそうもない場所でよく育つ植物の一つに、ムラサキ科の植物ビュグロス〔*Echium lycopsis*〕がある。茎は毛皮質でおおわれ、葉は汁っ気がないように見える。花は、深紅色《マゼンタ》に染まって咲くが、色が褪せると素晴らしい青に変色する様は、まるでリトマス試験紙のようだ。昔は、ビュグロスは人を欺く嘘つき植物

ビュグロス

と考えられていた。というのは、同じムラサキ科のアルカネット *Anchusa tinctoria*〔*Alkanna tinctoria*〕の根が、女性の顔を美しく見せるのに使用されたからである。それは、洋紅が発見されるまでは、化粧用の紅として用いられていた。

普通ビュグロスの話をする時には、この植物はむしろヴァイパーズ・ビュグロス〔*E. vulgare*〕といわれるものをさす。なぜヴァイパーズとつくかというと、これの種子が蛇つまりヴァイパーの頭に似ていると考えられるからで、その類似性は「特徴法」に基づき、蛇の咬傷の薬として利用されたことに明確に表われている。

ピンパネル (Pimpernel)

アカバナルリハコベ《スカーレット・ピンパネル》は、雨の前に花を閉じる習性から、〈貧乏人の晴雨計《プア・マンズ・ウェザー・グラス》〉と呼ばれているが、イギリスの観察家によれば、ほぼ朝の7時に開花し、午後2時

ピンパネル

に閉じるので、時間の目印としてもかなり使えるという。それはカルヴァリの山に生えたので、魔力に対する特効があり、体から刺を引き抜くことさえできるとされた。しかしながら、もし、刺が魔法によって刺さったのであれば、次のようなきまり文句を15日間とおして、1日に2度、夜と朝に唱えなければならない。

　ピンパネルの草よ、汝を見つけたり、
　イエス・キリストの地に生えたるを。
　主イエス十字架に御血を流せし時、
　汝に下したまいし赤き血の花の色。
　起て、ピンパネル、我とゆかん、
　しかして、我に神のお恵みを、
　しかして、汝を携えしすべての者にお恵みを、
　アーメン。

復活草（Resurrection Plant）

時折、都会の花屋や、町で品物を売り歩く一団の人々の間に、「復活草」という名で売られているドライ・フラワーを見かけることがあるだろう。これは掌くらいの大きさで、水の中に入れると折りたたまれた葉がひろがり、一種の対称形を呈する。また、しばしば、生きてでもいるような外観を取り戻す。*Anastatica hierochuntica*〔アブラナ科。安産樹という名もある〕がその学名であるが、〈エリコのバラ《ローズ・オブ・ジェリコ》〉〈聖母の御手《メアリーズ・ハンド》〉〈聖母のバラ《アワ・レイディズ・ローズ》〉などとも呼ばれる。が、けっしてバラではなく、似てさえもいない。これは砂漠に生えるが、砂の中にしっかり定着できないので、しばしば風によって根こそぎにされると言われる。さらに進んでどんな場所でも落ち着けるチャンスがあれば、根を張って、次の大風がくるまでのつかの間、中断されていた生長を再開し続けるという説になると、これを受け入れるかどうかはもはや信仰の問題である。

　初期のキリスト教会ではこの植物を聖母マリアに捧げている。またオリエントやヨーロッパの一部では、多産を信仰する女性たちによって尊重されている。聖家族がエジプトへの逃避行中に休んだ場

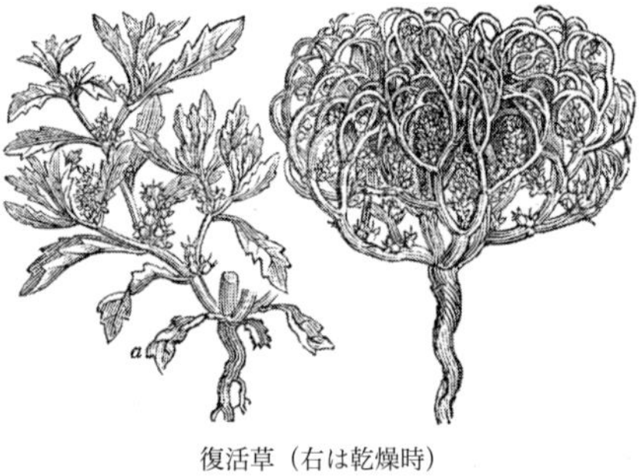

復活草（右は乾燥時）

所では、どこでもこの植物が地面から生えたが、その筆頭は、幼き救い主《キリスト》を歓迎してエリコ〔死海の北にあるパレスチナの古都〕の平原に生えたものであった。

ブドウとつる植物
(The Vines)

1年に1度、月の明るい夜、カール大帝の亡霊は起き上がって、さながら生きているときそのままに古めかしい衣裳に身を包み、ライン河のほとりをさまよいながら、自ら植えたブドウの葉の緑とその実の香りを楽しむ。それから亡霊は露と光でできた橋を渡って河を越える。もし亡霊が真ん中にさしかかったときに、手を上げて祝福するところが見られれば、その年はすばらしいブドウの収穫が得られるだろう。大帝の時代にも、ブドウは今と同じように祖国ドイツの誇る美観の一つであったし、今日、この気分を浮きたたせる果汁を産する他の土地においてもそうである。

ブドウは保護や庇護のシンボルとなっており、今日でもわれわれはイチジクとブドウのことを家庭を象徴するものとして語る。イタリアでは、古代にブドウの木が聖域として使われたことの名残りが、子供の遊びに表われているように思われる。子供たちはブドウの木を「陣地《ゴール》」とみなし、そこでは遊び仲間をつかまえる役の鬼に触れられても安全なのである。いつの時代にも、お祭り騒ぎには、ブドウの枝を頭に載せ、浮かれさせ酔っぱらわせてくれる酒の喜びのしるしとした。

質屋の看板は金色の3つの玉でよく知られているが、これはロンバルディ家の家紋から採ったものである。床屋がその看板棒のてっぺんに、かつての職業である放血を表わす包帯を巻いた腕の像を永遠にとどめているのと同じように、酒屋のこの看板は、つい最近まで、その看板のもとで酒を売っていることを示していた――もっとも、良酒に看板はいらぬというシェークスピアの言もある。この看板に描かれているのは、もともとはブドウ酒のもとになる一房のブドウにすぎなかった。

つる植物《ヴァイン》というとき、ふつうわれわれは実をつけるブドウのことを指す。ブドウこそは、その葉がバッコスの頭上を飾り、その酒がバッコスの罪深い古き皮袋を満たした「生命の樹」であった。サターン〔ギリシア神話のクロノス〕がそれをクレタ島へ、オシリスがエジプトへ、そ

ブドウ

してゲリュオンがスペインにもたらした。イスラエルがパレスチナへ送りこんだ密偵は一房のブドウを持ち帰ったが、それは非常に重かったので、運ぶのは2人がかりであったという。ペルシアでは、1人の女性が毒死するべく腐ったブドウの果汁を少し飲んだところ、血がたぎりだし、彼女自身も家族もあぜんとするうち、はしゃぎ、笑いころげ、あげくは長い間眠りこけ、後には頭痛が残った。ここでその女性は一つの発見をしたわけで、身をもって示した酒の力の恐ろしさが認識されるより前に、この腐ったブドウ果汁の名声は方々へと広まってしまっていた。

あらゆるつる植物は、人間に気に入られ受け入れられることを訴えている。そのしとやかさ、何か他の物に頼らなければ身を支えられないこと、その葉と花の美しさなどによって、つる植物はしばしば詩や小説に姿を現わした。また、アイヴィー〔セイヨウキヅタ〕とオークはそれぞれ女と男を表わし、乾杯の辞その他の公式の席で述べられる雄弁には、非常によく使われる材料である。

つる植物はすべて、ポイズン・アイヴィー〔*Rhus radicans, R. toxicodendron*〕でもないかぎり——これでさえ一般に考えられているよりもはるかに毒性は弱い——、穏やかな気質の持ち主といってよい。ヒュメナイオス〔ギリシア神話の結婚の神で美少年の姿をしている〕の祭壇はアイヴィーで飾られていたが、それは男にすがって生きる女の愛の象徴としてであった。もしアイヴィーの花輪を身につけていると、良い女と悪い女を見分ける力を与えられ、魔女を見抜くことができるようになるという。その実は病気を癒す薬として食べてもよい。

アイヴィーの栽培は古くアーサー王の時代まで遡ることができよう。少なくとも、イゾーデが、愛するトリストラムの死を嘆き悲しんで死んだとき、マーク王は怒り、二人を別々に葬った。しかしトリストラムの胸から生えたアイヴィーのつるは、すぐにイゾーデの墓から生えたもう1本と一緒になり、2本のアイヴィーは互いにからまりあって永遠の愛をうたいあげた。これを見たマーク王は、二人の愛が正しいものではないにせよ、自然なものであるということに気づき、二人を一緒にして自らの礼拝堂に葬った。

ヨーロッパ産カキドオシ《グラウンド・アイヴィー》は〈ペリウィンクル〉〈黄色いラッパ《イエロー・ビューグル》〉〈地面をはう少女《ジル・バイ・ザ・グラウンド》〉〈垣根の乙女の猫の足《ヘイメイズ・キャット・フット》〉〈エール・フーフ〉〈タン・フーフ〉などと呼ばれるもので、ビールのホップの代用にされたが、これはたぶんヘンリー8世の時代より前のことで、

エール・フーフ

悔い改めたヘンリー8世は、できるかぎり徳を積むべくイギリスに七面鳥、サバ、ビール、ホップなどを導入したのであった。

ホップはロシアでは喜びと潤沢を象徴するもので、花嫁がかぶる冠に使われた。しかし、ホップは薬としてアイヴィーほど強力でなかったのは確かで、一方、アイヴィーのほうは、茎・根・葉・樹皮・樹液のあらゆる部分が薬用にされてきた。ブドウ酒に入れて煮ると、その抽出液は火傷やただれの特効薬となったし、賢明なる神バッコスは、崇拝者たちに深酒をするときにはその葉を頭に被って、悪酔を防ぐよう教えた。アイヴィーが詩人や勝利者が頂く冠であった当時、大酒飲みにとってもそれが同じようにふさわしいかぶりものであると一般に信じられていた。そのわけは、アイヴィーをかぶっているとアルコールの影響で身勝手なふるまいをするのを防いでくれるからだという。

俗界とこのような結びつきをもっていたがゆえに、教会は長い間、この植物を室内に持ち込むことを禁じ、祭壇に捧げる祝祭日の飾りとしてさえ認めなかった。しかし、現在ではたくさんの教会で外壁の飾りとされるようになり、クリスマスには他の緑とならんでそれなりの地位を得るようになった。アイヴィーが表わす意味は、兵士の功名心や詩人の霊感ではもとよりなく、大酒飲みの卑しい満足でもなく、永遠の生命であった。

ホップ

異教徒のものであるつる植物がヨーロッパに受け入れられたのは、早くも12世紀ごろであったが、これは次に述べるフィレンツェの伝説に示されている。当時、町の修道院のそばに一面アイヴィーに覆われた一本の高い木があり、そのアイヴィーはひっそりと修道院の建物の壁をも覆っていた。修道士たちは、これについて次のように言い伝えていた。もし木からアイヴィーを払い落とせば、壁からも枯れ落ちるだろう。そしてひとたび壁の覆いがなくなれば、修道院自体が危険にさらされるだろう、というのである。

あるとき、フィレンツェの町に恐ろしい伝染病が発生した。いたるところから助けを求める声があがった。この修道院は名高く裕福でもあったから、市民が多勢そこに集まり救けを求めていた。しかし修道院長は市民に向かい、きっぱりと、修道士の務めは神に対するものであり、人間に対するものではないと語り、したがって何の援助もしてあげられないから立ち去って欲しいと頼んだ。実際、この修道院の規則は、院の人間が俗界に足を入れることを禁じていたのである。修道士たちは病人を救ったり、死にかかっている人間に手を貸すことはもとより、死者を葬ることさえできなかった。

それにもかかわらず、その1、2日後に、ある家族が修道院の敷地に入り込み、保護を乞うた。門番は「修道士さまたちはお祈りの最中で、邪魔することはなりません。けれどあの木の下で休まれるといいでしょう」と答えた。半ば腹を立てながらもすっかり意気消沈した流浪の一家は、くたびれはててとぼとぼと庭に入り、アイヴィーの木陰になった地面に腰を下し、そのうち食物と薬がもらえるものと期待していた。一家は静けさと涼しさのなかに少しは安らぎを見いだすことができ、花の色は甘く鼻をさし、修道士たちの祈りの声が耳に心地よかった。けれども、何時間たっても何のお救けもなかった。高熱が出始めていた。陽が沈みだすと、一家の長老が、もはやこれまでだ、私たちには夜をしのぐための用意は何もしてもらえないに違いない、と言って起ち上

アイヴィー

がり、修道院と修道士たちをうらみを込めて呪った。そうこうするうち、長老のいちばん幼い子供はいらだちのあまり、木についたアイヴィーにめったやたらに切りつけ、とうとう根から断ち切ってしまった。やっと修道士たちが一日の祈りを終えて、良い空気を吸い、夕陽を眺めて眼を休めようと庭に出てきたとき、助けを求めていた一家の人々が最後の息を引きとるところであった。疫病はすみやかに仕事をやり終えてしまったのである。

あくる日、木にまききついたままアイヴィーは枯れ、その葉は茶色くしおれて地面に落ちた。院長は修道士たちを集めて、修道院の救済のための新しい祈りを捧げているとき、自分が神の国を探し求めるのは、富・権力・快楽といったものを求めるのと同様に利己的なことなのではないかと初めて思い至った。院長は自分たちの誤りを改めようと説き、そのために、院内にじっと閉じこもっていなければならないという規則を棄てて、広く外へ出てできるかぎりの奉仕をするように命じた。修道士たちは心からそうしたが、しかしもはや遅すぎた。すでに病気は町をなめつくし今や修道士たち自身の間にも蔓延しはじめていた。修道院を覆っていたアイヴィーがしだいに枯れて、葉を落としてゆくにつれ、この緑の覆いの下で何年もの間静かな生活を送っていた修道士たちの魂も肉体を脱け出て。預言されていた運命は現実のものとなり、今日に至るまで、この建物は廃墟となっている。

フトモモまたはソーマ (Jambu, or Soma)

インドには、すばらしい果実をつける巨木な木があり、現地語でジャンブ（ムラサキフトモモ）という名で知られている(植物学者は *Eugenia jambolana*〔*Syzygium cumini*〕と呼ぶ)。このジャンブは、インド亜大陸の名ジャンブドゥヴィパの起源となった「果物の王」であり、また、ガーンタ、カダンバ、アンバーラとともに世界の中心で東西南北を表わす４本の木の一つで、そのそばでは４頭の巨大な象が世界を支えている。宇宙創造の神話では、この木から４本の大きな川が流れ出し、当時はその果実も象の群れと同じくらい巨大で、熟すると地面に落ちてつぶれ、洪水になってあふれ出るが、これが現在のジャンブ川〔ジャムナ川のことか？〕と呼ばれているものなのである。この流れは、明らかにその果実から滋養分を得ているため聖なる川とされ、また、身体によい流れであり、人間が知りたいと願って止まない、神々の貴重な飲みものソーマに近いものである。ブラフマ（梵天）が、その木に息を吹きかけて、永遠の生命を与えたので、ジャンブの木はそのかぐわしいブラフマの息を今も発散している。死者は、不死の人々の住む天界への旅を始めるにあたって、その枝によじ登って新しい力を得る。

この木が現世の植物の王であるのはそれがソーマだからである。なぜならソーマは神々の聖なる食物、すなわち永遠の生命の飲物を産むからである。ヒンドゥーの神々が黄金の船に乗って、ヒマヴァント山に到着したとき、コスタス、すなわちクシュタ〔*Costus speciosus*〕が強い光を放ってあたりを照らしたので、付近にあったこの木の姿が明らかになった。太陽と星が創られるまでは、これが夜と昼を産んでいたのである。やがてそれはブラフマその人のお蔭で目に見える木の形をとり、この世で知られているあらゆる種類の果実を産んだ。神々はその木陰に車座になってソーマを飲みかわし、たえずその若さを甦らせたのである。

一部の学者はヒンドゥー教のソーマが、ガガイモ科の *Asclepias acida*〔*Sarcostemma brevistigma*〕であると考えているが、この名からすると、われわれが今日ミルクウィード〔トウワタ属〕と呼んでいる白い乳液を出す植物のことと思われる。パンジャーブ地方では、〈月の草〉という

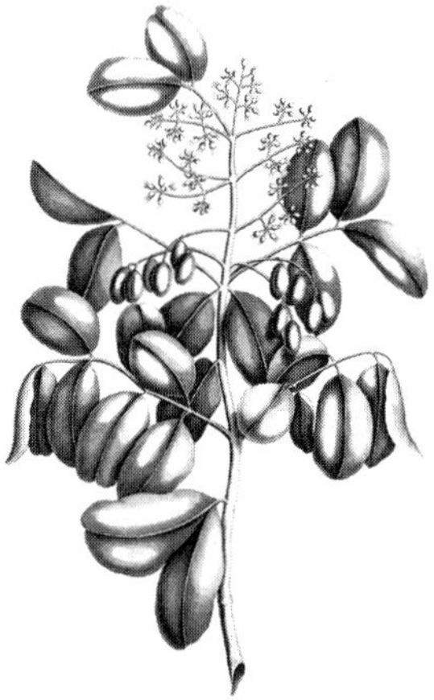

ムラサキフトモモ

名で知られ、月の神そのものを指したり象徴するものであるが、月の神の方でもお返しにその面倒をみていたようである。また、その汁をしぼって発酵させ、ものの本に「非常にくさい飲みもの」とするされるようになったものは、不老不死の霊薬である。この汁は、酸っぱくてツンとくるとか、苦くてしびれるとか、さまざまに言われる。大量に飲むと麻酔作用があるため有害で、眠りを伴うことはないが、身体の感覚を麻痺させ、生命力を低下させるので危険である。東洋的精神はどんなものにも同意語や比喩を欲しがるが、この乳に似た汁の場合は自然の母性を象徴することになる。一方、その花が5つの花びらに分かれていることはインド人には神秘的な意味がある。しかるがゆえに、聖者《ヨギ》は、修験者の秘法を手ほどきするときソーマを飲み、普通の人間にはない能力を得て、それを飲むに値しない人物を見分けるのである。

ブナの類（Beech）

ローマ近郊の保養地トゥスクルムのコルネの丘は一面ビーチ〔*Fagus sylvatica*〕でおおわれていたが、こんもりと丸く、刈り込み装飾庭園に見られる常緑樹のようなおもしろい形をしていた。そこにはディアナが祀られ、それを拝むために人々は何キロもの彼方からやって来た。このビーチの一本が神託を伝えるパセニウス・クリスプスのお気に入りで、パセニウスはその木陰で読書し、瞑想にふけり、親しみをこめて抱きしめ、しばしばその根にブドウ酒を注いで自らの愛情の証しとしていた。イアソンがつくった、かの巨船アルゴー号も口をきくへさきの部分を除いて船体のすべてはビーチでできていた。バッコスはブドウ酒をがぶがぶ飲む時にビーチでできた鉢を使ったが、これはおそらく紫色の葉をもつパープル・ビーチを切ったもので、ブドウ酒がその木の葉で着色されることを表わしている。

アメリカのインディアンたちは、死者をビーチ〔*Fagus grandiflora*〕の森の木の下に埋めることがあった。これは、野獣が骨に近づかないようにするためである。1756年、セバーゴ・レークの戦いの後、ポラン酋長の死体がビーチの木の下に隠されたのも、死体を守るためであっ

ビーチの森

た。酋長の兄弟たちは、ビーチを地面から持ち上げて根の下に空間をつくり、その中に武具を着せた死体を入れ、胸の上に所持品の銀の短剣をおき、弓と矢を手に持たせた。その後、そのビーチの若木を真っ直ぐに立てた。ビーチは、死体を栄養にしてすくすく育ち、みごとな大きさの堂々たる記念樹になって、勇者の眠る場所をはっきりとしるしている。

ブラックベリー (Blackberry)

ブラックベリー〔*Rubus fruticosus*〕は英国南西部のコーンウォール州にはふんだんに見られる。その地は、メソジストのジョン・ウェスリーがその国の貧しい人々に伝道した地で、ジョンは道端で摘んだこの実で生きる糧の大半をまかなわねばならなかった。ジョンが教会の兄弟たちに明言した言葉――「私たちはブラックベリーがたくさんあることに感謝すべきであります。なぜなら、ここは、私の見た国の中では腹ペコになるのに最上の国であり、食物を得るには最低の国だからであります。」

オールウェン王女の物語が語り伝えられているのも、このコーンウォール州である。王女は美しい娘であったが、父親は陰気で気むずかしく意地の悪い男であった。王女の双子の姉は父親そっくりの陰気な意地悪娘であった。二人の姉妹の間には、たまたま王の息子が戸口のところにやって来て「ミルクを一杯分けてほしい」と頼むまではまったく諍いはなかったのである。しかし、ミルクを与えたのは、聡明で美しいオールウェンの方であった。一方、腹黒くて嫉妬深い姉のガーサはわれこそは王子を誘惑してものにしようと考えたわけである。ガーサにチャンスを与えるために、父親はオールウェンを魔女のところにあずけた。もちろん、王子は、一日かそこらするとまたミルクをもらいに行ったが、ミルクを注ぐのがガーサの方であることを知って、見るからに悲しそうな顔になったので、ガーサは美しいオールウェンをますます憎むようになった。王子はまもなく、オールウェンが何処にやられたかを知って会いに行ったが、いわれたことはオールウェンはもう亡くなったということで、あたりにはブラックベリーが季節はずれに咲いてオールウェンの墓のしるしとなっていた。が、実は魔女がオールウェンをブラックベリーの姿に変えてしまっていたのである。魔女は、王子が立去った後、オールウェンに人間の姿にもどるのを許したが、王子が宮廷に白魔術に長じた魔術師を傭って助言を受けていることは知らなかったし、そういった魔術師の知力が自分の魔術と同じくらい強いということも知らなかった。

宮廷の魔術師は、王子をアカアシガラスの姿に変えて魔女の小屋に飛んで行かせ、王子に何が起こっているのか見られるようにした。王子は、ブラックベリーの姿から解放された愛しいオールウェンと会うことができてとても喜んだ。王子がもとの人間の姿を現わしたとき、オールウェンはこの世の続く限り地の果てまでも王子といっしょに行きたいと願ったのである。こうして絶望のうちに愛を確かめあっている時、二人は魔女に発見されてしまった。少女はブラックベリーに姿を変えられて密会は終わり、一方、王子は鳥の姿で宮殿へ飛んで帰った。王子にだしぬかれたのを知って、腹黒い両親は大声で呪った。「オールウェンの身に永久にブラックベリーの姿あれ！　そして、そのブラックベリーの実は、かわるがわる緑と黒になれ。そして酸っぱくなれ。茎はトゲトゲになれ」と。しかし、宮廷の魔術師は、もう一度王子を鳥の姿に変えて飛べるようにし、助言を与えた。「恋人のところへ行って、ブラックベリーの花に口づけなさい。そして実が一番甘くなったときに、それを摘んでもってくるがよい。」王子は言われた通り、実が黒く、蜜でいっぱいの時、その実を摘んで魔術師のところへ運んだ。魔術師は魔女の呪文を解き、オールウェンを無事もとの美しい姿に戻してめでたしめでたしの結末となったのであった。

ブラックベリー

悪魔がブラックベリーを嫌うのは、おそらく、それがこのような美徳と結びつきをもっているせいであろう。また天使長ミカエルが悪魔をやっつけてしまった時、悪魔はなにもすることがなくなって、ことさらこの植物を呪ったので、それでブラックベリーは聖ミカエルの日が過ぎ去ってしまうまで、実を結ばないのである。悪魔がなぜブラックベリーを嫌うかについてのもっとまっとうな理由は、その刺が、キリストの額をうずかせた荊冠の材料になったからというものである。そして、それは神がシナイ山でモーセに姿を現わした時、燃やされた木でもあった。聖シモンの日、10月28日に、悪魔がブラックベリーの生えているまわりを踏みつけると、その後、ブラックベリーは姿を見せなくなる。悪魔は他にもまだまだたくさんの悪事を働いているのに、それでもまだ不満であるかのように、これでもかこれでもかと至る所、そのマントをブラックベリーの上に投げかけ、萎れさせてしまう。アイルランドでは、そういったことをするのは大悪魔ではなくて手下の小鬼の一人、プーカであり、これが悪さをするという。

もし、歯がぐらつく、蛇に咬まれた、といった時、あるいはリウマチや目の玉が「突出する」病気などの病気持ちであるならば、ブラックベリーの葉をサラダとして食べるとよい。そうすれば、よくなるように感じるかもしれない。もし、火傷したならば、ブラックベリーの葉を貼って鉱泉で濡らして次のように唱えるとよい。「東方より三人の天使来ませり。ひと方《かた》は火を、ふた方《かた》は霜をもたらせり。火は消え霜となるなり。父と子と聖霊の御名《みな》において、アーメン」と。

ブラッド・ツリー (Blood Tree)

ブラッド・ツリー〔マメ科の *Haematoxylum campechianum* か?〕は、昔、その汁でアステカ人が木綿を美しい濃赤色に染めるのに用いたもので、今日でもその子孫はその木に傷をつけて汁をとっているが、この木には血塗られた伝説がある。

昔、アマトランの国に一人の王子が住んでいた。王子の喜びは、自分の身を黄金や宝石で飾ることであった。王子は自分の傭兵のなかに強盗軍団をもち、商人が町から町へと移動すると、王子の放っているスパイが情報をもたらす。すると、王子は変装して、馬にまたがって出かけ、手下とともに一列縦隊で山々や森の奥深くに潜み、獲物を待ちうけるのである。通りすぎる者は鞍の荷をからっぽにされ、すごすごと帰ることになるのであった。

王子は戦利品の中で一番よい宝物を取ったあと、残りを手下の騎兵に分け与え、軍団を解散して帰らせるが、しかし、一人だけ奴隷を残して、その男に穴を掘らせて自分が得た宝物を埋めることにしていた。その奴隷が身を屈めて略奪品を穴の底に置くや否や、王子は奴隷を殺して死体を穴の中に転がし、あとは自分自身の手で埋めるのである。こうすれば、埋めた死者の亡霊が、永久に宝物を守ってくれることになるからだ。

何年もの間、王子はかくのごとき邪悪なやり方を続けていたが、やがて報いを受けるべき時がやって来た。いつもと同じように略奪が成功し、みなが撤退した後、いつもの流儀で自分の略奪品を埋めようとした。しかし、このときに、穴を掘っていた奴隷が突然、後ろをふりむいて王子の頭に鋤でガンと一撃をくらわせ、頭を砕いた。奴隷の男は王子の死体を穴の中に投げこんで土をかけ、宝物を持ち去った。やがてまもなく、ブラッド・ツリー(血の木)が、不正な金の埋められた穴のすべてから生えてきたのである。しかし、

ブラッド・ツリー

木の樹液の色は、泥棒王子の埋まった穴から生えたものが一番色が濃かったという。

プランテイン (Plantain)

アメリカではプランテイン〔オオバコの仲間の総称 *Plantago* spp.〕には２種類ある。一つは丸い葉をもち、小さな花が穂状につくもので、蕾は飼い鳥の餌となる。もう一つは長く葉脈が隆起して尖った葉をもち、花穂の丈がかなり高い。最初のものはバード・プランテイン〔*P. major*〕、２番目のものは、イングリッシュ・プランテイン〔ヘラオオバコ *P. lanceolata*〕と呼ばれている。もっとも後者のほうは、今なおイングリッシュ・スパロウと呼ばれるイエスズメと同じように完全に帰化している。海を越えたイギリスでは、ヘラオオバコはリブワートまたはケンプという言い方で知られている。このケンプという語は、デンマーク語の「兵士」という意味の言葉に由来するもので、これは、この草と同じくらいの大きさの花序のついた茎を手に持って、順ぐりに、互いにぶつけ合い、最後まで花序が折れずに残ったものが勝ちという子供の遊びからきているものと思われる。こういう意味合いで、その用途を示す別の名称として、〈闘鶏《ファイティング・コックス》〉〈兵士《ソルジャーズ》〉〈悪魔の頭《デヴィルズ・ヘッズ》〉〈固い頭《ハード・ヘッズ》〉〈フランス人とイギリス人《フレンチ・アンド・イングリッシュ》〉などがある。

バード・プランテイン

バード・プランテインは初期の移住民とともにヨーロッパからやってきたので、アメリカインディアンはそれを〈白人の足跡〉と呼んでいる。丸い葉のオオバコは、イングランドの一部では〈旅の友《ウェイ・ブレッド》〉といわれているが、それは食用として評価されているからではない。それは人の歩く場所を好み、そういう所を選んで繁殖するからである。７年に１度、それは鳥になり、自分に仕えてくれるカッコウを探しに飛びまわるという。明らかに、耕作地を好む点が、さきほどのインディアンの呼称をもたらしたのであり、食べた後そこから飛び立つ鳥の光景が、この奇抜な考えの原因となったのであろう。

ブリオニー (Briony)

中世のイタリアのアトリには、一基の古い塔がそびえ立ち、その壁にブリオニー

〔ウリ科の *Bryonia* spp.〕がしがみついていた。そして、このつる植物は、何百年もの間、生きながらえてきた物語を今も伝えている。われわれは今日、ロングフェローの和訳で、その「アトリの鐘」の物語を英語で読むことができる。

昔、アトリの町に「もし、市民に不正に苦しむ者があらば、何びとであろうと塔の鐘を鳴らし、裁きを要求すべし。さすれば、正義は与えられん」とのおふれが、布告官によってその地域に出された。これは、王の命令であった。しかし、鐘が鳴らされることは、あまりなかった。というのは、人々は正直であり、けんかするのを好まなかったからである。というわけで、鐘を引っぱる綱は、年とともにすり切れてしまい、だれかがブリオニーの枝をちぎって、それを綱のはしっことより合わせた。が、その枝は相変わらずみずみずしい緑色で、葉におおわれていた。

さて、このアトリの町に一人の騎士が住んでいた。騎士はかつては快活な冒険心に富んだ若者であったが、歳をとってけちんぼのしみったれになっていた。元気だったころの遺産は、もうたった一つ——その騎士につかえて、乗りふるされた、あわれな老いぼれ馬——しかない。しかし、老騎士が毎日考えることといえば、どうしたら金を使わずに済むかということばかり。結局、「この馬はもう使い途がない。こいつがいなくなれば、簡単に何ペニーかが金入れに残るわけだ。そこらへんには草が青々しているし、あいつは、旅にだしてひとりで生活させよう」ということになった。

そこで、よぼよぼの老いぼれ馬は、むちでひっぱたかれて街道へ追い出され、厩には入れないよう、錠がかけられた。老いぼれ馬は憐れにもよろよろしながら、例の塔のところまでやってきた。そこには、ブリオニーを編んで直したばかりの一本の綱が下っていた。それはみごとな緑で、老いぼれ馬にとっては、もう何週間も心に描いていた魅力的なものであった。老いぼれ馬は一生懸命綱をくわえて引っ張ったので、鐘はぐるんぐるんと揺れて町中に鳴りわたった。町の人々は、いつも騒ぎには好奇心をもっていたので、いったい何事かとあちこちの家からどっとでてきたが、驚いたことに、裁きの鐘を鳴らしているのはやせた老いぼれ馬で、例のけちん坊の老騎士の馬であった。

市長はこの事件に一つの教訓を読みとって、昔はこの騎士も行きは馬の背に乗って帰りは歩くという誇りを持っていたものだがと前置きした上で、偉大さは財産や貴族の称号を持っていることにあ

ブリオニー

るのではなく、行ないにある、とりわけやさしい思いやりのある行ないが最上である、と評した。老騎士は、自分の馬がどんなことをしでかしたかを人から聞いても、そんなにうろたえず、ことをかるく受け流すふりをして、「私は自分の好きなようにふるまうことができるんだ」と言った。しかし、内心では恥ずかしく思っていたので、群衆が老馬といっしょにぞろぞろをやって来て、無事に厩につながれるのを見とどけに来た時、何の抵抗もしなかった。人々は、それより以後、老騎士がもっと人間らしい心をもって馬を扱うように要求した。

プリムローズ（Primrose）

アメリカのイヴニング・プリムローズ〔マツヨイグサ属〕の一種オオマツヨイグサ *Oenothera lamarckiana*〔*O. erythrosepala*〕は、今ではヨーロッパでも栽培されている。この植物こそ新種の出発点となる突然変異の証拠を初めて提出し、進化論に修正を加えることになったものである。もちろんここでいう変異は、特別な変わりもののことではなく、ギザギザの歯（鋸歯葉）からなめらかな葉（全縁の葉）へ、丈の高い茎から低い茎へといった変化をいっているのである。そして実験によって、これらの突然変異が子孫に固定されることが証明されている。この事実はアムステルダムのド・フリース教授の研究の結果知られるようになった。ド・フリースは専門の栽培家がするように、人工的に受粉させることをせず、単に種子を植え、結果を観察しただけであった。ド・フリースは1万5000の標本の中に10の異常な個体を見つけたが、4代後には7つの異なる型が発見され、この7つの型は総数334の変異体を生んだ。

同じプリムローズと呼ばれても、サクラソウの仲間〔*Primula vulgaris*〕についての違ったかたちの関心が、これより以前ビーコンズフィールド伯、ディズレーリによって引き起こされている。伯は、ナポレオンがスミレ《ヴァイオレット》を自分の花にしたのとまったく同じように、この花を自分の花としたのである。爾来「プリムローズ・デー」〔4月19日〕は、暦の上で新しい祝祭日となっているが、未来にこれに関する神話が、過去に同じような些細な出来事から生まれたごとく、生まれてくることがあるかもしれない。春を知らせるかわいい案内役の中で、プリムローズはとくに都会で人気がある。じっさい、そう

イヴニング・プリムローズ

いった季節の移り変わりがほとんど感じられないところでは、花屋で売られるこの花が、春の到来を告げる数少ないしるしとなっているからである。プリムローズはローズがついているからといってバラではないし、もちろんイヴニング・プリムローズでもないが、イタリア語の fiore de prima vera（春の最初の花）からのこじつけで、こう名づけられているのである。古いイギリスの言い方は primerole であったが、こちらの方がもとのイタリア語に近かった。

サクラソウの仲間はもっとも害のない植物の一つに数えられているものの、アメリカの温室から大量に売り出されている可愛らしいプリムラ・オブコニカ *Primula obconica* は、有毒ガスを発散し、頭痛を生ぜしめ、手や顔に発疹を起こさせるといわれている。しかし他の人についてはどうだか知らないが、こと私に関しては、それを室内のテーブルや窓の敷居の上においておくかぎり、他の花と同様何の影響もなかった。

イギリス人はどこへいっても、プリムローズをことのほか珍重する。ヒュームの話によると、オーストラリアのメルボルンで展示されたプリムローズには、荒くれた鉱夫や原住民を含めて、3000 人を下らぬ人々が、祖国からはるばるプリムローズが到着すると聞いて出むかえに集まったという。そうした人々が感傷的だといって非難するのは、見当違いであろう。それはそもそもの由来からしてきわめて感傷的なものなのである。なぜなら、それはかつては人間の姿をしていたのである。つまりフロラ〔花の女神〕とプリアポス〔生殖の神、ファロス〕の息子、パラリソスだったからである。パラリソスは恋人を失った胸の痛みに耐えかねて死んだ後、神々の手によって、このひそやかでけなげな花に姿を変えられたのであった。

プリムローズ

ヘリオトロープ（Heliotrope）

ヘリオトロープとはギリシア語で、太陽の方を向く、という意味で、現在、われわれはその名前を、紫色で快い香りをもつ上品な花に適用している。この花の原産地はペルーで、フランスに入ってきてからヘリオトロープと呼ばれるようになったのであり、もともとペルーでは愛の薬草と呼ばれていた。本来、ヨーロッパでヘリオトロープと呼ばれたものがどの花のことをいっていたのかについてはさだかではないが、たぶん、ドイツで〈神の薬草〉と呼ばれる植物で、いろいろな治療効果をもつものと考えられる。ギリシア神話によると、水のニンフ、クリュティアは太陽の神アポロンを愛していたが、アポロンはクリュティアの方を見向きもせず、王女レウコテアに熱を上げていた。そこで、クリュティアは、レウコテアがアポロンと密会していることを父親に知らせた。王は娘が不義を働いたのを知って激怒し、レウコテアを生きながらに地中へ埋めてしまった。しかたなくアポロンは天国に戻ってきたが、かわいそうに相変わらずクリュティアには目もくれようともしない。自分のしでかしたことが二人の仲をさいたことに気づいたクリュティアは、失意のうちに天国を去って地上に降りた。そこでクリュティアは9日間地面の上で横になって、毎日毎日アポロンが二輪の戦車に乗って大空を駆けるのをひたすら見つめながら、ちらとでもよいから哀れみのまなざしで見てほしいと祈った。しかし、その願いは叶えられなかった。神々はクリュティアが食べる物もなく悲しみのうちに衰弱していくのを見て憐れに思い、その姿をヘリオトロープに変えた。そして、今もなおその姿で地上に横たわったまま、クリュティアは目を半ばそらしながらも天空を見つめ、アポロンが完全に許してくれることを願い、好意を受け入れてくれるのを待っている。そういうわけで、われわれがヘリオトロープと呼んでいる紫色の花は、間違って名づけられていることになる。太陽の方を向かないからである。オウィディウスの『変身物語』に出ているこの話のもとになった花として引き合いに出されてきた植物にはいろいろある。ヒマワリ、トウダイグサ（ウォートワート）、スパージ〔トウダイグサ属〕、サルシフィー、アナガリス〔ルリハコベ属〕、エレキャンペイン〔*Inula helenium*〕、アスター〔シオン属〕、マリゴールド、ブルー・マリゴールドなどである。

ヘンルーダ（Rue）

恩寵と追憶の草ヘンルーダ〔*Ruta graveolens*〕は、また、悔い改めを表わしている。そこでこの rue という語を動詞を使って、たとえば、メロドラマの悪役はヒロインに向かって、俺の思いのままになるのを拒んだ日のことをきっと「後悔する」（rue）ぞ、と請け合うのである。もちろん、ヒロインが後悔するということには絶対にならないのだが。

ヘンルーダは、単にその匂いを嗅ぐだけで悪疫を追い払い、また誘惑された時に一息いれてそれを食べさえすれば、乙女が恋に身をもちくずすのを防いでくれる。それは視覚を鋭敏にし、才知をきわだたせる。それは、ヘビ、サソリ、ハチに咬まれた傷を癒す。

しかし、体内の毒に対しては、ヘビの毒に対するほどの効き目はないようだ。少なくとも、絶えず臣民から毒殺を企てられたポントス王ミトリダテスの場合、自分の胃袋を栄養のない食物に慣らしておく必要があると感じたのは、そういったものを食べて生きてゆけなければ、少なくとも非常に長い期間にわたって、死なずにいることはできないだろうと信じていたからである。食後あるいは酒を飲む前にミトリダテスが服用した解毒剤は、20枚のヘンルーダの葉、イチジクの実2個、ウォールナッツ〔セイヨウクルミ〕の実2個、ジュニパー〔セイヨウネズ〕の実20個、および1つまみの塩から成っていた。

これだけでもまだ不足だというなら、てんかん、目まい、精神錯乱、唖、眼の炎症、邪視をヘンルーダで防ぐことさえできる。銃の火打ち石をヘンルーダおよびクマツヅラ《ヴァーヴェイン》の類と一緒に煮ると、弾は、人間であれ無防備な動物であれ、狙う獲物に誤たず当たる。最後に、ヘンルーダ、エニシダ、アジアンタム、アグリモニー〔セイヨウキンミズヒキ〕、グラウンド・アイヴィー〔ヨーロッパ産のカキドオシ *Glechoma hederacea*〕の束をもっていると、

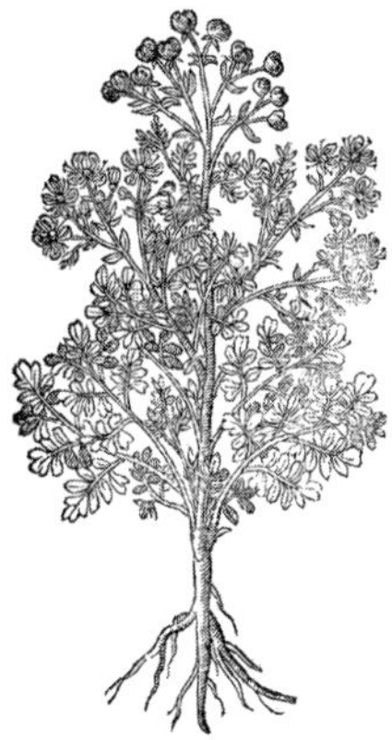

ヘンルーダ

どんなに普通の女に見え、それらしく見えなくとも、魔女がいれば、それとわかるという。

ホソイトスギ (Cypress)

少年キュパリッソスはアポロンにとても好かれていたが、自分自身も、神以外に勇敢な遊び友だちをつくってかわいがっていた。その勇敢な遊び友だちとは雄鹿──例の、神聖なケア島に棲む雄鹿である。たまたま不慮のできごとで雄鹿を殺してしまったキュパリッソスは、神々に永遠に喪に服したいと請うた。そして、聞き入れられたなら喜んでそうしそうであったから、アポロンはキュパリッソスを、暗くうなだれ、涙の滴をしたたらせるホソイトスギ〔*Cupressus sempervirens*〕の姿に変えてやった。

ウェヌスは、アドニスの死を嘆き悲しんだ時に、ホソイトスギの小枝を輪に編んで額に飾った。運命の女神の一人で悲劇を司るメルポメネはホソイトスギの冠をかぶっている。またホソイトスギは、エジプトのミイラの棺にも利用された。さらには、神殿の屋根を葺くのにも用いられ、死者を慰めるばかりでなく、生きていくことへの崇拝の意味もこめられていた。それは、この木の香りがよく、強靭で、長持ちするからである。

ペルシアのキュロス大王の墓のそばの

ホソイトスギは、不幸なことには、回教徒の安息日である金曜ごとに、血をしみださせるという不吉な役目を背おわされていたため、かえって深い尊敬の対象とされていた。しかし、いたるところで勝手に伐採され、ノアの箱船の材料となった「ゴウファー材」とは、それから作られた木だと考えられている。ホソイトスギの円錐形の樹形は、オリエント地方では炎を示すものとされ、ペルシアではゾロアスター教〔拝火教〕の寺院の前に植えられ、ゾロアスター自身がその影の中に宿るとされた。ホソイトスギの英名サイプレスはキプロス島の地名に由来するが、そのキプロス島では人々は神の象徴として崇めてさえいたのである。古代イタリアの農業の女神であるケレスは、エトナ山の噴火口にホソイトスギで栓をし、火の神ウルカヌスを山の下にある仕事場に封じ込めた。ヨーロッパの最古の木は、ロンバルディア地方のソムマにあるホソイトスギと見なされている。この木は40メートルもの高さがあり、カエサルの時代に大きくなった木である。ナポレオンは、あまり思いやりを示すことはなかった人物であるが、シンプロン越えの道を建設する時には切らずに残しておくことを許している。

墓地に植えられたホソイトスギ

ポピー (Poppy)

麦畑の中にきらめくこの華麗な花は誰でも知っている。花の色が血を想わせるところから、旧世界ではポピー〔ヒナゲシ〕は喪を表わす花や凶兆の花とみなされている。タルクイニウス・スペルブス〔ローマ王国最後の王、紀元前534～510〕に向かって、息子が、征服した都市の人間をどうすべきか尋ねたとき、ポピーは死の象徴となった。タルクイニウスは言葉に出して返答はしなかったが、庭に出て一番大きなポピーの頭を切り落とし、それによって、有能で影響力ある市民たちの虐殺を命じたからである。

ペルセポネがプルトンにさらわれたとき、ペルセポネの母ケレスは、連れてゆかれた娘を求めて全シシリーを踏査することにし、夜道の旅を続けるため松明を灯しにエトナ山に登った。しかし結局ケレスは娘を取り戻すことができなかったので、神々はポピーをケレスの足のまわりに生えさせた。その意味を計りかねたケレスは詳しく見ようと膝まずいた。そして、その苦く、眠気を催す香りを吸い込み、種子を口に入れたとたん、たちまち、この植物はケレスの疲れた肉体が欲していた休息を与えた。ここからポピーは眠りを表わすことになり、明白な象徴性をもって死者に供されることになった。この植物のサクソン名 popig は、子供を眠らせるために与えるパン粥にポピーの種子を混ぜたものを指すと言われている。その花から阿片が得られるので、いまだに直る見込みのない病人に投与されている鎮静シロップ剤の起原はここにある。

麦畑にポピーが生えると、古代人はその花をケレスに捧げた。古代人は髪に小麦の穂とポピーを挿したケレスの姿を描いた。しかしポピーはまた、その種子の数の多さが豊穣を例証するところから、母なるウェヌスにも捧げられる。その風変わりな呼称の一つ〈クラッキング・ローズ〉は、恋人が信じられるかどうかを確かめるためにポピーの花びらを両手の間で叩くという風習を思い起こさせる。もし、それが破れると恋人の不実を意味するが、破れないでポンと音をたてるならば、喜んでいいのだ。

ナールヴィンデン〔ベルギーのリエージュ県にある村〕の戦いの後、戦場は深紅のポピーで覆われ、人々はそれを2万の兵士が流した血であり、人間の悪行に対する天の怒りのしるしであると見なしたと言われる。東方においてもまた、この花は〈小さな夜明け〉の名を持ち、武装軍団が所有をめぐって争った平原や谷には、いまだにこれらの花が散在し、「野蛮な輝きを放って咲きほこり、殺された兵士の血糊をながめている」という。

ナールヴィンデンの物語は新しすぎて民話と認めがたいという向きには、アメリカではそれよりも新しい時代のできごとの中から民話となって広まっているものがあることを紹介しておきたい。それは西部におけるインディアンと白人との戦いから生まれたものである。スー族によるカスター将軍とその部下の大虐殺の後、インディアンたちは、戦場に「カスターの心臓」と呼ぶ新しい花が現われたと言いつのった。それは細長く堅い葉を持っていたが、騎士の剣のように反り返っていて、非情に鋭利だったので、地面から引き抜こうとすれば手が切れるほどだった。この植物は、1876年のある大虐殺の日に殺された戦士たちの血から生まれたという。

レッド・ポピー〔ヒナゲシ〕はアメリ

レッド・ポピー

カ原産種ではないが、愛らしいカリフォルニア・ポピー〔ケシ科のハナビシソウ *Eschscholzia californica*〕――カリフォルニア州花――はアメリカの原産である。カリフォルニアでは、それはあたかも鉱脈に隠された黄金のからこぼれでる光のごとく山々を輝かせている。

ヨーロッパのイエロー・ポピー、すなわちケシ科のツノゲシ《ホーン・ポピー》は海岸性の植物であるが、その点はその学名 *Glaucium flavum* からも想起される。ポセイドンと海のニンフの間にできた子供グラウコスは、陸上で暮らすように定められていたが、魚を獲るのが好きだった。そしてある大漁のとき、驚くべきことに、魚たちが青草に向かってにじり寄り、ガツガツむさぼり食べるとみるや、たちまち、力を得てピョンピョン跳ねながら海へ戻っていった。どんな効能があるのか確かめようと、グラウコスは身をかがめ、そこらの草とポピーの葉を 2、3 枚かじった。すると、海に向かってとても強く心がひかれ、グラウコスはついに海に飛びこみ、そして陸へは二度と戻ってこなかった。

園芸家がケシ科に属する植物の中に創りだした絢爛たる園芸種の中には、十字形のめしべを示すものが多く、聖なる血がこの花を染めたというキリスト教の古い伝説を想い起こさせる。しかし、イギリスの伝説によれば、聖少女マルガレータに殺された竜《ドラゴン》の血からポピーが生まれたとされている。

仏陀のたとえ話にこんなのがある。子供に死なれた母親が、小さな亡骸を抱えて家から家を訪れ、子供をもとに戻してくれと哀願した。一人の賢者に向かって、「旦那さま、先生さま、どんな薬があれば私の子は治るでしょうか」と、相も変わらぬ願いをぶつけた。

物言わぬ子供の顔をみつめながら、賢者は答えた。「この子に必要なのは、子供、夫、両親、召使い誰一人として死者をだしたことのない家からもらってきた一つかみのケシの種だ。」

その母親は大急ぎで出かけたが、どこへ行っても、「この家では死人をだしたことがありませんか」と尋ねると、答はいつも、「もちろんありますとも。生きているものときたらほんの数えるほどしかいなくて、死んだ者の方がはるかに大勢です」というものだった。

何日もがすぎたが、探しても探しても死者を出したことのない家は見つからない。とうとう最後に、それが無駄なことを悟り、賢者の教えを理解した。なぜなら自分の嘆きのひとりよがりに気づいたからである。他の人々もまた自分に劣らず愛する者の死に苦しみ悲しんでいたのである。そこで母親は森の中に子供の亡骸を残して別れを告げ、賢者のところに戻って、ケシの種をみつけることはできなかったが、その意味を見つけることはできましたと告白した。

「お前は自分一人が子供をなくしたと考えたが、死はすべての人間を支配しているのだ」と賢者は言われた。

ポプラ (Poplar)

言語学者たちは、ポプラ〔ハコヤナギ属の植物の総称 *Populus* spp.〕という名にいろいろな説明を与えている。いわく、ローマの「民衆 populace」が公共の集会の際にそのまわりに集まったところから、「人の多く集まっている状態 populus」を指すものであると。またいわく、その葉が常にザワザワ音を立てるがゆえに、ざわめきを意味するギリシア語 papeln に由来するものであると。

アカデモスの森はポプラの木から成っており、この木は、ヘラクレスが蛇に咬まれたときにポプラの葉に毒に対する薬効のあることを見つけたがゆえに、ヘラクレスに捧げられていた。ローマ帝国の海に面する国境を久しく画した「ヘラクレスの柱」〔諸説があるが、ここでは、ジブラルタル海峡の両側のカルペとアビラという二つの山〕は、この出来事を記念して建てられたという。もう一つ別のギリシア神話では、ヘラクレスがゲリュオネスの牛を盗み出し、人食い巨人カクスを殺したとき、アウェンティヌスの丘上に生い茂っていた近くのポプラの一本から大枝をもぎとって、勝利のしるしとして自らの頭に冠ったという。ヘラクレスの次の仕事は地獄へ行くことであった。葉の上面は地獄の煙と火で真っ黒になったのに対し、下面はヘラクレスの額の汗のために涼しく保たれた。そしてこの時以来、ポプラの葉は裏面が銀色なのだという。

この木はまた、神話の上ではパエトンとも関係している。パエトンは父アポロンの太陽の二輪車を乗りこなそうとしたが、馬を御すことができず、道を上や下へ、また右に左に踏みはずし、そうこうするうちに野原を焼き焦がし、ナイル川を干上がらせた。ついにはあまりにも多くの人が死んだため、ゼウスが人々の叫びを聞きとがめ、雷電の矢でこの無能な御者を打ち落としたため、パエトンはエリダノス川へまっさかさまに投げ込まれた。そこへパエトンの姉妹ヘリアデスがやってきて、パエトンを悼んで嘆き悲しみ、川に落ちたその涙は、今日われわれが琥珀と呼ぶ金の滴に変わった。そしてしばらくの後、この悲嘆にくれる姉妹たちは、琥珀の涙を流す木、つまりポプラの姿をとるようになった。

イギリスのクロポプラ

スプーンはさほど新しい発明ではないように思われる。なぜなら、ゼウスが何本かを失くして困ったとき、それが木の中に落ちたか隠されているかしていると信ずべき理由があって、ガニュメデスを森へ探しにいかせているからである。使者ガニュメデスは初めにオークの木に尋ねた。憤怒にかられながら、この大木は答えた。「何で私がスプーンのことなど知っているというのだ。私はエメラルドの葉を持ち、何千という銀の盃をもっている。私は木々の王であって、盗っ人ではない。」

ガニュメデスは許しを乞い、カバノキ《バーチ》に移った。「私は自分の銀のやつをもっている」「私はそれで覆われていて、他のものなど必要ない」と答えた。

またもやガニュメデスは許しを願い、探索を再開した。ブナ《ビーチ》は刺だらけのイガイガを頭上にばらまいた。エルムはガニュメデスの頭を打ちくだかんばかりに枝を振り下ろした。モミ《ファー》は嵐のときのように身を揺らし、その球果をガニュメデスめがけて一斉に落とした。

そうこうするうちにまたポプラのところへやってきて、ガニュメデスは尋ねた。ポプラは、「なぜ私がゼウスの持ち物の保管の責任を負わなければならないのだ」「見てみよ、私の隠し事など何もない」と答えた。そして、すぐさま、下に何も隠していないことを示そうと、その枝を揺すり上げた——というのは、その頃には枝が低かったのである。しかしスプーンがきっちりしまわれていなかったので、木の枝が持ち上げられると、盗品がバラバラ雨のようにきらめきながら地面に落ちた。その白さは、今や死者のごとく蒼ざめるその葉裏の色にも劣らなかった。ガニュメデスはその盗まれた銀器を拾い上げ、不安におののくポプラを後にオリュンポスへ帰りを急いだ。その盗みと偽りに対し、ゼウスはとがめとして、その枝を永久に持ち上げたままでいるようにさせた。

成功や救済は、苦痛を通してのみ得られるものだという宗教的信条は世界のいたるところで見いだされる。初期のキリスト教徒の伝説では、その苦痛を犠牲《いけにえ》にまで及ぼし、自然や花、とりわけポプラにまで分担させている。なぜなら、一説によれば、ポプラの木から十字架がつくられたからであり、またそれゆえ、ポプラの木がキリスト受難において演じた役割の償いのために震えることをけっしてやめないのである。

ある人々は、キリスト自らがポプラの幹から十字架をつくらせたのだと言い、それを理由にラテン民族はポプラを聖木とみなし、フランス系カナダ人の中には、木小屋のためにポプラ《ポップル》を切ることを拒むものもいる。ポプラの震えは、この木にイエスの聖なる血が注がれた瞬間に始まったというのである。しかし、この震えの理由に関してはもう一つ別の説があり、ユダが裏切りの発覚した後に首を吊るのにこの木を選んだことに対する怒りでうち震えているのだともいう。

ヨセフとマリアがヘロデ王の暴虐の手

から逃れる途中、ポプラの並木を通り抜けたとも言われている。聖家族がそばを通ると他のすべての木は首を垂れたが、ポプラだけは超然として、その首を動かさなかった。みどりごイエスがこの頑固な木に一瞥を与えたところ、自責の念に打たれたポプラは震え始め、今日に至るも決してそれを止めることがないのである。

マジョラム (Marjoram)

マジョラムはまったく何の毒性をも含まないという点で稀な植物の一つである。これは食物に香りと風味を与えるだけでなく、防腐作用も持つと信じられ、したがって病人の部屋に飾られ、葬式には教会の床にまきちらされた。この草のドイツ名は〈幸せな心〉という意味であり、また古い英名の〈山の喜び《ジョイ・オブ・ザ・マウンテン》〉は葬式というよりはむしろお祭りの意味合いがある。ギリシアやローマではマジョラムは結婚式の花の一つであったが、そのわけは、ウェヌスがこれを創造したのであり、芳香がいつまでも消えないのはウェヌスが手を触れたからであった。

キプロスにおいてはマジョラムの起源はアマラコスに帰されている。アマラコスは王様の家の小姓で、香水の瓶を腕に抱えて宮殿の中を運ぶうち、大理石の床ですべって落としてしまい、瓶は粉みじんに砕け散ってしまった。王様が立ち上がって叱ったところ、おそれおののいたアマラコスはたちまち命を失ってしまい、真っ白になって、こぼれた香水の中に静かに横たわった。アマラコスが葬られた場所から今日われわれがマジョラムと呼ぶ植物が生えたが、その名はアマラコスという名からの転訛である――無粋にもそれを学名の *Origanum vulgare* で呼ばなければの話だが。

キプロス島からマジョラムは大陸に道をとり、香料植物として、遠くイギリスやドイツで花を咲かせている。こういった国々では、かつてマジョラムは魔よけのお守りとして珍重されたが、それは悪魔に魂を売ったものは誰一人マジョラムの匂いを我慢できないとされたからであった。

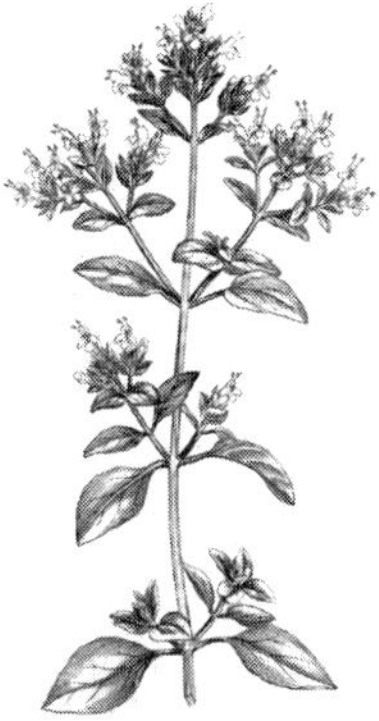

マジョラム

マスタード (Mustard)

香辛料としてマスタード〔*Brassica*

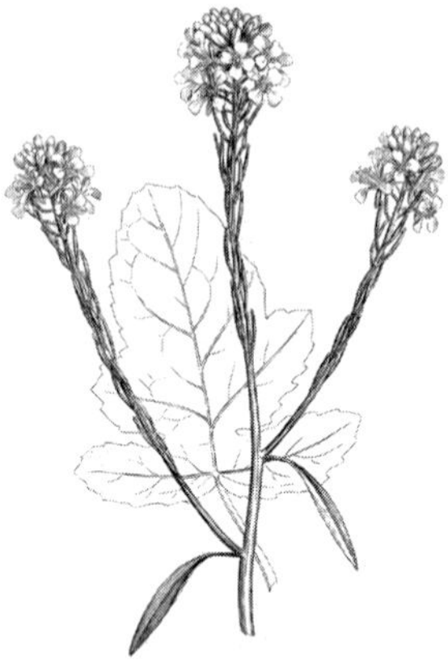

マスタード

nigra〕は何世紀も前から知られている。その種子が小さいのに比して生長した草が大きいところから、小さな端初から大きな結果が得られることの例として、よくたとえ話に登場する。

インドではマスタードは出産を象徴するもので、こんな話が伝わっている。バクワィリー〔クリシュナ神の別名〕という妖精がある寺院に棲んでいたが、12年の間まったく動かずにいたために、ついに大理石と化してしまった。この寺院の跡を一人の農夫がたがやし、新しくなった土地にマスタードを播いた。それが大きくなったのでそれまで子供のなかった妻が食べた。まもなくこの夫婦は一児の親となったが、その児は妖精のように愛らしかったので、夫婦はバクワィリーと名づけた。そしてこの児こそ、様々な姿をとりつつ終生転生を続けるかつてのバクワィリーそのものに他ならないと信じられた。

マツ (Pine)

嫉妬にかられたキュベレ〔レア〕、すなわち神々の母は、自分が愛でた羊飼いをマツの木に変えることで、恋のたわむれに終止符を打った。こうして、羊飼いをすっかり違う姿に変えてしまった後、キュベレはほとんどこのマツの枝の下で嘆き悲しみながら過ごしてばかりいた。そこで、自ら失恋の常習者であったゼウスはキュベレに深く同情し、この思い出の木がいつの季節でも美しくあるように、その葉を常緑に定めた。夏の姿形を失うことなく冬の寒さに堪えるこのような性質のゆえに、中国人は、松、梅、竹を逆境における友情を象徴するものと考えた。

あるローマの伝説には恋の成就を妨げられたために嘆き死んだ若者と乙女に関する不滅の愛が語られている。それによれば、若者はマツに乙女はツタに姿を変え、一緒にしっかり抱き合いながら何世紀もの間生き続けたという。スルピキウスがその聖マルティヌス伝において、マツに邪悪な性質を与えたのには何の根拠もないように思える。というのは、その用途、その恵み、その美しさは、すべて善き評判を裏付けるものだからである。

マツはその名をラテン語の pinus つまり筏からとっている。なぜならマツは切りやすく、未開の人々の舟や筏に用いられたからである。それゆえギリシア人はこれを海の神に捧げている。科学が自然の詩情を損ってしまうまでの何千年もの間、人間がマツの妙なる息使いに耳を傾けてきたことは、マツがボレアスつまり風の女神であり、万有の神パンであったという信仰に示されている。

ドイツの伝説では、マツには子供がいて、幹のあらゆる穴や節は木の精が外界へ逃れでる所であった。時には、木の精が成長して女の姿になることもあった。例えば、スウェーデンの有名な美女スモーランドの話がある。この美女の身元にかなりの疑問はあったが、家事や農作業でちゃんと自分の任務を果たしたので、スモーランドが本物の人間であるかどうかという点については何の疑問も起きなかった。しかし、よそ者だけは、スモーランドの高貴さ、輝く美しさに目を見張り、心なごませるその声音に耳を傾け、それをマツのささやきのようにやさしいと考えた。

家の壁のマツの板の節が抜けて、森へ逃れる道が開けるまでは、この家族にとって万事うまくいっていた。かの美女はその場所へ忍びより、外の世界が奏でる調べに聞き入った。そここそ、スモーランドの青春と夢の世界であった。あそこへ戻りたいと強く願ったところ、スモーランドの体はどんどん縮んでゆき、とうとうちっぽけな妖精になってしまった。何年も過ごした家をほほえみと涙で見やりながら、サヨナラの会釈をし、スモーランドはその家から永遠に姿を消してしまった。

ドイツ東部の都市コーブルクのアーホルンの近郊には、一体の聖母マリア像が奇蹟によってマツの幹に封じられていたが、その地点に境界を建立した司祭の前にその姿を現わした。魔女がまっすぐ立っていたのをねじ曲げたのも、たぶんこの教会の尖塔であり、この地区は、教区の会衆がいつまでたってもそれをまっすぐに立て直すことができないという理由で近在の村々から笑いものにされることになった。アーホルンの農夫の一人がそれに耐えうるだけ頑丈なマツを選び出して尖塔の代わりにし、引っ張り、伸ばし、この塔にマツの動きを模倣させるようにしたとき、事態は改善され、塔はまっすぐになった。というのは、縦に切ったその松傘が手の形——キリストの手——をしていることが発見されたとたん、この木は神秘的な力と性質を示したからである。マリアはエジプトへの逃避行中にマツの木の下で立ち止まり、敵の眼から身を隠し、木の香りに満たされた涼しい緑の部屋で心地よく休んだ。木は、あたかも植物界全体の愛を証すごとく、その大枝をマリアのまわりまで下げた。ヘロデ王の兵士たちが通り過ぎたので、みどりごイエスはその手を上げて、隠してくれたことを讃え、その実にこの手の形をしたしるしを残したのである。

マツの実をインディアンたちは食べており、ローマ人もそれが力を授けてくれると考え、食物としていた。ボヘミアの盗賊たちは、今でもその油っぽい実が鉄砲の弾をそらしてくれると信じて、食べると言われている。マツはまた、痛風、白内障および家畜のいろんな病気の治療薬でもある。

マツはアメリカの清教徒《ピューリタン》の神父たちに重んじられてきたが、そのわけは、プリマスに上陸したとき神父たちが目にした唯一の緑がマツだったからである。それゆえ、それを意匠としてパイン・ツリー・シリングなどの硬貨に刻印し、マサチューセッツ州の紋章に用いたのであった。その後、他の入植者がやってきて木を切り払ったので、森林の境界は北へ後退し、やがてメイン州がパイン・ツリー・ステートとして知られるようになった。ここは野生の生物の天国であり、池や小川に恵まれた豊かな土地であるが、木が切られ、むきだしにされた土が照りつける太陽の下で砂地と化してしまうと、消えうせてしまうのである。

マツについての話はいろんな国の民話にみられる。その一つは日本のお伽噺で、年老いた夫婦が犬を飼っていたところ、その犬が地面をひっかいて黄金を掘りだした。この幸運な出来事を聞き及び、ねたんだ心のいやしい隣の爺さんが、自分にも同じ幸運が訪れるはずだと信じて、犬を貸してくれるように頼んだ。しかし犬は、埋もれた財宝を見つけるかわりに大量の汚物を掘り出した。このねたみ深い爺さんは怒りのあまり犬を殺し、マツの木の下に埋めてしまった。その死体から栄養を受けたマツはみごとに大きくなり、かつて犬の中にあった霊を宿すことになった。この霊は可愛がってくれた昔の主人に働きかけつづけた。昔の主人は、穀物を搗くために、その木の一部から臼をつくった。すると、使っても使っても穀物が底から湧き出してきて、けっして食物に困ることがなかった。この奇蹟を耳にした隣の爺さんは、その道具を貸してくれと頼みにいった。ねたみ心の持主にもたらされたものはまたもや同じ不運であり、隣の爺さんは再びひどい怒りに襲われることになった。この臼が搗きだしたものは、すべてかびたものや虫のついたものばかりであった。そこで隣の爺さんはカッときて、それを粉々に砕いてしまった。しかし老人は、よこしまな隣人が燃やしてしまった灰を集め、冬の木あるいは枯れ木に向かって投げつけ、そこに葉をつけさせ花を咲かせることによって、その残骸の不思議な力を証明した。この新しい奇蹟によって、老人は殿様に気に入られ、殿様のために多くの木々を蘇らせたので、お金と絹を贈られてほめたたえられた。これがまたもや隣人のねたみを新たにすることになった。悪い爺さんは、自分も同じように殿様の気に入られたいと考え、マツから灰を集め、花を咲かせようとした。しかし、もはやその効能は消え失せたか、あるいは隣人の手がそれを引き出せる手ではなかったのか、だめであった。さらにその上、手際の悪さのために、ちょうど殿様が通りかかった瞬間に灰を投げる破目になってしまい、まっすぐ殿様の目に入ってしまった。殿様は、乱暴者もしくは不注意なやからに侮辱されたと思い、このねたみやを罰した。

歌川広重「唐崎の夜雨」

マツは日本の絵画にしばしば描かれ、その一つ、京都近郊の琵琶湖西岸〔唐崎神社〕にある神聖なマツは、高さ27メートル、周囲が10メートルあり、長さ87メートルという極端なものを含めて380本の枝を伸ばしている。これらの枝はあまりにも重く垂れ下っているので支えが必要となっており、訪問者は、この緑の並木を通り抜けるのにしばしば立ちどまらなければならない。

マートル (Myrtle)

詩や伝説にたびたび登場するフトモモ科のマートルを、ビルベリー（ワートルベリーとも言う）〔コケモモの仲間 *Vaccinium myrtillus*〕あるいはベイ・ベリー〔ヤマモモ属の一種 *Myrica californica*〕だと考えている人がいる。

しかしながら、古代人のマートルは、南ヨーロッパに豊富に見られるギンバイカ〔*Myrtus communis*〕であり、それが他の土地へ広がったのだと考えるべきで、それにはわけがある。ギンバイカはもと人間で、メルクリウス（ヘルメス）の息子ミュルティロスであった。が、このごろつきはペロプスから賄賂をもらって主人オイノマオスの戦車の車輪からくさびを引き抜いた。それによって戦車競争に勝つことができたペロプスは、オイノマオスの娘を要求した。オイノマオスはこの申し出をいささかも喜ばず、驚く悪党ミュルティロスを捕まえ、その裏切りをののしりながら、即刻、海に叩き込んだのである。しかし、海もまたこの悪党を歓迎せず、岸に投げ返したので、慈悲をもってミュルティロスの人間の姿は取り上げられ、その場で木に変えられたのである。

いまひとつ別の伝説では、塩の香りを好むギンバイカは、ウェヌスが創造したものとされている。ウェヌスは昔、ギリシアの国々ではミュルティラ、またはミュルティアと呼ばれ、パリスがウェヌス（アプロディテ）こそ神々の中でもっとも美しいという判定を下したとき、その頭を飾ったのがこの花であった。この伝説では、盗賊の一団によって家からさらわれたミュレネという一人の乙女がウェヌスに救けられ、ウェヌスの神殿の巫女となった。ある祭りのとき、ミュレネはたまたま盗賊団の一味の一人をみつけた。復讐の念に燃えるミュレネは、恋人にこの男のことを告げ、もしあの泥棒を刀にかけてくれれば、願いを聞き入れて一緒になると約束した。恋人は首尾よくミュレネをものにしたが、ウェヌスは立場を忘れた巫女の行ないに怒り、若者を死の病に陥れ、ミュレネをギンバイカに変えてしまった。

ウェヌスは、わがままな息子クピド〔エロス〕がプシュケとの恋に陥ったことを知ったとき、泣き叫ぶプシュケを打ちすえたが、それに用いたのはギンバイカの棒であったし、また、サテュロスに追いかけられたときに、プシュケをやさしくその木陰に受け容れてくれたのもギンバイカであった。

さらに古いと思われる別の伝説では、ギンバイカはミネルヴァによって創造されたのであり、姿を変えられたのは、元気溌剌の乙女ミュルシネで、そのわけはかけっこでミネルヴァを打ち負かしたからであった。

ムーア人の騎士ルッジェーロが、愛馬ヒッポグリフ〔ワシの頭と翼をもつ馬〕から降りて、見知らぬ海岸に上陸したときのことである。ルッジェーロはこの馬

ギンバイカ

をギンバイカの木につなぎ、荒れ果てた庭に湧きでている泉で喉のかわきをいやした。兜・鎧・武器をかたわらにおいて休んでいると、木から声が聞こえてきた。「まだ苦しみが足りないのだろうか。こんな無礼に堪えねばならないとは！」騎士は大急ぎでヒッポグリフの手綱を解いて、こう答えた。「あなたが木か人間かいずれであれ、気づかないで犯した誤りをお許し頂きたい。できることならどんなつぐないをもいたしましょう。」すると、さらさらした樹液のような涙が樹皮をしたたり落ち、再び声がした。「私はアストルフォといい、フランスの勇士で、勇猛をもって知られております。東方から帰る途中、恐ろしいアルシナの城にたどりつきました。魔女アルシナは、進んで崇拝者となった私めを島にある館へつれていきました。そこで私たちは楽しい日々を過ごしましたが、あの女の誘惑に負けたすべての者と同様、私もやがて飽きられ、御覧の通りギンバイカの姿にされてしまったのです。私の友人のあるものはここでレバノンスギ《シーダー》、オリーヴ、ヤシとなっており、またあるものは泉に変えられ、また岩や獣にされたものもあります。気をつけてください。あなたにもこれと同じ運命が待っているかもしれません。」

ルッジェーロはこの警告の重大性にほとんど注意を払わなかった。ルッジェーロもまたアルシナに会い、その美しさに我を忘れ、黄金の壁とダイアモンドの柱でできた魔女の宮殿に導かれるにまかせてしまった。ルッジェーロもまた結局は

ギンバイカに変えられてしまったが、しかしルッジェーロは魔女の黒魔術より強力な白魔術によって人間の姿を取り戻し、妖艶な魔女に復讐をとげ、アストルフォとその友人たちを解放したという。

ギリシア人にとっては、ギンバイカは不死の象徴であった。それは一年中緑を保つからであり、また偉大な人物の作品は不滅であると考えられたところから、大衆はお気に入りの作家ができのよい芝居や詩を作るとその額にギンバイカを巻きつけた。市場の広場には常に、この木を売るための場所が空けられていて、売り手は祭りや儀式の折りに姿を現わした。コリントでエウロパの祭りの行列にもちだされるギンバイカの花輪の一つは直径2、3メートルにも達した。

ギンバイカが愛の木であるというところから、古代世界の信心深い人々からは不信の眼でみられた。ボナ・デア〔純潔と豊饒をつかさどる古代ローマの女神〕の祭りがめぐってくると、ローマ人はあらゆる植物・花・葉を飾りに用いてもかまわなかったが、ただ一つギンバイカだけは例外で、好色を刺戟するという理由で禁じられた。しかしギリシア人はその葉を儀式だけではなく宗教上の秘儀にも身につけた。ギンバイカの冠を、とくに花嫁に戴かせるという風習はローマ人からユダヤ人へ、ユダヤ人からドイツ人へと伝わり、ドイツ人は今でもそれを結婚の飾りとして好んで用いる。さらにボヘミア人へも伝わったが、ボヘミア人は正反対に葬式に用いる。これはすてきな風習で、死者を包む緑が不死を象徴するのである。

幕屋の祝宴にギンバイカを用いるユダヤ人やそれと近縁のアラビア人にとって、ギンバイカはアダムが楽園を追放されたときに神が与えた慈悲を思い起こさせる木である。なぜならば、そのとき最初の父アダムは、食物の王であるコムギ、果物の王であるナツメヤシ、香りのいい花の王であるギンバイカを携えてゆくことを許されたからである。

マメ (Bean)

古代になぜマメはそれほど評判が悪かったのだろうか。どんな気狂いじみた、論理の転倒があったのだろうか。それとも事実を無視したのだろうか。あるいは背徳的な使い方がされていたのだろうか。

マメについて書かれたものをそのまま正直に読むならば、「マメは狂気をもたらす」「マメは悪夢をひきおこす原因となった」「マメの夢をみることは災難が起こることを意味する」「亡霊でさえ、マメの匂いがするだけで、身をふるわせて逃げだした」。豊穣の女神ケレスが人間に穀物を贈ったとき、ケレスは、マメには価値がないといって他の穀物と別扱いにし、贈り物に含めなかった。神託を伝える祭司は、自らの目がくもらないよう、マメを食べなかった。ヒポクラテス派の医学では、マメは視力をそこねるというので食べないように教えていた。キケロは、マメを全然食べようとしなかった。なぜなら、それは血液を腐敗させ、情欲をあおりたてるからである。ローマの祭司たちは、神聖でない不浄なものとして、その名を口にしようとさえしなかった云々……。

マメに関する唯一の伝承は、哲学者ピュタゴラスと結びついているもので、ピュタゴラスはエジプト人の間に、魂のうちのあるものは肉体を離れると、マメになるという信仰をひろめた。ピュタゴラスは、それで、マメが半分人間であると信じて、食べるのを拒否していた。ピュタゴラスは、命を奪おうとする敵の刺客に追跡され――彼は呪術師としても有名だったのである――マメ畑に逃げたが、あたりのマメのつるはみな仲間たちの魂の姿に見えて踏みつけることができない。仕方なくじっと立ち止まって殺されるにまかせたのであった。

マリゴールド（Marigold）

他の黄色の花と同じくリュウキンカ《マリゴールド》〔英名 marsh marigold、学名 *Caltha palustris*〕も日の光を表わすもので、〈太陽の花嫁〉〈黄金の花〉などと呼ばれるが、まったく奇妙なことに、この花は嫉妬へつらいを表わすのに用いられてきた。ある伝説によれば、リュウキンカは、ある若者の愛を得るのに失敗し、恋仇への嫉妬のあまり気がふれて死んだ乙女であるという。しかし、ある花辞典にリュウキンカが嫉妬を表わすと書かれていたとしても、その輝く面立ち、太陽への献身、その快活さゆえに、その意味するところが「変わらぬ愛」であることは明らかである。

おもしろいのはこの属の仲間に与えられている名で、それは〈死の花《デス・フラワー》〉〈雌牛の花《カウ・ブルーム》〉〈ガウルズ〉〈ガウランズ〉〈グールズ〉〈王の杯《キング・カップス》〉〈バター色の草《バターワート》〉〈雄牛の花《ブル・フラワー》〉〈水たまりの花《プール・フラワー》〉〈ケア〉〈馬の鼻ちょうちん《ホース・ブロップ》〉〈ウォーター・ドラゴン〉〈酔っぱらい《ドランカード》〉〈酒場のおやじと酔客《パブリカン・アンド・スインナーズ》〉〈卵の黄身《ヨーグ・オブ・エッグ》〉〈聖母マリアの蕾《メアリー・バッド》〉〈黄金色の花《ゴールド・フラワー》〉〈輝く草《シャイニング・ハーブ》〉〈左手で持つ武具《レフト・ハンド・アイアン》〉といったものである。最後の〈左手で持つ武具〉はプロヴァンス地方からやってきた呼び名で、その地では開いた花が盾すなわち左手で持つ武具の形に似ていることから着想されたものである。

その属名 *Caltha* はギリシア語の kalathos すなわち盃に由来するが、この呼び名は、

リュウキンカ

その起源に関してギリシア人が独自の伝説をもつことを示しており、そしてドイツに伝わるある物語は、このギリシア名を強く思い起こさせる。それによれば、カルタという名の一人の乙女が太陽神に恋をしてしまった――あまりに深く恋い慕うあまり、太陽神を見るためにだけ生きるようになってしまったのである。夜になってもじっと野にとどまって、夜があけて太陽神の燃えたつ瞳の最初のきらめきが現われるのを待ちわびた。あまりに激しく恋に身を焦がしたために、次第にやせ衰えてゆき、とうとうまったくの魂だけの存在になって、ゆらゆらと大地から立ち昇り、憧れの太陽のまわりに輝く光の中へ吸いこまれてしまった。そして、乙女が長い間立っていた場所に最初のリュウキンカが姿を現わしたが、その姿形と色は太陽を思わせ、その花びらには、姿を変えた乙女がこぼした幸福の汗か涙か、ひとしずくの露がぽつんとのっていた。

外見がまるで違うのはメキシコのマリゴールド〔*Tagetes* spp.〕で、その花びらは赤く、それは領土と黄金を貪《むさぼ》ったスペイン人征服者によって殺されたアステカ人の血の色という。聖母マリアがこの花を胸に挿していたところから、マリゴールドという名が出たと称されている。しかし、もっと確かそうな語源はフランス語のmarais（沼）あるいはmer（海）である。なぜなら、〈沼地《マーシュ》のマリゴールド〉と呼ばれるリュウキンカは、じめじめした場所にすっくと生えて、その鮮やかな色であたりに活気を与えるからである。

マルベリー（Mulberry）

ギリシア人はその賢明なる属性のゆえにマルベリーを知恵の女神ミネルヴァに献げているが、それを栽培する人間の方はいつもいつも賢明だったというわけではない。なぜなら、ジェームズ1世は1605年に、養蚕を広め新しい産業を興すべくこの木をイギリスに持ちこんだが、それはクロミグワ《ブラック・マルベリー》〔*Morus nigra*〕で、マグワ《ホワイト・マルベリー》〔*Morus alba*〕と違ってカイコの食べないクワであったからである。同じようにアメリカにクワを移入しようとした試みも惨めな失敗に終わったが、そのために多数の農民と苗木業者が大損害を受けた。

初期にアメリカに根づいたうちの一本は、1840年に異郷の地で病気に倒れたスコットランド人行商人がクレー・コート・ハウスに植えたものである。その行商人は激しい痛みの合間に、何か鎮静剤を、いやいっそ毒を下さいと神に祈った。あまりにも苦しみがひどいので死んでしまいたいとさえ思ったのである。祈りに応えるかのように一本の小さな草が眼に入ってきた。それはハッカのような薬くさい匂いがしたが――たぶんハッカだったのであろう――、男はそれをむさぼり食った。苦痛はおさまったので、感謝のしるしとしてその場所にスコットランドからもってきたマルベリーの種を植えたという。

ケンブリッジにあるミルトンのマルベリーは今でも実を結ぶが、シェークスピアがストラットフォードの自宅の庭に植えたマルベリーは、その屋敷を買った人に切り倒されてしまった。それというのは、その木を見せて欲しいとやってくる人の多さに悩まされたからであった。

ビルマではクワ〔ヤマグワ〕がおおっぴらに崇拝の対象となっているが、当地ではヨーロッパの迷信とはかかわりがない。その迷信というのは、悪魔が自らの靴をマルベリーの実で真っ黒に染めるというものである。東洋では1月15日に、マグワの実で砂糖煮をつくるのが素朴な風習である。そのわけは、ある妖精がチャンという男に、この珍味を作ってくれれば、その代償としてマグワの収量がそれまでの百倍になるようにしてあげると約束し、その結果、男は驚くほど多量の絹を得ることができたからである。

ピュラモスとティスベは古典時代におけるロメオとジュリエットの先がけである。この若きバビロニア人の二人の恋人同士は、無慈悲な親たちのために引き離されてしまったが、うまく人に知られずこっそり会い、時には二人を分かつ壁の隙間から愛をささやきあっていた。二人が好んだ逢いびきの場所は町の城門の外にあるニノスの墓に生えるマグワの木陰であった。

ある日、先にその場にやってきたティスベは、羊小屋で略奪を働いてきたばかりのライオンが姿を現わしたのでびっくりした。ティスベは洞穴に逃げこんだが、あわてたのでヴェールを落としてきてしまった。ヴェールはライオンの爪で引き裂かれ、血祭りにあげられたばかりの子羊の血に染まった。ピュラモスはそれを見つけたとき、恋人を失ったと思いこんで、大きな悲しみの声をあげた。「お前が死んでしまったからには、私の血をお前の血と一つにするしかない」と叫んだ。そしてヴェールを涙でぐっしょりにしてから、剣を自分の胸に突きたてた。

しばらくまって、もうライオンがいってしまったに違いないと確信してから、ティ

マグワ

クロミグワ

スベは思い切って隠れ場を出て、もう一度その木のところまでやってきた。すると木の下に誰か人が倒れているのがみえた。なんと愛しのピュラモスではないか。ティスベが頭を胸に抱きしめると、ピュラモスはうすれゆく意識の中で最後の眼差しをティスベに向けつつ息たえた。

「愛と死が私たちを一つに結びつけたのだから、二人を一つの墓に葬ってください」と叫んで、ティスベは刃《やいば》をそのやわらかな胸に突き刺した。それはとても強い力だったので、血は頭上に垂れかかるマグワの実にとびちった。影を投げかける枝の上に広がる青く静かな空に眼を転じながら、ティスベは「木よ、親たちの非道の証人になっておくれ。あの人たちの誤ちのしるしとして、その実を私たちの血で染めておくれ」とあえぎながら言った。恋人たちは一緒に埋められ、その日以来マグワの実は赤くなったのである。

マンゴー (Mango)

熱帯を旅行する人間は、マンゴーに関しては何とも複雑な思いを抱かされる。なぜなら、そのあふれるような果汁からは丸ごとすっかり食べられるような感じを受けるのに、実際に食べてみると、たいていの人はテレピン油に浸したドア・マットのような味がするというからである。けれどもマンゴーの木陰で暮らす黒や褐色の肌をもつ人々はマンゴーを珍重しており、カナリー諸島のある伝説では、それは生命の木そのものである。

ある王様が一羽のカササギを飼っていたが、ある時この鳥は天まで舞い上がってマンゴーの種子をもち帰り、それを王様に差し出してこう言った。「これを植えて大きくなったらその実を食べてください。食べた者すべてに永遠の生命が与えられるはずですから。」王様はすぐにそれを土に埋め、そして季節がめぐってくると木は大きく美しく生長し、つややかな葉と鮮やかな朱色の実をつけた。食べる段になって、本当に効きめがあるかどうか、いささか怪しんだ王様は宮廷の一老人にマンゴーの実を試食するよう命じた。ところが、王様が最初にもいで与えたマンゴーにたまたま毒が入っていた。というのは、ワシにつかまえられたヘビが頭上からその実の上に毒液を数滴落としていったからである。毒は五臓を制し、老人は苦悶しつつ倒れて死んだ。王様は驚くとともに怒り、運の悪いカササギの首根っ子をおさえ打ち殺してしまったので、それから長い間、あえてその木に触れるものは誰もいなくなった。

実際、それは「毒マンゴー」と呼ばれていたので、もし一人の老婆がいなければ、この木はおそらく切り倒されて焼かれてしまっただろう。その老婆は毎日のように息子と嫁に罵られ鞭打たれるので、自分が死ねば親不孝な息子夫婦に天罰が下るかもしれないと思って、自殺しようとしたのである。ひと口食べると老婆はたちまち十代の乙女のようになった。この奇蹟を耳にした他の人々もこの実を食べて若返り、歓喜した。けれども王様は食べなかった。王様は、永遠の若さの木を運んできてくれた情深いカササギを殺してしまった自らの非道な行ないに思いをいたして、自責の念にかられ、我と我が身を刺し貫いて命を絶った。

あるインドの寓話にはマンゴーの木が象徴としてでてくるが、このマンゴーの木には実が鈴なりについていた。黒い男は斧でそれを切り倒した。青い男は枝を折った。赤い男は実をもいだ。黄色い男は枝に腰かけ熟れたマンゴーを食べた。そして白い男は道すがら立ちどまって地面に落ちた実を拾った。ここに示されているのは、人生とそれをいかに生きるかについての寓話である。

斧をもって破壊のみを求めた黒い男は征服者または犯罪者である。青い男はそれよりスケールは小さいがやはり略奪をし他人のことを考えないエゴイストである。赤い男は木こそ傷つけなかったが一番いいものをほしがるだけ欲が深い。黄色い男は度を過ごさぬ賢明さをそなえ、自分の必要な分だけしかとらず他の人にも十分残している。しかし白い男には謙遜さがみられ、他の人間が見捨てたものを受け容れ、最小限の分け前に満足して暮らし、しかも後からくるお腹のすいた人のことを考えて、歩みをとめるのは落ちた実を一つ拾うあいだだけで、すぐに自分の仕事に戻るのである。けれども、最後の白い男が食べる落ちた実こそが一番おいしいのである。

マンゴー

マンドラゴラ（Mandrake）

媚薬としての効能を持つと思われていたがゆえに、マンドラゴラの実はギリシア人にとっては愛のリンゴであり、一方アラビア人にとって悪魔のリンゴであった。この植物の医薬的・神霊的・悪魔的性質については、20冊を超えるまじめな本が書かれているし、二股の鮮やかな色をしたその根は、人間の姿に彫られ、お守りとして持ち歩かれた。この草を掘り出すのはまことに危険な仕事で、だからこそ犬に引っ張らせて抜いたのであるが、犬はこの草が上げる金切り声を聞くと恐ろしさのあまり死んでしまう。「土から抜かれるマンドラゴラのような」〔シェークスピア『ロミオとジュリエット』4幕3場〕と形容されるその声を聞いた人間はことごとく死ぬか気が狂ってしまう。犬の飼い主は忠実なる犬の尻尾をその茎にしばり、まずこの草を3度またぐ仕草をしてから安全な距離まで退き、犬に向かって口笛を吹き、両耳をしっかり閉じていると、この恐ろしい植物が手に入った。

時代が下ると人々はこの草に対して、あるいは自分自身に対して、もっと冷静に対処できるようになった。なぜなら、掘り手が風上に立って顔を西に向けていさえすれば、十分にそれを刀でこじて掘り出せるようになったからだ。もし掘り出すのに失敗すると、地面が大きく口を開け、掘り手は悪鬼に捕らえられて永遠に姿を消してしまう。根を手に入れると持ち主は、それを白い布にくるんで箱に入れておき、金曜日ごとに水に浸け、洗った水を貯えておかなければならない。この水には薬効があるからである。

この「土中の人形」は家に幸運をもたらし、着衣の下に入れてゆくと、裁判で負けないよう守ってくれる。たぶんそれが理由であろうが、屋敷のまわりにマンドラゴラがあることは、単に疑わしいどころのさわぎではなかった。それは持ち主が魔法使いであることの印であり、1630年にはハンブルクで、家にマンドラゴラの根をもっていたという以外何の罪もない3人の女が処刑された。

マンドラゴラを犬に引き抜かせる

悪魔はマンドラゴラを特別に監視していて、持ち主が手に入れたときより安い値段で他人に売りさばくことができないかぎり、死ぬまでつきまとうのである。火に投じたり、川に投げこんだり、こなごなにうち砕いたり、崖から投げ落としたり、森においてきたりしても、大急ぎで家に帰ってみると一足先にマンドラゴラが戻っていて、床をはいまわったり、人間の恰好をしてにやにや笑って戸棚から出てきたり、あるいはベッドに納まっているだろう。

マンドラゴラに対する怖れがある程度弱まった後でも、それはなお畏敬の念をもって見られ、父から子へと伝えられていった。棺に納められていた例もある。その棺には絞首台に吊るされた盗賊の足許にマンドラゴラが生えている絵が描かれていた。

時にはその根は人間の頭部と驚くほどの類似をみせるが、そういった標本の一つがロンドン外科大学に展示されている。それは球根が二つくっついたようになっており、それぞれが口ヒゲをたくわえたまさに人間そっくりの顔付きをしている。ドイツの鉱夫たちの話では、マンドラゴラの根は地中深くまで達しているということで、根が引き抜かれていくのをみて悲鳴をあげるのは地の精たちだという。

マンドラゴラの効能は、時が経つとともに実用的なものとなり、吉凶よりは健康に関連づけられるようになった。というのもそれが不妊症・夢魔・痙攣・歯痛といった病気を癒したし、またそれを持っていると泥棒よけになり、また悪天候から免れることができたからである。

この植物はふつう埋葬された死体と関連づけられるが、これはアテナイの広場《アゴラ》の下にメドゥーサの首が埋められたことに由来するものと考えられている。このアゴラからマンドラゴラという名を生じたのである。そのわけはメドゥーサは生きていたとき、睨むと気を失わせ死に至らしめる力を持っていたため、その墓から生まれたものは麻酔薬ないし毒薬の効能があるとみなされたからであろう。シェークスピアは「ケシ、マンドラゴラ、その他あらゆる世界の催眠剤」〔『オセロ』3幕3場〕と言っている。

アイスランドではマンドラゴラは〈盗人の根っ子〉と呼ばれているが、そのわけはそれが首吊りになった悪人の口から生えるからである。もしマンドラゴラの持ち主が、教会の大祭のとき、使徒書簡《イピスル》の抜粋の詠唱と福音文《ゴスペル》の詠唱の間に貧しい未亡人から盗みとったばかりの一枚の硬貨をマンドラゴラの下に置くと、そのマンドラゴラは何も知らない人々のポケットにあるお金を吸い寄せるのである。

ミズキの仲間（Cornel）

何世紀にもわたるローマの栄光は、建国者ロムルスの想像力の前にみごとに予示されていた。建国にあたり、ロムルスは、国の境界と、その防衛拠点を定めることを始めた。パラティヌスの丘まで城壁を広げようとして、遠く離れた所から力の限りに槍を投げると、槍が丘の上に突き刺さるのが見えた。槍の柄はコーネル〔ミズキ属の植物〕で、突き刺さった場所から根を張り枝をのばして大きく繁り、その生長ぶりは、ローマ帝国の膨張と強さを予兆するかのようであった。そ

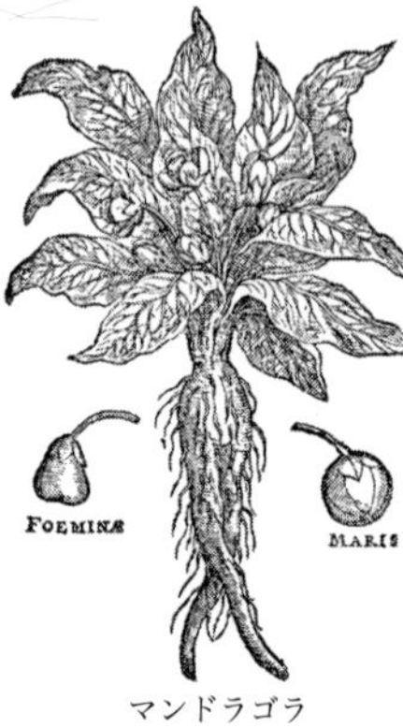

マンドラゴラ

セイヨウサンシュユ

こでこの木は次第に人々の心にかけられるようになり、暑くて日照りの続く季節などに時どきしおれることがあったりすると、これをみつけた人は誰でも、町中の人々に、急いで水を運んでくるようにという警告の叫びをあげる習慣ができた。

ギリシアの伝説によると、最初のセイヨウサンシュユ *Cornus mascula*〔*C. mas*〕は、ポリュメストルに殺されたポリュドロスの墓から生えてきた木であり、アエネアスが幹から枝を裂きとろうとすると血をしたたらせたという。

ミツバグサの仲間 (Saxifrage)

ミツバグサ属の一種バーネット・サクシフリジ *Pimpinella saxifraga* は、まことに魔術的な価値のある植物で、女性が食べれば、少なくともイタリアでは、その女性の美しさが増すのである。もし、兵士が戦場に赴く前に剣をモグラの血とこの草の汁液に浸すと、刃の切れ味は鋭くなり、より多くの敵を倒すことができる。今でもハンガリーのある物語では、それは傷つけるのと同じほど強力に傷を癒すことになっている。というのは、チャバ王が兄弟と壮絶な戦いを繰り広げた後、王の手には1万5000人の傷ついた兵士が残されたが、すべての傷口をこの小さな植物の汁液が直してしまったからである。

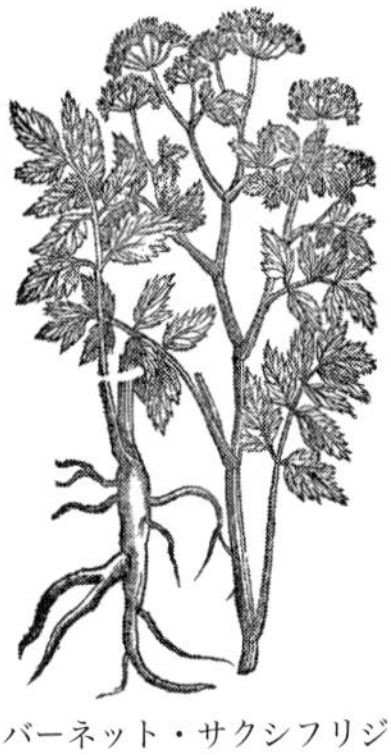
バーネット・サクシフリジ

メロン (Melon)

何らかの理由によってこの果物は、エリヤ〔列王記、17章の2に登場するヘブライの預言者〕の怒りを駆りたてたのだが、たぶんそれを食べて腹をこわしでもしたのであろう。そこでもし、カルメル山頂に登ることがあれば、そこにかつてのメロンが姿を変えてできた石の畑を見ることができよう。エリヤがあまりにも手きびしくメロンをののしったので、メロンはそれまでにも増して消化しにくく、固くなって今そこに見られるような姿になったのである。

トスカナ〔イタリア中西部の州、もと大公国〕の王はかつて三つ児の父親となったが、子供たちを見にゆくことはけっしてなかった。というのは、王妃に嫉妬した小姑の姉妹たちが、王に、三つ児が人間ではなくネコとヘビとナナフシだと告げたためである。王様は小姑たちの言を信じ妻を魔女として牢に入れ、子供らを海に投げ入れよと命じた。その仕事を命じられた庭師は、哀れな幼子たちを自分の家に連れて帰り、我が子のようにして育てた。庭師の家の庭にできた最初の果物の一つはスイカ《ウォーター・メロン》であった。とても大きくおいしそうだったので、王様にこそふさわしいという意見がでて、王様の食卓に供されることになった。王様がそれを切ると、何と、その種《たね》は宝石であった。「何と不思議なことよ！」と王様は大声を上げた。

「スイカに宝石が産めるのか？」

「人間の女がネコとナナフシとヘビを産むよりたやすいことです」と一人の侍女が申したてた。

「どういう意味だ」と王はどなりつけた。

そこで人々は、王の理性に訴えてこんこんと説き、とうとう最後には王を納得させた。その結果、王は妻を釈放し子供たちを家に連れてこさせ、小姑たちを水にほうりこむかわりに、柱に縛りつけて公衆のさらしものにし、ついでに自分のそれまでの馬鹿げた行ないを告白して、このスキャンダルに決着をつけたのであった。

モクセイソウ (Mignonette)

モクセイソウの上をそよ風が吹き渡り、この花の甘い香りをそっとかすめとった風が、蜜を失敬しているハチのブーンという羽音を運んでくる。そんな夏の朝の庭で働けば、古きよき時代の天国にいるような一瞬を味わうことができる。この花の魅力がその香りにあることはまちがいない。見た眼にぱっとしたところはどこにもないが、その花の誠実さと高潔さを愛する者はだれでも、ちょっとした土地さえあれば、この花を植えて天国にしたくなる。モクセイソウ、すなわちスイート・レセダ——レセダというのはラテン語レセドに由来し、苦痛を消し去るという

メロン

モクセイソウ

意味――は、われわれ西洋人がオリエントに負っている恵みの一つで、かの地ではそれは健康を表わすものである。実際のところ、苦痛を和らげる場合に影響を与えるのが想像力であるとすれば、ちょっとした痛みや病気はその香りを吸いこめば退散すると想像するのも、むずかしくはなかろう。この香りには、治癒・刺激・催眠といった不思議な力があるが、鼻が駄目になった現代人はそのことを忘れてしまったのである。そのつつましさゆえに、モクセイソウはほとんどあらゆる花と組み合わせることができ、また、栽培が容易なところから、この花が咲くところではどこでも人気が高い。

没薬《もつやく》 (Myrrh)

没薬〔アフリカ東部およびアラビア原産のカンラン科の *Commiphora* の樹脂から採取される薬用香料〕は宗教的な儀式に用いられる高貴薬の一つであり、そういった用例は、少なくとも2000年の昔に遡りうる。これは古来より、司祭の頭に注ぐ聖油に混ぜられ、ヘブライ最初の大司祭アロンやその息子たちが指導者に任じられたときに、その髭を流れ落ちたのである。これによってユダヤ人は幕屋・契約の箱・祭壇・盃・その他の聖なる器に、香りと神聖さを与えた。女性を浄めることが要求された時代には、没薬が一年の最初の6カ月に用いられ、残りの6カ月は別の香料が用いられた。

ニコデモがキリストの死体が腐らないように100ポンドの没薬とアロエを買い求めてきたといういい伝えがあるが、これはエジプト人の習性にならったものである。ヘリオポリスの太陽神の前では1日に3度香が炊かれたが、没薬は昼のお供え用に選ばれ、夜明けには別の樹脂、夕方には香料の混合物が用いられた。またペルシアの王たちは、王冠に没薬と宝石をつけることによって王たる者の神聖さを現わした。実際のところ、没薬をイギリスの王族が儀式に使うようになるのは非常に遅くジョージ3世の治世で、ジョージ3世は王室の礼拝堂に「通常の寄進」として、黄金、乳香、没薬を贈ったが、それはまぎれもなく、東方の三博士がみどりごイエスの足許に献げた贈り物を記念するものであった。

だが、もし古代の伝説が正しいとすると、没薬はまるっきり非宗教的なもので、魔法にかけられたミュラの涙にほかなら

コンミフォラ・ミルラ

ない。ミュラはキプロスの王である実の父親に道ならぬ恋心をよせるようになり、父親から国外へ追い払われた。追放されてはじめて理性を取り戻したミュラは何カ月もの間、危険な砂漠をさまよったあげく、最後にアラビアのサバの野にたどりつき、そこで力尽きて、神々に許しと懲らしめを乞うた。神々はミュラを没薬の木に変えたが、その姿になっても、相変わらず、かんばしい香りの後悔の涙を流し続けているという。

モナルダ（Indian Plume）

サラナク湖の近くに住うインディアンのアディロンダック族の娘リーリノウは一人の若者を愛していた。その若者は、すらりとした姿と戦いや狩りでの敏捷な働きぶりから、アロー（矢）と呼ばれていた。二人は結婚するはずであったが、結婚の日が定まる前に恐ろしい伝染病が起こって、アディロンダックの人々の村という村に拡がった。アローも真っ先に死んでしまった。人々は嘆き悲しみながらインディアンの主神《グレート・スピリット》にお慈悲を垂れ給えと祈りを捧げたところ、神はストーム・デアラー山の頂に姿を現わし、厳かに告げた。

「伝染病は村人たちの自ら犯した罪のゆえに罰としてもたらされたもの。その罪とは、一つ、戦いを好み血を流しすぎたこと。一つ、他の部族との協定をあまりにも軽んじすぎたこと。一つ、良い行ないに対して無頓着にすぎたこと。一つ、ごう慢にして利己的になりすぎたこと。以上の罪は村の中でいちばん愛されている者の血をもって贖《あがな》うほか、この怒りは鎮まることがない。」

リーリノウの村の人々は集まって、このお告げに対してどうすればよいか協議をした。しばらくして、リーリノウが立ち上がり、集まりの輪の中に入って言った。「私は希望をなくした花です。みなさんのために私の血を流させましょう。私をアローの横に埋めて下さい。」

そう言うと、リーリノウは祭司のベルトから石のナイフを取り、自らの身体を刺しつらぬいて生命を断った。

主神は山の頂からこの光景を見ていた。リーリノウの身体から流れ出た赤い血が大地を染めたとき、神の怒りは鎮まって伝染病は一掃された。さらに、主神は、自らを犠牲に捧げたリーリノウの思い出

モナルダ

を永遠のものとするため、われわれが今日〈インディアンの羽根飾り〉とか〈オスウィーゴ茶《ティー》〉と呼ぶ真っ赤な花〔*Monarda didyma*〕を、リーリノウの血が流れた場所から生えるようにしたのである。

モミの類 (Fir)

総じてモミと呼ばれている木は、エルサレムのソロモン神殿の天井の細工を造るために切られて以来、キリスト教徒には神聖な木とされている。ギリシア神話では、女神キュベレに愛された美少年アッティスである。アッティスはゼウスによってモミの姿に変えられたが、これはゼウスがキュベレの怒りをなだめようとしたからで、というのは、アッティスはキュベレに仕える司祭であったが、道を踏みはずして堕落したため、ゼウスによって罰を受けたのである。フランスでは、モミに対する尊敬の念が非常に強かったので、聖マルタンが到着して、異教の神々のために建立された礼拝堂を徹底的に破壊しようとしたが、聖マルタンのモミの木を破壊しようというもくろみはたいへんな怒りを喚び起こしたため、思いとどまらざるをえなかった。現在でもその異数を偲ばせる遺風がいくらか、ハルツ地方にながらえており、その地方では、少女たちが宗教的お祭りの際、異教徒の歌を歌いながら、またモミの木を数々の灯、色とりどりの花、卵など、ぴかぴかのもので飾りたててそのまわりを踊る。こんなふうに、木のまわりを取り囲んで、人々は小鬼たちが逃げ出さないように、その木の枝に封じ込めてしまう。すると小鬼は人々にその守っているものはなんでも与えるか自由に出歩くことをあきらめなければならなくなる。これがクリスマスツリーの起源であると考えられており、かの小鬼が次第に発展して慈悲深い聖ニコラス、すなわちサンタクロース、あるいは悪魔《オールド・ニック》となったのであり、これらは、グリムやその他の民話研究所の考察するところ、まさに北欧神話のオーディンそのものであり、ある種の類似性からキリスト教化されたものだという。クリスマスイヴにツリーに灯を吊すときには、それがモミの木であり、マツ、あるいはトウヒ《スプルース》やツガ《ヘムロック》の類でないことをはっきり確かめよう。なぜなら今日では、あらゆる種類の常緑樹が儀式や祝典に使用されているからである。もし、壁に写っ

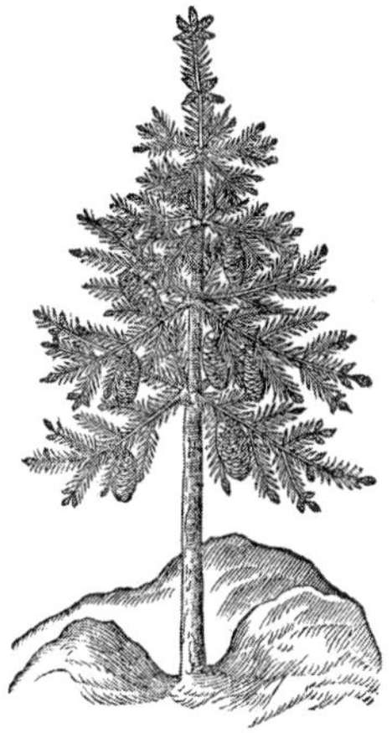

モミ

た自分の影を見る勇気があるならば、運命を知ることができる。もし、その影に頭がなかったら、それは、来たる年の内に死ぬということを意味している。もし、枝を一本切って、それをベッドの足もとに横にして置けば、悪夢を寄せつけない。モミの木の棒は、すっかり燃えつきるということがないので、雷よけになる。また、納屋の戸口に一束ぶら下げると、穀物を盗もうとする悪霊たちを寄せつけない。

ハルツ山脈のフビンチェンシュタインという山の付近では、クリスマスの祝典に、その山に生えているモミの木から球果を集めて銀張りして装飾に使用する。もし、なぜそうするのかとたずねるならば、次のような答えが返ってくるだろう。むかし、ある鉱夫が病気になった。妻と子供たちは困窮のあまり、食物や燃料も欠くようになってしまった。妻は、フビンチェンシュタイン山に登ってモミの球果を摘もうと思った。その実を売ってもう一日の生活費にしようと思ったのである。森へ入った時、一人の小柄で、ニコニコとして長く白いほおひげをはやした老人が、陰から姿を現わして、とある一本のモミの木を指さし、この木が一番の実をつけるのじゃ、といった。妻は老人に感謝し、その木のところへ行ってみたところ、それはもう、モミの木の実の雨あられで、びっくりするやらおどろくやら。バスケットも、ことのほか重くなった。実際、ほとんど持てないくらい重かったのであったが、そのわけはすぐに明らかになった。つまり、妻がテーブルの上にモミの木の球果をあけた時、すべての実は銀になっていたのである。

北方の国々でモミの木は森の王者や森の精のふるさととされ、人々の畏敬の念は非常に純粋なため、木樵のなかにはそれを切るのを拒否するものもあるほどで、ロシアでは巨大なモミの木が嵐で倒された場合には、その木は売りに出されず、教会に与えられることになっている。

モモ（Peach）

日本の有名な民話は次のように伝えている。一人のお婆さんが川で洗濯をしているとき、ドンブラコ、ドンブラコという水の音に驚いたが、やがて足元に丸い大きな桃色をしたものが流れてきた。大変な骨折りのすえそれを岸に引き寄せてみたところ、それはモモで、お爺さんと二人で何日か食べて暮らせるほどの中身が詰まっていることがわかった。割ってみると、モモの種の中に小さな子供が入っ

中国の豆彩桃樹文盤（17世紀後半～18世紀初）

ていたので、二人はとてもびっくりした。この小さな子供は二人に育てられ、貯えの及ぶかぎり最高の訓練と教育を受けた。成人すると鬼が島に攻め入り、その住人を打ち破った。そして鬼が島の財宝を持ち帰って、年老いた夫婦の足元に積み上げ、二人の愛情とモモから救い出してくれた働きに対するお礼としたのであった。

陶磁器その他の中国芸術品収集家たちは、モモを装飾的な図柄とみなしている。しかし、そういった装飾の施された花瓶や皿を贈ることで、贈り手が、相手の長寿を願っているのだ、ということを知る人はそう多くない。中国ではモモは長寿の象徴であるから、その絵が描かれた鉢や平皿は、誕生日の贈り物として用いられるのである。

ヤグルマギク (Cornflower)

ドイツの皇室が、ヤグルマギク *Centaurea cyanus* を皇室の花としてとりあげて以来、それはイギリスでも大陸でも人気を博するようになった。プロシアのルイーズ皇后が、ナポレオンの第1次侵攻を前に、ベルリンから脱出しようとして子供たちを連れて一面の穀物畑の中にかくれた時に、退屈を紛らすためにヤグルマギクを編んで花輪を作り、子供たちの小さな頭に飾ってやった。この青い花のことを、子供たちの一人がずっと憶えていた。この子供というのが、ぶっきらぼうでしわがれ声の老皇帝ウィルヘルムであり、ナポレオン3世を打ち破ってフランスに報復した際に、ヤグルマギクを自らの紋章としたわけである。この花は国民にも受け入れられ、ドイツの野原にたくさん咲くようになった。ヒナゲシと同様、ヤグルマギクは穀物畑の中に生長するので、東方の原産と考えられてきた。ヤグルマギクには〈青いとっくり《ブルー・ボトル》〉〈青い帽子《ブルー・キャップ》〉〈青い蝶ネクタイ《ブルー・ボウ》〉〈青いボンネット《ブルー・ボネット》〉〈青い花《ブルーイット》〉〈薄片状の花《フレーク・フラワー》〉〈独り者のボタン《バチェラーズ・バトゥン》〉〈鋭利な鎌《ハート・スイックル》〉といった多くの名前がある。属名は半身半馬のケンタウロス族の一人であるケイロンからきたもので、ケイロンが百の頭をもつ怪物ヒュドラの血にひたした矢で毒殺されたとき、傷口をヤグルマギクの花で覆い、生き返ったという話を記念している。このヒュドラの伝説は、ヤグルマギクを燃やせば蛇が家から逃げていくといった形でかすかに残っている。種小名のキアヌス *cyanus* は、花の女神フローラを熱心に崇め、その祭壇の

ヤグルマギク

ためにいつまでも花を集め続けたギリシアの若者を記念したものである。その青年が、野原で作りかけの花輪をあたりにちらかしたまま死んでしまったとき、女神は、若者の名をこの花に与え、その後、キアヌスとして知られるようになったということである。

ヤシ (Palm)

ヤシは未開の民に食物と日蔭、油と薪をもたらす。その実からバビロニア人たちは酒を作った。それは砂漠の中に冷たい井戸水の存在を示す目印として立っており、また、優雅な姿で海岸線を彩っている。エジプトでは、その外形に対する讃美が寺院や宮殿の柱の柱頭に表現されているが、それは幹上に束生する羽状葉を伝統的な手法でデザイン化したものである。歴史の黎明期には、ヤシは富、繁殖、勝利、光を意味した。そこでギリシア人はそれをアポロンに献げ、不死なるものとして崇めた。

ナツメヤシは、メキシコのタマカス族の間では、洪水の後で人類をつくった創始者として尊ばれている。オリエントではヤシはマホメットの命によって地上に生えたとされている。また、ヤシはユダヤを象徴するものであり、ローマ人支配者はそれをユダヤの国の印章として硬貨に刻んだ。ユダヤ人にとってはそれは戦勝のしるしであり、行進に携えるべきものであり、征服者の前で打ち振るべきものであった。さらにまた、約束の地の「喜びの井戸」とそこにたどり着くために行なった戦争の成功を想い起こさせるものでもあった。実際、パレスチナはパーム（ヤシ）からその名を採ったと言われており、そのヘブライ語名タマールは、意味深くも、女性の優美さと高潔（まっすぐさ）に捧げられているのである。

キリストがエルサレムの町に入り、人々がその前でヤシ〔正しくはナツメヤシであるが聖書の日本語訳ではシュロとなっている〕を打ち振り、まきちらした日を

ヤシの葉を様式化した柱頭

キリストのエルサレム入場（W. ホラー画、17 世紀）

記念したパーム・サンデー〔復活祭直前の日曜日〕という祝祭日がいまでも行なわれている――この出来事は今日では帽子にヤシの葉を十字に差すことで表わされる。それ以前から、ユダヤ人は独自のヤシの祝祭をもっており、この時に人々は1週間のあいだ町から退き、ヤシの枝でできたテントや小屋で暮し、お祭り騒ぎと一族の再会の季節を過ごす。なぜならそれはユダヤの民の40年にわたる放浪の生活の後の最終的な成功を記念するものだからであった。

宗教上の受難者に対しては、魂が煙となって消え失せる前に、天使がヤシの枝をもってくる。それゆえこの木は殉教のしるしと呼ばれるようになった。万霊節には、ヤシが火中に投ぜられ、それが煙となるとき、その日に苦難から解き放たれた魂たちはそれを勝利の証しとしてつかまえて昇るという。

いくつかの地方の伝説では、ヤシは天国の禁断の木であった。サウスカロライナの縫取りの紋章にこの神話の一端をうかがうことができる。そこには蛇がからみついたヤシの木が見られるからである。

北欧では、ヤシの枝は貴重品であったが、それは水の悪魔を抑えるだけでなく、

サウス・カロライナの州章

葉の一枚があれば、幽霊猟師《ワイルド・ハンツマン》〔北欧神話の幽霊狩猟団の頭目。一説によればオーディン〕そのものの力を失わせることができると考えられたからであった。

迷信的な用法はいろいろあり、例えば、日食の間にそれを犠牲として燃やせば、日射病にかかりたくない人を守る。嵐が荒れ狂っているときにその葉を十字に交わして置くと、落雷を防ぐ。一つまみの葉を飲むと、熱病を癒す。穀物倉の近くにおいておくと、ネズミを追い払う。ノミを退治したければ、復活祭の朝に聖母マリア像の裏に一枚のヤシの葉を置き、復活の鐘の第一打のときに、「骨のないすべての動物よいなくなれ」と叫ぶ。こうすると一年間はノミはよりつかない。これは非常に快適なことである。

川の守護聖人聖クリストフォルスが、キリストに出会う前まだオフェロといっていたころ、弱者と幼子たちを背負って荒れ狂う川の向こうに渡す（そしてキリストその人をも運ぶことになった）ときに、杖として使っていたのはヤシであった。幼いキリストの小さな体があまりにも重く感じられることに驚いて、この巨人が立ちつくしたところ、キリストは彼に、お前の杖を地面に突き立てれば、そこからお前の働きの大切さのしるしとして花が咲くだろうと言った。その通りにしたところ、杖は花を咲かせ実をならせた。それはナツメヤシだったのである。そしてオフェロの心を神の光が照らした。オフェロは自分が川を渡らせたのが普通の人間の子供ではないことを理解し、膝

まずいて拝み、そして名をクリストフェロー、すなわちキリストを運んだ者という意味の名前に改めた。オフェロは高徳の誉れを得て、死後、聖者に列せられた。

いまひとりの聖者は、クララ女子修道会の創設者クララで、パーム・サンデーの日に出家し、アシジの聖フランチェスコからヤシの枝を授かったが、それは当時にあっては聖なるしるしであった。

聖家族の伝説においては、聖母マリアがエジプトへの逃避行の際、幼きイエスの日よけになるよう葉をさしかけよとヤシに命じている。また別の話では、キリストの母が空腹で夫ヨセフにヤシの実を集めてくれるように頼んだとき、ヨセフはいやだといった。しかし幼きイエスが折れ曲がって母親が実をもげるようにせよと命じ、ヤシが心からそうしたので、イエスは祝福を与え、「死からの救済の象徴」としてそれを選び、エルサレムへ凱旋する時には、手にヤシを持つことを約束した。

ジェームソン女史の『聖母伝説』(Legends of the Madonna）には、聖母マリアが磔刑後現われた一人の天使にどれほど慰められたかが語られている。──天使は大声で告げた。「おお、マリア様。神に祝福された御方よ。天国に生えるヤシを一本もって参りました。あなたの死の時、棺の前にこれを置きなさい。三日のうちに息子さんに会えるでしょう。」天使はやがて飛び去ったが、地面にはヤシの枝が残っており、みごとに輝ききらめいていた。そして友人や弟子たちが悲しみの山から降りてきたとき、マリアはヨハネにヤシを与え、自分が死んだら墓に供えてくれるよう頼んだ。かの夜、歌声と家の中からただよい出る奇妙な香りの只中で、聖母マリアは死に、寝床のかたわらに天使たちがいた。聖母マリアの体からあまりにも強い光が発したために、埋葬の準備をしていた人々は目をくらまされ、ほとんど何も見えなかった。ヤシは聖母マリアの墓に運ばれ、そこでもう一つ奇跡が起こった。つまり聖母マリアは、合唱する天使や竪琴を奏する数えきれない人々が待ちうける中を、肉体の形で天に召されたのである。後で墓を調べたところ、何の破壊のあとも認められなかったが、中はバラとユリにうずめつくされていた。

アメリカ南西地方にもヤシはあるが、これはこの地域に特有のもので、ワシントンヤシ《デザート・ファン》 Washingtonia fulifera である。これからとった繊維でインディアンたちは籠、ロープ、屋根をつくり、またこれでメスキート豆〔*Prosopis glandulosa*〕の料理に甘味をつける。白人という災難が訪れる以前、カウイア族は、男の子が生まれるとすぐに山へ連れてゆき、その子に神木として特定の木を割り当てた。それを世話し、祭壇としてあがめるのはその子の役目であった。当人が死ぬとその木も焼き捨てられる。

カリブの人々は、大洪水が地上を覆い始めるとき、ココライト・パーム〔ククライト・パーム *Maximiliana maripa* のことか〕の木はてっぺんが天国に届いているので、それによじのぼって逃れようとした、と言い伝えている。先頭に立った老女が半分ばかりいったところで目がくらみ、おびえて石と化してしまった。老女を越えていこうとした他の者たちもみなそうなった。しかし、コモー・パームに登ったものはみな助かったという。

ヤナギ (Willow)

古い中国の陶磁器に囲まれた快い環境で育った人間ならば、ヤナギの文様のついたお皿やお碗がサイドボードにならべられていたのを想い起こすことがあるだろう。しかしそういった人の多くも、その絵にまつわる伝説について耳にしたことはたぶんないと思う。その話というのはこうである。一官史の愛らしい娘が父の書生に恋をした。この恋が露見したとき、頑固な父親は結婚を禁じ、娘を家に監禁したが、その家の前には湖があり、娘は窓から湖面と橋にたれかかるヤナギを見

ヤナギの伝説が描かれた中国の皿

ることができた。娘は、どれほど自由になって桃の花を見たいと願っているかを切々と訴える絶望的な詩を書きつづった。

青年はおやつとして運ばれるヤシの実の殻に伝言を討じ入れて、ひそかに娘を慰めた。娘の方は、ヤシの殻に小さな帆をつけて湖に送り出したが、象牙でできたその帆にはこう書かれてあった。「盗まれる恐れがあるからといって果実を集めないお百姓があるでしょうか。」やるせない思いで湖岸をさまよっていた青年は、湖面にゆれるそのヤシの殻を見つけて拾い上げ、その伝言を読んで勇気が湧いてきた。その意味するところは明快だった。もし自分の花嫁にしたければ、娘を連れだすしかなかった。そうして青年はそれを実行した。旅の僧に身をやつし、愛しの人が閉じ込められている館へ入る許しを得た。そして、娘の宝石やその他の大切にしているものをかき集めてから二人は大急ぎで逃げ、ヤナギが豊かな枝をさしかける橋を渡った。二人が橋を渡りきる前に、老官史は鞭をもって後を追った。近寄って皿の絵をよく見れば、逃げている二人連れ、宝石箱をもった青年と糸巻きをもった乙女、そして鞭をもった父親が一列で渡っているところがはっきり見える。

恋人たちは若くて機敏で一生懸命だったから、たちまち追手を振り切り、舟に乗り込むが、この舟は湖の真ん中にあたりを渡っているところが描かれている。そして無事に、向こう岸の塔のような格好をした家にたどりつき、そこで二人は

平和に暮らしたが、その娘の夫になろうと思っていたけちな金持ちの老人がついにこの隠れ家を発見して、家に火を放ち、二人を焼きころしてしまった。

この皿にはさらに、その後に起こったことも描かれている。ヤナギの真上に翼を一杯に広げた二羽のツバメが見えるが、それは嫉妬のために、人間の姿で続けることを妨げられた恋人たちの魂が、別の形をとって愛を続けているのである。

日本の昔話や寓話では、ヤナギは、背が高く生い茂るタケの慎ましい連れ合いとして出てくる。それは世界がまだ若く、新しい植物が絶え間なく次から次へと現われていた頃の話で、あるものは直ちに先着のものから歓迎を受けたが、あるものは無視され、おとなしいものは、ややもすれば自分が優れていると意識しているものたちからきびしく無視された。

あるとき見すぼらしく哀れっぽい見知らぬ植物が、タケとヤナギの間の地面から現われた。タケはその羽根のような葉をもたげて追い払ってから、どうも成り上がりが多すぎるとつぶやいた。ヤナギは年をとり、ふしくれだってはいたけれど、ずっと親切で、葉の間からその小さな植物にささやきかけ、生えているすべての植物に対して太陽がわけへだてなく光を注ぎ、雨が降るのだから元気を出せと言った。それでも、その幼木はタケのほうが好きだった。タケはとても高く、誇らしげに、鋭くそそり立っていたからである。「自分が強くなったと思えるようになるまで、あなたにつかまっていさせて下さい」と、その小さな植物は嘆願した。しかしタケはその手を振りほどき、幼い木にそばにくるなと命じた。再びヤナギが語りかけた。「お前の小さな緑の指で私の樹皮にしっかりおつかまり。私は気にしないよ。私の陰にいれば支えと保護は得られるよ。さあ、私によりかかって、心配はもうおよし。」それでもまだタケのほうを見やりながら、幼い木は草の上をはってヤナギのところへ行くと、老いたヤナギがそのつる草を自分のほうに持ち上げたように見えた。

しばらくすると、つる草をヤナギが保護しているというよりは、つる草がヤナギを保護しているという観を呈するようになった。というのも、そのつる草はヤナギのてっぺんまで成長し、あたかも頂上まで昇りおおせたことを喜ぶかのごとく、緑の旗のようにはためいていたからである。ヤナギの木とつるは愛の絆を完成し、それは美しい光景であった。すべての葉を出し終わったあと、つる草は蕾をつけはじめた。またしてもタケがそれを眺めやってこう尋ねた。「はて、あのつるにできている見苦しい瘤は何だ？　たぶんあ奴が持ちこんだ何かの病気にちがいない。きっと国中を悩ませることになるのだろう。」ヤナギは答えず、つるに知らん顔をしていなさいとささやいた。そこでせせら笑いをしたあとタケはもう一度頭を上げて遠くをじっと眺めやった。しかし、次の太陽が昇ると蕾は開き、古いヤナギは樹冠から根元まで鮮やかな彩で飾られ、芳香につつまれた。

これを見て、領主は、神様からの授りものだと思い、この奇蹟を見にくるようにと客を呼んだ。家来たちは驚きで目を見張った。「その美しさがもっとよく見えるように、まわりを少し取り払わなければなるまい。ヤナギは残すが、このタケは切ってしまえ」と領主は言った。「これは美しくてまっすぐなタケですから」と家来たちは反対した。「その通り、だがタケというものはたいていこうだ。ところがこんなつるは誰も見たことがないだろう。」そして命令どおり事が行なわれた。そして、誇るに足りた美しさは、美しさを誇った高慢とともに滅びてしまったのである。

シダレヤナギ《ウィーピング・ウィロウ》という呼び名は、その枝が垂れる習性からではなく、イスラエル人のうなだれた姿との連想からでたものだといわれている。イスラエル人は竪琴をヤナギに吊るし、自分たちの受難を嘆いて涙にくれたのであった。これよりはるかに遡る昔、太陽の二輪車から落ちてパエトンが死んだとき、パエトンの姉妹であるヘリアデスたちはその死を悲しんで、ヤナギに姿を変え、さし出す長い緑の枝は、涙の滝のごとくであった。それ以来ずっと、ヤナギの木は湿気を好むのである。そして、そのようなヤナギの木立の一つに、女魔法使いキルケは、自分を少しも楽しませなかった求婚者たちを吊るし、あるいは獣に変えてしまった。ヤナギと死や異常な出来事との結びつきは、それを墓地に植える風習にも表われている——これは何千年も前に中国人が始めた習慣である。

中国では、棺の上にヤナギの枝を投げ落とすが、それはヤナギが長寿であるところから不死を連想させるからである。またヤナギは中国美術において、しばしば装飾的なモチーフとして用いられた。

いくつかの国々ではヤナギの枝は占いの杖であり、悪霊から身を守る道具であった。少なくとも、オルフェウスが地獄へ堕ちたとき悪鬼からオルフェウスを守った。ヤナギには一つの悪い噂があるが、その由縁はヤナギがユダが首を吊ったとされるいくつかの木の一つとみなされたことにある。その枝の独特の静かな揺れで人々に自殺するようそそのかすために、悪魔が植えたといわれる。

ヤナギは蛇を産み落とすが、その灰は蛇を追い払う。ヤナギは魔女たちが集い、潜む場所である。つまり、魔女が邪悪な仕事に慎重にとりかかるときには、まず第一歩はヤナギのところへ行き、そこで

ヤナギ

その根に座り、おごそかに神と聖なるものを否定する誓いをたてる。次に、自らの血で悪魔が差し出す帳面に自分の名を書き、自らを地獄に落とすのである。

それゆえ、もし、一人で無人の地を、真夜中から夜明までの間に、歩き渡るとすれば、ヤナギの茂みから誘い声か笑い声が聞こえてきたら、気をつけなければいけない。なぜならそれはクンドリー、すなわち「パルチヴァル」〔ドイツ中世の説話文学、ワグナーの楽劇『パルジファル』の素材〕の魔女で、彼女がそこにいるのだ。その魔女こそ、洗礼者ヨハネの首を所望したかのヘロディアであり、キリストが死に赴くとき、嘲笑った女であった。キリストはとがめの一瞥をヘロディアに向け、俗界へ行って自分が戻るまでさすらうように命じ、ヘロディアが自らの運命に思い悩んだときでも涙でまぎらすことを禁じた――これは、さまよえるユダヤ人伝説の一変型である。

ヤナギを悲劇や災難に結びつける説話や迷信以外に、イギリスにはパーム・サンデーにそれをヤシの代用に使うと霊験があるという俗信があった。というのはこの日には、病気治療や魔よけに使うためヤシの値が高くなったからである。

ヤナギには昔から心を清める働きがあった。ヤナギに似た木、セイヨウニンジンボク *Agnus castus*〔*Vitex agnuscastus*〕は、ケレスの祭りにおいて乙女らのベッドとなった。そこで乙女らは眠り、純真さを取り戻すことができたのかもしれない。その名声は後世に伝わり、それは *Piper monachorum*〔学名の出所不明〕となった。なぜならその香りが不純な考えを追い払ったからである。このために、僧侶たちはその細枝で飾り帯を作り、「これはあらゆる汚れや肉欲に抗することができる」と言った。

わがアメリカではシダレヤナギは外来のもので、最初の到来は、イギリスの詩人アレクザンダー・ポープの手柄を通じてである。ポープは友人サフォルク夫人のところでトルコ西部の港町スミルナから送られた果物の箱を見つけ、「たぶんこれは、イギリスにこれまでなかった木になるだろう」と、それからヤナギの太い緑の小枝をむしりとった。ポープはその枝を、トゥイッカナムにある自分の別荘の、テムズ河の土手に挿し木したのであった。年月を経てこうして大きく育ったヤナギから、一人の若い英国将校が小さな一枝を折り取って、アメリカの土に植えようと考えた。

その将校は英国の部隊とともに植民地アメリカへ向かったが、大英帝国軍の勝利をまったく疑っていなかったので、戦争の片がついたらアメリカに定住し、打ち破った敵から広大な地所を手に入れて余生を送ろうと決めていた。戦争が終わったとき、将校は絹油布にくるんで保存していたかの小枝をワシントン夫人の息子、ジョン・パーク・カスティスに与えた。カスティスはそれをヴァージニアのアビンドンにある地所に植え、ヤナギはそこで根をおろし繁茂した。そして、その子孫から、アメリカのすべてのシダレヤナギが生まれたのである。

一方、英国のトゥイッカナムのヤナギは、この領地を買い取った人によって切り倒された。それというのも、それを拝観しようと旅行者がどっと押し寄せ、その下で礼拝するやら記念の小枝を切りとるやら、質問を浴びせかけるやらで、ポープのプライバシーが犯されてしまったからである。切り枝から増え、元の木に成り変わって多くの土地に生え育ったいまひとつのヤナギは、セントヘレナ島のものである。この木の下にナポレオンはよく腰を掛け、自らの悲運に思いを巡らした。ナポレオンの死んだ夜、この木は嵐によって根こぎにされた。

ユリ (Lily)

その純粋さのゆえに、ユリが聖母マリアを象徴し、その祭壇を飾るのはこの花にとってまことにふさわしいことである。なぜなら、聖母マリアが昇天した後、その墓はユリとバラに埋めつくされたからである。この奇蹟は、聖母マリアがほんとうにその亡骸から昇天したと信じることができなかった聖トマスの疑いを解くためになされたものであった。そして聖トマスは花で埋まったその墓の傍らにたたずんで、マリアが空中に浮かびあがり、その飾り帯を自分に投げかけたのをみては信じざるをえなかった。また、キリスト教の聖画や聖像では、ユリは、聖フランチェスコ、聖ヨセフ、聖ベルナール、ゴンザグの聖ルイ、聖アントニウス、聖クララ、聖ドミニク、シエナの聖カタリーナおよび天使ガブリエルの「持物《アトリビュート》」である。

ユリは、キリストが死の前夜にゲッセマネの園を散歩したそのときに、堕落してしまった。というのは、かの園に咲いていた他のすべての花は、キリストが通りかかると同情と悲しみのあまりうなだれたのに、ユリだけは、暗闇の中で光り輝やきながら、自らの美しさを誇ってこう言った。「私は他の姉妹たちよりもはるかに美しいのですから、あの方が通りかかるとき、背をしゃんと伸ばしてあの方を見つめます。そうして、私の優しい姿とかぐわしい香りに慰めをえていただきましょう。」この花を見たキリストは、一瞬その前に立ち止まったから、たぶんその美しさに心動かされたのであろう。けれど月明かりがさす中で、キリストの視線が注がれたとたん、ユリは、自らの高慢とキリストの謙遜とを引きくらべ、ま

マドンナ・リリー

た、他のすべての花がキリストの前に頭を垂れているのを見て、恥ずかしさにうちのめされた。そして、恥じらいのために顔一面に広がった朱色が、いまだにユリの花を染めているのである。こういう理由によってそれは〈赤いユリ《レッド・リリー》〉と呼ばれるようになり、その夜以来、頭を上げることは二度となく、うつむいたままなのである。

ユリが装飾にむいた性質をもつことは、いつの時代にも認められてきた。19世紀においても、ジョン・S・サージェントは、その名高い絵《カーネーション、ユリ、ユリ、バラ》にそれをふんだんに描きこんでいる。

ディアナやユノと同じように、アダムの最初の妻リリスも、ユリを表象《エンブレム》として携えていた。

ギリシア人やローマ人は、今日のわれわれと同じように、ユリを純潔の象徴とみなし、花嫁と花婿の頭にユリと小麦の花輪を載せることで清らかで実り多い人生を祝った。古い時代の国々では、ユリは他の多くの白い花と同じように処女性と無垢を象徴した。それゆえ、復活祭――エジプトに起源をもつ太陽崇拝の名残り――における祭壇のユリは、いつまでも処女のままいるようにと葯《やく》を取り除かれることがある。象徴としてユリを用いることは今でも根強く残っており、長い間それは幸運の象徴とみなされてきた。例えば、古代ユダヤの篤信の女性ユデトは夜中にアッシリア軍の猛将ホロフェルネスのところへ行くとき、ホロフェルネスに加える災いが自分にはふりかからないようユリの花を挿していったという。スペインでは、魔法をかけられ獣の姿に変えられたどんな人間でも、ユリによって人間の姿を取り戻すことができると考えられていた。

サージェント《カーネーション、ユリ、ユリ、バラ》(1885-86年)

1048年のこと、スペインのある庭園で、ユリの花から聖母マリアの姿が立ち現われた。そしてこの出来事の後、重い病気で臥せっていた王が急に床を離れ、昔と変わらぬ健康を取り戻した。神の加護のあったことを悟った王は、「ユリの聖マリア勲章」を制定した。これより2世紀後の1234年に、同じような勲章がフランスのルイ9世によっても制定されている。

コーカサス地方のユリは、雨にうたれるとよく変色し、時には赤、時には黄色になる。娘たちは、この色の啓示によって自分たちの運命を占う。そのやり方はと言えば、蕾を一つ選んでおいて雨が降った後に調べてみるのである。もし黄色の花を咲かせていれば娘たちは恋人の不実を疑う。もしも赤なら、恋人の誠実を信じてよい。

同じくコーカサス地方に伝わる12世紀の伝説に次のような話がある。戦争でさまざまな苦労と試錬を味わった一人の将軍が山中にあるわが家に戻るとき、部下の息子プリニイを伴って帰り、養子にした。将軍の家に招じ入れられたこの若者は、将軍の娘タマラと顔を合わせることになった。恥じらう乙女は世間のことはほとんど何もしらず、戸口の蔦や木々の間で歌う小鳥たちのように無垢であった。乙女が書物についてまったく知らないことに気づいたプリニイは、ギリシア語の読み書きを教え、詩人のように朗読さえした。乙女の音楽の技量もつたないことを知ると、自ら手をとって、歌や竪琴を教えた。二人は一緒に勉強し、手をつなぎあって野原を歩いた。二人には時間はなく、無限の幸福のうちに世界がうつろうだけであった。

しかし、父親はタマラをグルジア国の尊大な役人の嫁にやるという約束をしてしまっていた。そのことを知ったプリニイとタマラは、二人がお互いに愛しあっていること、そして別れてはとても生きていけないということに気がついた。そうでありながらなお娘は親に忠順で、恋人が一緒にギリシアへ逃げようとかきくどいても聞き入れようとはしなかった。乙女はただ、この困難から逃れられるように祈ることしかできない、と言うばかりであった。解決策を教えてもらいたいという望みを抱いて乙女は山中に独り住む僧を訪ねた。乙女が庵に入って老師に尋ねている間、お伴の者たちは外で待っていた。すると恐ろしい嵐がまきおこり、庵を稲妻が打ち叩き、雷鳴が揺り動かした。嵐が止んだときタマラの姿はもはやそこにはなかった。お伴の者たちは僧のいるところへ飛んでゆき、タマラを返せと要求した。「神がわたしたちの祈りをお聞き届けになったのだ」と僧は答えた。「タマラにはもはや何の憂いもない。ごらんなさいタマラを！」

人々は僧の指さす方を眼で追った。すると、それまで何も生えていなかったその庭に、一本の眼もさめるようなユリの花があり、その芳しい匂いは香をたきこめたようだった。しかし、疑い深い伴の者たちはこの奇蹟を信じようとしなかった。伴の者たちはこの隠者を部屋から引き出し、建物の中や木の茂みを探し、あげくは怒声をあげて隠者にとびかかり殺してしまった。それだけでもなおあきたらず、すべてを燃やしてしまうつもりで火を放ち、家ばかりか、そこにあった聖者の像、年輪を重ねた古木、蔵書などをことごとく破壊しつくし、そして乙女の失踪の報らせを伝えに一同が戻っていったあとには、灰燼に帰した野にユリの花が独りぽつんとたつのみであった。

悲しみのあまりタマラの父親は死んだが、プリニイはタマラがユリの花に姿を変えた場所へ急いでかけつけ、花の前に立って叫んだ。「本当にあなたなのかタマラ！」すると、葉を抜ける風のようなささやき声が聞こえた。「私ですよ。」若者はユリの上に身をかがめ、かたわらの地面に涙をハラハラと落とした。けれど、悲しみのあまり我を忘れていたとはいえ、その葉の色がよそに落ちた涙を嫉妬するかのように黄色く変わったのにはさすがに気がついた。その次の涙はうまく花の上に落とすことができ、花は喜びで朱に染まった。その夜、プリニイがあまりにも激しく泣きあかしたので、あわれに思った神はプリニイを雨雲に変え、かつての恋人であるユリにいつでも水を与えることができるようにした。後年、日照りが大地を焼け焦がしたとき、娘たちは自分の村から出て、野にユリをまきちらし、行進しながらタマラの歌を口ずさんだ。まきちらされた花を見ると、雨雲が湧き起こり、温かい涙の雨をこの地に降り注いだ。

世間から「馬鹿」あるいは低能とみなされていた一人の少年が、親切な修道院長によってセヴィリアに近い修道院に迎えられた。修道士たちは少年を教化しようと手をつくしたが、いつまでたっても何ひとつ憶えないようなので、野良仕事や建物内の下働きをさせられることになった。少年は課された仕事を辛抱強くやっていたが、気が弱く恥ずかしがりやで、機会があれば、礼拝所にしのびこみ、独りで座ってぶつぶつつぶやいていた。「神様を信じています。お慕いしています。愛しています。」やがてある日、庭仕事を終えて戻ってきた修道士たちは、そこでこの正直な馬鹿が手を組み合わせ、顔に晴れやかな笑みをたたえて死んでいるのを見つけた。少年を葬るとき、頭上に立てた十字架に少年がいつもよく繰り返していた、かの文句が刻まれた。やがて墓から一本のユリが生えてきたので、その由来を怪しんだ院長が死体を掘り返すように命じた。するとこの無垢な少年の心臓がユリの根になっていることがわかった。

ノルマンディの民話に、性的な誘惑を退け続け、とうとういかなる女性も言い寄ることをあきらめるほどに冷たい男という評判を得た一人の騎士の話があるが、騎士はほとんどの時を墓地で過ごすのが習慣であった。墓地ではいつも、じっと何事かに聞きいっているかのような様子で、あたかも、死者から幸福への道を示す何らかの言葉が届くのを期待しているかのようだった。幸福への道は、騎士が予想もしなかった形で訪れた。というのは、いつものように墓地をぶらぶらしていたある晴れた日の朝、騎士はそれまで想い浮かべたこともないような美しい女性に出会ったのである。その女性は大理石に腰をかけ、高貴な織物をまとい、腰にはきらめく宝石をつけ、髪の色は手にしたユリの花粉のような黄色であった。体からは甘い香りがたちのぼり、騎士を称賛と畏敬の念で包みこんだ。騎士は膝まずいてその女性の手に口づけした。この挨拶に女性は夢から覚めたように気づき、騎士に微笑みかけながらこう言った。「騎士様、あなたのお城に連れていっていただけますか。あなたは長い間私をさがしてこられましたが、とうとうやってまいりました。あれほど長い間御自分に禁じておられた幸福を差しあげるのが、私の務めです。けれどあなたと御一緒する前に一つだけお約束していただかなければなりません。それは私がそばにいるときに決して死についてお話にならないことです。この世の生命、咲きほこる若さ、愛のやさしさを表わす私のことを忘れないでください。そしてそれがいつまでもあなたのものであることも忘れないでください。」

騎士は天にも昇る心地で、女を抱き上げ馬に乗せた。馬はつけ加わった女の重さをまるで感じないかのように、ゆっくり駆けだし、二人が野原をゆくと、野の花々は頭を垂れ、木々はさわさわと調べを奏で、いずこか知れぬユリの花壇から漂ってくるような芳香がたちこめた。こうして二人は結婚し、とても幸福に暮らした。折りにふれて騎士が昔の悲しげな様子をいくらかでもみせると、妻は騎士の額にユリを置きさえすればよかった。すると憂鬱な気分はすべて消え失せたのである。

クリスマスイヴがやってきて、大がかりな宴席が整えられた。信じられないほど大きな花がテーブルに飾られ、御婦人方は笑みと宝石で光り輝き、殿方は堂々とした態度を示し、まことに見る者の心を浮き浮きとさせる光景であった。やがて人々は遊吟を楽しみだし、まずは恋の歌、次は戦いの歌、騎士の冒険の歌、高貴な行ないや不屈の精神の歌という風に歌っていった。そうこうするうち騎士は竪琴を手にすると、おごそかな響きに調子を整えてから、天国と死後に天国へ昇ることについての歌を歌い始めた。死という言葉が発せられたとたん、ユリの妻は真っ青になり、霜にうたれた花のように萎れはじめた。騎士は苦悶の叫びをあげながら、妻を腕に抱きとめた。今や妻は眼にみえて縮んでゆき、またたくうちに、悲嘆と当惑が騎士を支配した。なぜなら、何と騎士が腕に抱きしめているのは一本のユリでしかなく、花びらが床に散っていたからである。いずこからともなく大きな溜め息が聞こえ、部屋中が甘い香りに満たされた。かの騎士は絶望の仕草で顔をそむけ、闇の中に飛びだしてしまい、二度と再びそこにいた人々の前に姿を現わすことはなかった。部屋の外の様子も一変した。空は冷たく吹き荒れ、天使たちがユリの花びらの雪をまきちらしていた。

ヨウシュカラマツ（Larch）

家のまわりには一本、ヨウシュカラマツ *Pinus larix*〔*Larix* sp.〕を植えておくとよい。なぜなら、それを燃やすと蛇が寄ってこないからである。ローマ時代、橋を作るときには、だれもがこの材を用いたが、それは、この木が燃えにくく耐火性があるとみなされていたからであった。あらかじめ12ファゾム〔22メートル〕の水に沈めておいてから浮かべたヨウシュカラマツで造った船は、海水がその材を非常

ヨウシュカラマツ

ヨウラクユリ

に硬くするため、絶対に火がつかないとされていた。フランス人にとって、ヨウシュカラマツはマンナと呼ばれる物質をもたらすものである。マンナは、言ってみれば多くのアメリカ人がくちゃくちゃ顎を動かしているガムとよく似たようなもので、山に登る人たちは「歯を丈夫にする」ために口に入れて噛む。このガムは、昔は、魔女も利用したもので、怪獣バシリスクの血、フェニックスの羽根、クサリヘビの皮サラマンダー（火イモリ）のうろこ等々（こういったものは昔は今日よりもずっとありふれたものだったのである）といっしょにして、真夜中におどろおどろしいシチューに煮こんで、ご近所さまに呪いをかける下ごしらえをしたものであった。

ヨウラクユリ
(Crown Imperial)

〈帝王の冠《クラウン・インペリアル》〉またはフリティラリアと呼ばれるヨウラクユリは、がくの部分が金色で、全体として見るとクラウン（王冠）に似ているとされ、その堂々たる姿は庭園の他の小さな植物に君臨する帝王の威厳を備えている。このヨウラクユリは、かつてはペルシアの女王であったが、その美しさが仇となって夫である王を嫉妬させることとなった。ある時、王は疑いと怒りのあまり、王妃を宮殿から追い払ってしまった。何らやましいところのない王妃は野原をさまよい歩きながら、このいわれのない不当な仕打ちをいつまでも嘆き悲しんでいるうち、その体は縮んで植物ほどの大きさとなり、最後には、神の慈悲により、立ち止まって休んだ場所に根づき、ヨウラクユリの姿に変わった。それで今でもこの花には、かつて人間であったときに身につけていた何がしかの威厳と気高さとが備わっているのである。

ライラック (Lilac)

ライラックはペルシア原産のもので、その語源は、花という意味のペルシア語 lilak である。ヨーロッパへは16世紀に伝えられ、アメリカへは清教徒《ピューリタン》によって持ちこまれた。南アジアや南西ヨーロッパには野生のものがあるが、われわれ欧米人はそれを〈王子の羽根《プリンスズ・フェザー》〉とか、〈アヒルの嘴《ダックス・ビル》〉と呼び、あるいは方言で〈レイロック〉、また〈吹き矢の筒の木《ブロウパイプ・ツリー》〉とも呼ばれ、それは昔、小枝からその筒を作ったことによる。ともあれ愛すべき庭園の花である。道ゆく人の上に重たげな花を揺らし、露と香りをしたたらす5月のライラック以上に美しいものが他にあるだろうか？

しかし、この花は5月祭に摘まれることはあったが、よほどのことがなければ

ライラック

室内に持ちこまれることはなかった。なぜなら、ライラックは不吉な花だったからである――これはその紫色が朝焼けの色を連想させたからであった。古い諺では、ライラックを身に着けた乙女は、結婚指輪をすることができないといわれ、また、許婚者にライラックの小枝を贈れば、それはそれとない婚約破棄の申し出であった。

あるイギリスの貴族が、信じきっていた乙女の純潔を踏みにじったので、乙女は傷心のあまり死んでしまった。友人たちによって山のようなライラックの花が乙女の墓に供えられたが、その友人たちの証言によれば、墓においたときには鮮やかな藤色をしていたライラックが、翌朝には真っ白になっていたという。この、最初の白いライラックは、今でもハートフォードシャーのワイ河のほとりの小さな村の教会の墓地にあるといわれる。

ラグウィード (Ragweed)

辺りの荒野を睥睨するピーク城がそびえるコーンウォール〔イングランド南西端の州〕の僻地を訪れたとしよう。もし、あえて夜遅くまでそこに留まる勇気があれば、新たな体験が待ち受けているだろう。ゴーゴーと風が吹きすさび、雲が足速に月を横切っていくような夜を選ぶことにする。そうすれば、ヒースに覆いか

ラグウィード

ぶさるような灰色のぼんやりした人影が見えるだろう。それはラグウィード〔キオン属の *Senecio jacobaea* と思われる。ブタクサもラグウィードと呼ばれるがこちらは北米原産〕を集めている魔女たちなのである。魔女は、頑丈な茎の束を摘むと、それにまたがり、発進させて、雲より速く飛びながら、ピーク城に着くまでの間、仲よくおしゃべりをする。もしその後をつけていったならば、城の頂部に集合した魔女たちが、踊り、みだらなお祈りをしながら交り、あるいは隣人たちに死、病気、貧乏、破滅、荒廃をもたらすような毒薬をつくったり、魔法の薬を調合したりしているところを見ることができるだろう。その夜には、ロザリオをしっかり握り、ハツカダイコンの花の冠を被らなければいけない。なぜなら、もしこの連中をのぞき見しているところを見つけられたなら、ひどい目に遭うからである。

ラン (Orchid)

ランの花は美しいが、その由来には何ら美しい点がなかった。というのは、その名前のもととなったオルキスはニンフとサチュロス〔ギリシア神話にでてくる好色漢〕の間にできた子供で、したがって勝手きままな情熱の徒であった。バッコスの祝祭において、酒で体のほてったオルキスは一人の女司祭に挑みかかったが、まわりにいた者たち全員が飛びかかり、オルキスをバラバラに引き裂いてしまった。オルキスの父親は体をもとに戻してくれるよう神々に祈ったが、神々は拒んだ。そして、死者は生涯厄介者だったのであるから、死によって償いをすべきではあるが、バラバラにしたことは行きすぎだったとして、死体をオルキスという名を冠する花に変えたのである。花

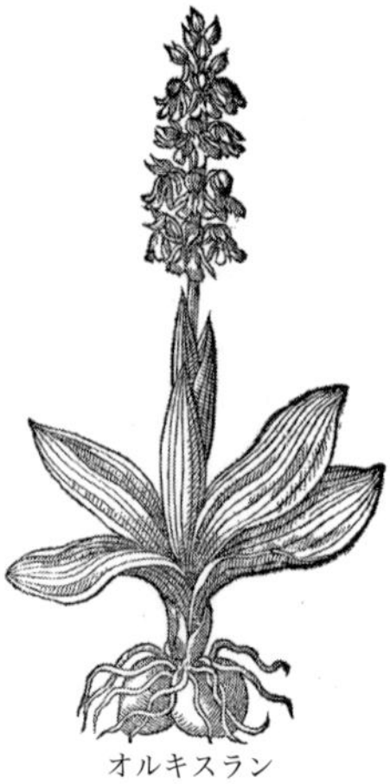

オルキスラン

になってさえ、癇癪もちと言われ、その根を食べれば、つかの間サチュロスのごとき淫乱粗暴な状態になるという苦しみを味わうとされた。

リーキ (Leek)

エジプト人や古代ケルトのドルイド教徒は、ユリ、タマネギ、ニンニク、リーキ〔ニラネギ〕などネギの仲間の球根を宇宙の象徴とみなしていた。同心円状に何層にも取り巻く球根の鱗片を、古代の宇宙観における天国と地獄をつなぐ各層にみたてていたのである。

ナイル河流域の神殿で行なわれた秘密の儀式にはよくリーキが用いられた。今日、「リーキを食べる」という言いまわしは、「カラスのパイを食べる」「屑肉のパイを食べる」と同じく、屈辱を耐え忍ぶという意味であるが、この成句のもとを辿ればピラミッドの建造を目のあたりにした古代人にまで遡る。というのは、こういった遺跡の一つから発掘された碑銘に、リーキは貧しい人々の日常の食物である、と記されていたからである。ここからリーキが「卑下」と結びつけられるようになったのであろう。

エジプトの伝説によると、ギリシア神話のエンデュミオンに当たるディクテュスは、川からリーキを拾い集めているときに溺れてしまったので、月の女神イシスは、ディクテュスを愛していたがゆえに悲嘆にくれたという。

ギリシア人がリーキを珍重したのは、ラトナ〔レト〕が食欲を失ったとき、リーキを何げなく食べて食欲を取り戻したからである。リーキの葉はまた〈聖マウリスと聖ラザロのリボン〉であるとともに、シシリアの風変わりな伝説に語られているように、聖ペテロの母親が地獄から救い上げられようとしたときに使われたものでもあった。この女は相当のしみったれだったようで、生涯を通じて一枚のリーキの葉を除けば何一つ他人に物を与えたことがなく、そのリーキの葉でさえも一人の乞食のあまりにしつこい物乞いに閉口して投げ与えたものであった。死んでから地獄に落とされたとき、女は息子に神へのとりなしを頼むのだが、神に恩顧を願い出たペテロは冷たくあしらわれる。神はこう言われたのである。

「あの女は一かけらの善い行ないもしたことがない。だがまあ、天使にこのリー

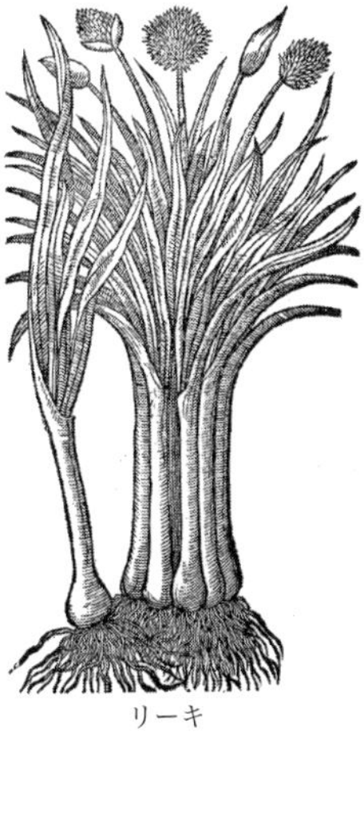

リーキ

キの葉をもたせてやろう。もしそれがあの女を地獄から引き上げるほど丈夫だったら、自由にしてやろうではないか。」

天使は地獄へ飛んでゆき、リーキの葉の一端をペテロの母親に差し出した。けれど1メートルもあがるかあがらないうちに、そこにいた他の亡者たちが、われがちにすがりつき、自分たちも引き上げてもらおうとした。すがりついてくる連中をふり落とそうと手荒に蹴り、激しく争ううちに、葉は切れてしまい、ペテロの母親はそれまで以上に深い闇へと落ちていった。

ポーランド人は、キリストが茨の冠をかぶせられたときに笏の代わりとしてもった葦の棒というのが、じつはリーキであったと考えている。そこで、祝祭日には、キリスト像の手にはリーキの花茎を供えるのである。

白と緑からなるリーキの花の色合いは、ウェールズ人の色で、3月1日にウェールズ人は聖ディヴィッドを祝してそれを身につける。聖ディヴィッドは、質素な聖人で、近くの野原に生えているという理由で、ほとんど毎日リーキばかり食べていた。サクソン軍との戦いに参加するため修道院を出発するとき、聖ディヴィッドは兵士たちに、リーキを帽子につけておくように命じた。白兵戦で斬り結ぶとき、このきわめて強烈な臭いをあたりに漂わせていれば、恐れおののく心のうちを敵にけどられないばかりでなく、味方同士も互いに識別できよう、というわけであった。

このように帽子や兜に草や木の枝をさすという趣向はさほど珍しいことではなく、この風習に端を発する紋章もいくつかある。とくに有名なのは、プランタジネット家のエニシダ《プランタ・ゲニスタ》の紋章であった。なお、ウェールズ軍はこの時敵を撃退したので、以来、ウェールズの人々は戦勝の記念としてリーキを身につけ続けることになった。

リュウゼツラン (Maguey)

リュウゼツランは〔*Agave americana*〕はしばしば〈百年草《センチュリー・プラント》〉と呼ばれるが、それは、この花がめったに開かず、ほとんどの人が100年に1度しか咲かないと信じているからである。実をいえば、原産地メキシコでは8年に1度咲くのであるが、しかし、寒冷地ではまったく花が咲かないと思いこまれてしまうかもしれない。

メキシコでは、なめし革のような葉を4、5メートルの高さまで広げ、4000近くもの白い花をつけ、まるで本物の燭台のようなその花序は、高さ7、8メートルにも達する。花を咲かせると、あたかも任務を終えたかのように枯れはて、しばしば古い根から生えてくるもっとたくましい子孫のために地面をあけ渡す。この地方ではいたる所にこの植物が生い茂っているが、そのわけは、それが家畜の餌になり、芯は焼いて食べることができ、小屋の屋根が葺け、炊事用の燃料になり、繊維は紙や糸になるという点で、商品価値があるからである。葉の先端の尖った部分は針に、花序軸は家の柱に用いられ、貯えられた水分は飲み水となる。

その甘い汁液、スペイン語で agua miel すなわち蜜のような水は、本来は花に行くべきものだが、それを髄まで穴をあけて採集し、発酵させ、プルケという天然のビールをつくる。1株からは、1日約6リットルずつが4週間にわたって採れるが、以後は尽きはてる。このプルケを飲むと怠惰と眠けに誘われるが、しかしメスカルというこれもまたこの地に多い多肉植物から作られるさらに強烈な酒は、飲む者を狂乱に陥れる。

リュウゼツランは、トトルテペックの聖母マリアに結びつけられている。この地にはアステカ人が自らの神々のために建てた神殿があったが、スペイン人征服者が侵略して、たちならぶ未開人の偶像の間に聖母像を据えた——これは平和の名のもとに容認された行為であった。侵略者の傲慢・迫害・略奪をもはや堪え忍ぶことができなくなったアステカ人が決起し、突撃してきたとき、スペイン騎兵たちはトトルテペックの山頂近くにあった一本のリュウゼツランの下にこのマリア像を隠した。

20年後、キリスト教に帰依した一人のアステカ人が山のあたりをさまよっているとき、一条のまばゆい光に目がくらんだ。眼を上げると、何と、そこには聖母マリアがいた。マリアは微笑みかけ、優しくこう言った。「わが子よ、お前の立っているそばに私の像が隠されています。見つけだして聖堂に祀ってください。」この男セクアウツィンは像をリュウゼツランの下に見つけ、家に持って帰って保管した。翌朝、それは消えうせていたが、「内なる声」が、それは山に帰ったのであり、リュウゼツランの下できっともう一度見つかるはずだ、と告げた。再びセクアウツィンはそれを家に持ち帰り、いちばん頑丈な箱に収めて、その蓋をベッドにして寝た。けれども朝がくると像はまたもやなくなっており、3度、それをリュウゼツランの下で見つけた。セクアウツィンは神父たちのところへ行き、事の一部始終を話した。神父たちは、聖母の願いが、永年のあいだ憩いの木陰を与えてくれたリュウゼツランの上に聖堂を建てることにあると理解した。そこで聖母マリア教会が山頂に建てられ、その場所にあった

メキシコ高地のリュウゼツラン

アステカ人の神殿は壊された。

この教会は今では健康と赦《ゆる》しを求める何千という人々の集いの場となっている。祭壇の板には次のように記されている。「聖母マリア様の像が、族長ドン・ジュアン・アグイラ（かのアステカの洗礼名）によって、リュウゼツランの下から発見された場所」「1540年に、聖母はその者の前に姿を現わされ、自分の像を探すようにいわれた。」

奇妙な愛国心の発露が1830年のメキシコ議会で示された。この時、一切の法令文書は、国草であるリュウゼツランから作った紙以外のものに書いてはならないという議決がなされたのである。ある本には、メキシコという語がリュウゼツランの土地という意味にほかならず、mex-tliという単語は擬人化したリュウゼツランを表わすものだという説が述べられている。

リンゴ（Apple）

リンゴを象徴として用いている話はたくさんあり、聖書ばかりでなく、各地の民話にもよく登場する。これは、リンゴが、日光が弱過ぎず強過ぎずという地域ならば、どこでも育つありふれた植物だからである。キリスト教徒はリンゴを世界最古の伝説、つまり人間の始まりと結びつける——しかし、聖書には悪魔がイヴを誘惑した果物がザクロやナシではなかったとは一言も書かれていない。リンゴはウェヌスとも関連づけられたし、また、ソロモンが賞讃した果実でもある。原始時代には、スイスの湖上居住者の食物であり、その生活跡から発見されている。ギリシア・ローマ時代には非常に高く評価されたもので、アタランテが競争に負けた場面にも登場する。つまり、アタランテは腰をかがめて、競争相手がわざと落とした黄金のリンゴを拾っている隙に遅れをとったというわけで、この競争は、もし挑戦者がアタランテより先にゴールを切らなければ、その生命を奪われるというものであった。神々の秘密を漏らして地獄の湖中に繋がれたタンタロスがう飢えと渇きをいやすため、あわれ、懸命に手を伸ばすのがこのリンゴなのであるが、その枝は、掴んだかと思うとポンとはね上り、同じく、小川の流れはタンタロスが飲もうとしてかがむと遠ざかるのである。ギリシア神話には、しばしば黄金のリンゴが登場する。「もっとも美しい者へ」と印されていたため、ヘラ、アテナ、アフ

パリスの審判（イタリアのパネル、1480年頃）

ロディテの争いとなり、やがてはトロイア戦争の原因ともなった「争いのリンゴ」の話、あるいは、黄金のリンゴの楽園を守るヘスペリス姉妹の話はおなじみである。

北欧の伝説では、豊穣の女神イドゥンは神々の食べる不老不死のリンゴの籠を管理している。神々はそのリンゴで永遠の若さを保っていたのであるが、火の神ロキが、そのリンゴを盗んだため、他の神々がそれをとり戻すまで抗争が続いたのであった。

北欧のお伽話には、王様の庭の黄金のリンゴをもとめる黄金の小鳥が登場する。ポーランドには、冒険好きの若者がヤマネコの爪を自分の手足につけて黄金のリンゴの生えているガラスの山のてっぺんに登り、そこで呪いにかけられていたお姫様を助けるという話がある。ドイツの民話では、小びとの赤ちゃんの代母になることを承諾した少女がそのお礼にエプロンに一杯のリンゴをもらう。そのリンゴは小びとの棲む地下の世界から地上に戻ると黄金に変わったという。イギリスでは、5月になると、町の広場に男根の象徴として立てられた5月柱《メイ・ポール》にかわってリンゴの木が植えられるようになった。若い人たちはそのまわりでダンスを踊り、リンゴ酒をふりまいてその年の豊作をねがって歌う。さまざまな国々でリンゴの果実、種子、花は予言や占いの際に使用されている。私の見聞では、アメリカ北部の料理女たちはソースやパイ用にリンゴの皮をむくとき、むき皮を肩ごしに投げる。これは、落ちたむき皮の作る形が未来の旦那の頭文字を表わすと考えるからである。イングランドでは、女の子はいくつもの種子に見込みのありそうな恋人の名をつけ、濡らして自分の額の上にはりつけ、1番長くくっついていた種子が結婚の相手を示すとされる。

聖ドロテアの伝説には2通りがある。その一つは（180頁「バラ」参照）、テオフィルスの嘲りにもかかわらず、聖ドロテアは、天国からバラの花とともに戻ってくるというもので、もう一つは、聖ドロテアが天国からリンゴを送るというものである。この後の方の話は以下の通り。

聖ドロテアが異端の廉で死に至らしめられたとき、律法学者のテオフィルスは聖ドロテアにむかって大声で「天国から私にリンゴを送れ」と嘲った。

「お望み通りに、テオフィルス殿」と聖ドロテアは応え、それから、お祈りする間だけ刑の執行を待ってほしいと番人に頼んだ。聖ドロテアが祈ると突然、美しい一人の少年が近くに立っているのが発見されたが、その少年が近づくところを見た者は一人もいなかった。少年は両手で花の籠を捧げ持ち、その花の上には3つの大きなリンゴが載っていた。リンゴにはエメラルド・グリーンとルビー・レッドの精が入って、その色と香りは花をもしのぐものであった。聖ドロテアは「このリンゴをテオフィルスに与えなさい。天国にはまだまだたくさんのリンゴがあります。そこで私はテオフィルスと会うことを望んでいます」と。そのすぐあとで、聖ドロテアの頭は打ち落とされた。テオフィルスは、そのリンゴをかいで味わい、その奇蹟に対する異敬の念でみたされた。まもなく、テオフィルスは、いやしいと思っていた信仰を受け入れて改宗し、そういうわけで自ら進んで殉教するに至り、聖ドロテアとともに天国の住人となった。

ペルシアでは、リンゴは不老不死の果実であることを、聖者アナシンドゥの物語から知ることができる。アナシンドゥは、妻のパールヴァティとともに森に住み、1年に僅か3回しか話さず、目の覚めている時間はいつも徳について瞑想していた。アナシンドゥは知恵ある人、有徳の人としての評判をかちえ、国中で賞讃の的となった。そればかりか、アナシンドゥはまた天からも報酬を得た。というのはガウリ神がリンゴを与えて、アナシンドゥにそんな人生を永久に生きてほしいと神々が願っていることの証しとしたからである。アナシンドゥはそのリンゴを口にもっていった。だが、その果実を味わう前に自分の妻の顔が心に浮かんだ──放ったらかしにされて不満そうな妻の顔が。妻は来る日も来る日もアナシンドゥとともに規則ずくめの生活を送って苦労を分かちあっていた。天の恵みのリンゴが手にはいったのだ、どうしてその祝福を口にしていけないわけがあろうか。しかし、おどろいたことには、妻はリンゴを食べることを拒否したのである。「どうして私が不老不死にならなきゃいけないのでしょう。こんな森の中で永遠に暮すなんて。幸せになれるはずはないわ。だれか他の人に会うわけでなし、他人と幸せを分かつわけでなし、通りすがりの巡礼の一人一人に物乞いしなきゃなんないし。」

アナシンドゥは憤慨してさけんだ。「もし、神々が私にそう生きろとお望みでも、お前は文句をつける気か」──妻はやはり女なので沈黙していた。が、しばらく後で妻はたずねた。「神さまには今までと同じようにお仕えして、その上、人間には今いっそう役に立つという風に、町で暮すことはできないのかしら。あんたは、どうしてもこのひどい場所に住まなきゃならないの？　人間同士が会って何がわるいのかしら。音楽をきくこと、もっとましな食物をたべること、宮殿や寺院やすばらしい都を見ることのどこがいけないのかしら。ああ、もしそうできたら、私はいく人も召使いをもって、黄金の車や香木でできたかつぎ駕籠に乗るわ。そして、あなたは王様の代理人というわけよ。みんなが、あなたをうやうやしくみて、あなたに従うわ。そして、あなたは大きな寺院を建てて、尊敬されることになるのよ。」「私には、そんなことはとてもできない。私は物乞いするまずしい男なんだ。」「でも、不老不死のリンゴを小さく切り分けて売れば、お金になるじゃない。」

このことばを聞いて聖人の夫はショックをうけた。しかし、妻の方は言葉たくみに、お金が単にアナシンドゥ自身の利益ばかりでなく、人類の福祉と神々の栄光にも役立つことになると説明した。──「まず、第一には、あれが生命のリンゴだということは、なにもあなたが証明することはないわ。もし、神様があなたを冗談の材料にしているだけだったら、そのリンゴを食べても何の得にもならないわけだし、売り飛ばしたって何の損にもならないわけ。それに、もし、それがほんとうに神様からの贈り物ならば、あなたは決してこの世では幸せになれないわ、この何のたのしみもない生活を永遠に続けるとしたらね。でも、もしそのリンゴを売れば、あなたは神々の栄光を讃えることになるかもしれないし、生命ある限りはよい仕事ができて幸せじゃないこと?! たとえもし、あなたがリンゴを食べる人に選ばれなかったとしても、リンゴを分けて売ることでそれだけ不死の人が増えることは確かだわ。」

アナシンドゥは、妻のこの言い分に心を動かされ、結局、町へ行って王様にそのリンゴを売ったのである。しかし、王様もまた神の国に近づくことを熱望していたので、考えた──神々からの贈り物を一人で独占するとはなんと利己的なことであろうか。王は、敬虔な隠遁者がリンゴの代金として受けとった金で必ず行なうであろう慈善事業について思いを巡らせた。王は、天国で報いられるためには、一切を放棄すればよいのだということに思いあたって叫んだ。

「いかん！　私は不死のリンゴを食べるには値しない。」王は庭に出て瞑想しようとした。と、妻である女王が目にはいった。王は大声で「お上り、これは不死のリンゴなんだから。世界中で、おまえほど生きる値うちのあるものはいない。それほどおまえは美しい。小鳥のさえずりのような声、優雅さ、お前ほど美しいものはいない。さあ、これを食べて、お前の美しさで世界を永久に輝かせてくれ。」

女王は、輝かしい笑顔で応えて、感謝の念をもってリンゴを手にした。一方、王は妻の両の足にキスしたあとで宮殿に戻った。しかし、暗くなって王が眠りに落ちると女王はしのび足でこっそりと物陰にはいりこんだ。と、そこからやがてキスの音がしはじめた。そして次の朝になると、守備兵の隊長が手に例のリンゴをもって意気揚々と歩きまわっていたのである。しかし、隊長はうれしくはなかった。隊長は熱い思いをもって手のリンゴをじっと見つめた。なぜなら、それは女王の贈り物だからである。しかし、隊長もまた、ある小さなかわいい小間使いのことを思いだした。その少女を女王よりもずっといとしく思っていたのである。隊長はつぶやいた。「俺としてはあの娘を女神にしたいものだ。」「あの娘にリンゴを食べさせよう。そうすれば、あの娘の美しさも永久に色褪せないだろう。」

しかし、なんと！　その次の日、質素な衣服を纏った一人の少女が王の足元にひれ伏して、萎びかけたリンゴを差し出したのである。王はそのリンゴを見ておどろいた。少女は「偉大な支配者よ、私はほんの小間使いに過ぎません。が、このリンゴが手に入ったのでございます。これを食べると永遠の生命がさずかるのです。私には、そんなにもおそれ多い贈り物に手を触れる価値はございません。どうか、お召しあがり下さいまし。そして神々となられませ。そして、偉大な善政をなさいまして、すべての人類から崇められますように。」

王はリンゴを掴むと、尋ねた。「だれがおまえにこのリンゴをくれたのじゃ。」

「私の許婚で、あなたの守備兵の隊長にございます、陛下。」

そこで、その隊長が呼ばれた。隊長は、自分の恋人が何をしでかしたかを理解した時、恐ろしさのあまり震えあがって、結局、女王がそのリンゴをくれたのだということを白状した。これを聞いた王の心にはめらめらと怒りの炎が燃え上り、即刻、隊長に死刑をいいわたすとともに、女王を広場で火あぶりにせよと命令を下した。

「なんと、この人間の高尚なことよ！」と、ほとほと人間に愛想がつきた王は、苦々しく、つらつらと反省した。「私はきのう、幸せであった。が、今日の私ほどみじめな人間はいない。」それから、王は大僧正を呼んで、自分の財産をすべて貧しい人たちに与えるよう命令した。王は一番の襤褸《ぼろ》を身に纏って永久に自分の王国を後にし、道ばたでねむり、国中をずっと物乞いしながら放浪して歩くことにしたのである。王が宮殿を後にしたとき、アナシンドゥの行列がやって来た。アナシンドゥは絹の衣を着て、黄金の駕籠に乗り、たくさんの召使いにかしずかれていた。王はアナシンドゥに例のリンゴを差し出してさけんだ。「これをとれ、この王国には、このリンゴを受けとるに値するものは他にだれもない。不死身になられよ。そして、もしできることならば、お幸せに。」

アナシンドゥは、喜んでそのリンゴを受け取り、口びるにあてた。「なるほど、神々はやっぱり私が永遠に生きるよう、お望みなんだ。」が、アナシンドゥが口を開けたとき、駕籠ががたんと揺れ、リンゴは手から転げ落ちてそばを走っていた犬がぱくりと呑みこんでしまった。こうして、人間が不死身になることはかなえられなかったが、東方の国では、一匹の犬が死ぬことができず、村から村へと放浪し、永遠に生きることができてもちっとも幸せでないとぼやきつづけることになった。

陰鬱な言い伝えのあるミカ・ルードのリンゴ、別名を〈血まみれの心臓〉というリンゴは、もとはコネチカット州はフランクリンの産であるが、現在では、他の町や他の国でも広く栽培されている。このリンゴは甘い味で香りがよく、外側はみごとな赤色で、果肉の大部分は白いが、芯に赤い斑点が一つあり、これが人間の血を表わしている。17世紀も終わり近く、フランクリンにミカ・ルードという名の農夫が住んでいた。その農夫は、近所の人の言葉によれば、どちらかというとくだらない人物で、ぶらぶらしているのを好み、金を愛したという。当時は入植が始まったばかりの時代で、交易は、たいてい旅の行商人によって行なわれていた。そして、こういう行商人は、ほそぼそと暮している人々と取り引きしていたので儲けはほどほどであったが、時には多額の現金をもち歩いて、ニューイングランドの清教徒《ピューリタン》ほど道徳的でなかった土地の人々の強欲をそそることもあったのである。ある日、部落から部落をまわっている一人の行商人が死んでいるのがルードの農場で発見された。行商人の頭には深い切り傷があり、荷物の包みは空になっていた。ルードは疑われた。疑われているといううわさのためか、あるいはルード自身の良心の呵責のためか、ルードはまったくつきあいをしなくなった。盗んでいたのが本当ならば、ルードは盗品から得た金をかなりもっていたはずである。というのは、ルードは以前もそうだったが気前よくは金を使わなかったからである。やがて、農場で働くのを怠けるようになり、ルードの家は荒れはてた。

その年、不思議なことが起こった。行商人はあるリンゴの木の下で殺されていたのだが、その木がいつもの黄色の実の代わりに赤い実をつけたのである。一つ一つの実は芯に血のしみがあり、まるで殺しの現場を目撃したかのように赤かった。人々のうわさや陰口では、ミカ・ルードの人生の晩年に、暗い影を投げかけた農場の荒廃や不吉な雰囲気は、ルードの犠牲になった行商人の呪いの結果であるといわれた。ルードは、もし何かあったとしても、何も秘密を明かすことなく死んだ。しかし、ルードのリンゴの木は、生きてながらえ、接ぎ木で、今なおあちこちの果樹園で育っている。

聖ダンスタンが、熱く焼けたやっとこで悪魔の鼻を引き抜き、そのおかげで永久に悪魔の誘惑から解放されることになったという証言はたくさんあるが、しかし、イングランド南部の農夫たちの断言するところによると、実はその聖ダンスタンは鍛冶屋であり、ビール醸造者でもあったという。そして、自らの魂を魔物に売り、その交換条件として近所の同業者のリンゴ酒よりも自分のビールがよく売れるようにしてもらったのだという。その取り引きの一部として、すべてのリンゴの木が、5月17、18、19日に、霜か虫でやられるということになった。そういうわけで、この日付けの日には、農夫たちは注意して見張ることになっている。5月の19日は、聖ダンスタンの日であるばかりではなく、フランカムの夜でもあり、その夜、あるフランカム氏のところには特別に良いリンゴをもとめる魔女たちが殺到する。リンゴを与えるかわりに

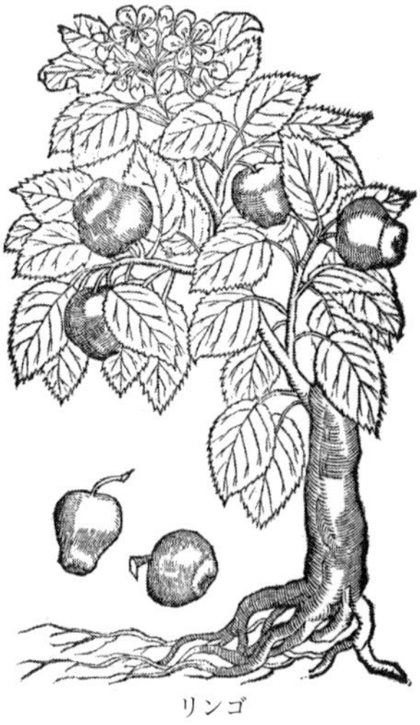
リンゴ

フランカムは礼として魔女に霜を降らせてもらうわけである。

イギリス南部のリンゴは質がよいので有名で、これから特産のリンゴ酒がつくられている。昔、タヴィストック修道院にはすばらしい果樹園があり、そこでとれるリンゴから修道士たちの醸造するリンゴ酒を一度飲むとほとんど誰もが修道士になるほどであった。しかし、時には、そのリンゴ酒もツンときて出来のよくないこともあった。そんな時にはそれとブドウ酒と混ぜるので、高くついたし、おまけに敬虔な想念で満ち満ちるべき頭に対してその混合酒がどんな作用をもたらしたかは言うまでもなかろう――とにかく、大修道院長は、粗悪なリンゴ酒を口あたりのよい酒にする方法を見つけた者に褒美を与えるとの触れを出したのである。何日もしないうちに、一人の小柄な老人がびっこをひきひきやって来て、その仕事に志願した。「私は果樹園とリンゴ酒の醸造法についての一切を心得ておりまする。修道院に泊めて頂かなくても結構、空の樽さえあれば満足でございます。」こうして修道院ではこの老人を傭うこととなったが、老人の風体と、することなすことはいたくジョン神父の好奇心をそそった。というのは、神父はリンゴ酒の作り方について心得があったからで、そんなわけで、老人が眠っている間にこっそりとその樽を覗きこんだのであった。と、ひどくびっくりしたことには、その得体の知れぬ老人は、蹄のような足が1本しかなく、1メートルほどの蛇のような尻尾が樽の注ぎ口から垂れていたのである。有徳にして剛勇の修道士はできるだけ素早くパイプをつなぎ、新しいリンゴ酒を老人の眠る部屋へ注ぎこんだ。すると、バシャバシャというもの凄い音とののしり声とともに、老人が樽から跳ねだし、ぱっと空中に舞いあがってかきけすように姿を消した。その時、たまたま硫黄の燃える熱い息をどっと吐きだしたので、樽のリンゴ酒はほとんど煮えくりかえらんばかりになった。ジョン神父は、そんなにも危険な客を修道院から追い払ったことに、ウムウムと満足の声を発したが、神父は樽の中のリンゴ酒が冷めたとき、それを味わうだけの大胆さももっていたのである。一口、口に含んで驚きと満足とで目を丸くして眉を吊り上げた。心臓がドキドキしたことももちろんであるが、リンゴ酒は甘くこくがあり滑らかになっていたのである。そこで、神父は悪魔の醸造法に習って、それ以来、口あたりの悪い酒を燃える硫黄の上に注ぎ、それをすべてのリンゴ酒のうちで最上のものにしたのであった。イギリス南西部デヴォンシャーの人たちは、細やかな味のリンゴ酒のことを「マッチ」とよぶ。なぜなら、それは硫黄で処理されているからで、ここに述べた次第が、そのいわれである。

リンデンバウム (Linden)

昔のドイツ人にとって、ライムすなわちリンデンバウム〔ヨウシュボダイジュ〕は聖なる木であるとともに、小鬼や妖精の棲み家でもあった。木陰を求めてか、あるいはその木に何か守る力があったのか、竜《ドラゴン》たちはしばしばリンデンバウムの下に横たわっていたので、ボダイジュ虫と呼ばれるようになった。判決を下すに際し、法官がその木陰に座るという習慣も、リンデンバウムに威光を与え、この木を審判の木として知らしめるに至った。

北欧神話では、シグルドがファブニルという竜を殺したあと、その血を浴びて不死身になろうとしていたとき、ひとひらのリンデンバウムの葉がシグルドの肩に落ち、そこがハーゲンの槍で傷つけられることになった。なぜならその葉のために肌のその部分だけ血がつかなかったからである。ここからリンデンバウムは非運の木とされるようになった。

他の木と同様リンデンバウムも一族や一家の運命と固く結びつくことがままあった。一例をあげればサスターハイステードの「不思議の木」がそうである。この木はディトマルシャン地方〔現在のドイツ、シュレスウィヒ＝ホルシュタイン地方〕の人々が自由を守っているかぎり緑を失わないが、自由を失ったとたん、萎れるべき運命にあるとされていたが、まさに事実がそれを証明した。しかし人々は、カササギがその枝に巣をつくって5羽の雛を育てる日がやがてやってきて、そうすれば古の自由を回復することができるだろうと言っている。

皇太子ヘンリーが友好使節として、団長バロン・フォン・ゼックンドルフ提督以下の随員を伴ってアメリカを訪れたとき、この木にまつわる伝説は、目新しい話題となった。というのは、ゼックンドルフ家の歴史は、1017年に以下に述べるような事情で始まったものだからである。ヘンリー2世が王位にあったとき、宮廷お気に入りの娯楽は狩りであった。ある日の遠出の際、国王が一頭の雄牛を追いたてたところ、逆に猛然とつきかかってきた。国王の身を守るものは一本の剣しかなく、もはやこれまでと覚悟をきめかけたそのとき、下草がゆれて槍をもった一人の若者がその場にとび出し、槍を投げて雄牛の体に突き刺した。牛がうなり声をあげて倒れたあと、若者はうやうやしく帽子をとって挨拶した。しばし国王は額の汗をぬぐいつつ、雄牛と槍兵を交互に見つめ、眼の前で起こった出来事がまるで信じられないという様子であった。やがて正気にかえると、国王は命の恩人を抱き締め、「貴公のように勇敢な人物は、英雄として一家を興すべきだ」と言い、一本のリンデンバウムのところへ連れていったが、そこへようやく従者たちが集まってきた。その場で国王は事の次第を語り、その話は喝采をもって迎えられた。

「名をなんと申されるのか」と国王は尋

ねた。

「ウォルターと申します」とその見なれぬ若者は答えた。

国王はその木に近寄り、8枚の葉がついた一枝を折り、それを曲げて輪にし若者の額に載せた。「今ここには、貴公に授けるべき黄金の環がないので、このリンデンバウムの枝を、国王からの恩顧のしるしとして受け取って頂きたい」と釈明した。次に、膝まずくように命じて、ナイトの爵位を授けて言った。「お立ちなさいナイトよ。貴公は私のために血を流すことをいとわれなかったのだから、白地に赤でリンデンバウムの枝を描いたものを紋章にされるがよい。ゼックンドルフの領地と城は貴公のものだ」──。

リンデンバウムは、よく知られたピレモンとバウキスの物語においても、重要な要素となっている。二人は分をわきまえた慎ましい老夫婦で、ユピテルとメルクリウスが人間に身をやつして地上を訪れた際、この二人の神をそのあばら屋で丁重にもてなした。その褒美として、プリュ

リンデンバウムの古木

ギアの村の近隣の人々を襲った洪水で二人だけが難を免れることができた。老夫婦の家は神殿に変わり、そこで夫婦は神官として死ぬまで仕えたが、この地方の人間としては長寿をまっとうした。

妻も夫もどちらか一方が死んだときには、死をともにしたいというのが二人の願いであったから、朝の光の中で約束の時がきたのを知ったとき、二人はもう二度と人間として太陽を拝むことはないだろうとすぐに悟った。というのは、お互いの頭の上に葉の冠が載っていたからで、それもかぶせられたものではなく、頭から葉が生えでていたのである。最後の抱擁のときがやってきたのだ。「さようなら、愛しい妻よ」とピレモンが言い、「さようなら、愛しいあなた」とバウキスは言った。そして手に手をとって東の方に向かい、それ以上一言もしゃべらなかった。ゆっくり人間の姿が消えてゆき、背が曲がり、やせこけた二人の形は曲りくねった幹をもつ木へと姿を変えていった。しかし、年老いた樹になったのではなかった。むしろ反対にどんどん高く伸びてゆき、ますます大きく樹冠を空に広げ、長い年月を立ちつくしていたといい、たぶん今でもまだ立っているのであろう。ピレモンはオーク、バウキスはリンデンバウムであった。両者には人間の霊の一部が立ち去らずにいて、スキタイの占い師は、予言するときリンデンバウムに向かい、霊感を得るべくその葉を指にまいた。それはあたかも、その葉がお告げをしてくれるのをまつかのごとくであった。

リンドウの類 (Gentian)

この愛らしい花にはアメリカにも仲間があり､東部産の種は､ブライアント〔1794～1878〕の詩に霊感を吹きこみ、東部および中部産の種は、つぼみ状で開かない、風変わりな花をもち、深い青色がまばゆいばかりに美しく輝く。昔の医者はこの植物に「すぐれた効能あり」として、各種の中毒、疫病、消化不良、犬による咬傷、頑固な肝臓病、疲労倦怠、足の不具等々、数々の難病に用いられた。英名のゲンチアンは、この植物を発見して医療に役立てた古代ローマのイリュリア王ゲンチウス〔紀元前2世紀〕の名にちなんだものである。

ハンガリーでは、この植物はラディスラス王の栄光を讃え、ラテン語で〈聖ラディスラス王の薬草〉とされた。昔、王の統治下にある王国がペストに苦しめられたとき、絶望のあまり、ラディスラス王は弓と矢を携えて山野に分け入り、祈った。「神よ、私は今から何も狙わず矢を放ちます。その矢が流行り病の猛威を抑えるのに役立つ植物にあたるようお導き下さい」と。王は矢を放った。それから探してみると、リンドウの根を貫いているのが見つかったのである。王は直ちにその根を集めて、それを処方し、驚くべき治療効果をあげたという。

ゲンチアン

ローズマリー (Rosemary)

ローズマリーという名は、バラでもなく、聖母マリアに献げられたからでもなく、その名をラテン語の ros marinum すなわち「海のしずく」からとっている〔学名は *Rosmarinus officinalis*〕。この植物は海が好きだからである。ローマ人はローズマリーを儀式用だけでなく、装飾用にも使い、宴の賓客に冠せる一方で、葬式にも用い、花輪にして家族の守護神に巻きつけ、その煙で家畜たちを清めた。この植物の匂いは死体を保存するのに役立つと信じられ、また、その葉の常緑性から永遠性の表象《エンブレム》とされた。この2つの理由によって人々はローズマリーを墓のまわりに植えた。北イングランドではこの風習の名残りが、葬式の行列にローズマリーを携えることに見られ、その小枝は墓地で棺の上に投げかけられる。

思い出の花としては花嫁の花輪の材料とされた。クリスマスがあらゆる祝祭日の中でもっとも盛大であった頃、ローズマリーは、饗宴の広間、ロースト料理、猪の頭、乾杯の盃を飾った。この風習はたぶんローズマリーが茂みをひらいて、聖母マリアとその子をヘロデ王の追手から隠したという話が人々に記憶されているからであろう。──ある伝説ではジュニパー〔セイヨウネズ〕その他の樹木もそれに与ったことになっている。また、聖母マリアはその子イエスの亜麻布をローズマリーの上に広げたところから、ローズマリーは受難の日にこの幼きイエスをしのんで花開くのだともいう。

シシリーではローズマリーは異教徒の植物で、その樹の下に蛇に身をやつした妖精たちが巣食うとされる。しかしこういう事情があるからといって、それが広く栽培されるようになることは妨げられず、とくに修道院では、その医薬的な性質が珍重された。ヘンルーダ、セージ、マジョラム、ウイキョウ、マルメロおよびその他2、3の材料と混ぜ合わせると──悲しいかな、その調合法は伝わっていない──それは望むだけの間、若さを保たせてくれたという。

もし自分の未来をのぞいてみたいと思う乙女がいたら、磨り硝子の容器にブドウ酒、ラム、ジン、酢、水を混ぜて入れたものにローズマリーの小枝を浸ければ知ることができる。この儀式はマグダラの聖マリアのイヴの日に、2階の部屋で、それぞれ20歳を越えない他の2人の乙女と一緒に執り行なわなければならない。胸にさきほどのローズマリーの小枝を留め、この強壮液を3口すすった後──これだけすすればまったく十分である──、3人は口をきかずに、同じベッドで休む。その晩に見る夢が、乙女の未来を予言してくれることになるのである。

ローズマリー

ワスレナグサ (Forget-me-not)

名前そのものに伝説がこめられているような花は、そんなにたくさんあるわけではないが、ワスレナグサの場合は、それだけで自らの由来を示している。昔、ある若者がドナウ河の岸辺を恋する乙女といっしょに散歩していた時、若者は恋人がある花をとても気に入って賞めるのに心をひかれた。その花は乙女の瞳のように青く、流れの中の小島に生えていた。

若者は、ポンと靴をぬぎ、気軽に帽子と上着をとって笑いながら乙女の手にキスし、その花を摘みに川の中に飛びこんだ。川の流れが突き出た岩にあたって泡だって白い牙をむいていることも、冷たい夕暮れであることも、また、乙女の「お願いだからやめて頂戴」の声も無視したのである。若者は無事に渡り切った。青い花をひとつかみ摘んで、ほとんど岸の堤まで戻って来たとき、突然、激しいこむらがえりにおそわれた。身体はもはやいうことをきかず、逆まく渦と波の流れにもてあそばれるだけであった。そんなに遠くない所にある滝のごうごうたるとどろきが若者の耳に伝わる。若者は最後の時が近づいているのを知った。青ざめた乙女の顔を見つめ、最後の力をふりしぼって手にもった花束を乙女の足元に投げ、「僕のことを忘れないでおくれ！」と叫んで永遠に姿を消したが、乙女は決して若者のことを忘れず、死ぬまでその花を髪に挿していたという。

イングランドでは、ヘンリー4世が、流刑の憂《う》き身にあった時にこの花を紋章に採用し、「私を忘れるな」という願いを銘として添えた。14世紀には、ある騎士団の騎士たちがこの花を紋章として着用した。

イタリアでワスレナグサについて聞いたら、それは愛の花で、溺れ死んだある美しい乙女が姿を変えたものだ、というであろう。フランスでも、同じように愛情を象徴する花だが、時には〈聖母マリアの眼〉とも呼ばれる。

ある古い言い伝えによると、アダム（一説には神）がエデンの園にある植物すべてに思いつくままに名前をつけたとき、この植物は非常に小さかったため、見過ごされてしまった。その後、アダムは森と庭園の中を通りながら、自分のつけた名前をいって、その草や木がその名前を受け入れたかどうかを聞いてまわったが、どの植物もお辞儀をして賛成の意を示した。アダムがほとんど見巡りを終えようとした時、足元で小さな声がしてたずねた。「私はどういう名で呼ばれるのでしょうか、アダム様」と。アダムが下を見おろしてみると、その花は草陰から恥ずかしげに顔をのぞかせてアダムの方を見ていた。アダムは、その美しさに打たれ、名前をつけるのを忘れたことに驚いて答えた。「さっきはお前に名前をつけそこねてしまったけど、これからはもう二度と忘れたりしないような名前をつけさせておくれ。そうだ、〈忘れな草〉にしよう。」

あるペルシアの物語――この世に夜明け

ワスレナグサ

がやって来たとき、一人の天使が天国の入口の光の門のところに座って泣いていた。天使でありながら現世の娘に恋して、天上での地位を剥奪されてしまったのである。天使はある川の岸辺ではじめてその乙女を見染め、乙女の髪をワスレナグサで飾ってやったのであった。そのため、女に心を奪われた罪として、その乙女が世界のすみずみにワスレナグサを植えつけるまで、天使は天国から閉め出されるということになったのである。それは面倒なつらい仕事であった。が、偉大な愛の力によって乙女はその仕事を引き受け、天使とともに何年も何年もかかって、雨の日も風の日も、また寒い地方、暑い地方と地上のありとあらゆる国々を巡ってこのかわいい花を植えてまわった。ついにその仕事が終わって、二人が再び天国の門のところにやってきた時、二人は、門が開かれているのを見た。乙女は、永遠の生命を認められたのである。「なぜならば、じゃ──」と天国の門番は切り出した。「お前さんの愛は、お前さんが生きたいと願う気持よりもはるかにはるかに強いからじゃ。お前さんが身も心も捧げつくしてきた男は天使なのじゃよ。天上の愛は、誤ちを帳消しにしてお前さんを天国へ引き上げるわけじゃ。さ、入りなされ、天上の歓喜の輪へ。無私の愛こそは、何ものにもまさる喜びなのじゃ。」

ワタ (Cotton)

黒人のある「おばちゃん」の話によれば、ワタのはじまりはこうである。ずっとずっと昔のこと、沼のほとりに小さな妖精が住んでいた。その妖精はせっせと日がな一日糸をつむいでは、この世のものとも思われないほど美しい繊細な織物をつくってすごしていた。妖精の糸車はとても速く回ったので、花の中にひっかかったハエの羽のように、ブーンという音しかたてず、かすみのようにしか見えなかった。そして錘《つむ》は、マルハナバチのおじさんの針だった。おじさんは、他のだれもが自分を嫌ってなんの関わりももとうとしてくれなかったのを大いに嘆いて、自分のすねた人生の埋め合わせに何かの役にたてばと、この針を妖精に残してくれたのである。

ところが、沼の住人の一人は、そのハチよりも性悪であったから、妖精は、その住人がすぐ隣のやぶの中に住居を構えたのを知ってひどく動揺した。その住人とは、小鳥ぐらいの大きさの、赤と青と黄のケバケバしい巨大なクモだった。クモは、紡ぎ手として自分に誇りをもっていたが、妖精の織った輝く薄手の織物を見て較べてみると、自分の技術がとるに足らぬみすぼらしいものだということに気づいた。そこでクモは嫉み、妖精を殺してしまおうと決心した。妖精は自分の糸車と錘を抱えて、追いかけるクモを尻目に逃げた。妖精はネズミにかくまってくれるように頼んだが、ネズミは恐れて戸を閉めてしまった。今度はヒキガエルに守ってくれるように頼んだが、やはりこわがって口もきけないほど。最後にホタルが灯をともしてやってきた。ホタルは妖精を見、クモを見た後、妖精についてくるようにと合図した。もう夜になっていたから、灯で道を照らしながら、ホタルは妖精をつれ、野を越えて逃げた。二人はすぐに、立派なピンク色の花をつけた茂みについた。「さあ、花の中にとびこみなさい」とホタルが命じた。妖精は糸車をつかんだまま、全身に最後の力をこめて花の中心にとびおりた。クモは妖精の間近に迫っていた。後を追って花の中に入りこもうと、クモは自分の体をひきあげるために花びらに醜い牙をつきたてた。しかし、妖精は錘でくもの脚にはげしい一撃を加えたので、クモは足場を失って地面に落ちた。次の瞬間、花は妖精をおおうようにすっぽりと閉じた。花びらがとても固く閉じたので、クモは入ろうとしても中に入れなかった。クモは、まわりに巣をめぐらし、朝になって妖精が出てこようとしたらつかまえることができるだろうと考えた。しかし、朝になっても妖精はあらわれなかった。クモはずっと待ち続けたがやはり姿をみせない。最後の花びらが地面に落ちた時、クモには、妖精がもうどこかへ行ってしまって、すべてが無駄に終わったことがわかった。それで、クモは自分の体を咬んで死んでしまった。しかし、妖精は死んではいなかった。その植物が花の後につける小さな玉の中にくるまれてじっとしていたのである。2、3日してその玉が開くと、かくれていた間に妖精が紡いでおいた美しい織物が、雪のように白い房となってあふれだした。そういうわけで、人々は衣服を作るために糸をよるとき、ワタの木の妖精を祝福し、妖精がクモから逃げのびたようにワタにゾウムシがつかなかったことを感謝するのである。

ワタ

ワニのしっぽ (Alligator Tail)

むかし、ワニの信じていたことには、俺の一生は、日陰の沼地で、昼寝して食って寝そべるより他に為になることはない、ということだった。しかし、ついに、人間がジャングルに侵入する日が来て、トカゲやらワニやらをびっくりさせた。ところが、これら人間の下品な言葉使いはジャングルの中で用いられる共通語と似ていたので、ワニの中には人間の言葉を解するものがいた。人間どもは、山の向こう側の池や川にもこんな爬虫類が棲んでいると喋ったが、中でも一人ははっきりと、「山の向こう側では人間は、ワニが神様だと信じている、だからワニに餌をやって大切に扱う」と言ったのである。

これを聞いていたワニの間に、興奮と希望がわきおこって、山の向こう側には、何か素晴らしいことが待っているに違いないということになった。人間たちが立ち去ったあと、若いワニの何匹かが土手を這いのぼり、そして一族の中で歴戦の勇士の老いたワニを起こした。老勇士は動こうともせず「ここでお喋りしていた、あの奇妙な動物どもは人間とよばれているのじゃ」と言った。「もとは、あいつらはサルで、木に棲んでいたのじゃが、しっぽをちょん切ったため地面の上に降りて来なければならなくなったのじゃ。それ以来、奴らは、他の動物と違うなどとぬかして自惚れているから、奴らの言っていることを信じる者はだぁれもおらぬ。奴らがワニを拝んだりするものか。その反対に、拝むのは自分自身じゃよ。」

若いワニどもは、歴戦の年寄りワニが動きたがらないのは、遊び飽きて人生に興味をなくしたせいだと考え、そこで、何百匹もそろって約束の地へと出発した。しかし、歩くのに慣れていないので、夜になると疲れて、「くねくねヘビ《ワインディング・スネーク》」という名の川の沼地へ這って行き、眠りにおちた。そうしてそこで横になっているとき、水の神々に見つかってしまった。これらの神々は、前々からワニやトカゲ類に、与えられた大切な場所は離れないよう命じていたので、好奇心にかられて秘密の場所へ侵入してきたことを不愉快に思い、たいそうお怒りになった。そこで神々は、眠っているワニを一匹一匹つかんで、頭から大地へズブズブとつっこみ、そのしっぽだけ宙にぶらぶらするようにさせた。かくしてワニとしては生命を終えたが、植物として今日まで生きながらえることとなった。探検家たちは茫漠とひろがった原野の中、他のさまざまな障害を乗り越え、苦闘を重ねつつ、スペイン語でrobo de lagartoすなわち「ワニのしっぽ」〔サンセヴェリア *Sansevieria* の類と思われる〕として知られるこの木を植えていった。これらの木々は、ワニ族のすべてに二度と低地をはなれないようにという警告として立っているわけである。

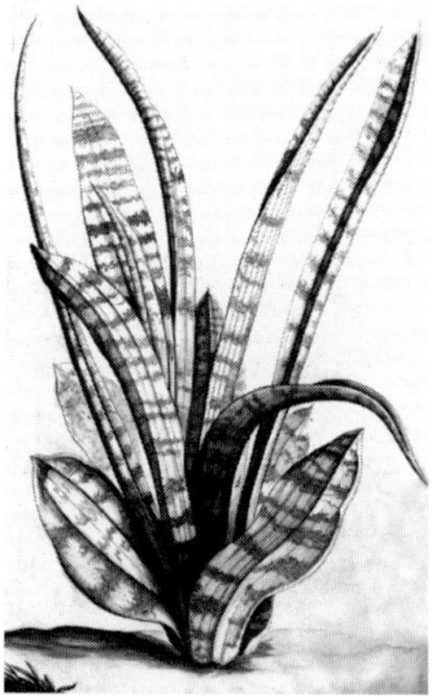

サンセヴェリア

訳者あとがき

本書はチャールズ・モンゴメリー・スキナー Charles Montgomery Skinner 著の『MYTHS AND LEGENDS OF FLOWERS, TREES, FRUITS, AND PLANTS IN ALL AGES AND IN ALL CLIMES』（1911, J. B. Lippincott Company）の全訳である。テキストは1925年版を用いた。

著者スキナーについて各種の人名辞典などを調べてみたが、みあたらず、わずかにアメリカのGeneral Catalog of Congress Libraryで以下のような情報を知り得ただけである。生まれは1852年、没年は1907年、ブルックリンあたりで活躍したジャーナリストであったらしく、多数の著作がある。年代順に列記してみると、Myths & legends of our own land（1896), Nature in a city yard（1897), With feet to the earth（1898), Do-nothing days（1899), Myths and legends beyond our borders（1899), Flowers in the pave（1900), Myths & legends of our new possessions & protectorate（1900), Workers and the trusts（1900), American communes（1901), American soldier（1901), Prisons of the Nation and their inmates（1902), American myths & legends（1903), Little gardens（1904）といったところで、本書は没後に刊行された最晩年の作と思われる。ここに挙げた書名から判断するかぎり、スキナーはソローなどの影響を受けた自然主義者、今日のエコロジストの先駆であったのではないかという疑いを抱かせるが、憶測にすぎない。

本書は、欧米の植物の伝説に関する書物には必ずと言っていいほど引かれる古典である。この種の本は他にも多数あり、現にわが国でも翻訳書・書き下ろしを含めてかなりの数を手にすることができる。しかし、これだけの種類の植物を網羅し、これだけ多様な地域の民話・伝説を集めたものはちょっと類例をみないであろう。とりわけ、南北アメリカ、中近東、東欧、アジアといったヨーロッパ人が無視しがちな地域によく眼が配られている点で価値がある。日本についても、かなりの紙面が割かれている。ただ惜しむらくは、少なからぬ誤植や事実関係の誤りがあることで、この点は、原著に出典および文献が付されていないことと、晦渋な文体とが相まって、翻訳上おおいに悩まされた。聖書やギリシア・ローマ神話に関しては、手近に利用できる資料もあるので何とか検討をつけることができたが、民間伝承のたぐいに関しては検証は困難をきわめ、ついに真偽を確認できないまま原著を信頼するほかなかった個所もいくつかある。

翻訳については、原著の前半（まえがきとアルファベット順の本文項目 Laurel まで）を福屋が、後半（Leek 以降）を垂水が訳出し、両者が互いに他方の草稿をチェックして疑問点を解決し、表記・文体の統一をはかった。ゲラの段階で福屋が中国に渡ったため、最終段階における修正は垂水が行なった。

原著の明らかな誤植・誤記は特にことわらず訂正したが、訳註を入れて処理したものもある。また、原著の書かれた年代からして学名の変更や分類体系の変更があるのは無理からぬことであるが、それらについては、和名の選択とともに、八坂書房編集部の協力を得て、今日もっとも一般的に認められている見解に従い、必要のある場合には、適宜訳註で補うことにした。

翻訳および植物の和名・学名の検索については、いくつかの文献のお世話になった。文末に主要なものを挙げて感謝にかえたい。また細かな点から英文の解釈に至るまで、友人・先輩諸氏から数多くの御教示を得た。いちいち名を挙げるのは控えさせていただくが、それらの人々のお陰で、少なからぬ誤りを犯さずにすますことができた。記して感謝の意を表しておきたい。

訳者を代表して

垂水雄二

本書は『花の神話と伝説』（初版 1985 年、新装版 1999 年）として小社より刊行された単行本を、事典の体裁にまとめたものである。

改版にあたり、本文中の図版の一部を差し替え、さらに多数を追加した。また、編集部において、いくつかの植物名の変更や訳註を加えるなどの改訂を行なった。

［八坂書房 編集部］

主要参考書一覧

『英米文学植物民俗誌』加藤憲市、冨山房
『北欧の神々と妖精たち』山室静、岩崎美術社
『ギリシア・ローマ神話辞典』高津春繁、岩波書店
『ギリシアローマ神話』ブルフィンチ／野上弥生子訳、岩波書店
『変身物語』オウィディウス、中村善也訳、岩波書店
『イメージ・シンボル事典』ド・フリース／山下主一郎ほか訳、大修館書店
『名著大辞典』平凡社
『新聖書大辞典』キリスト教新聞社
『英米故事伝説辞典』井上義昌編、冨山房
『聖書の植物』モルデンケ／奥本裕昭編訳、八坂書房
『原色日本植物図鑑』草木編・木本編、北村四郎・村田源、保育社
『園芸植物大事典』小学館
『A dictionary of useful and everyday plants and their common names』F. N. Howes, 1974, Cambridge University Press
『A dictionary of English plant names』G. Grigson, 1974, Allen Lane
『Hortus third : a concise dictionary of plants cultivated in the United States and Canada』L. H. Bailey, 1978, Macmillan
『The childaren's book of wild flowers and the story of their names』G. H. Browning, W.&R. Chambers, Ltd.

図版出典一覧

34 上　E. Germain de Saint-Pierre, *Nouveau Dictionnaire de Botanique*（1870）

34 下　*The garden. An illustrated weekly journal of horticulture in all its branches*［ed. William Robinson］, vol. 3（1873）

37　Baillon, H. E., *Histoire des plantes*, vol. 10（1888-91）

42　Little, E.L., Wadsworth, F.H., *Common trees of Puerto Rico and the Virgin Islands*（1964）

43　J.H. Balfour, *The Plants of the Bible*（1866）

45 左　J.H. Balfour, *The Plants of the Bible*（1866）

49 左　*Illustrations of the British Flora*（1901）

50 左　Hugo Gerhard Ströhl, *Heraldischer Atlas*, Stuttgart（1899）

50 右　*The garden. An illustrated weekly journal of horticulture in all its branches*［ed. William Robinson］, vol. 13（1878）

51　Johann Jakob Scheuchzer, *Physica Sacra*（1728）

52　White, G.F., E. Roberts, *Views in India, chiefly among the Himalaya mountains*（1839）

53　J. H. Balfour, *The Plants of the Bible*（1866）

54　『中薬大辞典』上海科学技術出版社、1977 年

55　Rumphius, G.E., *Herbarium amboinense*, vol. 2（1741）

56　Figuier, L., *The vegetable world*［*Histoire des plantes*］（1867）

58　Kerner von Marilaun, A.J., Hansen, A., *Pflanzenleben: Erster Band: Der Bau und die Eigenschaften der Pflanzen*, vol. 1（1887-91）

61　*The garden. An illustrated weekly journal of horticulture in all its branches*［ed. William Robinson］, vol. 9（1876）

63　Wilson, C., *Picturesque Palestine, Sinai and Egypt*, vol. 3（1881-84）

66　Merian, M., *Der Fruchtbringenden Gesellschaft*（1646）

69　Munting, A., *Naauwkeurige beschrijving der aardgewassen*, vol. 1（1696）

72　Wilson, C., *Picturesque Palestine, Sinai and Egypt*, vol. 2（1881-84）

74　Lounsberry, A., Rowan, E., *Southern wild flowers and trees*（出版年不明）

77　M.L.Callcott, *Scripture Herbal*（1842）

78　*The garden. An illustrated weekly journal of horticulture in all its branches*［ed. William Robinson］, vol. 26（1884）

81　Benoit, P.J., *Voyage à Surinam*（*Reis door Suriname*）（1839）

83　*Illustrations of the British Flora*（1901）

84　*The garden. An illustrated weekly journal of horticulture in all its branches*［ed. William Robinson］, vol. 20（1881）

85　Ruiz Lopez, H., Pavon, J., *Flora Peruviana, et Chilensis*（1798-1802）

86　Matthias de L'Obel, *Plantarum seu Stirpium Icones*（1581）

89　Baillon, H.E., *Histoire des plantes*, vol. 9（1886-87）
90 左　Bruce, *Travels to discover the source of the Nile, Cartes et figures du Voyage en Nubie et en Abyssinie*（1792）
96 左　Ledebour, C.F. von, *Icones plantarum novarum*, vol. 2（1830）
96 右　*Illustrations of the British Flora*（1901）
99　Commelin, J., *Horti medici Amstelodamensis rariorum tam Orientalis*, vol. 1（1697）
100　Woodville, W., *Medical botany*, vol. 1（1790）
101　*The garden. An illustrated weekly journal of horticulture in all its branches*［ed. William Robinson］, vol. 1（1871）
102　*Illustrations of the British Flora*（1901）
103　J. H. Balfour, *The Plants of the Bible*（1866）
108 左 Woodville, W., *Medical botany*, vol. 1（1790）
109　Beddome, R.H., *The flora sylvatica of southern India*, vol. 1（1869-74）
114　Kirtikar, K.R., Basu, B.D., *Indian medicinal plants, Plates*, vol. 3（1918）
117 左　Feuillée, L.E., *Journal des observations physiques, mathématiques et botaniques, faites sur les Côtes Orientales de l'Amerique meridionale et dans les Indes Occidentalis*, vol. 3（1725）
117 右　T. C. マジュプリア著／西岡直樹訳『ネパール・インドの聖なる植物事典』八坂書房、2013 年（西岡直樹画）
118　*Illustrations of the British Flora*（1901）
119 左　Lee, H., *The Vegetable Lamb of Tartary*, London（1887）
119 右　*Illustrations of the British Flora*（1901）
120　*Illustrations of the British Flora*（1901）
121　Rumphius, G.E., *Herbarium amboinense*, vol. 2（1741）
124　Martius, C., Eichler, A.G., Urban, I., *Flora Brasiliensis*, vol. 6（1868）
127　Figuier, L., *The vegetable world*［*Histoire des plantes*］（1867）
136　Figuier, L., *The vegetable world*［*Histoire des plantes*］（1867）
138　Figuier, L., *The vegetable world*［*Histoire des plantes*］（1867）
140　Matthiolus, P.A.,*Commentarii, etc.*, Venice（1565）
142　Woodville, W., *Medical botany*, vol. 2（1792）
143　Lounsberry, A., Rowan, E., *A guide to the trees*（1900）
144　Auerswald, B.A., Roßmäßler, E.A., *Botanische Unterhaltungen zum Verständniß der heimathlichen Flora*（1858）
146　Kerner von Marilaun, A.J., Hansen, A., *Pflanzenleben: Erster Band: Der Bau und die Eigenschaften der Pflanzen*, vol. 1（1887-91）
148　Woodville, W., *Medical botany*, vol. 3（1793）
149　Woodville, W., *Medical botany*, vol. 1（1790）
150　*Illustrations of the British Flora*（1901）
151　Woodville, W., *Medical botany*, vol. 1（1790）
153　Redouté, P.J., *Choix des plus belles fleurs et des plus beaux fruits*（1833）
154　Woodville, W., *Medical botany*, vol. 1（1790）

155　T.C. マジュプリア著／西岡直樹訳『ネパール・インドの聖なる植物事典』八坂書房、2013 年（西岡直樹画）

156　Woodville, W., *Medical botany*, vol. 4（1794）

158　Woodville, W., *Medical botany*, vol. 2（1792）

159　Baillon, H.E., *Histoire des plantes*, vol. 7（1877-80）

160 右　Seemann, B., *The botany of the voyage of H.M.S. Herald*（1857）

161　Baillon, H.E., *Histoire des plantes*, vol. 8（1882-85）

163　Ledebour, C.F. von, *Icones plantarum novarum*, vol. 5（1834）

170　Matthias de L'Obel, *Plantarum seu Stirpium Icones*（1581）

179　Woodville, W., *Medical botany*, vol. 3（1793）

202　*Botanical Register*, vol. 1（1815）

212 右　Lindley, J., *The vegetable kingdom*（1853）

217 Rumphius, G.E., Herbarium amboinense, vol. 1（1741）

218　Rossmässler, E.A., *Der Wald*（1881）

222　*Annals of the Missouri Botanical Garden*, vol. 58（1971）

228　Figuier, L., *The vegetable world*［*Histoire des plantes*］（1867）

231　*The garden. An illustrated weekly journal of horticulture in all its branches*［ed. William Robinson］, vol. 27（1885）

232　Woodville, W., *Medical botany*, vol. 3（1793）

234　Woodville, W., *Medical botany*, vol. 3（1793）

238　Munting, A., *Naauwkeurige beschrijving der aardgewassen*, vol. 1（1696）

240　Munting, A., *Naauwkeurige beschrijving der aardgewassen*, vol. 1（1696）

244　Hoola van Nooten, B., *Fleurs, fruits et feuillages choisis de l'ille de Java: peints d'apres nature*（1880）

245　*Tacuinum Sanitatis manuscript*, Codex Vienna（ca.1390）

248 左　Spach, E., *Histoire naturelle des végétaux, Atlas*（1834-47）

249　W.Walker, *All the Plants of the Bible*（1958）

250　Munting, A., *Naauwkeurige beschrijving der aardgewassen*, vol. 1（1696）

261　R.G.Hatton, *The Craftsman's Plant Book*（1909）

271　Kerner & Oliver, *The Natural History of Plants*（1894）

280　*Gartenflora*［E. von Regel］, vol. 27（1878）

286　Commelin, J., *Horti medici Amstelodamensis rariorum tam Orientalis*, vol. 2（1701）

＊上記以外の植物画はすべて、J. Gerard, *The Herbal or General History of Plants*（1633）による。

植物名索引

＊ゴシック数字は見出し項目の掲載頁を示す。

ア行

カ行

サ 行

タ 行

マ 行

ヤ 行

ラ 行

花の女神フローラ（ルイーズ・アッベマ画、1913年）

著者紹介

チャールズ・モンゴメリー・スキナー

Charles Montgomery Skinner, 1852-1907

アメリカの作家、ジャーナリスト。ニューヨークの日刊紙 Brooklyn Eagle の編集者としても活躍。国内外の神話・伝説・民間伝承を集成した Myths and legends beyond our borders（1899）, Myths & legends of our new possessions & protectorate（1900）, American myths & legends（1903）をはじめ、10 冊を越える著書がある。本書『MYTHS AND LEGENDS OF FLOWERS, TREES, FRUITS, AND PLANTS IN ALL AGES AND IN ALL CLIMES』（1911）は没後に刊行された最晩年の作と思われるが、現在でもリプリントされ、高い評価を得ている。

訳者紹介

垂水雄二（たるみゆうじ）

1942 年大阪生まれ。京都大学理学部理学研究科、動物学専攻博士課程修了。
著書:『悩ましい翻訳語』『厄介な翻訳語』『進化論の何が問題か』（以上、八坂書房）、『科学はなぜ誤解されるのか』（平凡社新書）ほか。
訳書：R. ドーキンス『遺伝子の川』（草思社）ほか。

福屋正修（ふくやせいしゅう）

1945 年兵庫県生まれ。京都大学農学部農林生物学科卒業。
訳書：G. シャラー『マウンテンゴリラ』（思索社）、S. ガーランド『ハーブ＆スパイス』（誠文堂新光社）、B. ラウファー『キリン伝来考』『ジャガイモ伝播考』（以上、博品社）ほか。

花の神話伝説事典

2016年 3月25日　初版第 1 刷発行

訳　者　垂水雄二
　　　　福屋正修

発行者　八坂立人

印刷・製本　モリモト印刷(株)

発行所　(株)八坂書房

〒101-0064　東京都千代田区猿楽町1-4-11
TEL.03-3293-7975　FAX.03-3293-7977
URL.: http://www.yasakashobo.co.jp

ISBN 978-4-89694-221-7

関連書籍のご案内

仏典の植物事典

満久崇麿著

ボダイジュ、サラノキ、マンゴー、ハスなど、仏典や密教・護摩の儀式に現れる約280種の植物の象徴性と仏教的生活文化の接点を、実地踏査と文献渉猟により探るユニークな事典。参考図版250余点。

A5　2800円

ネパール・インドの聖なる植物事典

T. C. マジュプリア著／西岡直樹訳

人々の信仰の対象であり、仏教やヒンドゥー教の神々の祈りに捧げられるインドボダイジュ、サラノキ、ムユウジュ、ウコンなど114種の植物を取り上げ、神話・伝説と薬効を詳述。カラー 90点余の植物小図鑑付。

四六　2800円

聖書の植物事典

H. & A. モルデンケ著／奥本裕昭訳

聖書と植物の深い関わりを読み解く、貴重な文献！純潔と優雅の象徴白ユリをはじめ、アネモネ、オリーヴ、イチジク、ブドウからヘンナ、ピスタチオまで、聖書に現われる植物について、民族の伝説、ギリシア・ローマ神話などの文化史的内容を取り入れながら解説する。

A5　2800円

イギリス植物民俗事典

ロイ・ヴィカリー著／奥本裕昭訳

イギリスおよびアイルランドの植物にまつわる風俗・慣習・民間信仰を網羅した画期的事典。民俗学・英文学・英語学の各分野に有用な情報を満載。植物の俗名や地方名についても同定の上多数を収録、植物名索引も完備し、「植物英名辞典」としても活用できる。

A5　7800円

（価格税別）